호텔기업경영론

Hotel Management

신강현 지음

기문사
www.kimoonsa.co.kr

머리말

"호텔은 경영의 종합적인 총체이다"

호텔경영은 기업 내 약 100여 직종이 조화를 이루며 운영되고 고객만족과 감동을 통한 서비스 경영의 완성을 추구하는 시스템이며 일반 제조업의 메커니즘(Mecanism)과는 구별되는 휴머니즘(Humanism)의 집합체이다.

"호텔 객실은 단순히 잠만 자는 곳이 아니다"

객실에서 회사업무, 회의, 파티 등을 개최할 수 있도록 호텔 객실을 경영한다. 즉, 미팅, 식음료 공간, 사무 공간 등 다목적으로 활용할 수 있도록 객실을 변화시키며 편의시설을 마련하고 있다.

"호텔은 서비스 산업의 견인차이며, 문화 교류의 장(場)이다"

세계 각국의 경제성장과 수명의 연장, 가처분 소득의 증가 및 여가의 확대와 발맞추어 생활의 질, 삶의 질 개선을 선도하는 기업으로 인류의 만남과 문화교류의 공간이자 안식처이다. 따라서, 호텔 업무는 단순 반복 업무가 아니라 새로운 고객과의 만남의 연속이다.

변화(change)는 위기(risk)인 동시에 기회(opportunity)이기도 하다.

호텔의 수요는 계속적으로 늘어날 것으로 예상되어 향후 호텔산업에 대한 전망은 매우 낙관적이나 호텔 이외의 대체 숙박시설들의 발달로 수요를 감소시킬 수도 있다. 따라서, 호텔산업 성패의 열쇠는 고객들의 행동변화와 환경변화를 정확히 예측하고 앞선 정보의 입수와 이에 어떻게 대응하느냐에 달려 있다고 볼 수 있다. 또한 호텔산업은 가장 빠르게 소멸하는 상품을 대상으로 하기 때문에 보다 창조적이며 혁신적인 인재와 경영관리가 요청되고 있다.

본 서(書)에서는 기본에 충실한 적용과 응용만이 훌륭한 호텔경영의 반석이 되고 인재 육성의 뿌리가 된다는 믿음으로 호텔경영의 가장 기본적인 내용과 예상되는 새로운 경향들을 중심으로 개론적인 전개를 하였고, 호텔경영의 영역별 심층 내역은 분야별 각론 서적에 미루었다.

해를 거듭할수록 호텔산업에 관심과 흥미를 갖고 도전하는 예비 호텔리어들이 늘어가고 있는 양상을 볼 때 한국 호텔기업의 발전을 볼 수 있어 뿌듯한 마음 금할 수 없으나 내심 이 우수한 인재들을 어떻게 육성 관리하여 기업과 개인 그리고 나아가 호텔산업 발전에 조금이나 기여할 수 있을까 두려움도 앞서는 것이 사실이다.

호텔업계에 근무하며 느꼈던 아쉬움과 강단에서 강의를 하며 틈틈이 관련 자료들을 모아 정리하여 『호텔경영학개론』으로 출간된 후 많은 관련 내용과 법이 개정되어 새로이 수정 · 보완하여 출간하게 되었다. 바라건대 보잘 것 없는 본 졸저가 한국 호텔 발전을 위하여 노고를 아끼지 않고 있는 호텔리어들은 물론 호텔경영에 관심과 흥미를 갖고 학업 중인 후학들에게 조금이나마 도움이 되길 기대한다.

끝으로 일일이 거명하기 어려우나 바쁜 가운데 음으로 양으로 도와주신 많은 분들께 신세를 지고 있음을 밝히고, 지면을 빌려 고마움을 전하며, 부족한 내용은 향후 호텔업계, 학계 선 · 후배님들의 지적을 바탕으로 보완하고자 한다.

2016. 1.

사당정에서

저자

차 례

1부 호텔의 일반적 개념

2부 호텔상품

3부 호텔판매 및 운영관리

1부

호텔의 일반적 개념

Chapter 01 호텔산업의 발전사

이해목표

- ▶ 호텔산업의 역사적 발전과정과 특징에 관하여 이해한다.
- ▶ 호텔산업의 국가별 발전과정과 특징에 관하여 이해한다.
- ▶ 우리나라 호텔산업의 발전과정과 특징에 관하여 이해한다.

제1절 호텔업의 역사적 발전과정

1. 고대시대

숙박시설은 인간의 이동과 수반되어 어떠한 형태로든 필수적으로 존재하였다. 즉, 장기간의 이동에 따르는 휴식과 수면, 식사의 욕구를 충족시키기 위하여 탄생 성장하게 되었다. 따라서 숙박은 인류의 출현과 역사를 함께 한다고 본다.

초기 숙박업의 역사적인 증거물은 개략적인 것뿐이지만 이미 성서기에 숙박업이 존재했다는 것을 알 수 있다. 즉, 마리아와 요셉이 객실은 아니었지만 여인숙이 존재하여 숙식처를 구했다는 것이다.

문헌을 기초로 볼 때 호텔의 기원은 서양의 고대 그리스시대부터라고 볼 수 있다. 고대 올림픽 경기를 올림피아에서 개최함에 따라 각지로부터 많은 사람들이 경기에 참가하기 위해서 또는 관전을 하기 위해서 여행을 하고 숙박을 했다는 사실이 여러 문헌에 나타나 있으며, 이 당시에 숙박을 제공하는 사업이 처음으로 등장했다. 또한 이 시대에는 많은 신전이 각지에 건축되어 참배자들이 종교적인 목적으로 여행을 하고 주로 민가에서 숙박을 하였다.

이러한 초기의 숙박시설은 일부 부유한 계층의 관광여행을 제외하곤 대부분이 종교적 목적의 여행이었기 때문에 주로 교회의 자선적인 시설로써 발달하였다고 할 수 있다.

대부분의 여행객은 민가에 숙박하는 것이 보통이었고, 여행객을 위대한 신 제우스의 보호를 받는 신성한 사람으로 후대하는 습관이 생겼는데, 이러한 서비스의 정신은 '호스피탈리타스(hospitalitas)' 라 하여 최고의 미덕으로 생각하였다.

고대에 있어서 숙박업은 이들 노약자나 여행객을 정중히 맞이하여 침식을 제공하는 사회 환대성의 경제활동을 이루었으며, 그 사업적인 이면에는 여행객의 요양이나 간병에 대한 효용가치의 보수로써 주로 재화나 서비스재(노역)가 사용되었다. 이처럼 중세기 이전의 여가활동은 화폐라는 교환가치가 아닌 물물거래방식(Barter-System)에 의해서 효용가치인 숙박비를 지불하는 형태를 취했던 것이다.

함무라비법전에는 숙소의 질과 불량식품을 금지하는 내용의 여관법규(Regulation for Inns)가 전해지고 있으며, 이는 대상들을 위한 「캐라반서리(Caravanserai)」라는 숙박시설에 관한 규정으로 당시의 숙박상황을 알려 주고 있다.

순례여행 시 순례자들의 숙박장소인 호스피스[1]가 이 당시부터 존재하기 시작하였고, 이러한 여행 이외에도 에게 해(海)에 위치한 델로스(Delos)섬에 보양을 목적으로 하는 휴양객이 많이 갔었다는 사실이 문헌에 나타나 있다.

또한 고대 페르시아에서는 대상들이 각지로 상업여행을 많이 하였는데, 대상들의 길을 따라 칸(Khan)[2]이라고 하는 숙소도 많이 사용하였다.

숙박시설은 대부분 민가가 조금 발달한 정도였지만 시대가 지남에 따라 대형화되기 시작했으며, 고대 로마의 오스티아(Ostia)는 리셉션 데스크와 내실, 아케이드까지도 구비한 4층 숙박시설이었음을 오늘날 유적에서도 알 수 있다. 이 밖에도 간이식당과 식당겸 숙박시설인 포피나(popina)가 각지에 존재하고 있었다.

숙박시설을 갖춘 주거지가 있는 곳이면 어디나 우편국이나 말 혹은 마차를 보관하는 시설과 같은 편의 시설이 갖추어져 있었고, 조직적인 수송체계의 발전으로 인하여 숙박

1) 호스피스(Hospice) : 그 뜻이 변하여 지금은 안락원의 의미로 사용함. 즉, 환자나 환자의 가족이 고통을 덜기 위한 장소를 지칭함.
2) 칸(khan) : 사막의 모래 폭풍이나 저녁에 야수로부터의 보호목적으로 고대 페르시아 상인들이 사용했던 텐트형 간이숙소

업은 보다 다양한 여행객들의 요구를 충족시켜주기 시작하면서 서서히 발전하기 시작하였다.

로마시대에는 일종의 대형호텔인 맨션이 도로변에 위치해 있었다는 것을 자료를 통하여 알 수 있고, 로마시민들은 잘 정리된 29개의 도로를 통해 세계의 널리 알려진 여러 곳을 여행할 수 있었다. 그러나 로마의 몰락은 여행객들이 치한들에게 강탈당하는 일이 많아지고 도시의 치안기능 마비를 초래함으로써 수세기 동안 여행의 침체를 가져왔다.

2. 중세시대

중세시대는 로마제국의 멸망부터 문예부흥인 르네상스시대까지로 구분한다.

11세기에서 13세기에 거쳐 성지 해방을 시키려 했던 십자군은 후에 평화적인 성지순례여행의 모체가 되었으며, 숙박산업이 부활할 수 있는 계기가 되었다. 따라서 중세유럽의 관광은 성지순례(pilgrim)의 형태를 취하였는데, 순례자들은 수도원에 체재하고 승원의 기사단으로부터 보호를 받으면서 가족을 동반하여 장도의 여행을 계속하는 것이었다.

중세기 이후에 생겨난 coffee-house, hospital, inn, turban 혹은 hostel 등은 자연발생적인 여행객의 욕구와 환자의 발생에 대응하기 위한 최소한의 시설을 갖추고 독립적인 소규모의 조직형태로 운영되었다고 유추할 수 있다.

수로 근처나 위에 도시들이 위치하여 배를 이용한 해상여행과 운송이 훨씬 쉽고 편하였으며, 운하는 철도가 발달되기 이전에 다양한 형태의 운송을 제공하는 중요한 역할을 하였다.

육로여행은 헝가리에서 처음으로 개발한 역마차(stagecoach)의 출현으로 한층 발전되었다. 이러한 역마차는 네바퀴 간에 묶여있는 가죽끈을 통해 짐을 묶는 방식이다. 이런 가죽끈은 스프링과 같은 작용을 하여 노면 상태가 좋지 못한 도로에서 완충 작용을 해준다. 역마차는 주로 상업적 목적에 의한 여행수단이었으며 도로상태가 좋지 못하였기 때문에 전복되는 경우가 많았고, 궂은 날씨에는 이동에 어려움이 있어 역마차 승객들을 위한 대규모의 고급숙소로써 「Coaching House」가 생겨나기 시작했다. 이를 이용하는 사람들은 매우 부유했고 호화시설에 익숙한 귀족들이었기 때문에 시설도 화려했으며, 숙식뿐만 아니라 말을 위한 시설도 잘 갖추어져 당시의 숙박시설을 고급화하는 데 기여했다.

또한 단순히 숙소의 기능을 넘어서 귀족이나 승려, 정치인들의 사교모임 장소로도 이용되었다. 숙소의 건축양식은 상당히 표준화되어 있었으며, 지방관청의 허가가 있어야만 영업을 할 수가 있었다.

르네상스시대의 숙박경영은 고도로 숙련된 생활관광 예술관이 가미된 경영자의 사회적 명예나 현시적인 동기에서 독립 대규모의 형태로 발전하게 된다. 그 후 산업혁명의 궤도에 오르는 19세기 중반의 사회구조는 전체주의 열강들의 식민지의 쟁탈을 목적으로 교통시설의 확충에 박차를 가하기 시작하였다. 이때 대량운송수단인 철도의 발달은 인적, 물적 이동에 지대한 영향을 끼쳤으며, 국가 간 관광객 수송에도 큰 역할을 담당하여 호텔 건축물의 지속적인 증가추세를 보였다.

3. 근세에서 현대까지

중세에는 인(Inn)이 숙박시설의 중심을 이루고 있었다. 이것은 규모도 적었을 뿐 아니라, 대부분 민가를 개조한 것으로 설비는 불완전하였으며 서비스 역시 매우 나빴다. 관광의 양적 증대와 새로운 유산계급(신흥 상업자본가)의 대두는 숙박시설에 대한 새로운 수요를 낳게 되었고, 숙박시설의 고급화를 추구하지 않을 수 없었다. 이러한 19세기의 역사적 배경 하에서 당시 호텔업은 생업 수단만의 의미가 아닌 근대기업으로서의 숙박업으로 전환되었다.

따라서 호텔[3]은 중세의 인(Inn)과는 전혀 이질적인 존재였다. 여행객을 숙박시킨다는 그 자체보다는 숙박과 음식에 관계되는 호화스러운 사치를 제공하는 장소로 만들어졌는데 왕후, 귀족의 권력이 붕괴되어 이를 이용할 수 없게 된 후에도 신흥 부유계층을 위한 사교장소로써 역할을 하게 되었다.

---

3) 영국에서 17세기에 Feathers Hotel이 생겨난 후 '호텔'이라는 용어가 소개되기 시작했다.

1) 유럽

세련된 생활양식을 기초로 한 호화로운 시설과 서비스가 주된 특징이었다. 오늘날의 호화로운 건물의 외관과 내장, 사치스러운 프랑스 요리와 기물, 기구, 종사원의 복장, 서비스는 당시의 호텔에서 채택하여 상업화했던 양식이 지금도 내려오고 있는 것이다.

귀족이나 영향력 있는 계층, 부유층들은 치료효과가 있는 광천수 온천지 등을 찾게 되었고, 따라서 관광지는 온천을 중심으로 피한지나 피서지에 개발된 후 숙박시설을 갖춘 유흥지로 발전되었다. 처음에는 순수한 의미의 보양관광이었으나 시간이 지남에 따라 유흥을 가미하게 되어 유흥의 중심지로 변모하였다. 영국의 유명한 베스(Bath), 독일의 바덴바덴(Baden-Baden), 오스트리아의 바덴(Baden), 프랑스의 리크 스프링(Lick Springs) 등은 단어 자체에서 보듯이 유명한 온천지[4]였다.

호텔(Hotel)이란 용어도 프랑스에서 유래된 것으로 초기의 프랑스에서는 부유층이나 저명인사의 주거지 또는 공공건물을 'Hotel de Ville' 또는 'Hotel de la Monnaie'라고 지칭하였다. 그 후 프랑스의 혁명기간에 많은 사유거주지가 공유거주지로 전환되면서 자연히 그들 집이 호텔이라고 불리게 되었다.

1850년 파리에 건립된 「Le Grand Hotel」은 조직적 호텔경영이 이루어졌으며 그 후부터 호화호텔, 고급호텔의 대명사로 사용되었고, 이때부터 호텔경영이 시작되었다고 말할 수 있다. 그리고 1855년에 나폴레옹 3세에 의하여 파리에 「Hotel de Louvre」가 건설되었다.

1870년에는 세계에서 가장 호화롭다는 「Grand National」이 설립되어 유럽 상류사회에서 인기를 독차지하게 되었다. 1874년에는 베를린에 Kaiser Hof, 1876년에는 Frankfurter Hof가 개업하였다. 1880년에는 고급 호텔경영의 창시자로 알려진 세자르 리츠(Cesar Ritz ; 1850~1918)가 「Ritz Development Co.」를 설립하였는데, 그의 서비스맨으로서 탁월한 재능과 서양요리 사상 가장 위대한 조리사인 조르쥬 에스꼬피에(Georgea A. Escoffier)와의 결합으로 이루어졌다.

이 전문경영회사는 1889년 영국 런던의 중심지에 위치한 「Savoy Hotel」에서 새로운 형태의 위탁경영을 시도하여 명성을 떨쳤다. 정장차림의 디너파티를 정착시켰고 여

---

4) Baden은 독일어로 목욕을 뜻하며, hot spring은 온천을 의미한다.

성고객의 중요성을 부각시켰다. 영국에서는 런던을 중심으로 고객에 대한 서비스를 증가시키고 청결한 시설과 식사를 제공함으로써 세계에서 가장 좋다는 평판을 받게 되었다. 1899년에는 런던에서 「The Carlton」을 개업하고 영국 최초로 호텔객실에 욕실을 구비하였다. 리츠는 '손님이 항상 옳다' 는 경영이념을 갖고 고객이 요구하는 모든 것은 최고의 서비스로 제공한다는 호텔경영 사상 최고의 위대한 호텔리어였다. 이 후 유럽의 호텔조직뿐만 아니라 미국에서도 채용하게 되어 미국에서 대규모 체인호텔의 완성을 보게 되었다.

이 시대의 특색은 대부분의 고객이 부유한 특권계층이었고 투자가의 관심은 사회적 명예의 획득이었으며, 경영방침은 어떻게 하면 이러한 고객을 만족시킬 수 있는가에 있었다. 또 조직 면에서는 독립적인 대규모 호텔을 운영하였다. 따라서 호텔을 건설하기 위하여 자금을 투자하는 사람은 귀족이나 부호였고, 고객 또한 그런 부류의 사람들이었다. 그러므로 고객의 수요 또한 왕족과 귀족으로 한정되어 있어 모든 계층의 사람들을 대상으로 한 공공성 있는 숙박기능을 제대로 수행하지 못했으며, 경영자와 자본주가 분리되어 있지 않아 경영의 전문성이 결여되어 있었다. 또한 호텔경영의 핵심요소인 종사원의 입장을 전혀 고려치 않았다는 문제점도 있었다.

2) 미국

미국에는 터번(Tevern)[5]이라 부르는 식당 겸 숙박시설이 보급되었다. 영국에서 발달한 인(Inn)과의 차이는 인이 원래 역마차의 역사로써 시가지 주변에 발달한 것에 반해 터번은 신대륙에서 시가가 만들어질 때에 시민의 집회소, 여행객의 커뮤니케이션 장소로써 세워진 것이다.

1775년 당시 James de Lancy의 사저로서 Fraunces Tavern이라 하여 문을 열게 되었으며, 1789년에는 The city Tavern이라 부르다가 1793년 구관을 헐고 큰 현대식 호텔로 지어 이를 「Tontine City Tavern」과 「City Hotel」로 불렀다.

근대적인 발전에 따라 건축된 세계 최초의 호텔인 동시에 미국 최초의 호텔인 시티

5) 유럽에서 술을 파는 옛날 주점이었나, 그 후 목로주점으로 바뀌었다가 요리와 음료를 제공하여 숙박시설로서의 기능을 발휘하게 되었다.

호텔(The City Hotel)은 호텔업을 목적으로 건축한 최초의 건물로 73개의 객실을 갖추고 그 당시 인구 3만의 신흥도시인 뉴욕에 있어서 사교의 중심지가 되었다.

1807년 필라델피아에서는 Exchange Coffee House란 거대한 호텔이 설립되어 후에 Mansion House Hotel로 개칭되었다가 1855년 신축건물을 짓기 위해 헐렸으며, 1807년에는 Wales Hotel이 벽돌로 지어져 유명하였다. 또한 발티모어에 City Hotel, 그리고 뉴욕의 Adelphi Hotel이 유명하다.

휴양지 호텔은 1826년 Congress 온천지역에 Congress Hall이라는 200명 수용 규모의 호텔을 지었으며 중심가에 Union Hotel과 United States Hotel을 지었다.

미국에서의 숙박사업은 동부지역의 항구도시로부터 발전하기 시작하였고 경영방식은 영국을 그대로 모방하였으나, 미국의 호텔경영인들은 훨씬 진취적이었고 모험적이었으며, 적극적인 사고방식을 가지고 운영하였기 때문에 호텔산업의 발전을 가져오게 되었다.

근대 호텔로는 1829년 Boston에 최초의 현대식 호텔인 「트레몬트 하우스(Tramont House)」가 등장했다. 이 호텔을 가리켜 "근대 호텔산업의 원조(The Adam and Eve of the Modern Hotel Industry)"라고 부른다. 호텔건축가 '아이제아 로저스(Isaiah Rogers)' 가 설계한 건물로 호텔 건설의 권위를 인정받게 되었으며, 그의 건축양식과 방법은 그 후 50여 년간 호텔건축에 절대적인 영향을 미쳤다. 이 트레몬트 하우스의 개관으로 인하여 호텔 경영분야에 있어서 미국은 세계에서 우위성을 인정받게 된 것으로 알려졌다. 이때부터 트레몬트 하우스는 호텔경영에 많은 기술혁신을 이루었으며, 당시에 신식시설을 갖추게 된 것이다. 최초로 싱글베드(Single Bed)와 더블 룸(Double Room)을 고객에게 제공하였으며, 객실의 열쇠(Room Key)와 객실비품을 갖추고, 비누, 타월(Towel) 등을 자유로이 사용할 수 있도록 객실소모품이 준비되어 있었다. 또한 로비(Lobby)를 구비하여 고객이 바(Bar)에서 체크인(Check-In)할 필요가 없이 호텔 로비를 통하여 투숙할 수 있었다.

또한, 처음으로 프랑스 요리가 소개되었고, 종사원은 고객에게 정중히 접대하고 존경하는 태도를 보일 것을 훈련받았다. 그리고 최초로 벨맨(Bell Man)과 객실전화기의 전신인 통보기(Annunmciator)가 사용되어 현대 호텔경영발전의 효시가 되었다.

이러한 과정을 통하여 스타틀러(Statler ; 1863~1928), 힐튼(Hilton ; 1887~1978)과 같은 위대한 호텔경영인이 등장하면서 미국의 호텔은 대형화 · 근대화되었다.

스타틀러는 1908년 「버팔로 스타틀러 호텔(Buffalo Statler Hotel)」을 설립하였는데, "일반서민이 부담할 수 있을 정도의 싼 가격으로 세계 최고의 서비스를 제공할 것"을 호텔경영의 이념으로 삼았다. 스타틀러의 출현으로 숙박산업은 새로운 발전단계로 들어서게 되었는데, 이 단계를 가리켜 「커머셜 호텔(commercial hotel)」의 시대라 부르고 있다.

그는 오랫동안 호텔에 종사한 경력으로 호텔의 경영이념을 터득하고 "쾌적하고 편리한 호텔서비스"를 생각하게 되어 호텔의 비품들에 대한 표준화 · 능률화 그리고 합리화 관리를 꾀하고 적정한 요금으로 호텔이용의 대중화를 유도하면서 경영향상을 지속하였다.

미국의 여러 도시와 수많은 호텔업자들은 보다 크고 좋은 호텔을 지으려는 경쟁으로 인하여 '호텔의 대중이용'이라고 하는 호텔에 대한 미국의 전통적 사고를 벗어나기도 하였으나 다시 호텔업계는 중류층 고객을 유치하기 위하여 숙박시설, 요금, 서비스 등 여러 부문에 관하여 새로운 요구를 받게 되었다.

19세기 말 미국에는 우아하고 사치스러운 여러 호텔들이 운영되고 있었으며, 그 대표적인 것으로는 뉴욕 시의 월도프 아스토리아(Old Waldorf Astoria), 덴버(Denvers) 시의 브라운 팔래스(Brown Palace), 샌프란시스코의 팔래스(Palace)호텔 등을 들 수 있다.

1910년과 1920년 사이에는 미국 호텔건설의 절정을 이룬 시기로써 1919년에는 세계 제일의 Pennsylvania Hotel이 22층 2,200실 규모로 개업하였으며, 몇 년 뒤 New Yorker(Ralph Ritz's Hotel)가 펜실베니아 호텔을 능가하게 되었다. 1920년에는 New Waldorf Astoria Hotel이 47층의 2,150실 규모로 개업하고, 또한 1927년에는 타의 추종을 불허하는 초대형 호텔인 스티븐스 호텔(Stevens Hotel)[6]이 3,000개의 객실을 보유한 호텔로 시카고에서 개관을 했다.

---

6) 후에 Conrad Hilton Hotel로 개명되었다. 1967년 소련 모스코바에 건설된 Hotel Rossita(3,500실)가 등장하기까지는 세계 최대 규모였다.

1930년 미국의 경제 대공항기는 호텔역사상 가장 불행했던 시대라 할 수 있다. 한때 호텔의 85%가 파산하기도 하였다. 대공황이 지나가고 1940년 이후 미국의 호텔산업이 낙관적으로 회복되었고, 1942년 세계 제2차 대전으로 군인들의 이동이 많아지자 호텔은 성황을 이루기 시작했으며 1947년에는 호텔 이용률이 90%에 달하기도 하였다.

1950년대에는 대규모 호화호텔은 등장하지 않았으나 휴양지 호텔이나 모텔(Motel)들이 많이 등장했다. 1962년 미국호텔협회(American Hotel Association)가 미국호텔모텔협회(AHMA : American Hotel and Motel Association)로 개칭되면서 미국의 호텔경영자들이 이 협회를 통해 단결과 협력을 강화시켜 나갔다.

현대 호텔경영의 중요한 계기는 Sheraton과 Hilton Hotel의 등장이다.

Sheration의 창업자는 핸더슨(Henderson)이고, Hilton의 창업자는 힐튼(Hilton)으로 이들은 기존 호텔을 매입, 세력을 확장하였으며 Holiday Inn의 창업자인 윌슨(Wilson)은 프랜차이즈(Franchise)의 경영방식으로 급속하게 호텔체인망을 전개한 인물들이다.

모텔형식으로 생겨난 것은 1930년대의 Tourist cabin이다. 1937년 10월에 International Motor Court Association의 간행물인 「Tourist court Journal」이 출간되었으며, 캘리포니아에서 California Motor Hotel과 텍사스주의 Dallas에서 Motor in Hotel이 개업하였다.

1940년대 Motel의 최초 그룹인 Quality Courts가 탄생되면서 모텔도 서비스와 경영상의 표준화시대가 되었다. 1950년도에는 대형의 모텔들이 생기면서 좀 더 좋은 시설과 서비스가 등장하였고, 1951년에 위스콘신주의 Meal Inn은 완전 호화호텔의 설비를 갖추어 모텔로 개업하였다. 또한 New York 중심지의 City Squire Motor Hotel은 727실, Holiday Inn은 600실 규모로 대형화되었다.

3) 일본

호텔이란 이름이 일본의 숙박시설에 붙게 된 것은 명치(明治)시대부터이다.[7] 강호(江戸)시대(1600년~1900년)까지는 '히다고(旅籠)'로 불렸는데 원래 식사가 제공되지 않

7) 冈本伸之, 현대호텔경영의 기초이론, (동경) 金田書店, 1992 pp.95-96

았지만 강호시대부터 되어서 식사가 제공되어 점점 문명개화와 함께 여관이라 불리게 되었다. 호텔은 외국인이 머물던 시설로 강호시대에는 서양식의 호텔시설은 없었다. 일본에서 만들어진 서양식 호텔은 명치 원년(1654년)에 축지(築地)의 '호텔관' 이 최초였다. 또한 경도(京都)에도 '오란다숙' 이 있었다. 실크로드의 '참부기행(參府紀行)' 에 의하면 집 이름을 '해노옥(海老屋)' 이라 칭해 하원정(河原町)에도 있었다고 한다.[8)]

일본에서도 16세기에는 서양인들이 들어오기 시작하였다. 그러나 외국인을 상대로 한 숙박시설로는 6세기 말 난파(難波)에 '고려관(高廬館)' 이 일본에서는 최고로 오래된 것으로 알려져 있다. 이 고려관의 전통이 명치, 대정, 소화의 초기까지 계속되어 전후의 외국인 전용의 호텔과 같은 양상으로 발전하게 되었다.[9)] 당시 중국 당나라의 사신을 영접하기 위한 영빈관이라기보다 고려 또는 신라의 사신을 위한 영빈관으로 고려라는 명칭이 생겨났을 것으로 추측된다.

근대에 들어와 구미 각국과의 교류가 촉진되고 있을 즈음에, 호텔의 근대적인 경영체제로 정부요인들의 요구와 관내성(官內省)의 원조로써 1890년에 제국호텔이 설립되었다. 이 호텔은 1887년 1월에 유한회사 제국호텔을 설립하면서 내 · 외국인 고객의 숙박과 접대에 알맞은 호텔의 필요성이 강조되고 있었다. 호텔자체는 민영기업이었지만 정부에서도 출자를 하여 마치 관영호텔에 가깝게 운영되고, 목조건물의 3층으로 특별객실 10개와 함께 70실로 장안의 명물로 등장함으로서 국빈으로 내방하는 외국인은 모두 제국호텔에 숙박하고 있었다.[10)]

그 후 미국인 설계사 라이트(F.R.Light)에 의해서 신관이 현대식 건축법을 응용하여 지상5층, 지하1층(연면적 9,500평)으로 개업을 하였으나, 그해 9월 불행히도 관동 대지진으로 인해 피해를 입은 후 소화 8년(1993) 10월에는 스위스식의 산장풍 목조 4층 건물로 객실 63실(수용인원 200명)을 갖추고, 또다시 최고급 제국호텔을 개업하였다.

제국호텔은 1945년 9월 연합군 총사령부의 고급장교 숙사로도 사용되다 7년 후 다시 영업을 재개하였다. 또한 열차 식당부를 개설하여(1953. 8) 식당차 영업을 개시하였고, 1950년 9월 25일에는 운수성 관광부에 호텔등록 제1호로서 등록을 마쳤다.

---

8) 일본 운송성, 日本觀光白書, (동경) 日本 운송성, 1977, p.50
9) 作古貞義, ホテル사업론, 柴田書店, 1983, p.1
10) 오정환, 호텔경영의 변천과정에 관한 국제비교연구, 단국대학교 대학원 박사 학위논문, 1991, p.45

제국호텔은 내외 귀빈들의 영접과 숙소로서 일본에서는 대단한 인기를 갖고 있으며, 유럽 및 미국에서 호텔경영학을 배우고 돌아온 지배인을 채용하면서 세계적인 호텔로 격상하게 되었다. 한때는 제국호텔이 외국 즉, 방콕에 Oriental Hotel과 버마 랑군에 대화여관(大和旅館), 싱가포르 등지에 지점을 두고 체인시스템으로 운영하다가 종전을 맞기도 하였다. 러일전쟁 당시 1906년에는 남만주 철도회사가 설립됨과 동시에 만철도관(滿鐵道官)의 철도호텔 등이 대련(大連), 여순(旅順), 장춘(長春), 봉천(奉天) 등지에 야마도 호텔이라는 명칭으로 운영하여 일찍이 해외진출의 호텔경영 시대를 구미제국들보다 앞서 맞이하였다.

일본의 대정(大正)시대에는 자동차가 출현하여 교통수단으로써 중요한 역할을 하고 호텔산업에 자동차회사가 참여(후지야 호텔)하게 되고, 호텔경영자는 미국으로 건너가 호텔경영의 과학적인 기법을 배우고 돌아와서 합리적인 호텔경영법을 전개하기 시작하였다.

대정 10년경에는 관광사업이 두각을 나타내자 저마다 호텔사업에 적극 참여하게 되어 당시(1930~1945) 제국호텔의 신축을 비롯하여 나라호텔 및 미야또 호텔이 증축될 때 정부에서는 자금융자를 장기 저리로 지원을 아끼지 않았던 것이다.

그 후 각지에서 호텔이 신설되면서 외국인의 관심을 모으게 되어 외국의 호텔경영자가 내방함으로써 일본 내의 호텔 붐을 더욱 자극시키게 되고 또한 1935년도에는 동경 YMCA 내 국제 호텔학교가 설립되어 호텔업계의 인력자원 충족으로서 사명을 다하고 있었다.

1940년도에 와서는 동경올림픽의 개최가 고조됨으로써 숙박산업의 필요성이 절대적으로 대두되어, 당시 동양최대의 제일호텔이 객실 650개를 가지고 건립되기에 이르렀다.

그러나 제2차 세계대전이 발발하면서 국제관광객이 급격히 감소하기 시작하였으나, 종전 후 호텔들이 미군에 매수되어 미국과의 교류라는 명분으로 일본의 호텔업주 2세들을 미국으로 유학시켜 호텔경영 기술을 습득케 하였다. 그리하여 그들이 돌아와 미국의 호텔경영 방식을 도입하여 유럽식의 호텔경영 방법을 배제하고 효율적이고 합리적인 경영관리 제도가 미국으로부터 유입되게 이른 것이다.

또한 전후 1949년에는 국제 관광호텔 정비법이 제정 · 공포되어 외국인의 취향에 맞는 호텔기업이 육성되었고, 1964년 국제올림픽과 1970년도의 오사카 만국박람회의 개최로 일본에서는 사상 최대 규모의 국제호텔의 진출을 촉진하게 되었다. 이를 계기로 일본은 마케팅적 접근방식으로 인재육성 및 조직의 효율성과 경영다각화 등을 고려하여 적극적인 호텔경영기법으로 변모하게 되었다.

제2절 한국 호텔업의 발전 과정

1. 고려시대 이전

한국의 전통적인 숙박시설의 특징은 국가에서 하는 공설기관이 사설기관보다 월등히 많아 공설기관을 중심으로 숙박시설이 발달하였다는 것이다. 그 이유는 전통사회에서는 개인적인 여행이 많지 않았으므로 개인여행자를 대상으로 한 사설 숙박시설이 적을 수밖에 없었다. 우리나라의 숙박시설에 관한 최초의 기록은 삼국사기에 기록된 관영(官營)으로써 487년(신라 소지왕 9년)에 등장한 역관(驛館)이 공설 숙박시설의 효시라고 할 수 있다. 역관은 주기능이 아닌 부기능의 일부로 주로 관리들의 지방 순찰 시 숙소로써 이용되었는데, 그 기능은 조선시대까지 계속되었다. 역관 이외의 공용여행자를 위한 공설 숙박시설로 각 주현(州縣)의 관(館), 객사(客舍)와 교통상 중요한 곳에 설치한 원(院)이 있었다.

고려시대에는 참역제가 발달하여 역마를 두고 역장, 역리 등의 관리가 있어 공문서의 전달, 공물의 수송, 공무로 왕래하는 관리들에게 교통 및 숙박의 편의제공을 하였고, 처음으로 공설주막(公設酒幕)이 개설되어 선비들의 숙식장소로 이용되었으며 사찰에서도 숙식을 제공하고 그 대가로 돈을 받았다. 또한 고려 말기에는 송나라와 활발한 경제교류를 하면서 두 나라 상호 간에 숙박시설을 만들어 사신과 상인을 위해서 숙식을 제공하였다.

2. 조선시대

조선시대에도 고려시대의 참역제가 지속되어 역(驛)이 산재하고 있었다. 경국대전에 의하면 전국에 537개의 역이 있었으나 새로운 숙박시설인 관(館)이 공무 중인 관리나, 외국에서 오는 사신들의 숙식을 해결하기 위하여 지방관위에 부설되었다. 하급숙박시설로 교통의 요지나 인가가 드문 지역에 적당한 간격을 두고 역(驛)과 원(院)을 세웠는데 역마를 두어 공문의 접수와 지방으로부터의 세미 공물 진상의 수송을 맡기도 하였으나, 원은 사용범위가 제한되었기 때문에 점차로 폐지되고 일반여행객을 위한 점(店-酒幕)이 발달되기 시작했다.

조선시대의 관은 대부분 한성에서 의주까지 설치되었다. 한성에는 명나라의 사신을 위한 태평관, 일본의 사신을 위한 동평관, 여진인을 위한 북평관이 설립되었는데 임진왜란 때에 태평관이 불타버리자 과거시험 장소였던 모화관을 태평관 대신 사용하게 되었다.

원(院)은 관리들을 위한 숙박시설의 역할을 하였다. 사리원, 조치원, 퇴계원 등이 그 예가 될 수 있다. 그러나 일반백성, 보부상, 선비들이 관광을 할 때는 외진 곳에 있었던 주막에 머물렀는데 이 주막은 원래 외진 곳에 있었으나 점차 장터나 마을로 옮겨졌으며 이것은 사람들의 왕래가 많아졌다는 증거이기도 하다. 그러나 숙박업은 외국인들에 의하여 발전하였고 그 수요자들도 대부분이 외국인들이었다.

1887년에 요정과 숙박을 전문하는 시천여관(市川旅館)이 일본인에 의해 생겨난 것을 시작으로 남산주변과 충무로지역을 중심으로 하여 숙박시설이 늘어났다.

19세기 말 개화기에 인천항에 외국선박이 많이 입항하게 됨에 따라 외국인 선원들의 숙박을 위한 호텔이 필요하게 되어 1888년에 일본인이 '대불호텔'을 세웠으며 서울에 세워진 최초의 근대식 호텔로는 독일 여성인 손탁이 1902년 현재 이화여고 부근에 개관한 '손탁(Sontag)호텔'이 있었다. 손탁호텔은 서구문화 수입의 창구역할을 하였고, 각국 외교관과 국내 정치가들의 사교장으로 이용되기도 했다.

손탁은 당시 한국에 부임한 러시아공사 웨버(Weber)의 천거로 궁중에서 서양문물 소개에 대한 자문을 하였고 고종의 신임을 얻어 정동의 땅을 하사받아 여기에 2층 양옥을 짓고 호텔을 개업했다. 호텔에는 객실, 식당, 연회장이 모두 갖추어져 있어서 당시의 외교모임인 정동구락부가 이 호텔에서 개최되었다.

개화기 이후 우리나라의 숙박업소는 외세의 영향을 받았는데 특히 도시의 숙박시설(여관)은 일본 행정관서의 간섭과 감독을 받았다. 일본의 대침략의 목적으로 철도가 부설되었고, 관광형태는 편리한 철도관광이 대중을 이루게 됨으로써 이들 철도관광객을 숙박시키기 위하여 주요 철도역에 철도호텔을 세웠다. 1912년 신의주와 부산에 최초로 설립된 철도호텔은 조선총독부 철도국이나 교통국에서 관장하였다.

부산, 신의주의 호텔에 이어 1914년 서울에 조선호텔[11](4층, 65객실 규모로 현재의 Westin Chosun 호텔 위치)이 세워지고 1915년에는 금강산에 '금강산호텔', '장안사호텔' 이 세워졌다.

그 후 1925년에는 '평양 철도호텔' 이, 1936년에는 당시 최대 규모이며 민간호텔인 '반도호텔' [12](8층, 객실 111실, 현재의 롯데호텔자리)이 개관하였다. 그러나 이 시기에는 내국인을 위한 것이 아니라 일본인과 외국인을 위한 것이었을 뿐이다.

■대불호텔

■서울철도호텔(조선호텔)

3. 근대

한국의 근대관광은 시기적으로 해방 후, 즉 1945년부터 내국인을 위한 국외여행절차가 완화되기 시작한 1980년 말까지로 규정한다. 이 시기는 우리나라에서 외국관광객 유치를 통한 외화획득의 경제적 효과를 중요시하여 관광산업을 국가의 전략산업으로 육성하였다.

---

11) 개관 당시 수직열차라는 엘리베이터가 설치되었고, 1969년 국내 최초 중앙 냉난방시설이 설치되고, 뷔페, 아이스크림 전문점이 처음 개설되었다.

12) 미국의 스타틀러호텔의 경영방식을 도입

1945년 8월 15일 이후 호텔업은 한국인에 의한 본격적인 발전의 계기를 맞이했으나 해방 이후의 사회혼란과 6 · 25동란 등으로 인하여 사실상 1950년까지 호텔업의 발전은 정체기에 있었다. 정부수립 후 미 군정청에서 관리하던 조선호텔과 반도호텔은 1950년대 초에 교통부 육운국이 인수하여 운영, 감독하였다.

1953년 7월 휴전이 되고 많은 미군들과 군속 그리고 전후 UN 한국부흥단 의원들이 한국을 방문하게 되자 점차 관광사업의 필요성을 인식하기 시작했으며 이에 따라 정부에 관광과가 설치되었고 여행사와 민영호텔들이 생겨나기 시작하였다.

1950년을 전후로 온양호텔, 서귀포호텔, 무등산호텔, 불국사호텔, 대구호텔, 설악산호텔, 반도호텔, 조선호텔, 화진포호텔 등이 국제관광사업의 일환으로 철도호텔에서 관광호텔로 개칭되었으며, 운영관리도 1962년 설립된 한국관광공사로 이전되었다. 민영호텔로는 1952년 대구호텔, 1955년 앰배서더의 전신인 금수장호텔, 1957년에는 해운대호텔과 사보이호텔의 개관을 보게 되었다.

호텔기업은 1960년대의 정부의 지속적인 관심과 민간기업의 노력으로 외화획득산업으로서의 발전을 하게 되었는데 이러한 배경에는 정치, 제도적인 안정과 경제적 성장으로 가능하였다. 1961년 8월 22일 관광사업진흥법의 제정, 공포와 동법 시행령 및 시행규칙의 공포는 호텔산업 발전에 계기를 마련하였다.

1962년 국제관광공사(현 한국관광공사)가 설립, 관광공사법의 제정으로 관광종사원의 양성과 훈련을 담당토록 하였다. 이후 1963년 1월부터 워커힐, 반도, 조선호텔 등을 인수하여 운영하였다. 이후 관광사업진흥법 제1차 개정에 따라 관광호텔 종사원의 자격제도가 신설되었다.

최초 한국에 있어서의 외국호텔업의 진출은 1967년 국제관광공사와 팬 아메리칸 항공사 간의 합작투자에 의해서 조선호텔을 건립하여 운영한 것이 시초이다.

1970년대 제3차 경제개발 5개년 계획과 더불어 1970년 5월부터 관광호텔 등급화제도(4단계)를 실시하여 호텔 전문경영자의 확보와 자질향상을 도모하고 관광서비스를 국제수준화하기 위한 노력을 적극 추진하였다. 제3차 개정(1971. 1. 8)에는 관광호텔의 등록제를 신설하였다.

제4차 개정(1973. 2. 5)에서는 민박제도, 관광종사원 교육제도가 신설되고 또한 관광사업자는 모두 한국관광협회에 회원으로 가입해서 분담금을 납부하도록 하였다. 1970년대 중반기는 관광법규의 정비시기라고 할 수 있는데 1975년 12월 31일 관광사업진흥법을 관광기본법과 관광사업법으로 분리, 제정하였다. 1980년 9월 16일 교통부 고시로 종전의 관광호텔 등급기준을 객실 수 및 시설로만 되어 있던 것을 객실, 식당, 관리부문으로 구분하고 이를 환경, 시설, 비품, 집기와 서비스 등 715개 항목으로 분류 계량화하고 등급을 결정하여 호텔기업의 질적 향상과 수용태세를 위해 호텔의 등급제도를 개선하였다. 또한 관광호텔을 등록만으로 허가하였다.

1976년에 서울 프라자호텔, 1978년 하얏트호텔, 부산 조선비치호텔, 코모도호텔, 경주 코오롱호텔이 각각 개관하였다. 1978년 12월에는 호텔신라가 준공되어 그 이듬해 3월 전면 개관을 하였고, 호텔롯데, 경주 도큐호텔, 부산 서라벌호텔, 서울 가든호텔 등의 대규모호텔이 1979~1980년 사이 서울과 지방에서 앞 다투어 문을 열어 호텔업의 중흥기를 다시 만난 듯하였다.

■조선호텔 야경

그러나 1979년 제2차 석유파동이 일어나 세계의 경제는 침체 속으로 빠지고 10.26[13] 사건으로 시작된 1980년대 정치격변은 사회 · 경제적으로 혼란을 가져와 관광호텔산업은 두 번째의 시련기를 맞이하게 되었다.

4. 현대

국외여행절차가 완화된 1981년부터 지금까지를 현대관광시대라고 한다. 1980년대 후반에는 관광진흥법(1986. 12. 31)이 제정 · 공포되었는데, 폐지된 관광사업법의 내용을 대부분 답습함과 동시에 관광단지개발촉진법을 흡수한 것이 주 내용이라 하겠으며, 각종 정부지원이 있었다.

1984년 6월 29일 관광사업법 시행령을 개정하여 관광숙박에 대한 각종 인 · 허가사

13) 1979년 발생한 박정희 대통령을 시해하려던 사건. 일명 문세광 사건

항을 시 · 도에 위임하고 관광종사원 자격관리를 교통부에서 한국관광공사에 위탁 관리하도록 하여 자격증제도를 전문화하였다.

1983년에는 대우 그룹에서 운영하는 힐튼호텔이 개관하고, 1988년 제24회 세계올림픽대회를 서울에서 개최하게 되자 이에 대비하여 유수의 외국 체인호텔들이 개관을 하였는데 스위스그랜드호텔, 인터컨티넨탈호텔, 라마다호텔, 롯데월드호텔 등이다.

'86아시안게임을 성공적으로 치르게 된 것을 계기로 '88서울올림픽의 성공적 개최를 위한 관광호텔의 대형화를 위하여 한시법으로 1988년 12월 12일까지만 유효한 '올림픽대회 등에 대비한 관광, 숙박 등의 지원에 관한 법률'을 제정하여 효과적으로 올림픽을 치를 수 있도록 하였다. 그러나 1990년대 초반에는 관광호텔업이 사치향락산업으로 분류되어 침체기를 맞이하게 되었다.

1990년에는 제주 중문단지 안에 본격적인 체재형 리조트 호텔인 제주신라가 개관되어 세계적인 리조트 호텔로서 자리 잡았다.

1994년에는 관광의 소관부처가 교통부에서 문화체육부로 이관되었고, 관광호텔업이 사치향락 산업에서 제외되었다. 1995년부터 관광진흥 10개년 계획을 수립하여 관광진흥을 위한 제반조치를 마련하였다.

2012년 한국을 방문한 외래 관광객이 전년대비 13.7% 증가한 1,114만 명을 기록하면서, 외래관광객 1,000만 명 시대가 개막되었다. 외래 관광객 1,000만 명 달성은 우리나라가 세계 관광대국으로 진입하고 있음을 알리는 쾌거인 동시에, 우리나라 관광산업이 이제 양적 성장이 아니라 질적 성장을 이룩해야 한다는 과제를 안겨주었다.

2014년을 기준으로 국내 특1급 호텔은 전국 68개소에서 운영 중이며 이 중 23개소가 서울에 위치하고 있고, 객실 수로는 50.2%가 서울에 집중되어 있다. 서울시 소재 특1급 호텔운영업체는 대부분 국내 대그룹 소속 계열사이며, 호텔신라, 호텔 롯데 등 일부 호텔을 제외하고는 해외 유수의 호텔체인과 프랜차이즈 및 위탁경영계약[14]을 체결하고 있다.

---

14) 위탁경영계약 : 기업체가 경영에 노하우를 가지고 있는 제3자에게 회사 경영을 위탁하는 것이다. 일반적으로 위탁경영은 소유회사와 경영회사가 위탁경영계약을 체결함으로써 경영을 전문으로 하는 회사가 경영전권을 맡고 소유회사는 자산관리에만 전념하게 된다. 이러한 위탁경영은 병원, 호텔 급식업체 등에서 많이 도입한다.

오늘날 많은 호텔들이 경영합리화와 호텔마케팅차원에서 합작투자 또는 체인화를 하고 있으며 이는 계속 증가하리라 본다. 현재 우리나라 대도시 호텔건물의 양상은 미국식으로 규모면에서 매머드화 시스템이다. 그러나 앞으로는 유럽형의 소규모 디럭스 시스템의 짜임새 있고, 기품있는 우리나라 고유의 전통을 지닌 호텔을 고객은 요구할 것이고, 또 그렇게 나아가야 할 것이다.

제3절 호텔업의 동향과 전망

1. 국내 호텔산업의 환경변화

21세기의 문이 열리고 난 후, 2003년 SARS와 이라크 전쟁, 조류독감 등으로 이어진 국제환경 악화의 영향으로 큰 위기에 직면했던 세계관광산업이 2004년도부터는 점차 회복세로 돌아서고 있고, 동남아지역을 중심으로 한 대한민국 중심의 한류열풍이 가장 큰 요인으로 손꼽을 수 있으나 이러한 영향력을 얼마나 지속시킬 수 있을지는 우리나라 관광마케팅의 주요한 과제라고 볼 수 있다.

한국의 이미지가 국내외적으로 향상되고 있으며, 주40시간 근무제와 주5일 수업제가 확산되면서 가족중심의 숙박관광이 점차 증가되고 있으며, 가처분소득의 증가, 삶의 질에 대한 가치평가, 라이프스타일의 변화, 또한 가족구조의 변화와 맞물려 국내 관광숙박업 역시 변화의 바람을 맞이하게 되었다.

정부 역시 이러한 관광산업의 중요성과 그 가치를 인식하고, 관광여건의 변화와 이러한 기존의 관광정책분석을 토대로, 증가하는 지역관광정책 요구에 대응하며 급증하는 국민여가관광수요를 선도 · 대비할 수 있는 관광진흥 정책을 수립하여 추진하였다.

그러나 현재 한국의 관광숙박산업은 대도시 중심으로 관광호텔업에 지나치게 편중되어 있으며, 국제위기 상황의 지속과 국내 경기침체로 인하여 관광호텔업 역시 지방중심의 중소규모의 경우 경영수지 악화와 부채의 증가, 시설의 노후화로 인하여 지역간, 호텔규모별로 관광인프라의 불균형을 초래하고 있다. 또한 외국인 전용 레지던스 호텔, 펜션, 일반 모텔 등에 대한 부동산 투자가치가 확산되고 있으며, 가격경쟁력 및 신규시설의 장점이 부각되는 대체숙박시설의 증가로 관광호텔업 역시 위기상황에 직면하게 되었다.

오늘날 관광숙박업이 갖는 의의는 크게 정책적 축면, 경제적 측면, 사회문화적 측면으로 나누어볼 수 있다.

정책적으로는 국제적인 경쟁우위 확보를 위해 핵심 성장산업으로 육성시킬 필요성을 갖고 있으며, 경제적으로는 지역주민의 가처분 소득증대, 고용효과와 같은 국내 내수경기의 활성화와 연계 산업과의 통합적 육성으로 성장시킬 수 있으며, 궁극적으로는 외화수입을 통한 국제수지의 향상을 도모할 수 있다. 또한 사회문화적 측면으로는 독특한 지역문화의 관광자원화를 통한 국가 간, 지역 간, 산업 간 커뮤니케이션의 역할을 하게 된다.

이러한 측면을 고려해 볼 때, 관광숙박업은 단순 체류와 숙박을 통한 관광객의 안전한 보호와 휴식제공뿐만 아니라 관광산업을 중심으로 연계산업으로의 경제적 분배효과 기능을 동반할 수 있는 허브기능을 갖고 있다.

최근 호텔경영의 추세를 요약해 보면

1) 대규모화

호텔의 각종 물품 구입을 대량화함으로써 원가를 크게 줄이고 건축단가도 줄이기 위하여 객실 및 각종 부대시설을 대규모화하고 있다

2) 호텔경영의 전문화와 표준화

직무를 전문화와 표준화를 통한 통합 운영과 가능한 업무를 기계화 및 자동화로 대체하여 인건비의 절감을 도모하고 있다. 특히 첨단의 하이테크 기술이 도입된 객실이나 부대시설에 대한 수요가 증가할 것이며 호텔경영의 컴퓨터 도입이 더욱 가속화될 것으로 보인다. 이러한 컴퓨터화는 호텔의 경영관리기능을 향상시키고, 고객에게는 편리성과 접근성을 더욱 쉽게 해 주고 있다.

3) 호텔기업 투자주체의 다양화

대그룹사의 계열회사로의 운영에서 점차 전문 호텔 투자회사 및 개별기업으로 전환되고 있다.

4) 호텔경영의 체인화

대량구매에 의한 원가절감 및 고객들에게는 표준화되고 전문화된 일정 수준의 서비스를 제공하며 호텔 이미지 제고를 통한 경쟁률 확보를 위한 방안으로 국제적인 호텔 전문 경영회사에 위탁하여 운영하고 있다. 호텔 위탁경영당사자인 호텔 소유자와 경영자들이 더욱 복잡한 요구와 계약관계를 취하고 있다. 소유자들은 경영자들이 자기들의 호텔에 투자해 위험부담을 함께 하기를 바라며, 이것은 경영자들이 호텔의 수익뿐만 아니라 경영성과도 공유할 수 있음을 의미한다.

5) 호텔객실의 고급화

다양한 종류의 객실을 단순화시키고 귀빈층 또는 디럭스한 객실로 고급화하여 매출 확대를 꾀하고 있다. 최고급유형의 객실의 경우 높은 수준의 서비스에 대한 시장수요는 항상 있으며, 가격에 있어서는 경쟁력을 보장해준다.

6) 중저가 호텔의 확충

중소규모의 재무구조를 가진 관광호텔에 대해 체인화 및 최소 객실이용률 달성을 위하여 경영혁신을 유도하고 정부의 각종 세제 및 홍보 지원을 통하여 외래 관광객 유치를 도모하고 있다

7) 다양한 숙박시설 공급

장기체류, 주말관광, 가족형, 비즈니스형, 기능형, 리조트형 등 다양한 관광형태에 부합하기 위하여 다양한 관광숙박시설 유형을 개발 공급하고 있음

8) 대체숙박시설의 제도권 편입

펜션 및 일부 레지던스 호텔을 관광 숙박업으로 편입하여 시설의 확충을 꾀하고 있다.

9) 전략적 제휴의 증가

여행사 및 항공사와의 제휴 마케팅을 통한 상품 개발 및 판매에 주력하고 있다.

10) 그린 마케팅(Green Marketing)

환경문제는 지금 전 세계적으로 관심의 초점이 되고 있으며, 정부는 이와 관련된 각종 규제를 강화하고 있다. 따라서 호텔에서의 재활용자원의 관리나 폐기물 처리시스템, 일회용품 사용자제 등을 실시하고 있다.

2. 관광숙박업 변화 방향

관광산업은 지식정보산업, 환경산업 등과 함께 21세기의 대표적 성장산업으로 부각되고 있으며, 글로벌경제의 성장산업으로 국가의 모든 보유자원과 생산품을 기초로 하는 21세기 고부가가치 서비스산업으로 인식되고 있다.

1) 한류에 따른 외국인 관광객의 증가

한류(韓流)란 '한국 문화의 흐름 내지 바람' 을 뜻하는 것으로 중국 언론에 의해 붙여진 것으로 알려져 있으며, 이는 1990년대 후반 한국 드라마 수출을 계기로 중국, 대만 등에서 발생한 한국 대중문화 붐을 일컫는다.

또한, 일본에서는 방영된 드라마 겨울연가를 시작으로 K-POP, 예능 프로그램, 드라마 등 한류로 인해 일본지역의 한국에 대한 관심도 높아진 상황이다. 최근에는 중국시장이 한류의 영향으로 한국 시장을 많이 방문하고 있는 추세이다.

2014년 7월까지 외국인 입국자수는 전년 동기 대비 18.5% 증가하였는데, 이 중 아시아계는 21.4%의 증가율로 가장 높은 증가율을 기록하였다.

주요시장별 입국을 살펴보자면 중국이 전년대비 43.8% 증가로 가장 많은 점유율을 차지하고 있다. 반면, 일본은 전년대비 14.0%가 감소했음에도 불구하고 두 번째로 많은 점유율을 차지하고 있다. 세 번째는 미국으로 전년 대비 6.7%가 증가했으며, 이외에도 대부분 아시아 지역의 시장들이 점유율을 차지하고 있다. 입국의 목적을 보자면 관광의 목적이 대부분의 비율을 차지함으로써 전년 대비 24.4%가 증가하였다. 그 외에는 업무 혹은 유학이 그 뒤를 잇고 있다.

2000년 이후 서울지역 특1급 호텔 객실 이용자의 평균 86.3%가 외국인으로 객실매출에서 외국인이 차지하는 비중은 매우 높다. 특히, 1997년 이후 외국인 입국자의 입국유형을 살펴보면 전체 입국자의 70% 이상이 관광목적의 입국자로 구성되어 있다. 상용목적 입국자는 1998년 외환위기 이후 안정적인 추세를 보이는데 비하여, 관광목적 입국자는 1998년 이후 증가율이 감소하는 변동성이 높은 모습을 보이고 있어, 특1급 호텔의 객실판매율은 관광목적 외국인 입국자 수의 변동에 더 많은 영향을 받는 것으로 파악된다.

또한, 최근의 외국인 입국자 수의 증가로 인한 객실판매율의 증가는 호텔사업 중 상대적으로 고정비 부담이 높은 객실부문의 가동률을 증가시켜 수익성 개선의 효과가 있을 것으로 예상된다. 또한, 한류 등에 의한 관광목적 외국인 입국자 수의 증대는 단기적으로 지속될 것으로 예상되어 특1급 호텔의 매출에 긍정적인 효과를 줄 것으로 기대되고 있다.

■ 최근 3개년 방한외래관광객수 추이

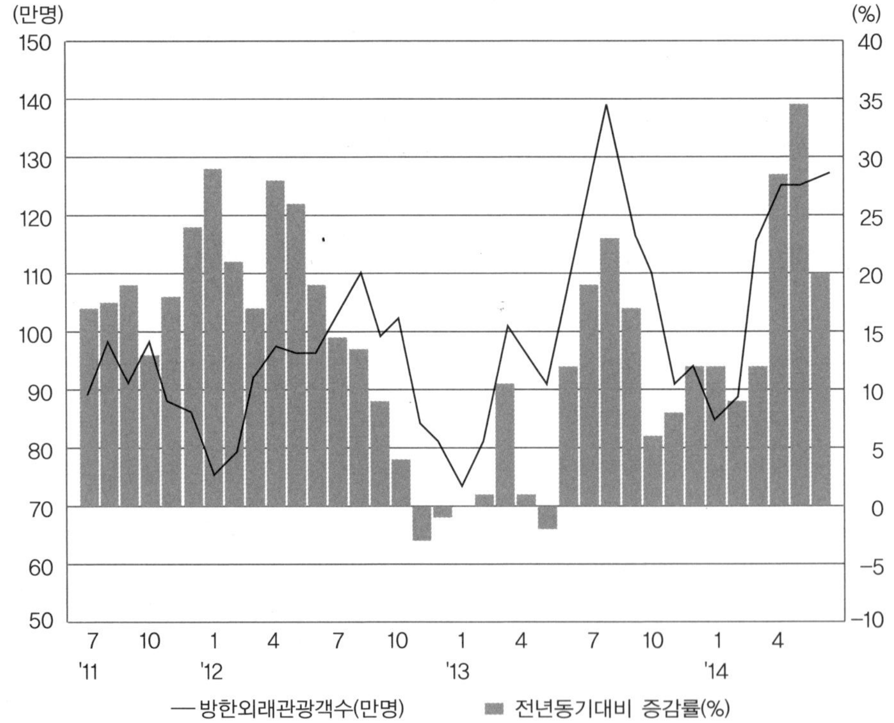

자료 : 한국관광공사

2) 새로운 경쟁형태의 출현

최근에는 유사업태인 서비스드 레지던스(Serviced Residence)가 등장하였다. 서비스드 레지던스는 호텔의 서비스와 주거공간이 결합된 주거 형태로 장기 투숙객을 위한 시설이다. 호텔과 달리 식당, 주방, 세탁시설 등 모든 가전상품이 빌트인(Full Furnished System)되어 있으며 특급 호텔수준의 시설을 갖추고 있으며, 가격 역시 큰 차이가 없다.

외국계 체인을 비롯해 휴먼터치빌, 코아텔, 코업레지던스 등 국내업체들도 서비스드 레지던스 사업을 진행 중이며, 현재 서울에서만 대략 30여 곳의 레지던스가 성업 중에 있다. 국내의 외국계 서비스드 레지던스는 2001년 이후 매출액이 증가하고 있으나 서울 지역 특1급 호텔의 매출액 대비 5% 미만의 수준이다. 서비스드 레지던스의 경우 목표고객층 및 영업전략 등에서 기존 특1급 호텔과 상당부분 차별화되는 점과 현재 국내 진출한 외국계 서비스드 레지던스 업체의 객실 수도 특1급 호텔 객실 수의 7.6%에 불과한 점 등을 감안할 때 특1급 호텔의 영업에 미치는 영향은 향후에도 크지 않은 수준으로 예상된다.

3) 부대사업의 확대

특1급 호텔의 객실부문은 객실공급량이 제한되어 있을 뿐 아니라 성수기와 비수기로 인한 수익 변동성이 존재하고 있다. 이에 따라 다수의 호텔은 수익 안정화와 외형 확대를 위하여 부대사업에 적극적으로 진출하고 있다. 특히 호텔업종의 키워드는 객실 판매보다는 면세점과 같은 렌탈 서비스(Rental Service)가 사업성과가 될 것으로 보인다. 신용등급을 보유하고 있는 국내 특급호텔의 경우 최근 일본인 관광객 감소로 줄어든 수익을 면세점 사업으로 보전하고 있는 상황이다.

향후 이러한 관광객 추이가 계속될 경우 전반적인 수익성 제고 등은 어려울 것으로 보이지만, 대부분 특급호텔이 대기업 계열이며, 안정적인 사업성과를 보이고 있다는 점을 감안하면 신용등급 변동은 크지 않을 것으로 예상된다.

한국기업평가와 NICE신용평가는 "2014년에도 아웃바운드 수요의 점진적인 증가세, 중국인 관광객의 질적 제고에 따른 일본인 관광객 감소세 보완 등의 추세가 예상돼 주요 호텔업체들 실적의 급격한 변동은 없을 것"이라며 "호텔과 면세점 부문의 과점적이고 안정적인 경쟁구도가 고착화되어 있는 점을 감안하면 2014년에도 외부환경 요인이나 산업의 구조적인 변화에 따르는 신용등급의 변동은 제한적일 전망"이라고 보고 있다.

4) 카지노 영업

2006년 3월을 기준으로 국내에는 16곳의 외국인전용 카지노와 1곳의 내국인용 카지노가 영업 중이다. 지역별로 살펴보면 서울 3곳, 부산 2곳, 강원 2곳, 인천과 경북에 각각 1곳 그리고 제주에 8곳의 카지노 업장이 있는데 특히 제주 지역은 카지노업체 간의 과다 경쟁이 문제로 지적되고 있는 상황이다.

카지노 이용객 현황을 살펴보면 연도별 외래객 대비 카지노 이용객 점유율은 전반적으로 10%대를 유지하고 있으며 1992년부터 1997년까지 계속 감소하다가 1998년에 약간 증가한 것으로 나타났다. 이후 2000년도에 들어와서 점유율이 보합과 약간의 상승을 나타내다가 2004년도에 다시 감소하면서 10% 초반대의 점유율을 유지하고 있는 상황이다. 또한 연도별 순수관광목적 입국객 대비 카지노이용객 점유율을 살펴보면 90년대에는 순수관광목적 입국객의 약 20~30%가량이 카지노를 이용한 것으로 나타났으며 2000년도부터는 10%대로 감소함으로서 카지노 이용객의 점유율이 줄어든 것으로 나타났다.

3. 호텔산업의 경영분석과 전망

1) 경영분석

2000년 이후 서울지역 특1급 호텔 객실 이용자의 평균 86.3%가 외국인으로 객실매출에서 외국인이 차지하는 비중은 매우 높다. 특히, 1997년 이후 외국인 입국자의 입국유형을 살펴보면 전체 입국자의 70% 이상이 관광목적의 입국자로 구성되어 있다. 상용목적 입국자는 1998년 외환위기 이후 안정적인 추세를 보이는데 비하여, 관광목적 입국자는 1998년 이후 증가율이 감소하는 변동성이 높은 모습을 보이고 있어, 특1급 호텔의 객실판매율은 관광목적 외국인 입국자수의 변동에 더 많은 영향을 받는 것으로 파악된다. 또한, 최근의 외국인 입국자 수의 증가로 인한 객실판매율의 증가는 호텔사업 중 상대적으로 고정비 부담이 높은 객실부문의 가동률을 증가시켜 수익성 개선의 효과가 있을 것으로 예상된다. 한류 등에 의한 관광목적 외국인 입국자수의 증대는 단기적으로 지속될 것으로 예상되어 특 1급 호텔의 매출에 긍정적인 효과를 줄 것으로 기대되고 있다.

(1) 2014년 기준 관광숙박시설 수급분석

우리나라를 찾은 외국인 관광객은 2014년도에 약 1,420만 명에서 2018년 약 2,005만 명 규모로 증가할 것으로 예상되며, 대체휴일제 및 방학분산제와 관광주간 시행, 한국형 체크바캉스 제도 도입 등에 따라 국민 국내관광 역시 활성화될 것으로 예상된다.

국 · 내외 관광수요 증가에 따라 정부에서는 숙박부문 수용태세 개선을 위해 「관광숙박시설 확충을 위한 특별법(2012년 7월)」을 제정하였으며 이를 통해 숙박시설 공급 확충을 위한 제도적 지원방안을 마련하였다.

관광호텔만을 공급량에 포함하여 분석한 결과 2015년 기준 서울의 1일 객실 수요는 47,699실, 1일 객실공급은 36,680실로 약 11,000실 정도가 부족한 것으로 나타났으며 2016년도에는 약 12,800실 정도가 부족할 것으로 분석되었고 관광호텔과 관광호텔급 일반숙박시설까지 공급량에 포함하여 분석한 결과 2015년 기준 서울의 1일 객실 수요는 47,699실, 1일 객실공급은 40,473실로 약 7,200실 정도가 부족한 것으로 나타났으며 2016년도에는 약 9,000실 정도가 부족할 것으로 분석되었다.

표 2-1 개별고객 객실할인 정책

수급 \ 연도		공급 적용	2015년	2016년
서울 (분석-1)	수요	관광호텔	47,699	51,641
	공급		36,680	38,807
	공급-수요		△11,019	△12,834
서울 (분석-2)	수요	관광호텔	47,699	51,641
	공급	관광호텔급	40,473	42,600
	공급-수요	일반숙박시설	△7,226	△9,041

자료 : 문화관광연구원, 「2014년 기준 관광숙박시설 수급분석」, 2014.

■관광호텔 객실수 및 증가율

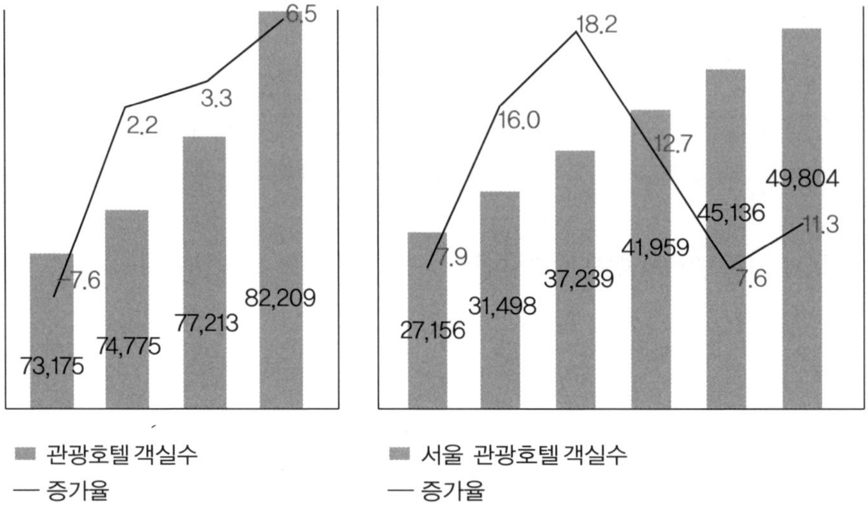

출처 : 관광호텔 확충을 위한 제도개선 방안 공개세미나 개최 자료집(개최일 2014.1.16)

(2) 전망

21세기 관광산업의 꽃이라 할 수 있고 정보화 시대가 점차 성숙화되는 관광산업 중 매우 중요한 비중을 차지하고 있는 호텔산업에는 많은 변화와 새로운 경향이 나타나고 있다. 소득의 증가, 여가시간의 증가, 교통수단의 발달, 생활패턴에 있어서 관광시장 내의 환경변화가 두드러지고 있다. 이러한 환경변화들은 관광객의 증가를 가져와 호텔의 수요를 계속적으로 증대시킬 것으로 예상되어 미래 호텔산업에 대한 전망은 대체적으로 낙관적이라고 생각한다.

반면에 최근의 변화들 중 하나인 정보통신망의 발달로 인한 상용여행객들의 감소와 호텔 이외의 대체 숙박시설들의 발달 등이 호텔수요를 감소시킬 수도 있다는 점도 있다. 이렇게 환경변화에 민감하게 반응하는 호텔산업의 성패의 열쇠는 다방면에서의 환경변화와 소비자들의 행동변화를 예측하고 신속하게 파악하여 적절하게 대응하는 것에 달려 있다고 볼 수 있으며, 세계 각국과의 교류, 월드컵 등 각종 대형행사와 한국방문의 해를 맞아 호황을 누렸지만 전망이 밝은 만큼 경쟁도 거세지는 것이 자본 사회의 논리이기에 국내 호텔업계의 도전과 전략이 필요한 시기라고 생각한다. 호텔협회에 따르면 대도시의 특급 호텔들은 호황을 누리고 있지만, 호텔산업의 80%를 차지하고 있는 중소호텔들은 호텔 이용자들에게 외면을 당하고 있으며, 인적, 물적 자원의 부족 및 경영주의 인식 부족으로 체계적인 마케팅 전략을 수립하지 못하고 결국 심각한 영업부진으로 부도나 폐업으로 이어지고 있는 실정이다. 특히, 최근에는 세계 유명 체인호텔의 국내 진출에 따라 순수 국내 호텔 산업이 경영수지 악화로 경영의 어려움을 겪고 있는 것이 사실이다.

따라서 21세기는 호텔기업에 많은 기회와 위협을 동시에 제공할 것으로 예상되며, 호텔기업의 생존여부는 미래에 전개될 다양한 시장 환경과 고객, 새로운 호텔경영 등의 변화에 어떻게 대응하느냐에 달려있다고 해도 과언이 아니라고 생각한다.

향후 호텔업의 발전적 방향을 전망해보면 다음과 같다. 첫째, 호텔의 기능적 측면에서 볼 때, 다 기능적 기업으로 앞으로 호텔은 단순히 숙박과 식사를 제공하는 시설이 아니고 보다 폭넓은 시설과 서비스를 제공하는 복합적인 사업의 장이 될 것이다.

예를 들면, 도시의 업무여행자용 호텔은 주로 쇼핑센터를 겸하게 될 것이며, 휴양지의 호텔들은 스포츠 시설, 건강증진시설, 레저시설, 회의시설을 겸비한 종합관광단지의 기능을 갖게 될 것이다. 호텔은 이뿐만 아니라 각종 문화. 예술의 장. 시민의 여가활동의 중심지로서 더욱 다기능적 역할을 하게 된다.

둘째, 호텔경영 관리적인 측면에서 첨단기술의 도입은 호텔산업의 적잖은 변화를 가져올 것이다. 업무여행자를 위한 객실의 컴퓨터와 팩시밀리 등 각종 업무용 기기는 물론 회계 관리, 객실의 안전관리, 에너지 관리 및 환경관리 등도 이에 많은 변화를 가져올 것으로 예상된다.

이처럼 앞으로 호텔업이 발전함에 따라 전망도 크게 확대될 것으로 보인다.

나날이 발전하는 시스템과 세계 각국으로의 유동 인구 증가 그리고 서비스의 고품질화로 인해 호텔업은 뗄 수 없는 업종이 되었고 앞으로도 발전될 부분이 많다. 또 서비스업 중에서도 발전하는 관광업에 따라 호텔에 종사하고자 하는 인구도 늘어날 것으로 추정된다.

호텔산업은 여러 측면에서 항상 새로운 변화를 겪고 있으며 이러한 변화들은 호텔산업에 직접적이고 간접적으로 많은 영향을 끼치고 있는 것이 사실이다. 현시점의 문제를 정확히 파악해 미래에 대한 올바른 예측, 계획 그리고 경영전략이 요구되고 있는 것이다. 고객의 변화, 영업시스템의 변화, 지역 특수성을 고려한 경영 등 호텔산업의 구도재편은 필수적이라고 본다.

마지막으로 호텔산업의 발전을 위해 선행되어야 할 내용으로는

첫 번째, 구시대와는 비교되는 새로운 아이디어와 혁신적인 패러다임으로 호텔산업에 제시되어야 하며 이는 호텔상품 및 서비스의 품질 개선에서 고객에게 더 나은 가치를 제공하고 호텔의 가치와 경쟁력을 중대시키는 현실적인 활성화 방안을 제시하여야 한다. 더욱이 세계무대로 진출하고 있는 호텔업 진출 기업도 상당수에 달하고 있어 글로벌 시대에 맞는 여러 가지 경영의 변화가 요청되고 있다. 따라서 국내·외 고객으로 구성되는 호텔산업에서는 적절한 변신이 요망되고 있다. 이를 위하여 규제완화가 미해결되어 있거나 부분적으로 해결된 과제들에 대해 보다 적극적이고 긍정적인 규제 완화 검토가 이루어져야 한다.

두 번째, 관광산업과 더불어 모든 산업이나 경영에서는 투자 없이는 성장이 어렵고 불가능하다. 대규모 관광지 개발이나 호텔사업 등은 막대한 자금이 투입되고, 고객의 변화에 민감하게 변화하는 서비스 산업이므로 정부에서 지원해주는 투자로는 한계를 가질 수밖에 없다고 생각한다. 이처럼 정부의 호텔기업에 대한 규제완화에서 우려되는 부작용은 전 국민을 대상으로 호텔의 활성화를 위해 개혁차원에서 제도와 홍보를 전개해 나가야 한다.

2) 관광숙박정책

관광환경변화에 대응하는 관광숙박 수급정책의 체계를 마련하기 위하여 지역별 관광숙박시설의 특화를 통하여 숙박관광 시 상업적 숙박시설의 유형적 기준을 설정하고, 이에 따라 관광호텔, 휴양콘도미니엄업, 일반숙박업, 관광펜션, 전통숙박, 민박 등의 전국적 분포를 7대 관광숙박권역으로 설정하였다.

7대 관광숙박권역별 특성을 분석하여 보면, 서울·경기·인천권역은 서울지역의 외국인 레지던스의 증대로 인한 객실이용률이 다소 감소하였으나 기존 시장에 다양한 이벤트와 프로그램의 개발 및 가격경쟁력 제고 등을 통한 환경변화에 대응하고 있어서 다른 지역에 비해 시장탄력성이 상대적으로 큰 것으로 보인다.

강원권은 내국인 중심의 관광목적지로서 휴가철을 비롯한 성수기에 휴양콘도미니엄업의 시장점유율이 상대적으로 높으며 펜션형 민박의 공급증대와 최근의 경기침체로 관광인프라 기능이 높은 지역임에도 불구하고 관광호텔의 경영악화가 지속되고 있다.

대전 · 충청권과 광주 · 전라권은 지역관광시장임에도 비교적 안정적이며, 대구 · 경북권은 숙박관광형태의 급속한 변화, 숙박의존적 호텔운영, 기존 호텔시설의 매력도 저하 및 시설노후화, 대체숙박시설의 증대로 인한 관광호텔의 경영악화가 지속되고 있는 실정이다.

부산 · 울산 · 경남권은 최근 10년간 숙박관광의 큰 폭의 증가와 관광호텔공급도 크게 증가되었다.

제주권은 호텔객실 이용률, 관광객 수, 객실 수는 비교적 탄력적이나 대체숙박시설의 증대가 상대적으로 관광호텔영업에 영향을 다소 미친 것으로 보인다. 이에 제주관광의 잠재성을 활용하고 시장 다변화에 대처하기 위한 적극적 운영개선 노력이 필요하다.

정부의 관광 숙박업 지원 주요 정책을 살펴보면 다음과 같다.

❶ 관광호텔 지원강화 및 지방중저가 숙박시설 확충

침체상태에 있는 국제관광수요를 확대하기 위한 전략의 일환으로 핵심적인 관광인프라인 글로벌 스탠다드 수준의 특급관광호텔의 경영활성화를 위한 지원강화 및 신규 숙박시설의 개발하고 수도권 위주의 외래관광객 수요를 전국수요로 전환하고 외래관광객 관광여건의 질적 개선을 위해 다양한 지방중저가 숙박시설에 대한 지원강화를 모색한다.

❷ 일반호텔의 외래관광객 숙박시설 활용을 위한 “숙박시설 인증제”도입

주5일 근무제의 실시로 인한 2008년 국민국내관광객 6억 5천 명, 2008년 외래관광객 1,000만 명 입국 시대 등에 대비하여 숙박수용력을 확대하고, 기존 숙박시설의 시설 및 서비스 개선을 통한 숙박 수용 서비스를 개선한다.

❸ 세계적 수준의 중저가 체인호텔 적극 유치 및 지원

1~3급 관광호텔의 경영난을 극복하고 다양하고 수준 높은 중저가 숙박시설 공급을 확대하고, 중저가 숙박시설의 표준모델이 없는 상태에서 세계적인 중저가 체인호텔을 유치하여 질적 개선을 유도하고 양적인 확대 모색한다.

❹ **전통문화 체험형 한국전통숙박시설 확충 및 지원**

서구인의 동양문화 및 한국불교문화에 대한 관심 고조와 2002년 한일 월드컵 템플스테이(Temple Stay)의 성공적 운영 등을 계기로 전통숙박시설에 대한 수요 증가에 대응하여야 하며, 우리의 문화에 적합한 숙박시설을 개발하고 이를 정착화시킴으로써 내국인은 물론 외국인에게 한국적 숙박문화를 알리고 관광매력성 증가의 계기로 활용한다.

4. 위대한 호텔 경영자

1) 세자르 리츠(César Ritz, 1850~1918)

1850년에 스위스의 니더발트의 가난한 농가에서 13자녀 중 막내로 출생한 세자르 리츠는 1878년에 몬테카를로 시에 있는 그랜드 호텔에서 일하던 중 요리사인 아우구스트 에스코피에를 만나 1888년 바덴-바덴에 레스토랑을 열었다. 레스토랑 파티에 참석했던 손님이 런던 사보이 호텔의 지배인으로 리츠를 초빙하여 1889년부터 1897년까지 사보이 호텔의 매니저로 일하는 등 호텔업계에서 두각을 나타냈다. 세자르 리츠는 사보이 호텔 고객들의 권유로 1896년에 프랑스 파리의 방돔광장 15번지에 있던 18세기에 지어진 맨션을 인수하여 1898년 6월 1일 그 자리에 초호화 호텔 '호텔 리츠'를 개관했다. 호텔 역사상 최초로 전기조명과 전화기를 설치했으며, 전등갓 커버, 욕실 커튼, 욕실용품 등을 사람이 아름다워 보이는 복숭아 색깔로 통일했다.

호텔 리츠는 제1차 세계대전 중에는 호텔의 일부가 부상병들을 수용하는 병원으로 사용되었고, 제2차 세계대전 중인 1940년부터 1944년까지는 독일군 고위관리들에 의해서 점령당했다. 호텔 리츠는 1979년 이집트 출신의 사업가 모하메드 알파예드와 그 일가가 인수하여 2억 5천만 달러를 투입, 1988년까지 9년에 걸쳐 대대적인 개보수 공사를 했으며, 이때 설치된 수영장은 현재 프랑스에서 가장 큰 실내 수영장으로 손꼽힌다. 에드워드 7세, 윈저 공과 심프슨 부인, 찰리 채플린, 다이애나 왕세자비, 헤밍웨이, 소설가 마르셀 프루스트 등이 리츠 파리의 단골이었으며, 유명한 디자이너 코코 샤넬은 1937년부터 37년간 이 호텔에 장기투숙했다.

세자르 리츠는 1899년에 영국 런던에 칼튼 호텔을 개관했다. 1906년 5월 24일에는 런던의 피카딜리 150번지에 '리츠 호텔 런던' 을 개관했다. 건축은 파리 리츠 호텔을 디자인한 프랑스 건축가 샤를 뮤즈와 런던 태생의 아서 데이비스, 스웨덴의 엔지니어 스펜 빌란더가 공동으로 맡았다. 세자르 리츠 사후 런던 리츠 호텔은 한동안 브레이스웰(스미스 일가)이 소유하고 있었으나 1970년대 초에 트라팔가 하우스가 호텔을 인수했으며, 1995년 10월에는 엘러만 투자회사의 데이비드와 프레데릭 바클레이가 호텔을 인수했다. 그 후 런던 리츠 호텔은 8년간의 리노베이션을 통해 원래의 웅장한 모습으로 복구되었다.

1910년에는 호텔을 뤼캄봉 38번지와 방돔광장 17번지까지 확장했으며 스페인의 마드리드에 호텔 리츠 마드리드를 세웠으며 2003년에 오리엔트 익스프레스 호텔스가 호텔 리츠 마드리드를 인수했다. 세자르 리츠는 에드워드 7세로부터 '왕들의 호텔리어, 호텔리어의 왕' 이란 칭호를 얻었고, 1918년에 지병으로 사망했다. 이후로 미국인 앨버트 켈러가 리츠 이름 사용권을 획득하여 1927년에 보스턴에 리츠칼튼을 세웠으며 1983년에 윌리엄 존슨이, 1998년에 매리어트가 보스턴 리츠칼튼을 인수했다. 현재 파리, 런던, 마드리드에 있는 호텔만 리츠란 이름을 사용할 수 있으며 그 외의 지역에서는 리츠칼튼을 사용하고 있다.

"The customer is always right."(고객은 늘 옳다.) –세자르 리츠–

2) 엘스워스 스타틀러(Ellsworth Milton Statler, 1863~1928)

엘스워스 스타틀러는 혁신자였고, 그의 생각은 현재에도 숙박산업에 있어서 필수적인 교과서처럼 되고 있다. 스타틀러는 끊임없이 고객의 경험을 보다 쾌적하고 흥미 있게 하기 위해 항상 혁신적인 것을 추구하였다.

1908년 당시에 가장 혁신적인 호텔인 버펄로 스타틀러 호텔을 개업하였다. 당시는 대형 공중 목욕장이 보통이었던 중급호텔에 최초로 모든 객실에 욕실을 설비하였다. 그의 호텔 설계자는 스타틀러가 예상하고 있던 요금으로 이 쾌적한 객실을 제공하는데 필요한 투자액을 회수한다는 것은 불가능하다고 주장하면서 그의 계획을 포기시키려 하였지만 스타틀러는 연관 샤프트를 공통으로 하여 욕실을 등을 서로 맞대게 설계하면 될 것이라고 설명하였다. 연관 샤프트는 전기배선과 난방용의 온수도 함께 통할 수 있을 것이라는 점도 스타틀러는 첨가하여 지적하였다.

스타틀러는 다른 편리성도 도입하였다. 버펄로 스타틀러 호텔은 모든 객실에 전화를 설치한 최초의 호텔이 되었다. 이러한 혁신은 많은 호텔고객이 객실 내에서 식사를 하게 되는 룸서비스에 의한 매출액증대에 기여할 것이고, 호텔 레스토랑은 지역주민들을 더 많이 유치할 수 있다고 스타틀러는 생각하였다. 또한 직원들에 대한 마케팅은 스타틀러의 노력 중 하나이다. 직원들을 소중하게 생각하여 직장에 대한 자긍심을 길러주게 되면 직원은 고객 욕구에 가장 민감해진다는 것을 알고 있었다. 그는 내부 마케팅 프로그램의 일환으로 〈스타틀러 세일즈맨〉이라는 사내 출판물을 발간하였다. 또한 그는 모든 직원을 대상으로 한 이익배분계획을 개발하였다.

3) 랄프 히츠(Ralph Hitz, 1891~1940)

랄프 히츠는 1930년대에 내셔널 호텔회사라는 미국 최대의 호텔조직의 경영자였다. 그의 회사는 부동산 투자가들이 소유하는 호텔을 경영하여 수입을 올리고 있었다.

히츠는 1940년에 사망하기까지 자기가 소유하는 모든 호텔과 개인적으로 깊은 관련을 맺고 있었다. 그는 1906년 오스트리아 빈에서 미국으로 건너 왔다. 가족이 뉴욕에 도착한지 3일 후에 그는 가출하였다. 그 후 9년 동안 그는 호텔업계에서 닥치는 대로 일하면서 자활의 길을 열어 가고 있었다.

1915년 하루살이 생활 방식에 종지부를 찍고 그는 결혼하였다. 여러 단계의 관리자 경험을 쌓은 후 그는 1927년 신시내티의 깁슨 호텔 지배인이 되었다. 그곳에서 그는 2년 동안 호텔 매출의 이익을 2배 이상으로 끌어올렸다.

1929년 히츠는 2500실의 뉴요커 호텔의 총지배인이 되었다. 이 지위가 전 미국에서 그를 유명하게 만들었다. 그는 최초로 고객의 데이터베이스를 개발하였고 이를 활용하여 고객을 위해 지방신문을 주문하는데 이용되었다.

4) 윌러드 매리어트(J. Willard Marriott, 1900~1985)

매리어트는 직원들을 소중하게 생각하는 것을 중요시하였다. 그것을 알려주기 위하여 개인적인 많은 시간을 소비하였다. 그는 자주 레스토랑을 찾아 가서 모든 직원과 일일이 악수하였다. 그는 직원과 고객과의 관계의 중요성을 인식하고 있었고, 직원이 자기들에게 맡겨진 일을 만족하게 느끼도록 하는 데 노력하였다.

매리어트는 접객 담당 직원을 우대하였고 유리한 입지조건을 높게 평가하였다. 그는 하이웨이의 코스를 변경하는 일은 있으나 교량을 헐어 버리는 짓은 하지 말아야 한다는 그의 신념을 관철하여 때때로 교량에 인접한 장소에 레스토랑을 설치하였다.

매리어트는 혁신적인 경영자였다. 그의 레스토랑은 승용차를 탄 채로 들어갈 수 있는 커브 컷으로 유명하였다. 그는 최초로 드라이브 인 트레이를 사용한 인물이었다. 그는 음악밴드와 엔터테인먼트에 의한 핫 숍의 그랜드 오프닝을 개최하고, 직원이 신호에 걸려 정차하고 있는 자동차에 쿠폰을 잽싸게 건네주는 것으로 레스토랑의 판매촉진을 실시하였다.

오늘날의 매리어트사는 광범위에 걸친 음식과 숙박시설을 경영하고 있고, 체인호텔과 리조트, 스위트 등 많은 것이 있다.

5) 콘래드 힐튼(Conrad Nicholson Hilton, 1887~1979)

콘래드 힐튼은 미국의 사업가로 힐튼 호텔 창업자이다. 뉴멕시코 준주(현 뉴멕시코주) 샌안토니오에서 노르웨이계 독일인 이민자의 아들로 태어나 뉴멕시코 사관학교를 다니던 중 1차 세계대전에 미국이 참전하면서 프랑스로 보내졌다. 퇴역 후 힐튼은 텍사스 주 시스코로 이주하여 당초 은행을 인수하여 은행가가 되려고 했지만, 우연히 모블리 호텔을 1919년 인수하였고, 그 일이 그의 호텔 경영의 시초가 되었으며 이를 계기로 콘래드 힐튼은 최고의 호텔경영자로서 성장하였다.

호텔리어로서의 재능을 발휘하면서 1930년에는 힐튼 호텔 최초의 고급 호텔인 플라자 호텔을 개업했다. 대공황기에는 파산직전까지 몰렸지만, 그 후 재건하였고 1946년에 힐튼 호텔 코퍼레이션을 설립하고 주식을 성장시켰다. 현재까지 힐튼 호텔의 사업은 순조롭게 진행되어 가며 국내의 힐튼호텔은 남북회담의 장소로 지정되기까지 하며 크나큰 성장을 하고 있다. 콘래드 힐튼은 1979년 1월 3일, 샌타모니카에서 노쇠하여 사망했다.

Lobby Lounge

[미래의 호텔]

■호텔리콥터(Hotelicopter)

끊임없이 움직여라. 성공하는 사람은 쉼 없이 움직인다. 실수를 저지르기도 하지만 목표를 결코 포기하지 않는다. -콘래드 힐튼-

Chapter 02 호텔의 기본적 개념

이해목표

- 호텔의 정의 및 개념에 관하여 이해한다.
- 숙박업의 종류 및 특성에 관하여 이해한다.
- 호텔경영의 특수성과 호텔의 분류에 관하여 이해한다.

제1절 호텔의 어원 및 정의

1. 호텔의 어원

호텔(hotel)의 어원은 라틴어인 'Hospes'[1]가 중세기 이후 프랑스에서 'Hospitale'[2]로 전환되어 사용되는 과정에서 파생된 말이라고 한다. 그러나 호텔의 어원이 정확히 언제부터라고 말하기란 쉽지 않다. 호텔이라는 명칭이 일반적으로 쓰이게 된 것은 18세기 말의 프랑스 및 영국이었다. 그 후 여행행태의 변화에 따라 그 시설과 내용도 변모하면서 현재에 이르고 있다. 오늘날 현대적 의미의 호텔의 시초는 일반적으로 미국에서

1) 여행객이나 고객을 접대하는 주인이란 의미
2) 'Hospitale'의 어원에는 두 가지 의미가 담겨져 있다. 즉 ① 자선단체나 사회공익단체가 병자나 노약자를 위하여 '요양하는 장소'라는 뜻을 갖고 있으며, 오늘날 'Hospital'의 의미로써, 병원기능의 역할을 다하고 있다. ② 공익단체나 사적기업이 여객이나 여행자를 받아들여 침식을 제공하며 영리활동을 하는 '공익연회장'이라는 뜻을 갖고 있다. 따라서 대체로 심신이 건강한 여행객을 대상으로 침식을 제공하거나 여흥을 북돋아 평소의 단조로운 생활로부터 심신을 우아하고 안락하게 고양시키며, 의욕을 고취시켜주는 관광안식처(Tourist Hotel)의 역할을 다하고 있는 것이다.

는 1794년 뉴욕시에 건립된 시티호텔(City Hotel), 유럽에서는 19세기 초 독일 바덴바덴(Baden Baden)에 건립된 바디쉬 호프(Der Badische Hof)이다.

2. 호텔의 정의 및 개념

숙박업(Lodging industry)은 광의의 의미로 볼 때 사람을 숙박시키고 음식을 제공하는 호텔, 모텔, 유스호스텔, 콘도미니엄업 등을 총칭한다. 협의의 숙박업을 지칭할 때는 숙박업의 대표적인 기관인 호텔업을 의미한다.

관광숙박업은 호텔업과 휴양콘도미니엄업의 2가지로 나누어지며, 호텔업은 '관광객의 숙박에 적합한 시설을 갖추어 이를 관광객에게 제공하거나 숙박에 부수되는 음식, 운동, 오락, 휴양, 공연 또는 연수에 적합한 시설 등을 함께 갖추어 이를 이용하게 하는 업' 으로 2015. 06. 01 대통령령 제26302호(공간정보의 구축 및 관리 등에 관한 법률 시행령) 일부개정에 의거 호텔업은 크게 7가지로 나누어지는데. 관광진흥법 시행령 제2조 제2항에 의거하면 관광호텔업, 수상관광호텔업, 한국전통호텔업, 가족호텔업, 호스텔업, 소형호텔업, 의료관광호텔업으로 구분한다. 휴양콘도미니엄업은 '관광객의 숙박과 취사에 적합한 시설을 갖추어 이를 당해 시설의 회원, 공유자, 기타 관광객에게 제공하거나 숙박에 부수되는 음식, 운동, 오락, 휴양, 공연 또는 연수에 적합한 시설 등을 함께 갖추어 이를 이용하게 하는 업' 으로 규정되고 있다.

웹스터 사전(Webster Dictionary)의 정의에는 호텔이란 일반대중에게 숙박, 음식, 서비스를 제공하는 건물 또는 시설(A hotel as a building or institution providing lodging, meals, and services for the public)이라고 하였다. 이외에도 호텔은 인간의 오감을 우아하게 살리는 시설(Accommodation)과 인적 서비스를 연중 제공하는 환대사업(Hospitality industry)이다. 그리고 고객의 욕구를 충족시키기 위하여 호텔이 보유한 인적요소와 시설 서비스 및 기타의 제반 경영요소를 조직화하여 운영하는 경영활동이라고 정의할 수 있다.

즉 호텔의 현대적 개념으로 "호텔이란 숙박, 음식, 인적 서비스, 부대시설을 갖추고 관광객(대중, 고객, 소비자)의 욕구를 유발하고, 충족시키기 위해 각종 서비스를 제공하고 이익을 추구하는 업"이라 정의한다. 물론 숙박과 음식 및 인적 서비스는 기본조건이고, 휴식과 오락은 여가와 문화생활 및 사업활동의 장으로 제공되는 장소가 되며, 기본조건 이외의 부대시설은 호텔의 경제력과 경영정책에 따라 다르다.

그러므로 종래의 호텔은 숙박과 음식제공을 주로 하였으나, 현대의 호텔은 각종 편의시설은 물론이고 호텔을 이용하는 모든 고객에게 즐거움과 안락함을 느끼게 하여 집은 아니지만 자기집보다 편안함을 느끼게 하고, 사회적, 문화적 활동을 가능케 하는 공간으로 사회에 봉사하는 장으로 인식되어야 한다.

국내 호텔의 정의를 보면 "호텔은 일정한 지불능력이 있는 사람에게 객실과 식사를 제공할 수 있는 시설을 갖추고 잘 훈련되고 예절이 바른 종사원이 조직적으로 봉사하여 그 대가를 받는 기업"과 "호텔은 일정한 지불능력이 있는 사람에게 객실과 식음료를 제공할 수 있는 시설을 갖추고 예의가 바른 종사원이 조직적으로 서비스용역을 제공하여 그 요금을 받는 사업체이다"라고 하였다.

보다 구체적으로 볼 때 호텔은 영리를 목적으로 숙식과 각종 부대시설을 갖춘 후 무형의 인적 서비스가 부가되어 지불능력이 있는 일반인에게 유형, 무형의 상품을 판매하는 곳이라고 정의할 수 있다.

3. 호텔의 기능

호텔은 이용자의 입장에서 잠자고 먹고 쉬는 기능으로 구분할 수 있다. 또한 호텔은 가정을 떠난 또 하나의 주거와 생활공간으로서 생활의 필수시간과 여가에 이루어지는 기본적 욕구를 충족시키는 기능을 가지고 있다.

이러한 기본적인 기능 외에도 사회가 다양화되면서 현대적 의미의 기능을 갖게 되는데, 숙박과 식음료의 기본공간에서 문화 · 예술 · 사교 · 스포츠 · 레저 · 국제회의 등의 부가가치 창출공간, 상업적인 공간, 비즈니스센터로서의 공간 등으로 개인에게는 자아실현의 공간으로, 사회에게는 공익적 공공기관으로서의 기능의 장소로 보다 다양하고 폭넓게 이용되고 있다. 다양한 장소로 이용되고 있는 호텔의 기능을 좀 더 구체적으로 나누면 다음과 같다.

1) 퍼블릭 스페이스 기능(사회, 문화적 입장)

❶ 시장(거래, 교환기능)으로서 공간

❷ 심신의 레크리에이션 기능으로서 공간

❸ 문화적 커뮤니케이션 기능으로서 공간

❹ 지역주민의 community center로서 공간

2) 서비스 판매기능(공간 서비스 기능)

❶ 숙박기능 잠자는 것, 휴식

❷ 음식기능 먹는 것, 마시는 것

❸ 집회기능 모임, 대화

❹ 문화서비스기능 교육, 예술, 공예학회

❺ 스포츠, 레저기능 즐거움, 단련놀이

❻ 상업 서비스기능 쇼핑, 패션, 생활정보 모집

❼ 건강관리 서비스기능 건강, 의료, 헬스, 미용

❽ 비즈니스 서비스기능 상담, 회의, 전시회, 비즈니스 정보교환표 그대로 사용

3) 고객 측면 기능

호텔은 숙박, 식사, 고객의 재산과 안전에 대한 보호의 책임뿐만 아니라 청결, 위생과 안락을 위한 시설을 제공함과 동시에, 비숙박자에게도 널리 개방되는 공공장소의 성격에다 레저와 문화의 중심지란 별도의 기능이 추가된 기업이다.

4) 공공기능

호텔은 관광자중심의 숙박처 제공시설이라는 종래의 호텔개념에서 지역사회의 주민중심의 휴식처, 대화와 사교의 장소, 예술적, 문화적 공간, 커뮤니케이션 공간의 기능을 수행하는 공공시설이다.

제2절 호텔기업경영의 특수성

호텔경영이란 각종 방침이나 주목적을 총괄적으로 진행 성취시키는 기능이며 호텔의 모든 이해관계자들의 이해관계를 조정하면서 정당한 방법을 통한 영리추구로 그 호텔의 영속발전과 고객의 창조를 목적으로 하는 조직적 활동을 의미한다. 호텔경영이 일반 기업과 비교하여 특수한 것은 아래와 같이 구분할 수 있다.

1. 호텔사업 경영상의 특성

1) 최초의 일시적인 막대한 투자

호텔시설은 어느 산업시설에 비해 일시적 최초의 투자가 막대하다. 방대한 투자를 요하는 이 호텔은 다른 일반산업시설이 연차적으로 확장하고 재투자를 할 수 있는데 반하여, 호텔시설은 이 시설 자체가 하나의 상품으로써 판매되어야 할 특성으로 말미암아 부분적, 연차적 투자는 사실상 불가능하다. 이것이 호텔기업이 갖는 숙명적인 단점이기도 하다.

2) 호텔은 자동화에 한계성이 있다

호텔기업은 인적 서비스의 판매가 커다란 하나의 상품으로 간주되고 있는 특성이 있다. 그러므로 오늘날 고율의 인건비 지출의 억제를 위해 일부 호텔기능의 기계화를 촉진하여 반복적인 인적 노력을 어느 정도 대체하고 있는 경향이 있다. 호텔 프런트 오피스의 예약, 등록, 회계 등의 업무를 일부 컴퓨터로 대체하는 것이 그 한 예이긴 하나, 호텔기업은 궁극적으로 인적 서비스를 배제하고는 호텔다운 호텔을 기대할 수 없기 때문에 기계화의 한계성은 자명한 사실이다. 예를 들어 벨맨이나 도어맨, 룸메이트나 식당 종사원 등을 로버트로 대체한 인적 서비스가 전혀 없는 호텔은 상상할 수 없는 것이다.

3) 호텔상품은 이동할 수 없다.

호텔의 상품은 이동할 수 없는 특성도 가지고 있다. 호텔의 주된 상품은 객실과 식음료 그리고 서비스로 구분한다. 객실과 식음료는 유형적 상품인데 반하여, 서비스는 무형적 상품이다. 일반적으로 다른 상품은 판매원에 의해 견본으로서 고객에게 제시될 수 있으나, 호텔상품은 고객이 스스로 상품을 찾아와 구입하는 특성이 있다.

따라서 호텔 판매촉진은 결과적으로 구매시점의 광고를 최대한으로 활용하여야 함을 아울러 제시하고 있다.

4) 고정자산의 구성 비율이 높다

호텔기업은 고정자본의 기준이나 의존성이 다른 일반기업보다 크다. 일반적으로 타 기업은 건물이나 시설과 같은 고정자본보다는 상품이나 현금과 같은 유동자본의 비중이 높은데 비해, 호텔기업은 건물과 시설의 비중이 전투자액의 70~80%를 차지한다. 이것은 시설과 건물자체가 상품이 된다는 것을 의미한다.

5) 호텔기업의 높은 고정비 지출은 경영상의 난점을 가중한다

건물과 시설이 전체 자본금의 70~80%를 차지하는 점과 시설의 조기노후화는 호텔경영의 자본회전율을 낮게 함으로서 자연히 수지균형점이 타 기업보다 높아져서 호텔기업의 경영합리화를 어렵게 한다. 호텔에 있어서 채산성은 요금의 인상이나 업종의 변경 등을 통해 이루어지게 된다. 그러나 이 두 요소는 고객의 불평의 대상이 된다. 경영업종의 변경, 시설구조의 변경, 품질향상 등에 의한 고객의 유치, 행사나 연회 등은 호텔경영의 채산성을 맞추기 위한 노력인 것이다.

6) 호텔상품은 저장할 수 없다

호텔의 상품은 저장할 수 없다. 일반상품은 오늘 팔지 못하면 내일 판매 할 기회를 바라며 저장할 수 있다. 그러나 호텔의 객실은 오늘 팔지 못하면 그 날의 그 객실은 영원히 다시 팔 수 없는 특성을 가지고 있다.

7) 비신축성 상품이다

일반상품은 수요가 증가하면 대량 생산하면 되지만, 호텔 객실 및 연회상품은 고객의 수요에 부응하여 양적, 시간적 제약을 받고 있다.

8) 자본 회전율이 낮다

최초투자 즉 고정자산의 투자비율이 높기 때문에 자본 회전 속도에 대한 이익률이 낮다.

2. 운영상의 특성

1) 종사원에 대한 의존도가 강하다

호텔은 객실과 식음료 그리고 종사원의 서비스를 상품으로 판매하는 기업이다. 아무리 호화스러운 객실과 감미로운 음식을 준비하고 있는 호텔이라 할지라도 잘 훈련되고 예의바른 종사원의 친절한 서비스가 없는 무인호텔이라면 이 호텔을 이용할 사람은 아무도 없을 것이다.

호텔의 좋고 나쁨의 기준은 객실과 식음료의 질보다도 종사원의 질, 즉 인적 서비스의 질에 따라 평가되는 것이다.

2) 협동과 협조체제가 잘 마련되어 있어야 한다

호텔기업은 영업상 또 하나의 특성은 종사원 간, 부서 간의 협동이다. 호텔은 각기 상이한 여러 부문의 기능을 갖고 있다. 현관을 비롯하여 각 계층의 서비스 및 객실 서비스와 식음료 서비스까지 다양한 서비스와 주어진 직무가 있다. 이러한 직무를 수행하는 것은 한 조직의 궁극적 목표, 즉 고객의 서비스에 귀착되는 것이다.

그러므로 모든 각 부문은 제각기 주어진 직무를 원만히 수행하여야 궁극적 목표인 이윤의 추구와 기업의 존속을 도모할 수 있는 것이다.

이러한 목표를 수행하는 데 절실히 요청되는 것은 각 부문 간의 협동이다. 만약 어느 한 부문이라도 고객에게 불쾌한 서비스를 제공했다면 그밖에 다른 부문이 제 아무리 서비스를 잘해도 한 번 흐려진 인상은 쉽사리 치유할 수 없기 때문이다. 종사원 상호 간의 부단한 협동의식이 충만함으로써 부문 간의 기능을 가장 원활하게 유지할 수 있는 것이다.

3) 작업조건이 편리하고 유리하다

호텔기업은 종사원이 작업조건이 매우 유리하다는 특성을 갖고 있다. 호텔은 어느 기업보다 그 작업조건이 유리하다. 청결한 환경이 최대의 상품 서비스로 제공되는 이유로 말미암아 호텔종사원의 작업상 조건은 자연적으로 훌륭하게 평가되는 것이다.

4) 24시간 365일 연중무휴로 영업을 한다

호텔은 하루 24시간의 생활공간기능을 상품으로 한다. 그러므로 고객이 잠을 자지 않을 때는 그 시간에 맞춰 고객의 요구대로 서비스를 제공해야 하며, 잠을 자고 있는 동안에도 그 시간에 맞춰 고객의 생명과 안전을 보호하는 등 24시간 영업을 해야 하는 것이다.

5) 계절성, 시기적 상품이다

호텔기업은 여행객을 주요대상으로 발전된 기업임에 비추어 계절적인 영향에 크게 좌우되는 여행현상과 정비례하여 고객의 증가와 감소를 가져옴으로써 기업운영에 불안정성은 피할 수 없는 것이다.

근래 휴가의 조절과 교통수단의 발달 그리고 지역사회의 새로운 소득층의 호텔이용 등으로 인해 종전과 같은 심한 호텔수입의 불안정성은 다소 극복되었으나 리조트 호텔은 아직도 이러한 타격에서 벗어나지 못하고 있는 실정이다.

6) 호텔 서비스의 다양성

호텔의 현대적 기능은 숙박과 음식을 제공하는 핵심적 서비스 기능 이외에 점차로 관광객의 욕구가 다양해짐에 따라 제2의 가정의 역할로서 부족함이 없는 청결, 위생과 안락을 위한 최상의 시설을 제공함과 동시에 비숙박객에게도 개방되는 준공공장소로 레저와 문화의 중심 기능이 추가된다.

특히 호텔서비스 중에서 매출액의 90% 이상을 차지하는 객실과 식음료서비스의 소비자유형을 보면 특급호텔 객실의 경우 70% 이상이 외국인인데 반하여 식음료 산업은 반대의 현상이 나타나므로 호텔 마케팅 수행은 서비스의 유형에 따라 각기 다른 접근을 필요로 한다.

3. 시설상의 특성

1) 최초의 투자비율이 높다

호텔시설 자체가 하나의 상품으로 판매되어야 하기 때문에 처음부터 완벽하게 갖추어져야 한다.

2) 호텔시설의 노후화가 빠르다

호텔의 시설물은 끊임없이 사용하여 노후화가 빨리 진행되므로 시설 · 가구 등에 대한 부단한 개선을 요구받게 되며, 타 기업에 비해 시설의 수명이 짧다. 특히 항상 최상의 상태를 유지해야 하므로 시설의 교체는 호텔의 수명에 지대한 영향을 준다.

3) 공공장소(public space)가 필연적으로 있어야 한다

호텔은 비생산적인 공공장소를 필연적으로 갖추어야 하는 불리점이 있다. 그 대표적인 것이 로비 등의 공공장소이다. 호텔은 고객의 개인전용인 기본시설과 공공의 이용을 전제로 하는 퍼블릭 스페이스(Public Space)의 2개 부분으로 크게 나눌 때 객실, 식당, 라운지 등의 생산적 요소인데 반하여, 고액투자의 로비 등은 비생산적인 요소로 고액의 지가 및 건축비를 감안한다면 달갑지 않은 요소임에는 틀림없으나 호텔이 갖는 숙명적인 특성으로 평가되는 것이다.

4. 환경상의 특성

어느 기업을 막론하고 국내외적으로 정치, 경제, 문화, 사회, 자연 등 각각의 환경적 요소에 영향을 받지 않는 기업이 없지만 호텔은 특히 기업환경의 영향을 많이 받는다. 예를 들면 호텔의 식사나 숙박이나 회합(meeting) 등을 가지는 것을 과소비로 여기고 이용고객들에게 세무감사를 하겠다든지 또는 명단을 제시한다고 한다면 당연히 예약이 취소되는 상황이 다수 발생되며 이는 호텔기업경영에 막대한 손실을 가져올 수 있는 직접적인 원인제공이 될 수 있다.

제3절 호텔의 분류

1. 규모에 의한 분류

일반적으로 객실의 숫자를 기준으로 하여 분류하는 방식으로 정확히 기준을 정하기가 어렵다. 객실수의 차이가 호텔의 서비스 수준을 평가하는 지표는 될 수 없지만 다음과 같이 분류한다.

1) 소형 호텔(Small hotel)

객실수를 기준으로 볼 때 25실 미만의 객실을 보유하는 운영하는 호텔을 말한다.

2) 중형 호텔(Middle hotel)

객실수를 기준으로 볼 때 25~300실 미만의 객실을 보유하고 운영하는 호텔을 말한다.

3) 대형 호텔(Large hotel)

객실수를 기준으로 볼 때 300~600실 미만의 객실을 보유하고 운영하는 대규모 호텔을 말한다.

4) 초대형 호텔(Extra large hotel)

객실수를 기준으로 볼 때 600실 이상의 객실을 보유하고 운영하는 초대형 호텔을 말한다.

2. 입지조건에 의한 분류

1) 메트로폴리탄 호텔(Metropolitan hotel)

대도시에 고급스러운 객실을 수천 실 보유하고 있는 호텔군을 말한다. 대회의장, 연회장 등의 대규모 시설을 갖추고 있으며, 사업적으로 필요한 시설, 설비, 서비스가 완비되어 있다.

2) 다운타운 호텔(Down town hotel)

도시의 중심지에 위치한 호텔이다. 이것은 시티 호텔(City hotel)과 그 성격이 거의 같으며, 주변에 비즈니스센터, 쇼핑센터 등이 있는 교통이 편리한 시가 중심지에 위치해 있으며, 사업가나 도시에 오는 관광객들이 많이 이용한다.

3) 서버번 호텔(Suburban hotel)

도심에서 약간 벗어나 그 주변에 위치한 호텔을 칭한다.

4) 컨트리 호텔(Country hotel)

교외나 산간에 위치한 호텔이며 계절에 맞는 각종 오락시설을 갖추고 고객을 유치한다. 대체로 휴양지나 계절에 따라 즐길 수 있는 적합한 장소를 택하여 건설된 호텔을 말한다.

5) 에어포트 호텔(Airport hotel)

공항부근에 건설된 호텔이며 계속 증가추세에 있다. 공항호텔이 성장하는 원인은 항공기의 증가에 따른 승무원 및 항공여객의 증가와 기상관계로 예정된 출발이 늦어지는 경우와 야간에 도착하는 승객이 이용할 수 있다는 편리한 점 때문이다.

6) 시포트 호텔(Seaport hotel)

여객선이 출입하는 항구부근에 위치한 호텔로서 배를 타고 여행하는 승객들이 이용하기에 편리하도록 시설이 되어 있어 여행객이 하선하여 다음 여행지로 떠날 배를 기다리는 동안에도 시포트 호텔을 이용한다.

7) 스테이션 호텔(Station hotel)

철도역 앞에 위치한 호텔로서 기차를 타고 여행하는 승객들이 이용하기에 편리하게 시설이 되어 있는 호텔을 말한다.

8) 터미널 호텔(Terminal hotel)

에어포트 호텔, 시포트 호텔, 스테이션 호텔을 총괄해 터미널 호텔이라고 칭하기도 하며 공항빌딩 등 터미널 주변에 위치한 호텔을 말한다.

9) 하이웨이 호텔(Highway hotel)

고속도로 주변에 건설된 호텔로서 주로 자동차로 여행하는 사람을 위한 시설이며 모텔이라고도 부른다.

3. 숙박목적에 의한 분류

1) 상용호텔(Commercial hotel)

도시의 중심가에 위치한 호텔로서 주로 공용, 상용 등으로 왕래하는 사람이 많이 이용하며, 대체로 투숙객의 체재기간이 짧으며 요금도 저렴한 가격으로 이용할 수 있다. 상용호텔의 고객은 대부분이 회사원, 상공업자, 금융업자, 무역업자 및 사업을 목적으로 여행하는 자들로 이루어져 있다.

2) 컨벤션 호텔(Conventional hotel)

주로 대규모 국제회의를 유치하여 회의에 참가하는 참가자가 주요 고객이 되는 호텔을 말한다. 이러한 호텔은 회의장 내에 동시통역시설, 연회장 등이 잘 구비되어 있어야 한다.

3) 아파트먼트 호텔(Apartment hotel)

장기 체재객을 위한 호텔로서 장기 출장자, 연금 생활자 등이 주 고객이다. 객실마다 취사설비가 되어 있어 마치 아파트와 같은 인상을 준다.

4) 리조트 호텔(Resort hotel)

피서 · 피한을 위주로 관광객, 휴양객이나 레크리에이션의 이용을 원하는 고객을 대상으로 한 호텔이다. 보건휴양지(산, 해변 등)에 위치해 있으며 고객들이 즐길 수 있는 수영, 골프, 보트, 스키 등과 같은 여가활동 시설을 구비하고, 휴식시설이 갖추어져 있어서 가정적 분위기를 느낄 수 있고 호텔 자체에도 매력성과 유인성을 느낄 수 있다. 위치와 목적에 따라 해안 호텔, 온천 호텔, 스포츠 호텔 등으로 나누고, 영업상의 특징은 성수기와 비수기, 주말과 주중의 객실점유율 차이가 극명하게 존재하여 경영상 어려운 점이 있다.

리조트 호텔의 분류 다음과 같다.

❶ 골프 · 스키형 리조트

골프와 스키형 리조트는 대부분 산악에 위치하고 있으며, 골프가 겨울을 제외한 스포츠이고, 스키가 겨울용 스포츠라는 점에서 계절을 극복하기 위하여 두 개를 한 리조트 안에 설치하여 4계절로 운영하는 경우가 많다. 우리나라의 대부분 리조트는 이에 해당한다.

❷ 해양형 리조트

해양 스포츠를 즐길 수 있는 리조트로 일 년 내내 여름 또는 온화한 기후를 갖춘 태평양 및 지중해 연안 지역을 중심으로 발달되어 있다. 우리나라에서도 해양레저 수요의 증가에 따라 개발의 붐이 일고 있으나 여름 한 철이라는 계절적 한계와 태풍이라는 자연적 재해를 극복해야 한다는 과제를 안고 있다.

❸ 온천형 리조트

온천형 리조트는 역사가 가장 오래 되었으며, 온천을 통한 보양목적의 휴양객을 유인하고 있다. 우리나라의 온천지구는 리조트형이라기보다는 대부분 단위 온천업소의 성격을 띠고 있는데, 부곡 하와이의 경우 숙박 및 온천수를 이용한 각종 온천탕, 실내외 수영장, 파도풀, 엔터테인먼트시설 등을 갖추고 있어 온천 리조트라고 할 수 있다. 일본 후쿠시마의 하와이안즈는 유명 온천 리조트라고 할 수 있다.

❹ 카지노 리조트

카지노 리조트는 카지노가 중심이 되어 주변에 스포츠, 쇼핑, 유흥, 식도락 등의 시설이 갖추어져 있다. 대표적인 것으로는 미국의 라스베이거스 카지노 리조트를 들 수 있으며, 우리나라의 경우 강원랜드가 이에 해당하는데, 카지노를 중심으로 골프, 스키 등도 즐길 수 있는 리조트이다.

❺ 복합형 리조트

리조트단지 안에 스포츠 시설, 카지노, 테마파크, 컨벤션센터 등 주요시설을 2가지 이상 복합적으로 설치한 리조트를 말한다. 최근에는 리조트를 복합형으로 만들어 대형화하는 것이 세계적인 추세이다. 우리나라의 경우 무주리조트가 골프, 스키, 테마파크를, 한화리조트가 골프와 워터피아라는 테마파크를 복합화하였다.

■싱가포르 마리나 베이 샌즈

리조트 호텔의 향후 전망은 타 산업과 산업연관효과로 인한 경제 활성화 기대되며, 무엇보다도 전 세계적으로 생태환경문제에 대한 심각성과 함께 환경을 보호, 관리하면서 가족단위의 체험리조트가 붐을 이루고 있다. 국내 리조트 공급 측면을 보면 국민들의 리조트문화에 대한 높은 관심과 참여를 바탕으로 중견기업들과 지방자치단체를 중심으로 속속들이 리조트사업에 대해 투자가 꾸준히 증가하고 추세다.

5) 카지노 호텔

카지노 시설을 갖추고 있는 호텔로 일반적으로 흔히 여러 가지 오락시설을 갖춘 오락장 또는 도박장이 설치되어 있으며 법률적으로 사행행위 등 규제 및 처벌특별법에서 사행행위영업으로 규정되어 오다가 1994. 8. 3 관광진흥법의 개정으로 새로운 관광사업으로 부각되고 있다.

■카지노 호텔 내부

6) 의료관광 호텔

치료 목적의 환자와 동반자가 불편이 없도록 최소 19㎡ 규모의 객실을 20개 이상 갖춰야 하며 장기 체류하는 의료관광객이 식사하는데 애로가 없도록 취사도구도 갖추도록 했다. 의료관광호텔과 의료기관시설을 완전히 분리하도록 하고, 연간 기준으로 총 숙박 가능 인원 중 내국인 투숙객이 40%를 넘지 않아야 한다.

4. 운영방식에 의한 분류

호텔경영은 자본 출자에 따라 크게 두 가지 방식으로 구분한다. 즉 하나는 자사 자본의 100% 출자로 경영하는 직접소유방식(Wholly Owner Management)이며, 또 다른 하나는 외부기업과의 합작으로 경영하는 합병방식(Joint Venture Management)이다. 일반적으로 호텔기업은 초기에 거액의 투자액이 소요될 뿐 아니라 투자 위험을 감안해서 리스크의 분산방식을 채택하고 있다.

이 두 가지 방식을 바탕으로 다시 자사 기업에 맞는 구체적인 경영협약(Management Agreement)을 체결하여 경영체인방식으로 운영하는 추세에 있다. 주요 경영협약 방법을 살펴보면 다음과 같다.

1) 독립경영 방식(Independent Management)

개인이 호텔 하나만을 운영하는 경우와 그룹의 경우 호텔업에 투자를 하여 관리인으로 하여금 단독 경영을 하게 하는 형태이다. 즉 독자적 경영 형태로 체인에 가입하는 것도 아니고 경영위탁을 하는 것도 아니므로 소유주는 전문적 지식을 가진 종사원과 총지배인을 고용하는 것이 보통이다. 오늘날에는 단독경영 호텔이라 할지라도 개인이 소유하는 것이 아니라 주식형태(corporation)로 여러 사람이 공유하는 것과 합작형태로 몇 사람이 공유하는 호텔이 생기게 되었다. 단독경영의 호텔은 체인 호텔과 같이 경영 기술 및 상호의 일치성이 없이 독자적인 기법으로 호텔을 운영한다. 호텔 스스로가 시장 확대 및 경영기술개발에 노력해야 하고 해외선전비의 단독부담으로 많은 경비가 지출되나 경영계약비용 또는 체인 본부에서 부과하는 비용을 지불할 필요가 없어 비용절감의 이점이 있고 고유의 경영 기법을 개발할 수 있어 독창성을 발휘할 수 있다. 그러나 체인 호텔의 특성과 대자본의 필요, 공동선전과 상호 송객 등에 대한 문제 제기로 단독경영 호텔은 체인경영 호텔의 전면적인 도전을 받고 있는 실정이다. 우리나라의 단독경영의 대표적인 호텔은 롯데호텔로 스스로가 시장 확대 및 경영기술 개발에 노력해야 하며 해외선전비의 단독부담으로 많은 경비가 지출되나 체인화에 따른 계약비용 등을 절감하기도 한다. 단독경영 호텔은 경영기술 및 상호에 대한 체인 본부의 제약이 없으므로 고유의 경영 기법을 개발할 수 있고 시장의 기세에 따라 전략을 변화시켜 그에 대응할 수 있다. 그러므로 단독경영 호텔은 시장변화에 신속히 대응할 수 있다는 장점을 지니고 있다.

또한 고유의 경영기법 이외에 그 국가의 문화적인 측면에서 서비스와 상품에 이를 반영할 수 있다는 점이다. 체인 호텔과 비교해서 단점은 해외선전비의 단독부담, 국제적 정보의 부족, 소비시장에 대한 지명도 부족 등이 단독 호텔이 극복할 과제이며 반면에 장점이라 할 수 있는 것은 계약에 드는 제비용이 불필요하므로 비용 절감에 큰 몫을 한다.

2) 관리위탁 방식(Contract Management)

동일한 기업에 의해 소유되거나 운영되어지는 2개 이상의 호텔 혹은 호텔의 건설에서부터 운영까지 위탁 경영되는 조직을 말한다. 국제경영에서 기술이전이 되는 경로는 6가지로 분류하는데 그 중에서 호텔 체인의 기술이전은 경영위탁계약에 의한 이전에 해당된다.

이 방식은 자본과 경영이 분리되어 있어 투자기업(Ownning Company)은 호텔건설의 고정자산에 대한 투자를 하고 전문 경영 회사가 그 시설의 관리운영만을 계약에 의해서 수탁하는 방식이다. 그 계약내용을 좀 더 살펴보면, 건물의 내장 및 비품 일절을 경영주체인 투자가(Developer)가 부담하고, 호텔기업은 운전자금을 포함하여 자금조달에는 일체 관여치 않는 방식이다.

호텔 소유주 측이 호텔경영을 전문으로 하는 체인회사에 의하여 호텔의 이미지를 고양시키기 위한 것이며 또한 호텔의 전문적 경영을 의뢰함으로써 일정한 대가를 지불하는 소유주와 계약한 회사 간의 경영계약이다. 계약조건에 의하여 본사는 체인 고유의 시스템을 통하여 전문화된 경영기법 및 판촉의 전문적 패턴을 사용하여 계약된 호텔을 효과적으로 운영하여 이윤을 얻도록 하고 일정 조건, 목표를 달성했을 때 일정 이익에 대한 지분을 받는다. 지분을 소유한 본사는 이윤의 달성조건에 의하여 이윤배당과 수수료를 받음으로써 호텔을 위한 마케팅의 노력은 소유자 측의 마케팅 노력의 중요성과 같다. 이런 점에서 단독경영 호텔의 경우보다 비용 및 경영기법에서 효과적이다.

매리어트, 하얏트 리젠시, 라마다 르네상스, 인터컨티넨털 등이 이 방식으로 운영되고 있다. 호텔의 운영자(Operator)는 투자기업에 다음과 같은 노하우(Know-how)를 제공하고 있다.

❶ 개업 전 서비스

시장조사, 사업수지 예측, 건설기획의 제안과 지도, 인테리어 기획의 제안과 지도, 경영기획의 입안과 실시, 물자구입에 대한 지원, 관리운영스텝의 파견. 개업 준비인력 파견

❷ 개업 후 서비스

호텔 명칭의 사용권 제공, 주요경영 관리자 파견, 판매관리 서비스, 종사원훈련, 물자조달 서비스, 경영분석과 지도

장점으로는 대량구입으로 인한 원가 절감, 전문가의 양적 · 질적 활용, 공동선전에 의한 효과, 예약의 효율적 활용, 계약관리의 적정화 등을 들 수 있으며, 단점으로는 로열티 지급이 과다하게 지출되며, 지급이자, 지방제세, 감가삼각비, 각종보험 등을 경비로 공제하지 않고 영업비용으로 처리된다. 운영권 전부를 가지고 있으므로 자본주가 관여할 수 있는 여지가 없으며 독자적으로 운영되고 자본주에게 계약상 최소한의 수익이 보장되어 있지 않다. 이외에도 감사결과 운영이 잘못되었을 때 계약 파기권이 자본주에게 거의 없으며 이에 대한 시정을 요구할 권한이 없고 부당한 인사에도 교체 요구의 권한이 없다.

2) 프랜차이즈 운영방식(Franchise management)

프랜차이즈방식은 경영기술을 보유한 특허권자(Franchisee)가 경영시스템을 갖춘 가맹점(Franchinee)에 대해서 특정지역에서 일정 기간 규정된 계약에 의하여 사업을 할 수 있도록 권리 또는 특허권을 공여하여 그 수수료(Franchise)를 징수하는 방식이다. 즉 프랜차이즈 방식이란 유형 또는 무형의 상품을 가진 회사가 개인 또는 상대적으로 작은 기업에게 특정한 장소에서 일정 기간 약정된 방법으로 영업을 할 수 있는 독점권한을 부여하여 프랜차이지로 하여금 분배하게 하는 방법이다. 프랜차이즈의 서비스로는 경영기법, 기술적 원조, 마케팅이다. 프랜차이지는 본사의 명성과 이름에 손상이 되지 않게 체인의 기준에 맞추어야 한다. 이러한 기준은 크게 두 가지 범주로써 결정적인 기준과 운영 특징 기준으로 나눌 수 있다. 보편적인 결정기준은 객실의 크기, 가구의 값, 침대의 크기, 식음료 판로의 존재, 영업시간, 주차장 시설, 텔레비전, 수영장 등이 있고 영업시간은 바뀔 수 있다. 그리고 논쟁이 될 수 있는 기준은 청결함, 직원의 예의, 서비스의 질, 가격, 체크아웃 시간, 린넨의 교환, 동일한 상품의 이용 등이 논쟁의 근원이 된다.

가맹본부가 가맹점주에게 무엇을 제공하는가에 따라 상품. 상호형 프랜차이즈(Product & Name Franchise)와 사업형 프랜차이즈(Business Format Franchise)로 분류할 수 있다. 상품. 상호형 프랜차이즈란 가맹점주에게 상호, 상표 등 영업을 상징하는 표지의 사용을 허락함과 동시에 상품만을 공급하고 그 영업에 관한 노하우를 제공하지 아니하는 프랜차이즈를 말하며, 이에 대해 사업형 프랜차이즈란 상호, 상표 등 영업을 상징하는 표지의 사용 또는 상품의 공급은 물론 점포의 선정, 직원교육, 사업확장, 광고, 시장조사 등 영업 전반에 관한 노하우를 제공받는 프랜차이즈를 말한다.

관리위탁방식에 있어서는 체인본부인 호텔기업이 전반적으로 운영에 참여하지만, 프랜차이즈방식에 있어서 본부는 경영지도에만 관여하고 상표사용권을 위탁하는 계약을 맺고 있다. 즉 계약조건상에 규정된 대로 일정 시설을 보유하고 경영상의 자문을 얻으며 호텔운영은 투자가(Developer)가 독립체산제로 운영하는 형태인 것이다. 홀리데이인 서울 호텔 및 밀레니엄 서울 힐튼 호텔 등이 이 방식으로 운영되고 있다.

3) 시설물 임차운영방식(Lease management)

리스방식은 전문 호텔경영기업이 토지나 건물투자에 대한 자금여력이 미치지 못할 경우 제삼자의 건물을 계약에 의해서 임차하여 운영하는 방식을 말한다. 호텔경영기업들이 소유직영방식의 체인망 확대가 저조한 경우 이 건물리스방식을 채택하고 있다.

임차방식의 기본적인 내용은 경영주체인 호텔기업은 건물의 내장품, 비품, 가구류 등에 투자하고, 임차료는 사전에 정해진 일정 액수를 건물주에게 지불하는 형태이다. 이때 건물주는 호텔경영의 성패에 관계없이 일정액의 임차료를 수취하는 형태가 됨으로 호텔기업이 불황기에 막대한 비용부담을 해야 하는 불리한 점이 있다. 따라서 힐튼 인터내셔널의 임차방식에 있어서는 영업이익의 1/3을 호텔기업이, 나머지의 2/3는 건물주가 수취하는 방식으로 전환시킴으로써 합작경영의 형태로 체인망을 확충하였다.

4) 공영그룹 운영방식(Referral group management)

체인 및 프랜차이즈 그룹의 발전과 인기가 점차 높아짐에 따라 단독경영 형태의 호텔은 그들과 대항하려면 재정적 측면에서 제반경비의 과다한 지출이 발생하기 때문에 경쟁에 위협을 느끼게 되었다. 단독경영의 호텔들은 단일성 혹은 경영의 독립성과 소유권을 유지하였으나 체인호텔에 고객을 잃게 되고 그들의 전문화된 시장개척 및 예약제도 때문에 점차 불리한 입장에 놓이게 되는 것이다. 재정적인 측면에서 볼 때 단독경영 호텔들은 해외선전 광고비용에 대한 비용부담이 커지게 되었다. 따라서, 대규모 체인

호텔 조직에 대응하기 위하여 각각의 단독 호텔이 연합으로 상호 협력하여 공동선전, 판매정책 및 예약서비스 등의 획일화를 위한 조직을 형성하였다. 즉 독립 호텔들은 유사 호텔들과 상호협조 하에 공동선전 및 공동의 기금을 창출하여 각각의 독립적 판매측, 독립경영을 유지하며 동시에 새로운 정보를 교환하게 되었다. 지금까지의 체인방식은 모두가 본부기능을 담당하는 특정기업이 있으나 리퍼럴방식에서는 특정기업의 본부가 아닌 다수의 기존독립체가 대동단결해서 본부를 운영하는 회원제의 협동조직방식이다.

리퍼럴에 의한 호텔 경영에 있어서는 단독 경영의 호텔과 마찬가지로 각각 호텔의 독립적 경영이 완전히 보장되며 체인이나 프랜차이즈 등의 계약경영형태에서 파생되는 장점도 가질 수 있다. 리퍼럴그룹의 형태로 성공한 그룹을 보면 Best Western, Utel International, Leading Hotels of the World, HRI, SRS, Preferred Hotel, JAL Hotel 등이 있다.

이 방식은 미국의 모텔경영자인 M.겔틴(M.K.Guertin)에 의해서 고안되었다. 그는 자신의 모텔에 투숙하는 고객으로부터 다음 행선지의 좋은 모텔의 예약요구가 있음을 착안하여 예약의 상호공조그룹(Reservation referral group)을 결성하여 고객의 욕구에 대응했던 것이 성공을 거두게 되었다.

5. 등급에 의한 분류

관광호텔에 의한 등급제도는 1970년에 처음 이루어졌는데 당시 교통부는 1968년 8월에 마련한 관광 진흥을 위한 종합대책의 일환으로 등급제 작업에 착수했다. 교통부 관계담당자와 업계 및 학계 권위자로 등급심사위원회를 구성하고 기존 호텔에 대한 등급을 책정, 서울은 1970년 5월 1일, 지방은 동년 5월 20일에 등급을 적용 실시하였다.

객실 1백실 이상은 1등급, 그 이하는 2등급, 3등급으로 적용한 최초의 등급제는 외국의 매니지먼트에 의해 운영되었으나 국내외 중요 행사를 치루는 조선호텔은 등급제에서 제외, 특등급으로 지정했으며, 그 후 2백실 이상의 호텔에 대해 특등급으로 적용했다가 1971년 10월 서울 도큐호텔에 대해 특등급으로 등록한 것을 마지막으로 그해

발경 관광사업진흥법을 개정 특등급 호텔의 등록기준을 2백실에서 3백실 이상으로 상향조정하였다.

1986년 12월 31일자로 관광사업법이 관광진흥법으로 개정되면서 관광숙박업의 등급구분은 종전의 4등급에서 5등급으로 보다 세분화되었다. 교통부는 관광숙박업의 시설 및 서비스 수준을 효율적으로 유지 · 관리하고자 등급을 조정하게 되었는데 기존의 특등급은 특1등급과 특2등급으로 구분하고 나머지 3등급은 동일하게 적용하였다.

제도 도입 후 45여 년이 경과하면서 관광호텔 체계 개선 작업이 지속적으로 이루어졌으나 관광호텔 등급평가 기준 및 방식 면에서 글로벌 스탠더드를 지향하기에 부족한 측면이 있었다.

즉 관광호텔 등급 체계는 특급에서 중저급 호텔까지 다섯 단계로 이루어져 국제 표준에 일정 부분 부합하나 관광호텔 등급 표지 체계는 글로벌 스탠더드로서 적합성이 결여되었다. 따라서, 정부는 호텔업 경쟁력 강화 및 소비자 만족 지향과 국제적 기준에 부합한 호텔 서비스 표준화 평가 및 호텔운영 관련 컨설팅 서비스 제공을 통해 호텔운영 선진화 유도호텔산업 질적 성장의 토대를 마련하고자 관광진흥법(' 14.9월), 관광진흥법시행령 및 규칙(' 14.11월 중), 고시(' 14.12월 중 개정)를 통하여 개정하였다.

1) 관광호텔 등급결정 서비스 기준

(1) 1성급 호텔

고객이 수면과 청결유지에 문제가 없도록 깨끗한 객실과 욕실을 갖추고 있는 조식이 가능한 안전한 호텔이다.

(2) 2성급 호텔

고객이 수면과 청결유지에 문제가 없도록 깨끗한 객실과 욕실을 갖추며 식사를 해결할 수 있는 최소한 F&B 부대시설을 갖추어 운영되는 안전한 호텔이다.

(3) 3성급 호텔

청결한 시설과 서비스를 제공하는 호텔로서 고객이 수면과 청결유지에 문제가 없도록 깨끗한 객실과 욕실을 갖추고 다양하게 식사를 해결할 수 있는 1개 이상(직영 또는 임대포함)의 레스토랑을 운영하며, 로비, 라운지 및 고객이 안락한 휴식을 취할 수 있는 부대시설을 갖추어 고객이 편안하고 안천하게 이용할 수 있는 호텔이다.

(4) 4성급 호텔

고급수준의 시설과 서비스를 제공하는 호텔로 고객에게 맞춤 서비스를 제공하며, 호텔로비는 품격 있고, 객실에는 품위 있는 가구와 우수한 품질의 침구와 편의용품이 완비됨. 비즈니스 센터, 고급 메뉴와 서비스를 제공하는 2개 이상(직영 또는 임대포함)의 레스토랑, 연회장, 국제회의장을 갖추고, 12시간 이상 룸서비스가 가능하며, 피트니스 센터 등 부대시설과 편의시설을 갖추고 있다.

(5) 5성급 호텔

최상급 수준의 시설과 서비스를 제공하는 호텔로 고객에게 최고의 맞춤 서비스를 제공하며, 호텔로비는 품격있고, 객실에는 품위 있는 가구와 뛰어난 품질의 침구와 편의용품이 완비됨. 비즈니스 센터, 고급 메뉴와 최상의 서비스를 제공하는 3개 이상(직영 또는 임대포함)의 레스토랑, 대형 연회장, 국제회의장을 갖추고, 24시간 룸서비스가 가능하며, 피트니스센터 등 부대시설과 편의시설을 갖추고 있다.

2) 관광호텔 등급결정 과정

(1) 과정

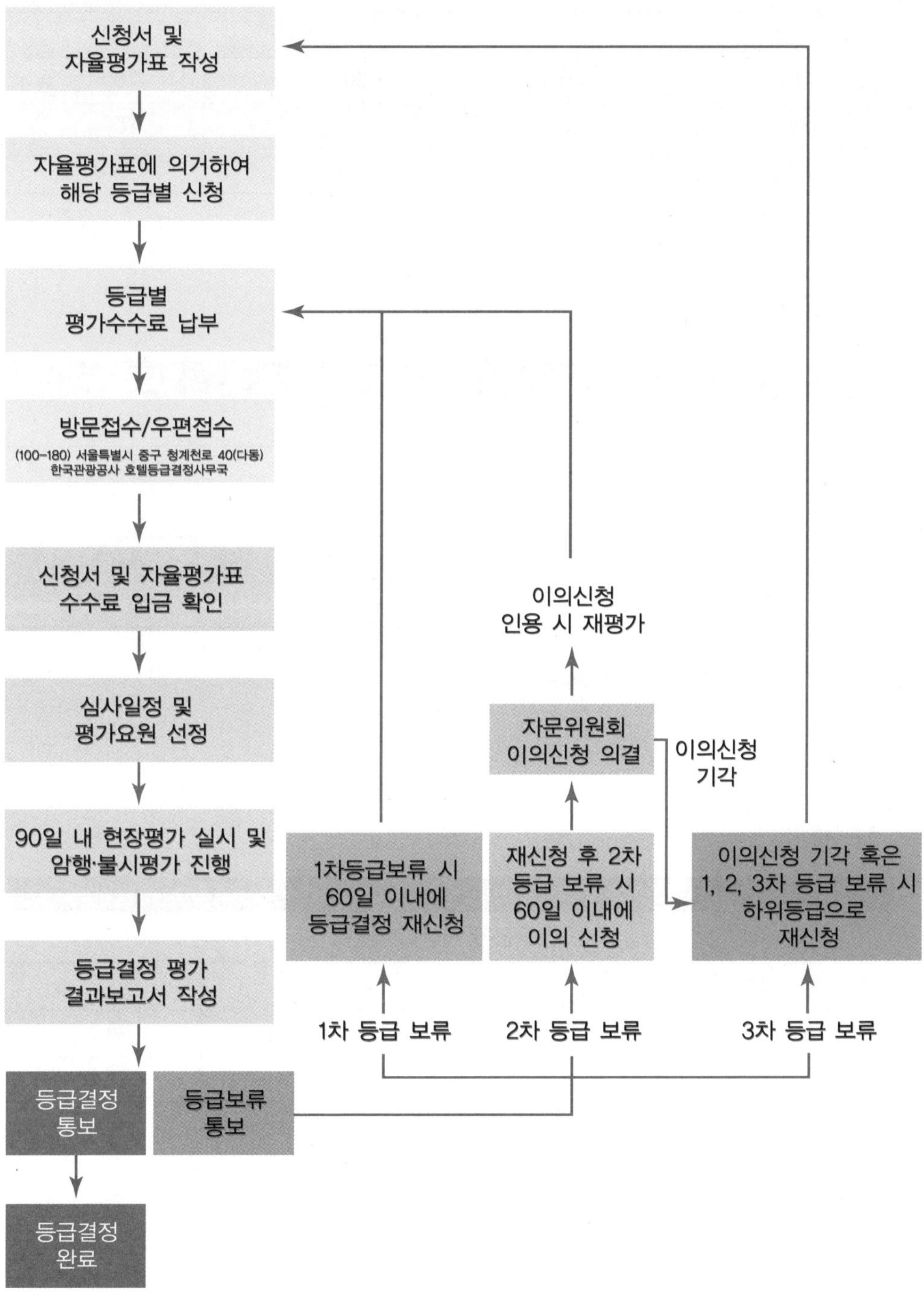

(2) 등급별 평가점수표

구분	현장평가	암행/불시평가	계
1성급	400	200	600
2성급	400	200	600
3성급	500	200	700
4성급	585	265	850
5성급	700	300	1,000

*4, 5성급은 암행평가, 1~3성급은 불시평가를 실시

(3) 등급별 결정기준표

구분	평가점수	평가기준점수	호텔등급표지
5성급	1000점	90% 이상 획득	별 5개
4성급	850점	80% 이상	별 4개
3성급	700점	70% 이상	별 3개
2성급	600점	60% 이상	별 2개
1성급	600점	50% 이상	별 1개

* 등급(星)별 평가 필수항목 미비 시 등급불가
* 6가지 안전점검 필증 미비 시 등급보류

(4) 4, 5성급 평가 항목

❶ 현장평가

평가항목	☆☆☆☆	☆☆☆☆☆
공용공간 서비스 부문		
보안시설(폐쇄회로) 설치 여부	필수	필수
로비 공간 유무, 청결 및 관리	필수	필수
환전서비스 제공	필수	필수
프런트 근무자의 외국어 능력 및 담당업무 숙지도	필수	필수
Duty Manager, 도어맨(Valet 서비스), 벨맨, 컨시어지 등 기능별 1인 이상 배치		필수

평가항목	☆☆☆☆	☆☆☆☆☆
객실 및 욕실 부문		
객실 바닥, 벽, 천장 청결도 및 환기상태	필수	필수
객실의 보안시설(도어락 등) 설치 여부	필수	필수
객실 내 비상안내지침 자료 비치	필수	필수
객실 내 가구 설치 및 관리상태	필수	필수
객실 편의용품 제공 여부 및 상태	필수	필수
침대 및 침구류의 상태(교체필요 상태 시 등급불가)		필수
객실이 매우 불결한 경우 등급 불가	필수	필수
객실 내 냉난방 또는 방음상태	필수	필수
불편신고엽서 비치/ 고객모니터링 평가 실시 여부	필수	필수
객실 내 비상안내지침	필수	필수
객실 내 호텔서비스 등 안내물 비치	필수	필수
객실 내 호텔의 제반서비스 안내물 등 안내서비스 제공	필수	필수
욕실가구의 품질 및 관리상태	필수	필수
욕실의 청결 및 관리	필수	필수
욕실의 환기 및 배수	필수	필수
식음료 및 부대시설 부문		
식음료업장 유무	필수(최소 2개)	필수(최소 3개)
주방청결 및 쓰레기분리수거 상태	필수	필수
식재료보관 및 저장 등 관리상태	필수	필수
피트니스센터 등 부대시설 여부	필수	필수
회의(연회장)가능 인원이 50명 이상	필수(최소50명)	필수(최소50명)
회의실 확보 여부	필수	필수
비즈니스센터 서비스 제공 여부	필수	필수

❷ 암행평가항목 : 신분 비노출

평가항목	☆☆☆☆	☆☆☆☆☆
공용 공간 서비스 부문		
종사원의 복장 및 용모	암행	암행
현관 및 로비 종사원 기능	암행	암행
화장실의 유지관리	암행	암행
프런트 근무자의 서비스	암행	암행
호텔 인터넷 예약서비스	암행	암행
객실 및 욕실부문		
객실의 관리상태	암행	암행
객실 내 가구의 구비, 관리	암행	암행
객실의 편의용품 제공, 품질	암행	암행
침대 및 침구류 관리	암행	암행
객실의 청결상태	암행	암행
객실의 냉난방상태	암행	암행
룸서비스 제공	암행(12시간)	암행(12시간)
객실 내 비상시 안내지침	암행	암행
객실 내 안내물 비치	암행	암행
세탁서비스	암행	암행
욕실의 청결 및 관리	암행	암행
욕실의 편의용품 제공	암행	암행
식음료 및 부대시설 부문		
식당 종사원의 서비스상태	암행	암행
고객에 대한 접객 태도	암행	암행
메뉴와 정보전달 체계	암행	암행
음식 제공 서비스	암행	암행
체크아웃	암행	암행
배웅	암행	암행

3) 호텔 등급 표지 : 문화체육관광부 고시 제2015-0016호(2015.05.08.제정)

(1) 표지 호텔업의 성급별 등급 표지 디자인은 다음과 같이 한다.

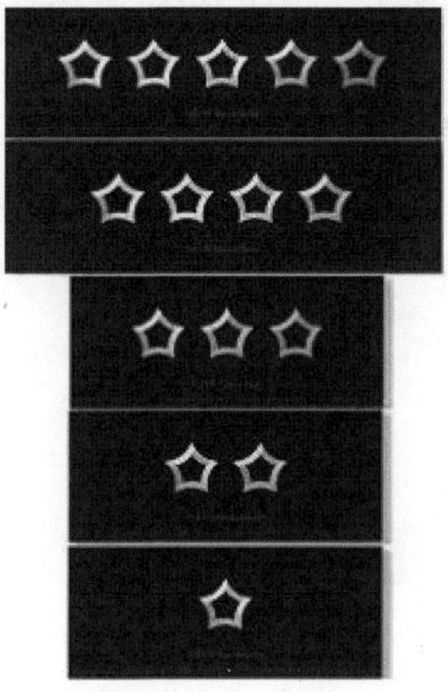

(2) 작도법

❶ 호텔 등급 표지의 크기는 다음과 같다.

4~5성급은 가로 : 600(mm), 세로 : 186(mm)로 한다.

1~3성급은 가로 : 430(mm), 세로 : 186(mm)로 한다.

※ 가로 : 표지의 왼쪽 끝과 오른쪽 끝의 폭, 세로 : 표지의 상단부터 하단까지의 폭

❷ 표지 바탕 색상은 성급에 따라 다음과 같이 한다.

구분	COLOR NAME	PANTONE COLOR	4원색 (CMYK)
5성급	고궁갈색	7645 C	C: 64, M:87, Y:58, K:65
1~4성급	전통감청색	2766 C	C:100, M:99, Y:37, K:51

색상은 별색(PANTONE COLOR) 또는 4원색(C,M,Y,K)을 기준으로 해당 성급에 맞추어 적용한다.

❸ 별 문양의 형태와 패턴, 크기 및 배열은 다음과 같다.

- 별 문양의 형태와 패턴 : 별 문양의 형태와 패턴은 지정된 매뉴얼에 맞추어 적용하며, 임의로 변경할 수 없다.

• 별 문양의 크기 : 별 문양의 크기는 가로 : 73.26(mm), 세로 : 69.7(mm)로 한다(1~5성급 동일). 안전을 위해 별의 모서리는 0.5(mm) 곡선(Round)을 적용하고, 바깥 면과 안쪽 면은 0.2(mm) 사선 컷팅(Champer-Cutting)을 적용한다.

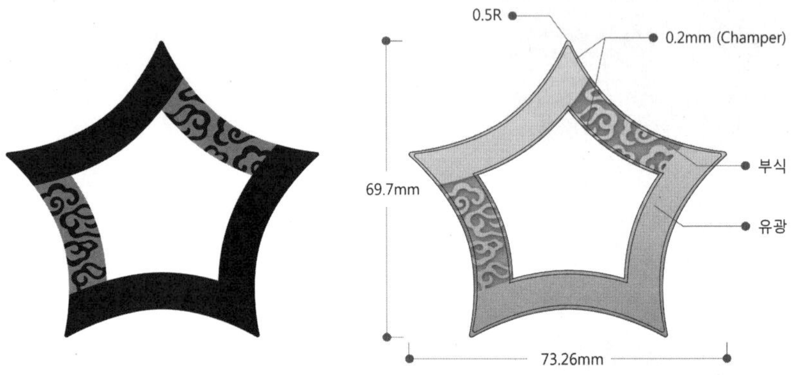

• 별 문양의 배열 : 별과 별사이 간격은 1~5성급 공통적으로 21(mm)로 한다. 첫 번째 별의 좌측 여백 (그림의 가-1)과 마지막 별의 우측 여백(그림의 가-2)은 가로 직선 길이가 서로 같게 하며, 상단부에서 46(mm) 내려온 지점에 위치한다.

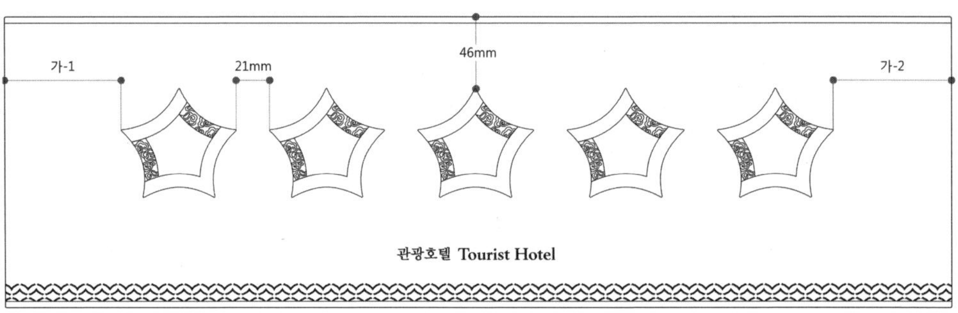

• 표지의 국문 및 영문 활자체, 글자크기, 위치는 다음과 같다.
 - 활자체(국문) : 국문_Yoon 가변 윤명조 105, font style : 45
 - 활자체(영문) : 영문_Berling LT Bold, font style : Bold
 - 위치 : 표지의 왼쪽 끝을 기준으로 4~5성급은 가로 직선 길이로 230(mm), 1~3성급은 145(mm) 떨어지고 상단부에서 148.3(mm) 내려온 지점으로 한다.(국문 · 영문 글자 공통)

• 표지 하단의 패턴 문양과 위치는 다음과 같다.

표지 하단에 적용될 패턴의 문양은 구름을 단순하게 형상화한 디자인으로 지정된 매뉴얼에 맞추어 적용하며, 임의로 변경할 수 없다. 패턴의 위치는 표지의 하단에서 4(mm) 올라온 지점에서 표지의 왼쪽 끝부터 오른쪽 끝까지 평행선으로 위치한다.

4mm

(3) 제작법

원자재명	재질	PANTONE COLOR	소재 두께		원자재 가공법	
			별	표지	별, 표지	문자, 문양
듀랄루민 (duralumin)	알루미늄합금 AL 6061	• 주 성 분 : 알루미늄 • 합금성분 : 마그네슘 +실리콘+구리+크롬 등 15% 내외	8T	25T	NC가공 후아 노다이징 코팅	레이저 마킹

• 별과 표지바탕 제작용 듀랄루민(dralumin)을 지정된 형태와 크기로 NC 가공

• 성급마크는 레이저 가공(Laser processing) 및 후가공 후 아노다이징 코팅 처리

• 표지바탕 2차 페이스 컷터(Face Cuter) 단차 가공 및 아노다이징(anodize)코팅 마감

• 표지바탕 전면에 성급마크 부착 및 후면 설치용 홈 가공.

• 표지바탕 전면에 아노다이징 코팅 후 지정된 문양 및 문자를 레이저 마킹(Laser Marking) 처리(아노다이징 코팅 면 두께의 1/2~1/3 레이저 마킹 조각 표현)

• 성급마크를 표지바탕 면에 홈을 맞추어 정확한 위치에 조립 완료.

6. 숙박기간에 의한 분류

1) 트랜지언트 호텔(Transient hotel)

교통이 편리한 장소에 위치해 있고 보통 1~2일의 단기 투숙객이 많이 이용한다. 음식도 저렴하고 투숙객 이외의 외래객을 위한 커피숍이나 카페테리아 같은 부대시설도 갖추고 있다.

2) 레지덴셜 호텔(Residential hotel)

주택용(주거용) 호텔로써 대체로 일주일 이상의 장기 체재객을 대상으로 한다. 신설 지역에 파견되는 기술자 가족들의 일시적 주택으로 사용되거나 신임외교관들의 관사가 건설되기까지의 1~2개월 동안 이용할 수 있는 호텔을 말한다.

이 호텔의 고객은 월간이나 주간을 기준으로 임대하며 자기집처럼 장기간 체류하는데, 주로 미국에서 많이 볼 수 있다. 스페인에서 이러한 유형을 'Apartment hotel'의 줄임말인 'Apartotel'이라 부른다.

7. 요금지불방식에 의한 분류

객실 판매에 식사를 포함시켜 판매하는지 그 여부에 따라 구분하는 유형이다.

1) 미국식 호텔(American plan hotel : AP)

이 방식은 객실료에 식사비를 포함해서 판매하는 것으로 주로 호화여객선(Cruise)이나 휴양호텔(Resort hotel)에 적용되며 풀펜션(Full pension)이라고도 한다.

2) 유럽식 호텔(European plan hotel : EP)

이 방식은 객실료와 식사비를 분리하는 영업방법으로 한국과 일본을 포함한 대부분의 아시아 국가들이 모두 이 제도를 채택하고 있다.

3) 대륙식 호텔(Continental plan hotel : CP)

이 방식은 객실료에 대륙식 아침식사를 포함한 요금이다. 미국식 아침식사와는 달리 간단한 아침식사를 제공한 후 이것을 객실요금에 포함시키는 방법이다. 이것은 유럽대륙에서 널리 쓰이고 있다.

4) 혼합경영식 호텔(Dual plan hotel : DP)

이 방식은 미국식과 유럽식의 혼합형으로 고객이 원하는 방식으로 요금을 지불하는 맞춤 절충형 형태이다.

5) 수정 미국식 호텔(Modified American plan hotel : MAP)

Semi-pension, Demi-pension이라고 하며, 객실료에 조식과 석식을 포함하는 유형으로 주로 점심은 고객들이 관광하는 도중에 호텔 외에서 해결하게 된다.

8. 관광진흥법상 분류

1) 호텔업

1993년 12월 27일 공포된 관광진흥법 개정 법률은 과거의 '관광호텔업'을 '호텔업'이라는 명칭으로 바꾸었다. 2002년 2월 4일 법률 제6656호로 일부 개정된 관광진흥법 제3조 관광사업의 종류 중 관광숙박업은 크게 호텔업과 휴양콘도미니엄업으로 나눈다. 호텔업은 관광객의 숙박에 적합한 시설을 갖추어 이를 관광객에게 이용하게 하고 음식을 제공하는 행위를 하는 업을 칭한다.

2007년에는 과거 호텔업에서 휴양콘도미니엄업과 달리 공유제 분양 또는 회원모집을 할 수 없도록 규정(가족호텔업에 한해서는 회원모집을 허용)하였던 것을 2006년 2월 2일 이후 사업계획승인을 받은 모든 호텔업에 대하여 회원모집을 허용하였고(관광진흥법 시행령 개정/07.11.13), 2008년에는 2006년 2월 2일 이전에 사업계획의 승인을 받은 관광호텔업, 수상관광호텔업 및 한국전통호텔업에 대해서도 회원모집을 허용하였으며(관광진흥법 시행령 개정/08.8.26), 2009년에는 배낭여행객 등 개별 관광객의 숙박시설로 호스텔업이 추가(관광진흥법 시행령 개정/09.10.7)되었다. 2012년에는 외래 관광객 2천만 명 시대를 대비한 관광숙박시설 확충기반을 조성하고, 국내 관광산업의 경쟁력을 획기적으로 강화하기 위한 제도적 기반을 구축하기 위한 「관광숙박시설 확충을 위한 특별법」을 제정 · 시행하였다.(제정/' 12.1.26)

2015. 06. 01 대통령령 제26302호(공간정보의 구축 및 관리 등에 관한 법률 시행령) 일부개정에 의거 호텔업은 크게 7가지로 나누는데, 관광진흥법 시행령 제2조 제2항에 의거하면 관광호텔업, 수상관광호텔업, 한국전통호텔업, 가족호텔업, 호스텔업, 소형호텔업, 의료관광호텔업으로 구분된다. 그리고 관광진흥법 개정(2005년 4월 17일)을 통하여 관광숙박업에 대한 등록권한을 문화체육관광부 장관 또는 시 · 도지사에서 각 각 시 · 도지사 또는 시장 · 군수 · 구청장에게 이양하였다.

관광숙박업을 경영하기 위하여 관광숙박업의 등록을 하고자 하는 자는 [관광업등록 신청서]에 첨부서류를 구비하여 등록관청에 제출하여야 하며, 신규등록 시 구비서류는 다음과 같다.

❶ 사업계획서 1부(관광진흥법 제4조 제4항의 규정에 의하여 사업계획 승인을 얻은 경우에는 예외로 한다.

❷ 신청인(법인의 경우는 대표자 및 임원)의 성명, 주민등록번호 및 본적을 기재한 서류(외국인의 경우에는 외국인등록표등본)

❸ 법인의 등기부등본(법인의 경우에)

❹ 부동산의 소유권 또는 사용권을 증명할 수 있는 서류

구비서류의 검토내용 및 방법을 살펴보면, 첫째 사업계획서는 시설내용이 시설기준에 적합한지의 여부를 검토하고 둘째 신원증명서는 관광사업자가 결격사유에 해당하는지의 여부를 검토하며, 셋째 부동산 등기부등본은 사업용지가 신청인 소유의 토지인지의 여부 또는 타인 소유인 경우 사용권이 있는지의 여부를 검토하고, 넷째 법인등기부등본은 법인의 사용목적 또는 대표자와 임원의 결격사유 여부 등을 검토하여야 한다.

(1) 관광호텔업

관광객의 숙박에 적합한 시설을 갖추어 관광객에게 이용하게 하고 숙박에 딸린 음식 · 운동 · 오락 · 휴양 · 공연 또는 연수에 적합한 시설 등(이하 "부대시설"이라 한다)을 함께 갖추어 관광객에게 이용하게 하는 업(業)이다.

서울, 부산, 제주지역에 집중되어 있고 대부분의 외국인의 경우 4등급 이상의 호텔을 이용하고 있어서 중, 소규모의 호텔의 경우 외국인 관광객 유치를 위한 시설 개 · 보수 및 서비스 증대가 요구된다.

2012년 12월 말 기준으로 관광호텔업의 등록 현황은 전국 783개 업체에 80,646실로 2011년에 비해 9,883실이 증가되었다. 이를 지역별로 보면 서울 159개 업체에 26,909실, 부산 53개 업체에 6,293실, 제주 99개 업체에 8,495실, 경기 93개 업체에 6,424실, 경북 49개 업체에 4,351실 순으로 등록되어 있다.

등급별로 보면 특1등급 71개 업체에 24,995실, 특2등급 74개 업체에 12,881실의 객실

이 등록되어 있다. 이외에 1등급 164개 업체에 13,685실, 2등급 120개 업체에 6,201실, 3등급 81개 업체에 4,964실, 등급미정 170개 업체에 10,714실의 객실이 등록되어 있다.

2012년 관광호텔업 이용실적은 14,907,633실로 전년 대비 2.1% 증가하였으며, 2012년 객실수입은 외국인 소비가 1조 2,444억 원으로 전년 대비 15.9% 상승하였고 내국인 소비는 6,994억 원으로 1.6% 증가하였다.

■ 관광호텔업 등록 현황

(단위 : 개소)

구분	특1등급		특2등급		1등급		2등급		3등급		등급없음		소계	
	업체	객실	업체	객실	업체	객실	업체	객실	업체	객실	업체	객실	업체	객실
서울	26	11889	34	7457	53	6481	21	1482	29	1626	48	3814	211	32749
부산	8	2940	4	548	15	1434	13	698	9	1414	7	536	56	7570
대구	3	795	6	604	6	328	2	101	2	75	–	–	19	1903
인천	6	2414	10	2097	3	294	12	609	25	1130	16	1185	72	7729
광주	2	325	2	198	5	305	5	249	–	–	4	157	18	1234
대전	1	174	3	706	8	570	3	134	5	237	2	114	22	1935
울산	2	463	1	75	–	–	4	291	–	–	3	134	10	963
세종	–	–	–	–	–	–	–	–	–	–	–	–	–	–
경기	5	1359	5	996	20	1698	13	701	22	1101	41	2663	106	8518
강원	6	1632	8	1398	14	933	4	199	1	34	10	861	43	5057
충북	1	328	1	180	13	965	1	30	4	137	2	72	72	1712
충남	–	–	4	568	2	105	8	366	2	105	2	102	18	1246
전북	1	118	4	518	5	412	10	470	6	220	2	143	28	1881
전남	3	650	4	306	14	865	4	208	3	167	7	306	35	2502
경북	6	1931	3	387	18	1061	7	352	6	278	7	264	47	4273
경남	3	668	3	414	8	730	5	231	2	61	21	1077	42	3181
제주	15	4223	11	1107	23	1922	12	912	10	497	17	1036	88	837
소계	88	29909	103	17559	207	18103	124	7033	126	7082	189	12464	837	92150

자료 : 문화체육관광부, 2014년 12월 31일 기준

■연도별 관광호텔 객실 증가 추이

연도	호텔수		객실수	
	업체	증가율	실	증가율
1979	141	8.5	18,457	20.4
1980	123	-12.8	18,547	0.5
1981	129	4.9	19,702	6.2
1982	144	11.6	21,459	8.9
1983	154	6.9	22,800	6.2
1984	157	1.9	23,013	0.9
1985	165	5.1	23,771	3.3
1986	172	4.2	24,560	3.3
1987	221	28.4	27,963	13.8
1988	276	24.8	33,869	21.1
1989	367	32.9	39,091	15.4
1990	428	16.6	42,817	9.5
1991	441	3.0	44,029	2.8
1992	445	0.9	44,551	0.1
1993	446	0.2	45,096	0.1
1994	449	0.7	44,884	-0.5
1995	450	0.2	45,469	1.3
1996	455	1.1	46,727	2.7
1997	446	2.0	46,894	0.4
1998	452	1.3	46,998	0.2
1999	457	1.1	47,536	1.1
2000	474	3.7	51,189	7.7
2001	488	3.0	52,069	1.7
2002	511	4.7	54,086	3.9
2003	534	4.5	56,196	3.9
2004	550	3.0	59,135	5.2
2005	558	-2.3	58,950	-1.8
2006	580	3.9	60,596	2.8
2007	593	2.2	61,540	1.6
2008	610	2.7	64,154	4.2
2009	621	1.8	67,171	4.7
2010	630	1.4	68,583	2.1
2011	644	2.2	70,763	3.2
2012	680	5.6	73,440	3.8
2013	740	8.3	79,441	6.3

자료 : 문화체육관광부, 2013년 12월 31일 기준

(2) 수상관광호텔업

수상에 구조물 또는 선박을 고정하거나 매어 놓고 관광객의 숙박에 적합한 시설을 갖추거나 부대시설을 함께 갖추어 관광객에게 이용하게 하는 업이다.

1982년 6월 21일 대통령령 제10844호에 의거하여 신설된 관광숙박업의 한 종류이다. 기존의 해상관광호텔업의 명칭이 바뀐 것으로 수상에 구조물 또는 선박을 고정하거나 계류시켜 놓고 관광객의 숙박에 적합한 시설 및 부대시설을 함께 갖추어 이를 관광객에게 이용하게 하는 업을 일컫는다. 이는 비교적 낡은 선박을 활용하여 상대적으로 저렴한 건설비가 든다. 또한 우리나라는 삼면이 바다이며 수려한 해안경관을 최대한 활용할 수 있다는 이점도 있으나 경제성 여부와 오물처리문제 등 현실적으로 많은 어려움이 있다. 2000년 7월 20일 최초로 부산 해운대구에 객실 수 53실의 수상관광호텔이 등록되었으나 전반적인 사업분야로 보았을 때 본격적으로 운영되고 있지는 않다.

(3) 한국전통호텔업

한국전통의 건축물에 관광객의 숙박에 적합한 시설을 갖추거나 부대시설을 함께 갖추어 관광객에게 이용하게 하는 업이다.

1987년 7월 1일 대통령령 제12212호에 의해 신설되었다. 신설 배경은 한국적 이미지의 전통적 정원, 건축양식, 침실 등을 갖춘 숙박시설에 대한 외래관광객의 요구증대에 따른 것이었다. 한국전통의 건축물에 관광객의 숙박에 적합한 시설을 갖추거나 부대시설을 함께 갖추어 이를 관광객에게 이용하게 하는 업을 말한다. 현재 1991년 7월 26일 최초로 제주도 중문관광단지 내에 객실 수 30실의 중문 씨빌리지(Jungmun Tourist Sea Village)가 등록되었다.

(4) 가족호텔업

가족단위 관광객의 숙박에 적합한 시설 및 취사도구를 갖추어 관광객에게 이용하게 하거나 숙박에 딸린 음식 · 운동 · 휴양 또는 연수에 적합한 시설을 함께 갖추어 관광객에게 이용하게 하는 업이다. 종전에 단체관광객의 숙박, 체재 및 취사에 적합한 시설을 갖추어 이를 이용하게 하는 국민호텔업이 있었으나 이는 가족호텔업과 유사하기 때문에 이 업종을 폐지, 가족호텔업과 통합 조치하였다.

1986년 제정. 공포된 관광진흥법과 1987년 7월 1일 대통령령 제12212호에 의하여 신설되었다. 현재 국내에서는 1989년 4월 한국관광공사가 산정호수에 개관한 이래, (주)코레스코가 가평, 강화, 경주에 가족호텔을 개관했다. 반면 기존의 국민호텔업이 2001년도부터는 가족호텔업으로 통합 운영되었다.

객실 280실로 2001년 10월에 문을 연 서울소재 '오크우드 프리미어'를 비롯하여 전국적으로 총 19개소에 2,782실을 보유하고 있다.

(5) 호스텔업

배낭여행객 등 개별 관광객의 숙박에 적합한 시설로 샤워장, 취사장 등의 편의시설과 외국인 및 내국인 관광객을 위한 문화 · 정보 교류시설 등을 함께 갖추어 이용하게 하는 업이다.

2009년 10월 7일「관광진흥법 시행령」개정을 통해 호텔업의 한 종류로 신설되었으며 2010년 12월 21일 최초로 제주도에 객실 수 36실의 호스텔이 등록되었으며, 2012년도에 전국 28개소 549실이 운영되고 있다. 이것은 영리적인 기업과는 달리 청소년들의 심신의 단련과 보건휴양여행을 장려함과 동시에 숙박시설의 저렴한 요금지불을 목적으로 하여 건설된 일종의 사회복지시설이다.

(6) 소형호텔업

관광객의 숙박에 적합한 시설을 소규모로 갖추고 숙박에 딸린 음식 · 운동 · 휴양 또는 연수에 적합한 시설을 함께 갖추어 관광객에게 이용하게 하는 업이다.

최소 객실 수를 20실로 완화하되 두 종류 이상의 부대시설을 갖추도록 해 일반 '모텔'과 차별점을 두고 있다. 단, 소형호텔이 일반주거지역 입지 시에는 완화된 주거환경 보호를 위해 풍속을 저해하는 부대시설을 둘 수 없게 하고 부대시설의 면적 합계가 건축 연면적의 50% 이하가 되도록 제한했다.

(7) 의료관광호텔업

객실을 20실 이상 의료관광객의 숙박에 적합한 시설 및 취사도구를 갖추거나 숙박에 딸린 음식 · 운동 또는 휴양에 적합한 시설을 함께 갖추어 주로 외국인 관광객에게 이용하게 하는 업이다.

의료관광호텔업을 할 수 있는 자는 전년도 또는 직전 1년간의 환자수가 1,000명(서울지역은 3,000명)을 초과한 외국인환자 유치 의료기관의 개설자이거나 전년도 또는 직전 1년간의 실환자수가 500명을 초과한 외국인환자 유치업자로 하는 등 의료관광호텔업의 등록기준을 정하였으며 의료관광객의 편의가 증진되어 의료관광 활성화에 기여할 것으로 기대된다.

2) 휴양콘도미니엄업

휴양콘도미니엄업은 1982년 12월 31일자로 관광진흥법상의 관광숙박업종으로 신설하였으며 해안휴양지 숙박시설의 일종인 콘도미니엄을 로마법에서는 동일 자산을 2인 이상이 공유하는 소유권 형태(Independent ownership of the same property by two or more owners)로 규정하고 있는데 영어로 표현하면 'joint dominion(공유)'이라고 할 수 있다. 1993년 12월 27일 개정된 우리나라 관광진흥법상에 따르면 휴양 콘도미니엄업은 '관광객의 숙박과 취사에 적합한 시설을 갖추어 이를 당해 시설의 회원·공유자 및 기타 관광객에게 제공하거나 숙박에 부수되는 음식, 운동, 오락, 휴양, 공연 또는 연수에 적합한 시설 등을 함께 갖추어 이를 이용하게 하는 업'으로 정의되고 있다.

콘도미니엄은 1963년 스페인 토레마르(Torremar) 호텔건설이 효시이고 우리나라에서는 한국콘도미니엄 회사가 경주보문단지에 1980년 첫선을 보인 이후 여러 콘도미니엄 회사가 설립되어 설악산, 경포대, 해운대, 제주중문단지, 양평, 용인, 도고온천, 백암온천, 한려수도, 지리산 등에 콘도미니엄을 건설하였다.

우리나라는 1982년 12월 31일자로 휴양콘도미니엄업을 관광진흥법상의 관광숙박업종으로 신설하였으며 2012년 12월 말 기준 180개 콘도에 38,971실이 운영되고 있다. 국민들의 생활수준 향상에 따라 이용계층이 확대되어 국민들의 주요 관광숙박시설이 되었다. 또한, 공급자들은 초기에 투자재원을 회수할 수 있으므로 관심 있는 사업이 되어 왔으며 향후 지속적으로 휴양콘도미니엄을 건전한 관광숙박시설로 유도하고 이용의 편의를 도모하여 건전한 가족단위 관광숙박시설로 육성해 나갈 방침이다.

9. 호텔업의 등록기준

1) 관광호텔업

관광호텔업은 총 5개 등급으로 나누어져 있으며, 등급결정기준 및 절차는 문화체육관광부령으로 정한다. 관광호텔업은 크게 종합관광호텔업과 일반관광호텔업으로 구분한다.

(1) 객실 수

공중위생법에 의한 호텔시설 객실기준 이상으로 하되 서울의 경우 50실 이상, 부산의 경우 40실 이상으로 한다. 객실은 싱글, 더블(트윈) 및 한실로 구분하되, 싱글의 경우 면적을 13㎡ 이상, 더블(트윈) 및 한실의 경우 면적을 19㎡ 이상, 스위트의 경우 면적을 26㎡ 이상으로 한다. 다만, 싱글의 경우 객실 수는 전체 객실 수의 10% 이내여야 한다.

(2) 욕실

면적은 3.3㎡ 이상일 것.

(3) 현관로비면적

- 120실 미만 객실 수용인원(1실 2인)×0.5 ㎡ 이상일 것.
- 120실 이상 300실 미만 객실 수용인원×0.4㎡×40㎡ 이상일 것.
- 300실 이상 500실 미만 객실 수용인원×0.3㎡×100㎡ 이상일 것.
- 500실 이상 객실 수용인원×0.2㎡×200㎡ 이상일 것.

(4) 식당 등

다실 또는 휴게실과 식당을 설치할 것.

(5) 발전설비

비상발전설비를 할 것.

(6) 안전대책

경비원 또는 청원경찰을 3인 이상 확보할 것.

2) 수상관광호텔업

- 수상관광호텔이 위치하는 수면은 공유수면관리법 또는 하천법에 의하여 관리청으로부터 점용허가를 받을 것.
- 욕실 또는 샤워시설을 갖춘 객실이 30실 이상일 것 .
- 외국인에게 서비스 제공이 가능한 서비스 체재를 갖추고 있을 것.
- 해양오염방지시설 : 수상오염을 방지하기 위한 오수저장 · 처리시설 및 폐기물처리시설을 갖추고 있을 것.
- 구조물 및 선박의 소유권 또는 사용권을 확보하고 있을 것. 다만, 회원을 모집하는 경우에는 소유권을 확보하고 있을 것.
- 기타 : 비상발전설비를 할 것.

3) 한국전통호텔업

한국 고유의 전통건축양식을 갖추고 관광객에게 한국적 분위기를 줄 수 있는 구조로 만들어져야 하며, 이용자의 불편이 없도록 욕실 또는 샤워시설과 외국인에게 서비스 제공이 가능한 서비스 체제를 갖추고 있어야 한다.

객실은 19㎡ 이상이어야 하며, 객실 수의 70%는 그 구조 및 설비를 한실로 하되, 욕실은 3.3㎡ 이상의 양식구조로 이루어져야 한다. 정원의 경우 한국적 분위기를 풍길 수 있는 300㎡ 이상이어야 하며, 한국 전통요리를 제공할 수 있는 식당을 두어야만 한다. 또한 대지 및 건물의 소유권 또는 사용권을 확보하고 있을 것. 다만, 회원을 모집하는 경우에는 소유권을 확보하여야 한다.

(1) 객실

- 객실은 30실 이상이어야 한다.
- 객실은 양식 또는 한식으로 하고 다음의 구조와 설비를 하여야 한다.
  - 객실 1실의 바닥면적은 양식의 경우 9㎡ 이상, 한식의 경우 7㎡ 이상이어야 한다.
  - 침구는 객실이 양식인 경우에는 양식침구이어야 한다.
  - 실마다 수세식 변기 및 냉 · 온수도전을 설비한 적당한 면적의 욕실을 설치하여야 한다.

- 객실의 출입구 및 창은 충분한 자물쇠 장치를 하여야 한다.
- 전화를 설치하여야 한다.
- 옷장 및 옷걸이를 갖추어야 한다.
- 당해 시설에 상응하는 냉 · 난방시설을 하여야 한다.
- 객실이 양식인 경우에는 의자와 탁자를, 한식인 경우에는 방석을 갖추어야 한다.
- 객실과 객실 및 객실과 복도는 벽으로 차단하고 방음장치를 하여야 한다.

(2) 기타시설

• 적당한 면적의 현관과 로비시설을 하여야 한다.

• 다음의 설비를 갖춘 조리장을 설치하여야 한다.
- 조리의 적당한 면적이어야 한다.
- 벽 또는 판자 등에 의하여 다른 실과 구획되어야 한다.
- 출입구와 외부와 접하는 창 등에는 방충설비를 하여야 한다.
- 배수구를 설치하고 외부에 오수조를 설치하여야 한다.
- 매연, 증기 또는 악취를 제거할 수 있는 설비를 하여야 한다.

• 다음의 설비를 갖춘 식당을 설치하여야 한다.
- 접객에 불편이 없는 적당한 면적이어야 한다.
- 벽 또는 판자 등에 의하여 다른 실과 구획되어야 한다.
- 적당한 수의 식탁과 의자 또는 방충설비를 하여야 한다.
- 외부와 접하는 창에는 방충설비를 하여야 한다.

• 환기, 채광, 조명, 방습 및 배수시설을 하여야 한다.

• 주차장법의 적용을 받지 아니하는 경우에도 적당한 면적의 주차장을 설치하여야 한다.

4) 가족호텔업

가족단위로 관광하는 관광객의 이용에 적합한 숙박과 취사 및 운동시설들을 갖추어 경영되는 가족호텔업의 등록기준은 다음과 같다.

- 가족단위 관광객이 이용할 수 있는 취사시설이 객실별로 설치되어 있거나 층별로 공동취사장이 설치되어 있어야 한다.
- 욕실 또는 샤워시설을 갖춘 객실이 30실 이상이어야 하며, 객실별 면적이 19㎡ 이상이어야 한다.
- 식당과 식료품점 또는 간이매점이 있어야 한다(여러 개의 동으로 단지를 구성할 경우에는 공동으로 설치할 수 있다).
- 운동오락시설의 경우 1종 이상의 옥내운동시설과 2종 이상의 옥외운동시설을 갖추고 있어야 한다.
- 외국인에게 서비스가 제공될 수 있는 서비스 체제를 갖추어야 한다.
- 부동산의 소유권 또는 사용이 있어야 한다. 다만 회원을 모집하는 경우에는 소유권이 있어야만 한다.

5) 호스텔업

- 배낭여행객 등 개별 관광객의 숙박에 적합한 객실을 갖추고 있을 것
- 이용자의 불편이 없도록 화장실, 샤워장, 취사장 등의 편의시설을 갖추고 있을 것. 다만, 이러한 편의시설은 공동으로 이용하게 할 수 있다.
- 외국인 및 내국인 관광객에게 서비스를 제공할 수 있는 문화 · 정보 교류시설을 갖추고 있을 것
- 대지 및 건물의 소유권 또는 사용권을 확보하고 있을 것

6) 소형호텔업

- 욕실이나 샤워시설을 갖춘 객실을 20실 이상 30실 미만으로 갖추고 있을 것
- 부대시설의 면적 합계가 건축 연면적의 50퍼센트 이하일 것
- 두 종류 이상의 부대시설을 갖출 것. 다만, 「식품위생법 시행령」 제21조 제8호 다목에 따른 단란주점영업, 같은 호 라목에 따른 유흥주점영업 및 「사행행위 등 규제 및 처벌 특례법」 제2조제1호에 따른 사행행위를 위한 시설은 둘 수 없다.
- 조식 제공, 외국어 구사인력 고용 등 외국인에게 서비스를 제공할 수 있는 체제를 갖추고 있을 것

- 대지 및 건물의 소유권 또는 사용권을 확보하고 있을 것. 다만, 회원을 모집하는 경우에는 소유권을 확보하여야 한다.

7) 의료관광호텔업

- 의료관광객이 이용할 수 있는 취사시설이 객실별로 설치되어 있거나 층별로 공동 취사장이 설치되어 있을 것
- 욕실이나 샤워시설을 갖춘 객실이 20실 이상일 것
- 객실별 면적이 19제곱미터 이상일 것
- 「학교보건법」 제6조제1항제12호, 제15호, 제16호, 제18호, 제19호 및 같은 법 시행령 제6조제1호에 따른 영업이 이루어지는 시설을 부대시설로 두지 아니할 것
- 의료관광객의 출입이 편리한 체계를 갖추고 있을 것
- 외국어 구사인력 고용 등 외국인에게 서비스를 제공할 수 있는 체제를 갖추고 있을 것
- 의료관광호텔 시설(의료관광호텔의 부대시설로 「의료법」 제3조제1항에 따른 의료기관을 설치할 경우에는 그 의료기관을 제외한 시설을 말한다)은 의료기관 시설과 분리될 것. 이 경우 분리에 관하여 필요한 사항은 문화체육관광부장관이 정하여 고시한다.
- 대지 및 건물의 소유권 또는 사용권을 확보하고 있을 것
- 의료관광호텔업을 등록하려는 자가 다음의 구분에 따른 요건을 충족하는 외국인 환자 유치 의료기관의 개설자 또는 유치업자일 것

8) 휴양콘도미니엄업

- 객실
  - 같은 단지 안에 객실이 30실 이상일 것
  - 관광객의 취사 · 체류 및 숙박에 필요한 설비를 갖추고 있을 것
- 매점 등
  - 매점이나 간이매장이 있을 것. 다만, 여러 개의 동으로 단지를 구성할 경우에는 공동으로 설치할 수 있다.

- 문화체육공간 : 공연장 · 전시관 · 미술관 · 박물관 · 수영장 · 테니스장 · 축구장 · 농구장, 그 밖에 관광객이 이용하기 적합한 문화체육공간을 1개소 이상 갖출 것. 다만, 수개의 동으로 단지를 구성할 경우에는 공동으로 설치할 수 있으며, 관광지 · 관광단지 또는 종합휴양업의 시설 안에 있는 휴양콘도미니엄의 경우에는 이를 설치하지 아니할 수 있다.
- 대지 및 건물의 소유권 또는 사용권을 확보하고 있을 것. 다만, 분양 또는 회원을 모집하는 경우에는 소유권을 확보하여야 한다.

10. 숙박시설에 의한 분류

1) 모텔(Motel)

자동차 여행자들을 대상으로 하여 도로변에 위치한 중소규모의 호텔이다.

2) 보텔(Boatel)

보트(boat)로 여행하는 사람이 이용하는 호텔로서 여행 중 해안에서 자기의 보트와 함께 숙박할 수 있는 시설을 갖추고 있는 호텔이다.

3) 요텔(Yachtel)

요트 여행자를 위한 숙박시설로 해안, 호반에 요트를 계류할 수 있는 설비를 갖춘 호텔이다.

4) 유스호스텔(Youth hotel)

청소년의 정서생활에 적합한 숙박시설 및 구조를 갖추어 이를 이용하게 하고 음식을 제공하는 호텔의 한 예이다.

11. 기타

1) 부티크 호텔(Boutique hotel)

소규모의 숙박시설을 갖추고 조용한 주위환경 등을 원하는 고객에게 제공되는 호텔로 독특하고 개성 있는 건축 디자인과 인테리어, 운영 콘셉트, 서비스 등으로 기존 대형 호텔들과 차별화를 이룬 호텔을 말한다. 세계적인 대형 체인 호텔들이 대규모이고 현대적인 시설과 표준화된 서비스를 자랑한다면 부티크 호텔은 각자의 개성을 바탕으로 고객 개개인의 요구에 부응한지적인 문화코드를 동반한다고 할 수 있다.

따라서, 부티크 호텔을 디자이너스 호텔(Designer' s Hotel), 콘셉트 호텔(Concept Hotel)로 부르기도 한다. 명칭은 고급 맞춤 의상을 뜻하는 패션 용어 '오트퀴트르 부티크' 에서 유래했다고 전한다.

또한 갤러리를 연상시킬 정도로 진귀한 예술품을 전시하거나 고객 맞춤형 이색 서비스를 제공해 작지만 개성 넘치고 고급스러운 호텔을 지향하기도 한다. 유럽에서는 호텔업계의 새로운 트렌드로 자리 잡은 지 오래 되었다. 기존 호텔들의 획일성과는 차별화된 것을 추구하면서 호텔업계의 틈새 시장을 빠르게 공략하고 있다.

한국에서도 W호텔, IP 부티크 호텔 등이 부티크 호텔을 표방하며 들어섰다.

■IP부티크 호텔

■싱가포르 W호텔

2) 레지던스 호텔

서비스드 레지던스(Serviced Residence)의 약칭으로, 호텔식 서비스가 제공되는 오피스텔 개념의 주거시설을 가리킨다. 객실 안에 거실과 세탁실, 주방 등의 편의시설을 갖추고 이용객들로 하여금 '호텔 같은 집' 처럼 쉴 수 있는 환경을 제공한다. 호텔급 수준의 서비스에 각종 편의시설과 사우나 피트니스센터, 수영장 등의 부대시설을 제공하면서도 객실 이용료는 호텔에 비해 저렴하기 때문에 외국인들은 물론 내국인들에게도 큰 인기를 끌고 있다.

일반적으로 레지던스 호텔을 이용하는 주 고객층은 관광 및 비즈니스 목적으로 국내 장기간 체류하게 되는 외국인들이다. 특급호텔과 비교해 서비스 면에서는 크게 뒤떨어지지 않으면서 가격 면에서는 호텔에 비해 훨씬 저렴한 가격으로 머물 수 있다. 호텔업체의 평균 객실료가 20~25만 원인데 비해 레지던스 호텔의 평균 객실가는 최소 4만 원에서 최대 24만 원이다.

장기간 고국을 떠나 있는 외국인들을 위해 아시아형 부엌 및 서구형 부엌 등을 마련해 고국의 음식을 직접 요리할 수 있도록 하고 있으며 청소, 아침식사는 물론 호텔의 편리함과 가정의 편안함을 함께 누릴 수 있는 다양한 서비스를 제공한다. 가격이 부담스러운 호텔보다는 주거시설과 비교적 저렴한 가격의 레지던스 호텔을 찾는 경우가 많아 다양한 고객층의 유입이 가능하다.

레지던스 호텔과 관광호텔의 차이점은 표와 같다.

비교 항목	레지던스 호텔	관광 호텔
업종분류	부동산 임대법	호텔업, 숙박업
적용대상법규	임대주택법	관광진흥법
가격	상대적으로 저렴	비싸다.
유흥시설	없다.	유흥주점 운영은 가능
보안 & 위생문제	철저하다.	철저하다.
부대시설	임대시설이용(객실 내 세탁, 취사가능)	부대시설을 포함하여 운영
정부 자금지원	개인투자 모집	관광진흥자금 연3%
체류유형	중장기 체류형	단기 체류형
주고객층	비즈니스, 엔지니어, 개인 등	비즈니스, 관광, 이벤트, VIP
목적	주거(가족단위로도 체류가능)	숙박(개인기준)
관리	- 프런트와 컨시어지 통합으로 운영 - 조식 위주의 간단한 식음료 서비스	프런트오피스와 컨시어지 분리 각종 F&B 부대 서비스
고객 서비스질	차이는 별로 없다.	차이는 별로 없다.
세계시장 흐름	세계적으로 레지던스 시장경쟁	레지던스 시장흐름 외면

3) 민박

본래는 숙박을 본업으로 하지 않는 민가가 불특정 다수의 여행자를 숙박시켜서 영업 활동을 행하고 있는 숙박시설이다. 이것은 계절적. 임시적으로 영업하고 있던 것으로, 민가의 부업이었으나 근년에는 본업으로 바꾸어 증 · 개축을 하여 일반 여관과 아무런 차이가 없는 대규모 시설까지 나타나고 있다.

4) 파라도(Parador)

정부나 관광공사 등에 의해 호텔로 바뀌어 운영되는 오래된 수도원이나 성(城)을 지칭한다. 스페인, 아일랜드 등에 이와 같은 파라도가 많이 있다. 15세기 수도원과 19세기 교회의 분위기와 낭만을 즐기려는 관광객이나 성주와 같은 대접을 받기를 기대하는 관광객을 주요 고객으로 하여 운영된다.

Lobby Lounge

특급 호텔 못지않은 '부티크 호텔'

호텔에서도 세컨드 브랜드 바람품격과 문화를 한곳에, 'Imperial Palace Seoul' 빽빽한 서울 도심 속에서도 유럽의 문화를 느낄 수 있는 곳이 있다. 바로 서울 강남에 위치한 임피리얼 팰리스 서울이다. 임피리얼 팰리스 서울은 특유의 지적이고 우아한 분위기와 예술적인 감성을 느낄 수 있는 갤러리의 느낌을 닮은 특1급 호텔이다. 임피리얼 팰리스 서울의 홀과 로비에는 호화롭고 값비싼 해외 소품들과 그림이 가득한데 이러한 분위기를 연출하기 위해 호텔 전체에 40억 원이 넘는 비용을 투자했다.

호텔 곳곳에 전시된 총 400점의 예술품이 이곳의 가장 큰 자랑이자 특징이다.

출처 : 아시아 경제 2010.2.23

Chapter 03

호텔의 조직과 직무

이해목표

- ▶ 일반기업 조직과 호텔기업 조직과의 차이점에 관하여 이해한다.
- ▶ 호텔조직의 중요성과 특성에 관하여 이해한다.
- ▶ 호텔조직 및 직무에 관하여 이해한다.

제1절 호텔의 조직

1. 호텔조직의 일반적 개념

일반적으로 조직은 공동의 목표를 가지고 있으며, 이를 달성하기 위하여 의도적으로 정립한 체계화된 구조에 따라 구성원들이 상호작용하며, 경계를 가지고, 외부환경에 적응하는, 인간의 사회집단으로 정의되며, 조직화의 단계는 [그림 3-1]과 같이 정리할 수 있다.

조직은 상하 간 유기적으로 결합되어 있으며, 하위시스템 중 한 부분의 업무성과가 저조하면 상위시스템에 영향을 미치며, 조직유효성은 환경적 요소간의 성공적 상호작용에 의해서 제고되고, 조직의 존속은 활용자원의 지속적 보충을 통하여 가능하다.

조직의 생성과 발전은 공통의 목적(Common purpose), 협동의욕(Willingness to cooperate), 의사전달(Communication)의 3가지 조직요소가 결합되어 경영구조가 형성됨으로써 가능해진다.

그림 3-1 조직화의 기본 단계

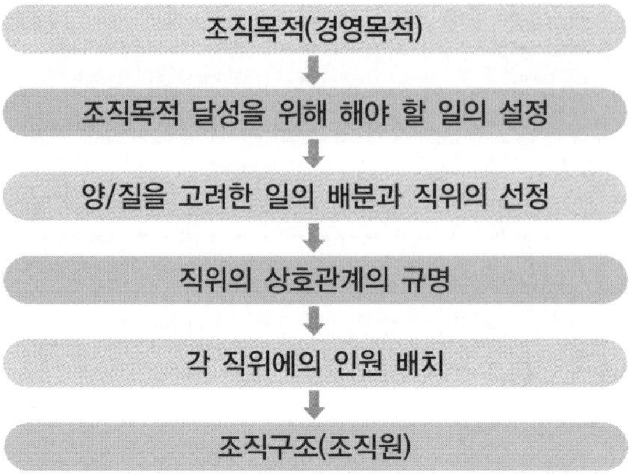

자료 : 이건희 현대경영학원론, 대왕사, 1989, p.354

기업의 경영목적을 달성하려면 각 구성원이 맡은 바 직무를 효과적 · 능률적으로 협동하여 수행할 수 있도록 하기 위해서 조직은 일정한 원칙에 의해 합리적으로 구성되고 운영되어야 한다. 이것을 경영조직의 원칙이라고 하며, 명령통일의 원칙, 전문화의 원칙, 감독한계의 원칙, 계층단축화의 원칙, 권한이양의 원칙, 기능화의 원칙, 조정의 원칙, 사기앙양의 원칙, 탄력성의 원칙, 예외의 원칙이다.

그림 3-2 경영조직의 원칙

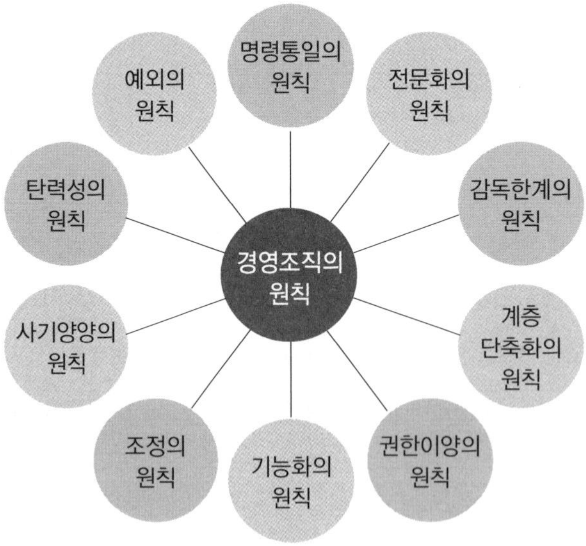

이러한 원칙이 적용되고 실현되기 위해서는 조직자체가 경영활동의 제 기능에 따라 합리적으로 편성되어야 하고 각 조직구성원의 직무에 관한 권한과 책임의 내용이 명확히 규정되어야 한다.

조직의 본질은 첫째, 경영목적달성에 필요한 각 구성원의 직무를 확정하는 것이고, 둘째 일정한 권한과 책임을 배분함으로써 각 직무의 상호관계를 합리적으로 편성하는 데 있다.

오늘날 새로운 경영조직은 민주적인 인간관계화에서 형성된 합리적, 직능적인 업무 본위의 질서를 의미한다. 각 구성원의 책임한계를 명확히 하고 창의력을 키우면서 경영 전체의 종합적인 힘을 발휘할 수 있는 분권조직을 확립해 나가야 한다.

호텔경영조직이란 각종 방침이나 주목적을 총괄적으로 진행 성취시키는 기능이며 호텔의 모든 이해관계자들의 이해관계를 조정하면서 정당한 방법을 통한 영리추구로 그 호텔의 영속발전과 고객의 창조를 목적으로 하는 조직적 활동을 의미한다. 따라서 조직이 지니고 있는 지적 자산과 조직구성원 개개인의 지식이나 노하우를 체계적으로 발굴하여 조직 내부의 보편적인 지식으로 공유하고 이에 대한 활용을 통해 조직전체의 경쟁력을 향상시키는 지식경영을 통한 조직의 관리가 요구되고 있다.

1) 호텔조직의 의의 및 중요성

호텔경영이 전문화, 대규모화될수록 각 구성원은 밀접한 협조활동의 방법으로 조직을 통해 결속을 맺어야 한다. 호텔조직도 경영조직의 기본이념에 입각하여 조직의 형태가 이루어지는 것이므로 목적달성에 필요한 기능을 정비하고, 그 담당자에게 권한과 책임을 부여하여 경영상의 조직화를 추구해야 하는 것이다.

호텔 조직의 주요 결정요소는

❶ 호텔의 규모

호텔의 조직 시 가장 먼저 고려해야 할 점은 호텔이 객실규모와 기타 여러 부대시설 규모와 종류이다. 이는 호텔의 시설규모와 종사원, 그리고 고객에 대한 합리적 비율문제의 고려가 필요하다.

❷ 소유형태

호텔의 소유권에 따른 경영형태는 조직에 영향을 준다. 즉, 단독경영과 각종 체인 유형인 경우 조직의 형태는 효율적인 면에서 다르게 고려된다.

❸ 건물의 연수와 설계

현대적이고 실용적 위주로 건축된 호텔은 오래된 건축물보다 영업의 생산성과 경제성을 높여준다.

❹ 시설 및 서비스의 범위와 제공방법

일반적으로 호텔내의 식음료 시설이 다양하고 여러 종류의 서비스가 제공되면 자연히 종사원도 많이 필요하게 되고 또 서비스 유형에 따라 종사원 수가 다양하게 조절될 수 있게 된다.

❺ 종사원의 숙련도

고도의 숙련된 인적자원은 업무의 효율을 극대화할 수 있다.

❻ 수요

성수기와 비수기 등을 고려하여 필요한 인력을 수급한다.

❼ 기타 경제적 환경 등도 하나의 중요한 요인이다.

따라서 유형이 다양하다고 할 수 있으며, 조직 내의 일원들의 노력이 생산적인 목적을 추구하려면 조직 구성원들의 활동에 맞는 조직형태를 갖추어야 한다.

호텔조직은 종사원이 고객에게 서비스를 제공하는 조직이기 때문에 고객과 종사원 간의 인간관계가 곧 서비스 품질에 직접적인 영향을 미친다. 이러한 인간관계는 일정한 규범에 의해서 그리고 일정한 범위 내에서 이루어져야 하기 때문에 제공되는 서비스는 다른 산업에서와 같이 품질의 정확한 표준화는 할 수 없을지라도 고객과 종사원이 주종의 관계를 유지하면서 일정한 범주 내에서 서비스가 제공된다. 따라서 호스피탈리티산업(Hospitality industry)의 하나인 호텔업은 소정의 자격을 가진 종사원이 고객에게 서비스를 제공하도록 규제를 하고 있고, 이러한 제도를 바탕으로 조직이 구성되어 있다.

또한 조직은 경영목적을 가장 합리적이고 효율적으로 달성하기 위한 종사원으로 구성된 공동체 기구이다. 특히 호텔은 고객만족을 대전제로 종사원이 고객을 대상으로 서비스를 제공하는 특성으로 인하여 일반기업과는 상이한 조직체계로 구성되어야 하고, 부서 간의 긴밀한 공조체제가 필요하다. 또한 조직은 기업의 목적을 자율적으로 달성하는 한편, 구성원의 욕구를 효과적으로 충족시켜 주기 위하여 형성되는 인간활동의 패턴이며 인간행동의 체계(System)라고 할 수 있다. 즉, 조직이 구성하고 있는 일을 담당하는 것이 인간이며, 인간활동에 의한 직무로써 구체화되며, 그 때문에 조직은 살아있는 시스템으로서 경영체재를 가능하게 할 수 있다. 특히, 호텔기업은 인적 의존도가 높기 때문에 경영조직의 실제가 인간의 활동시스템이라는 것이며 이러한 의미에서 조직이란 '인간의 조직' 인 것이다. 더욱이 호텔 대규모화, 사회환경의 변화, 개인적인 욕구 등의 변화는 현대 호텔기업의 조직에 있어서 새로운 과제로 대두되게 되었는데 이러한 변화에 대처하기 위해서는 조직을 능동적으로 적용시킴으로써 기업을 운영, 성장시킬 수 있다.

호텔기업의 조직이 경영관리적 관점에서 관리과정의 일환으로써 경영목적을 달성하기 위한 하나의 과정으로 볼 때, 거기에는 경영자적 기능(Managerial function)으로 경영자가 조직을 어떻게 형성하며 유지해야 하는가가 문제로 등장하게 되는데 이러한 경영조직의 형성과 유지를 위한 과정을 조직화라고 하며, 활동적인 조직화의 결과로써 조직구조가 형성되는 것이다.

2) 호텔조직의 특성

일반적으로 호텔경영은 제조활동, 판매활동, 서비스활동을 동시에 수행하여야 하는 어려움이 있으며, 일반 제조업과는 달리 고객과의 대면을 통하여 종사원들이 직접 일정한 서비스를 제공하여 고객만족을 통한 기업의 목표 달성을 추구한다는 특성을 지니고 있다. 또한 호텔경영조직의 목적은 호텔을 둘러싼 환경의 변화에 적절한 방법으로 대처하면서 서비스를 생산하는 것이다. 따라서 호텔조직은

첫째, 오픈시스템을 전제로 하는 이상 조직유효성의 개념에 '유연성' 요소가 포함되어야 한다. 즉 조직의 형편에 맞도록 그 환경을 바꾸는 행동과 환경에 조직을 맞추어 가는 행동이 있을 수 있다. 그 어느 행동을 취하든지 특정 시점에서 적절한 행동을 취하기 위해서는 환경으로부터의 정확한 정보파악과 관련 하위시스템에 대한 신속한 전달과 재통합이 전제되어야 될 것이다.

둘째, '능률성'의 개념이다. 조직은 어느 정도의 에너지를 축적하여 지속적으로 성장하기 때문에, 생산성, 경제성, 수익성 등으로 대변되는 능률성 향상은 공식조직이 추구하는 필연적인 목표가 된다.

셋째, '만족성'의 개념이다. 조직은 구성원들의 협동적 체계로, 목표를 중심으로 조직시스템을 인식하고 유지하려 한다. 따라서 구성원들의 욕구, 기대, 역할에 대한 만족은 그들을 직무에 전념하게 하고, 직무의 질을 향상시켜 장기적으로 공식조직의 목표달성에 기여한다.

호텔조직은 2가지 측면이 내포되어 있다. 하나는 조직 차원의 목표달성과 다른 하나는 개인적 차원의 목표달성의 측면이다. 전자는 조직의 성장 및 안정의 목표이고 후자는 조직의 유지목표이다. 그러나 조직유효성의 개념은 양자를 모두 포괄할 수 있어야 한다.

호텔기업은 경영에 따르는 조직상의 특성을 강화시키고 있는데, 호텔조직의 내부문화, 관리자(지배인) 제도에 따른 조직, 판매부서 조직의 강화, 기획관리부서의 강화, 작업의 표준화, 업무의 분담 등이다.

인적자원의 의존도가 높은 호텔기업에서는 종사원이 제공하는 서비스의 제공수준이 하나의 상품으로써 호텔기업의 경영성과에 지대한 영향을 미치고 있는 점을 감안할 때, 호텔종사원들의 경영조직차원의 관리에 대한 관심이 더욱 필요하다.

일반적으로 호텔기업의 조직도 목적을 달성하기 위해서 가장 효과적으로 협력할 수 있도록 일의 성질을 명확하게 편성하고 책임과 권한의 부여와 이에 따른 이양 등 여러 가지의 관계를 정하고 있다.

호텔기업은 고객의 다양한 욕구충족을 위해서 프로정신을 바탕으로 한 교육훈련과 함께 전문적인 인력을 확보해야 하는 노동집약적(Labor intensive) 및 개성집약적(Personality intensive)인 산업이기도 하다.

따라서 업무에 있어서 직무의 철저한 분화 및 표준화된 인적 서비스 상품으로서의 종사원의 역할이 강조되고, 업무의 유기적 결합을 통해서만 양질의 서비스를 창출할 수 있기 때문에 호텔조직문화는 개인보다 팀워크를 강조하는 목표지향적 조직문화형태와 역할지향적 조직문화형태가 혼재되어 나타나고 있다.

호텔 경영조직의 본질은

- 경영목적달성에 필요한 각 구성원의 직무를 확정하는 것이며,
- 일정한 권한과 책임을 배분함으로써 각 직무의 상호관계를 합리적으로 편성하는 데 있다.

오늘날의 경영조직은 민주적인 인간관계에서 형성된 합리적 · 기능적인 업무 본위인 질서를 의미한다. 이러한 조직의 형성에 의하여 현대호텔은 그 질서가 확립된다고 할 수 있다.

호텔기업의 관리를 관리기능과 영업기능으로 분류했을 때 관리기능은 기업목적을 달성할 수 있도록 경영활동을 계획하고 조직화하여 조직구성원이 직무를 수행할 수 있도록 동기를 부여하고 경영활동을 조정하고 통제하는 것이며, 영업기능은 호텔의 상품생산목적을 구체적으로 실현하기 위한 기능이다.

호텔의 조직관리적 측면에서는 관리부문(management division), 객실부문(room division), 식음료부문(F&B division), 오락·연회부문(entertainment·banquet division)의 4가지 부문으로 구분한다.

3) 호텔조직의 기업목표

호텔기업의 경영조직의 목표를 달성하기 위한 계층은 계층마다 목표가 상이하지만 궁극적으로 상호연결된 목표체계를 형성하고 있다. 이러한 목표의 계층은 첫째, 조직의 목적에 따라 전체 조직구조를 구성하게 되며, 둘째, 모든 조직계층에서는 의사결정을 조직의 전체목적에 따라 체계적으로 조정되어야 한다. 셋째, 모든 조직계층에서 성과측정을 위한 표준을 설정하는데 기초를 제공한다.

호텔기업조직의 목표는 공식적 목표와 업무적 목표로 구분한다. 이러한 구분은 각각의 목표가 조직의 궁극적인 목적 달성에 어떠한 역할을 수행하는가에 따라 달라진다.

- 공식적 목표란 회사의 정관 및 공식적 문서에 기술된 목표를 말한다. 이 목표는 조직의 목적을 확인시켜 주며, 업무적 목표를 통합시키고 조직원들 간의 협력을 유도하고, 기업환경에 적응하도록 하며 조직에 활력소를 불어넣는 역할을 수행한다.

• 업무적 목표란 조직자원을 실제적으로 할당시키는 구체적인 목표이다. 이는 공식적인 목표보다 더 실제적이며, 조직이 일상적 활동에서 추구하는 결과이다. 호텔기업의 업무적 목표는 생산성과 밀접한 관계에 있으며, 수익성 · 시장점유율 · 물적 자원 획득 · 혁신 · 사회적 책임 등이 있다.

모든 호텔기업 조직은 종사원 각각의 생산활동과 이를 조정하고 통제하는 경영자의 이원화된 구성체제가 필요하다. 조직은 많은 종사원의 일을 결합함으로써 이루어지므로 개인 또는 집단의 과업으로 할당되는 분업과정이 요구되고 이를 공식적으로 위임받아 조정하고 통제하는 관리계층과 경영자 등의 권한계층의 목표달성적 기능이 요구된다.

따라서 호텔기업의 경영조직 목표를 달성하기 위해서 의사결정이 체계적으로 이루어져야 효과성이 있다. 또한 일반상품과 달리 주로 무형의 상품인 호텔상품을 판매하면서 발생되는 서비스는 결정적인 순간에 의해서 고객의 상품에 대한 이미지가 결정됨으로 하급자에게 즉시 결정하여 행동을 취할 수 있도록 권한위임(Empowerment)이 보다 효과적으로 이루어져야 한다.

2. 호텔종사원의 개념

호텔기업이 기업이윤을 목적으로 종사원을 고용하여 고객에게 인적, 물적, 시설물을 이용 하도록 하고 이를 이용한 고객에게 상품을 판매하고 호텔이용 기간동안 편안하고 안락한 생활을 할 수 있도록 식사와 편안한 잠자리를 제공하고 고객에게 그 대가를 지불받는 서비스 제공자를 종사원이라 할 수 있겠다. 또한 서비스를 이용한 고객에게 상품을 판매하고 이윤을 창출하는 것이라 할 수 있다.

특히 종사원은 긍정적인 성격을 갖고 프로기질이 있으며 고객에게 항상 도움을 줄 수 있는 자세가 필요하며 또한 융통성 있고 준수한 외모와 서비스정신에 입각한 봉사정신이 필수 요건이라 하겠다.

1) 호텔종사원의 분류

호텔종사원은 크게 고객환대부서와 관리부서로 나누어 분류할 수 있다. 고객환대부서는 식음료부서와 연회부서, 객실부와 객실관리부로 대부분 고객접대와 밀접한 관계를 유지한다. 관리부서는 총무부, 경리부, 인사부, 연수부, 구매부, 안전관리, 시설부서로 고객환대부서를 지원하고 인원조달 및 물품 구입 등을 돕는다.

2) 호텔종사원의 업무상 특성

호텔 종사원은 항상 온화하고 예의바르며 자신의 역할, 위치를 정확히 인식하여 맡은바 직무를 성실하게 수행하여 소속회사의 발전을 도모함과 동시에 개인적으로도 성장을 위해 첫째, 청결유지의 의무가 가장 기본이 되고 가장 중요한 요건이며 이는 공공위생과 개인위생으로 분류할 수 있겠다. 공공위생은 식당의 공공장소로서의 위생이며 개인위생은 종사원 자신에 대한 위생이다.

둘째, 봉사정신과 환대성의 생활화로 종사원은 물질적 가치의 서비스인 물적 서비스를 비롯하여 이념적 가치의 서비스인 인간적 서비스를 생활화하여 고객에게 특별한 이미지를 심어줄 수 있는 서비스를 제공해야 한다.

셋째, 호텔종사원은 효율적 근무 및 절약의 습관화로 매사에 피동적이 아닌 능동적으로 업무를 처리해야 한다. 준비된 음식은 적시 적절하게 서비스되어야 한다. 적절한 서비스가 되지못하면 상품은 가치를 상실하게 되며 그 음식의 미각까지도 잃어버리게 된다. 또한 호텔 내에 각종 서비스 용품을 아끼고 간접비용을 절약하는 습관을 길러야 한다.

3. 조직구성 및 조직도

호텔조직은 일정한 형식이 있는 것이 아니다. 예를 들면, A호텔에서 유효한 조직이 B호텔에서 유효하지 못하기도 하다. 이것은 모든 호텔이 호텔의 지리적 조건, 제공되는 서비스의 유형, 호텔의 구조적 형태, 지배인의 배경 및 훈련, 전체 경영진의 개성 및 능력, 호텔의 소유형태, 호텔의 규모 등의 요소로 인하여 각기 나름대로의 특성을 가지고 있기 때문이다.

1) 직위에 의한 조직구성

호텔 내에서의 직위를 기준으로 구성된 조직이다. 이 조직구성을 통해서 전체적인 호텔운영의 흐름을 파악할 수 있다. 일종의 권위주의적인 수직조직으로 우리가 많이 접하는 경영조직 형태이다. 비교적 중규모 호텔에서 많이 사용하고 있다. 호텔은 소유자, 경영자, 종사원이 하나가 되어 움직이는 기업이다. 호텔의 경영계층은 최고경영자(대표, 이사, 총지배인, 각 부서의 장), 중간경영자(업장지배인), 하급경영자(캡틴)로 분류한다.

2) 기능에 의한 조직구성

호텔내의 각 부서들의 기능적인 역할을 중심으로 하여 구성된 조직이다. 이는 각 부서의 기능적 특성에 맞는 고유 업무의 수행능력에 그 초점을 맞춘 형태이다. 오늘날 많은 호텔들이 이러한 조직의 구성체계로 이루어져 있으며, 비슷한 역할을 하는 부서들로 인하여 업무의 중복이 발생하는 단점이 있다.

3) 고객과의 접촉여부에 따른 조직구성

호텔용어 중 전방부문(Front-of-the house)과 후방부문(Back-of-the house)이 있는데, 구분 기준은 종사원과 고객과의 접촉여부[1]에 따라 전자는 고객이 호텔에 투숙하는 기간 동안에 고객과 직접적인 접촉을 하는 호텔부서이고, 후자는 고객과 거의 접촉을 하지 않는 부서를 말한다.

4) 수입발생부서와 지출발생부서에 따른 조직구성

지출발생부서는 호텔의 조직 내에서 수입을 올릴 수 있는 부서가 아니라 최소한의 고객접촉을 담당하면서 주로 지출만 발생시키는 부서를 말한다. 따라서 이들 부서는 호텔 운영에서 어떤 이익을 발생시키지도 않는 단지 경비만 지출하는 곳이다. 한편 수입발생부서는 실제적인 호텔운영에 참여하여 이익을 발생시킬 수 있는 부서들이다. 모든

---

1) 서비스 접점(Service encounter) : 호텔종사원과 고객의 직접접촉이 발생되는 지점

수입발생부서들의 공통적인 특징은 이들이 고객에 대한 서비스를 담당하는 역할을 하고 있다는 점이다.

5) 업무책임에 의한 조직구성

업무중심으로 종사원의 능력에 적합한 부서로 할당하는 조직구성이다. 많은 호텔에서 사용하는 조직구성은 아니지만 일단 종사원이 어떤 부서에 속하게 되면 쉽게 적응할 수 있다는 것과 종사원의 관리가 비교적 용이하고 업무성과에 대한 평가를 용이하게 할 수 있다는 장점을 가지고 있다.

서울시내 5성급 호텔의 조직도는 일반적으로 [그림 3-3]과 같다.

그림 3-3 **특1급 C호텔의 일반적 조직도의 예**

제2절 호텔조직의 직무별 분류

호텔조직은 크게 관리부문, 객실부문, 식음료부문, 부대시설부문, 고객관리부문으로 나눌 수 있다. 각각의 세분 부문들을 담당하고 있는 직무에 따라 하위 조직으로 세분화할 수 있으며, 이를 좀 더 알기 쉽게 정리한 것이 [그림 3-4]이다.

그림 3-4 **호텔조직의 직무별 분류**

1. 관리부문

호텔기업의 관리부문은 최고경영층의 의사결정에 필요한 경영정보나 경영자료를 제공하는 참모적 역할을 수행하며 호텔경영을 효율적으로 집행하기 위한 경영합리화와 경영성과의 극대화를 추구하는 곳이다. 경영정책 및 계획의 수립과 예산편성 및 통제, 조직 및 정원관리, 경영분석 및 평가, 원가관리, 인사 · 노무 · 급여 및 서무업무, 광고 · 선전 · 홍보계획의 수립, 전산운영관리, 각종 물자구매 및 확보관리, 시설 · 청소 및 경비 · 소방 · 안전활동의 관리, 복리후생 및 직원식당관리, 편의 및 위락시설의 관리, 재무관리(수익금 및 지출금의 관리) 등의 기능별 관리로 구분할 수 있다.

또한 현금출납, 세무회계, 급여 및 보험, 영업회계(호텔영업 현장에서 발생한 요금계산업무를 담당하는 회계원) 등의 기능을 수행하는 경리기능이 있다.

1) 영업기획부문

고객의 만족과 시장의 상황변화에 대한 지속적인 조사 · 분석에 의해서 판매활동의 영역확대, 시장의 개척, 공동연계 판촉활동을 기획 · 운영하면서 판촉활동의 효과분석과 효율성 제고 및 미래의 방향을 제시하고 그 기능을 점검하는 기능을 실행한다.

2) 총무부문

총무부문은 문서관리를 비롯하여 사무용품(집기비품), 보험관리, 부동산관리, 입금표관리, 인장관리, 차량운영관리, 통신시스템관리, 비상사태, 경비실, 은행업무 등에 관한 관리가 있다.

3) 인사부문

어느 기업이든지 기업활동의 중요한 요소로써 사람의 관리를 들고 있는데, 생산요소로써 필요한 기계나 원재료와 함께 일정한 노동력이 필요하게 된다. 호텔업은 노동집약적인 산업이면서 사람들의 역할에 의해서 부가가치를 창출하는 일이 많으며, 더욱이 다양한 직종, 다양한 기능의 노동력을 확보하는 것이 필요하기 때문에 전문화된 기능을 수행하기 위해서 조직화하는 것이다. 인사부문은 고객에게 서비스를 하는 것도 아니며, 사업상의 예약을 하는 것도 아니고, 음식을 준비 및 제공하는 것도 아니지만, 호텔을 효과적으로 운영하기 위해서 필요한 3가지의 역할을 수행하는데, 종사원 모집과 이직관리, 교육훈련이다.

규모가 큰 대규모 호텔의 경우 종사원의 채용업무, 이동 · 배치, 급여, 노사관계, 복리후생, 인사업무를 담당하는 인사기능이 있으며, 종사원의 직무교육이나 재교육, 신입사원의 교육을 담당하는 교육기능을 두고 있는 곳도 있다.

4) 시설부문

시설부문은 시설에 대한 관리능력의 배양 및 통제, 시설투자의 합리성, 시설의 배치에 따르는 효율성, 시설의 보수계획에 관한 관리가 있다. 특히 이 부문은 호텔을 이용하는 고객에게 최고의 쾌적한 환경을 제공하며, 시설을 안전하게 이용할 수 있도록 하는 것이며, 건축, 조경, 기계, 전기, 통신 · 전자 · 방송, 주차장, 엘리베이터, 소방관리 등으로 분류할 수가 있다.

특히 시설부문은 환경문제를 적절히 관리함으로써 영업비용을 절감하는데 큰 역할을 수행하고 있다. 최근에 호텔관련 조사에서 하우스키핑의 좋은 환경을 운영 · 활용함으로써 에너지를 5% 정도 절감할 수 있었으며, 약 10%의 원가절감효과를 가져왔다고 한다.

5) 구매부문

구매부문은 식자재에 대한 구매조직의 편성과 입고(入庫)관리, 재고(在庫)관리, 구매요청에 의해서 주문되어 배달된 물품의 내용(품질, 규격, 성능, 수량 등)이 해당 식재료와 일치하는가를 검사하는 관리활동인 검수관리, 식자재 부문에 있어서의 문제점에 대한 관리, 외주(外注) 발주업체에 대한 관리가 있다.

6) 회계 · 재무부문

호텔은 규모가 확대되면서 기업의 활동을 기록하는 절차도 복잡해지게 되었고, 회계 및 재무는 그 회사의 고정자산을 관리할 수 있는 기초자료를 제공하게 되었으며, 이와 관련하여 이해관계자 집단인 투자자, 경영자, 고객, 채권자, 종사원, 감독인 등에게도 보고하게 되었다.

따라서 기업의 실태와 업적을 일정한 기준에 따라서 반드시 보고해야만 하고, 기업활동을 계수적으로 파악할 수 있도록 회계관리를 철저히 해야 하며, 회계부문의 전형적인 역할은 재무적 상황을 기록하고, 작성하며, 설명하는 일이다. 또한 종사원의 급료와 신용있는 거래를 하고 비용을 계산하는 일이다.

실질적으로 부문 내에서는 회계부문이라고 하는 것보다 관리부문으로 불리고 있는데, 회계관리의 중심사업은 객실과 식음료의 2개 부문이며, 야간감사(Night auditor)

는 날마다 호텔의 다양한 부서에서 온 계산서를 일치시켜야 한다. 회계원(cashier)은 프런트 데스크에서 근무하면서 고객과 접촉을 해도 회계부문에 소속된다. 회사 내의 영업장에서 고객을 대상으로 외상으로 판매한 외상계상(City ledger) 및 투숙객 계상(Guest ledger)의 외상매출금을 관리하여 악성채권의 법적인 처리와 수수료 및 신용카드의 발행과 관리를 담당하는 여신(Credit)기능이 있다. 고객관리, 여신관리, 구매관리, 재료비 등을 계산하는 전산(EPS)기능도 있다. 또한 자금의 조달과 운영을 효율적으로 관리해야 하는 재무관리가 있다.

2. 객실부문

객실부문은 일반적으로 접객과 객실정비로 구성이 되며, 호텔의 숙박기능을 수행하는 곳이다. 예약을 접수하고, 고객을 영접 및 송영하고, 객실사용 현황을 파악하며, 전화 및 우편물에 대한 서비스를 제공하는 곳이다. 객실부문은 다양하고 많은 조직으로 구분되고 있고, 각 조직은 전문적인 기능을 수행하고 있는데, 프런트 오피스(Front office), 하우스 키핑(House keeping), 린넨(Linen)으로 분류할 수 있다.

객실부문은 경영관리적인 측면에서 차별화가 가능한 영역으로 고객에게 제공되는 개념은 중심서비스(숙박서비스), 촉진서비스(영접서비스), 지원서비스(식당의 식사, 좌석 등)라고 할 수가 있다.

호텔기업 간의 경쟁과 고객의 유치경쟁이 치열해지고 있기 때문에 객실부문의 서비스 향상을 위한 품질향상 노력은 계속되어야 하며, 고객의 만족, 즉 품질의 우위를 확보하는 것이 기업의 전략적 차원에서 중요하게 인식이 되고 있다.

1) 프런트 오피스(Front office)

호텔에 투숙을 하고자 하는 고객을 예약하고 접대하는 곳으로 호텔수입에 직접적인 영향을 미치는 곳이므로 고객에게 불신감이나 불쾌감을 주지 않도록 해야 한다. 프런트 오피스의 종사자들은 항상 미소와 정중하고 깨끗한 용모, 공손하고 예의바른 언어와 행동이 필요하다. 예약, 벨 서비스, 전화 그리고 프런트 오피스를 포함하며, 프런트 오피스 관리자는 프런트 종사원, 고객 메일과 메시지, 고객정보, 여신 등을 관리한다.

(1) 리셉션(Reception)

고객의 숙박절차와 안내업무의 일체를 담당하며, 체크인 업무, 객실통제, 예약의 접수 및 판매, 정보의 수집과 전달, 고객응대, 객실의 열쇠관리, 영업현황 등을 작성하고 있으며, 호텔영업의 효율적인 관리를 위해 대부분의 호텔은 컴퓨터 시스템을 도입하여 객실관리, 고객관리, 정보관리 등을 전산화하여 업무를 수행하고 있다.

(2) EFL(Executive floor)

비즈니스 고객의 업무편의를 위해서 일반 객실층과 차별화한 것으로 비즈니스 고객의 사무능률을 높이기 위하여 회의실을 설치하고, 첨단 OA기기를 비치하여 고객의 응대와 휴식을 위한 음료와 스낵 등을 준비하고 신문, 잡지, 도서 등을 비치하여 고객을 위한 차원 높은 서비스를 제공하고 있다.

(3) 비즈니스 센터(Business center)

비즈니스맨의 업무목적을 효율적으로 실현할 수 있도록 개인 비서기능의 업무를 담당하고 있는 조직으로써 서비스 정보의 제공, OA기기의 대여, 우편 · 전신전보 · FAX 업무, 번역과 통역, 패킹(packing)업무 등을 수행하고 있다.

(4) 컨시어지(Concierge)

일반적으로 프런트 서비스였지만 세심하고 폭넓은 서비스를 고객에게 제공하기 위하여 새로운 조직과 업무분장을 위해 명칭을 변경한 것이 컨시어지이다. 고객을 현관에서부터 영접을 하며, 체재중이거나 호텔을 떠날 때까지 편의를 제공하는 곳이며, 고객의 안내, 수화물관리, 메시지와 통신물의 전달, 로비지역의 점검 등을 업무로 하고 있다. 그 외에 체크인과 체크 아웃 업무, 각종 행사, 항공편 안내 및 예약, 관광정보(local attraction : 관광예약, 기차표예약, 식당예약, 쇼핑 등) 제공 및 식당안내, VIP응대를 위한 준비물 등의 업무를 취급하고 있다.

(5) 교환 서비스

교환서 비스는 호텔에 있어서 매우 중요한 관리이며, 외부와의 연결기능이며, 호텔내에서 고객을 직접적으로 유치하는 곳이다. 교환서비스의 기능은 통신매개체, 안내센터, 홍보매체로서의 역할을 수행하고 있으며, 프런트 데스크, 컨시어지 데스크, 프런트 회계담당, 영선, 경리, 연회, 경비, 판촉 및 홍보 등의 전 부서간의 유기적인 협조관계가 필요하다.

2) 객실정비(Housekeeping)

하우스키핑은 호텔의 중추적인 역할을 담당하는 관리로써 객실이라는 상품을 생산하는 곳이며, 또한 호텔은 고정자산의 비율이 높기 때문에 고정자산을 관리하는 곳이기도 하다. 그러나 하우스키핑의 서비스는 많은 호텔업의 출현으로 고객의 특정서비스에 대한 차별적 인식이 어려워짐에 따라서 품질의 차별화에 의한 서비스의 혁신이 필요하게 되었으며, 설비자원의 효율적 활용, 품질의 향상 등이 중요하게 되었다. 하우스키핑은 타 부서의 어떠한 업무보다도 고도로 숙련된 업무에 의해서 운영, 관리되어야 하는 곳이다.

3) 린넨(Linen) 및 세탁물 관리

린넨관리부서에서는 의류와 종사원의 유니폼을 세탁하는 일을 담당하고 있는데, 세탁물 서비스는 오랜 경험과 숙련된 판단력으로 세탁물을 청결하고 위생적으로 처리하는데 그 목적이 있고 세탁물 서비스는 세탁물의 종류에 따른 자동 및 수동의 세탁기 공정을 통해서 이루어지고 있는데, 고객의 세탁물의 경우에는 귀중품 및 메모지 등의 확인과 세탁물의 이상 여부의 확인, 세탁과정을 통해서 고객에게 지정된 시간에 전달할 수 있도록 해야 한다.

3. 식 · 음료 부문(F&B)

식 · 음료 부문의 조직 원칙은 음식 및 음료를 가장 효율적으로 조리하고 종사원들의 서비스로 유효하게 고객에게 제공되어야 한다는 것이다. 식음료부문은 음식(Food)과 음료(Beverage) 및 서비스(Service)의 3가지를 판매하며 음식물을 조달한다는 'Cater' 의 의미에서 케이터링부문[Catering Division(Dept.)]이라고도 하고 있다.

식음료 부문의 중요한 기능은 호텔의 손님들에게 식사와 음료를 제공하는 것이다. 초기의 숙박시설에 있어서 기능은 매우 단순한 업무였다. 그러나 호텔의 규모가 커지고 커피숍과 레스토랑, 룸 서비스, 연회장 등은 물론 다양한 시설을 갖추게 됨으로써 식음료를 제공하는 기능이 더욱더 복잡해지게 되었다. 식음료 부문의 일반적인 조직은 식당부문, 음료부문, 연회부문으로 조직을 편성하고 있으며, 식음료 영업에 관한 업무는 식음료 상품관리, 고객관리, 영업운영관리, 종사원관리, 마케팅관리를 주요 업무로 하고 있다.

초기의 식당경영은 손익분기점의 유지에 있었으나 산업사회의 변천에 따라 호텔업의 기능도 숙박기능에서 사회활동의 장소로써 변모되면서 식음료 부문의 중요성이 증대되고 있으며, 호텔영업에 있어서의 수입원도 차지하고 있는 비율이 증가하고 있다.

따라서 오늘날 호텔에서의 식음료는 식사와 음료의 다양성 및 품질이 주요한 판매요인의 역할을 하고 있다. 식음료관리는 합리적인 영업운영 및 내실화와 원가절감, 매출신장의 극대화, 공익성 있는 적절한 가격책정, 서비스 향상 및 생산성의 제고라고 할 수 있다.

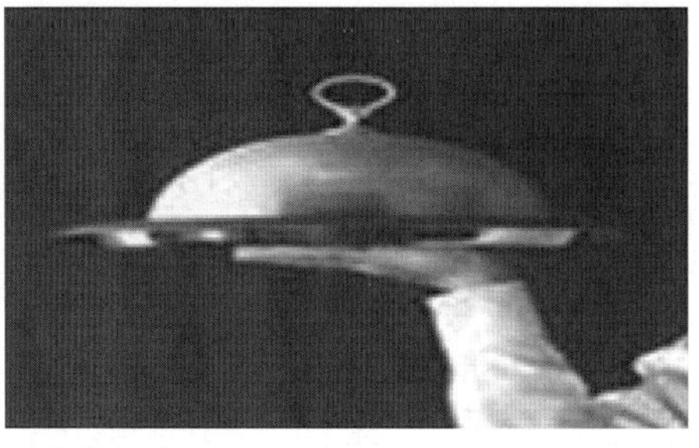

■음식 서비스

■와인 서비스

1) 식당관리

식당의 효율적 관리 및 다양한 상품개발을 통하여 이윤을 극대화시키는 것이 목표이며, 시간운영 및 고객관리, 집기 · 비품 시설의 보존 및 유지관리, 판매메뉴 및 가격결정, 종사원의 교육관리 등이 있다.

2) 음료관리

음료라고 하면 비알코올성 음료만을 뜻하는 것으로 알코올성 음료는 '술'이라고 구분을 하는 것이 보편적 상식이라 하겠으나 서양인들의 음료의 개념은 다르다. 음료(Beverage)라고 하는 범주에는 알코올성 음료 · 비알코올성 음료로 분류하고 있지만 통상적으로 마시는 것을 모두 음료라고 하며, 어떤 의미에서는 알코올성 음료를 더 짙게 하기도 한다. 호텔의 관리차원에서의 음료관리란 음료 판매방안의 수립과 적정가격의 판매, 계절적 감각을 활용할 수 있어야 한다.

3) 연회(Banquet)관리

연회의 분류는 기준에 따라서 다양하게 분류할 수가 있는데, 기능별(식사의 판매, 장소, 판매의 목적 등), 장소별, 목적별(가족모임, 회사의 행사, 정부행사, 기타행사 등), 요리별, 시간별로 분류하고 있다. 연회 서비스는 서비스의 차별화와 영업의 전략적 차원이 병행이 되어야 하는데, 연회관리는 각 연회장의 행사예약 및 진행, 행사진행에 필요한 시설 집기에 대한 운영관리, 메뉴 및 가격조정을 위한 업무, 고객안전관리, 출장연회관리, 종사원의 교육훈련관리 등이 있다.

4) 조리관리

호텔에서 식당분야가 차지하고 있는 비중이 높아져 가고 있어 조리업무도 그 중요성이 증대되어가고 있다. 식생활의 변화추세와 함께 다양한 계층의 고객 기호에 맞는 음식을 제공하기 위해서는 고도의 기술과 풍부한 요리지식 및 경험을 필요로 하고 있다. 또한 조리는 훌륭한 시설, 훌륭한 서비스와 더불어 호텔의 3대 요소라고 할 만큼 중요한 요인이 되었으며, 요리는 다른 어느 부문보다도 장기적인 노력과 시간을 필요로 하는 기술분야이다.

조리업무의 과정은 고객의 선호도와 메뉴 엔지니어링의 기법에 의한 식재료의 선정에서부터 청구 및 수령, 보관하는 관리, 적정원가를 유지하기 위한 원가관리, 식품위생 및 공중위생 등의 위생관리, 각종 설비의 시설관리, 인력조정 및 근태파악, 메인 주방을 비롯한 각종 주방의 효율적 운영 및 지원업무 등이 복합적으로 이루어지는 관리이다.

5) 원가관리

원가관리를 위해서는 회계에 관한 지식이 있어야 한다. 원가관리의 기본은 식재료의 흐름을 사전에 설정된 절차와 방법대로 관리(통제)하는 것으로 호텔에서는 식재료를 직 · 간접적으로 취급하는 곳에서의 통제와 분석을 지칭하는데, 각 영업장의 개념(concept)의 정립, 표준 구매명세서의 작성, 메뉴계획, 세부적인 생산방법, 식재료의 구매관리, 검수관리, 저장관리, 입출(入出)관리 등을 포함한 실행관리 그리고 판매분석, 메뉴분석, 원가분석과 재무분석 등에서 얻어지는 정보를 사후관리하는 것으로 구분할 수 있다.

이러한 흐름을 통제하기 위해서는 사전에 설정된 절차와 그 절차를 구체화하기 위한 양식이 있어야 하는데, 호텔의 특성에 따라서 다양하다고 할 수 있으며, 통제의 절차와 방법은 현실에 적합한 방식을 선택하되, 즉 효익(效益)이란 측면에서 의사결정이 이루어져야 한다.

따라서 과다한 양식의 사용과 관리, 인원수의 증가, 융통성과 신속성의 결여, 부서 간의 불화 등은 비효율성을 초래하게 되며, 원가관리의 가장 중요한 역할을 담당하는 조직구성원들의 원가의식의 결여와 원가절감이라는 경영방침에 역효과를 초래할 수도 있다.

4. 부대시설 부문

호텔의 부대시설은 위치와 종류, 경영형태에 따라서 다르며, 도심지역의 호텔은 실내수영장, 헬스클럽, 이 · 미용실, 연회장 등과 같은 시설과 휴양지의 리조트호텔은 승마장, 골프장, 수상스키, 보트장, 야외수영장 등을 설치하고 있는 호텔들도 있다. 이러한 부대시설들은 고객에게 제공될 수 있는 객실, 식사, 음료뿐만 아니라 오락과 회의 등의 부수적인 상품도 갖고 있기 때문에 부대시설의 다양성은 매우 중요하다고 할 수 있다.

호텔은 특히 고객들은 호텔의 규모와 시설 그리고 시설의 유지상태에 민감하기 때문에 부대시설의 관리는 품위와 질에 의해서 다른 호텔과 구별을 할 수 있어야 하며, 또한 고객에 대한 판매욕구는 외형의 인상에서 판단과 평가가 이루어질 수도 있지만, 호텔의 규모, 외관, 출입구, 로비, 복도, 식음료 영업장, 회의실과 공간, 색채, 구조, 편의성, 디자인, 조명, 비품, 장식 등의 상황은 고객 유치에 있어서 매우 중요하다.

■호텔부대시설

5. 고객관리 부문

현대의 호텔사업은 전사적(全社的)인 차원에서의 고객관리의 필요성이 증대되고 있는데, 그 방안으로서는 첫째, 서비스의 철학이 필요하고, 둘째, 고객만족의 전략을 채택하며, 셋째, 강한 서비스문화를 시스템화하며, 넷째, 서비스의 품질을 차별화하는 것이다.

이를 실행하기 위해서는

- 기업으로서의 사명감을 인식하고 책임을 다하는 기업이 되어야 하며,
- 고객만족을 위한 서비스철학을 확립하고,
- 고객세분화전략을 개발하여 전문서비스로 고객을 지키고 고정고객화하며,
- 원가우위의 전략을 실현하여 서비스는 가치뿐만이 아니라 가격도 중요하다는 인식을 시키며,
- 고객에 대한 인상을 정립하여 좋은 고객이 되도록 하고,
- 현장지향적, 고객중심형 조직구조를 통하여 현장이 우선이라는 인식을 갖도록 한다.
- 서비스업형의 인력모델을 개발하여 자질있는 사람을 채용 · 선발하고 교육시킨다.
- 서비스 품질제도의 시행을 통해서 고객과의 신뢰를 구축한다.

- 신속함이 서비스에 있어서 중요한 요인이 되므로 고객중심의 시간(Lead time) 단축형 서비스를 제공하며,
- 하드웨어(설비중심형 서비스)와 소프트웨어(인간중심형 서비스)의 조화를 통해서 고객이 느끼는 서비스를 창출해야 한다.

호텔업에서 추진하고 있는 고객의 관리는 회원에게 카드를 발급하여 각종 혜택을 부여하여 방문을 유도하고 있으며, 고정고객에 대한 정보(Guest history)를 지속적으로 관리하여, 고객의 기호 · 습성 등을 정보화하여 재방문에 활용하여 서비스 체재를 구축하고 있다. 또한 투숙한 고객에 대한 서비스의 만족도 평가 및 설문제도를 실시하여 서비스에 대한 만족도를 평가 · 분석하여 지속적인 사후관리를 하고 있다.

식음료 영업장 및 요리의 질적인 향상을 위해서 내국인 및 외국인을 포함한 투숙객을 중심으로 모니터링을 실시하여 의견을 수렴 · 반영하기도 하며, 고객과의 유대강화를 위해 투숙한 실적에 따른 경품(Give-away)의 제공과 장기 투숙객관리, 판촉인쇄물의 발송(Direct mail) 등을 통하여 고객관리를 하고 있다.

Lobby Lounge

"바다 한복판 요새 호텔"

'바다 한복판의 요새 호텔'은 영국 와이트 섬에서 약 2킬로미터 떨어진 바다의 요새 자리에 건설되었다. 지난 1867년 군사 목적으로 건설된 요새를 최고급 호텔로 개조했다. 22개의 객실, 스파, 게임 룸, 외부 테라스 등을 갖춘 바다 한복판 요새 호텔은 헬리콥터나 보트를 통해 접근할 수 있다. 결혼식장으로도 이용 가능하며 제임스 본드 스타일의 파티를 즐길 수 있다는 후문이다. 4층 규모의 바다 한복판 요새 호텔에는 22개의 객실이 있다. 1박 비용은 약 500달러(한화 62만원) 수준으로 전해진다. 편안한 휴식을 취할 수 있는 동시에 카이트서핑, 카약 등의 해상 레포츠도 즐길 수 있다.4월 말 개장 예정인 이 호텔은 최근 해외 인터넷 등을 통해 소개되면서 주목을 받고 있다.

onlinenews@heraldcorp.com 2015-04-22

Chapter 04

호텔 서비스

이해목표

- ▶ 호텔서비스의 개념을 습득한다.
- ▶ 호텔서비스의 기능을 파악한다.
- ▶ 호텔리어의 기본자세에 관하여 이해한다.

제1절 호텔 서비스의 개념

1. 서비스의 정의

서비스(Service)의 어원은 라틴어 Servus에서 유래하였다. 현재에도 이탈리아와 독일, 오스트리아 등지에서는 세르부스(servus)라는 인사말이 있는데 이는 "나는 당신의 봉사자입니다."라는 의미로 사용되고 있다.

서비스란 우리나라 말로는 '봉사' 하는 의미를 지니고 있으며, ① 윗사람에게 행할 때 사용되는 의미, ② 헌신적으로 국가나 사회를 위해 공헌한다는 의미, ③ 타인을 위해 자기 스스로 애쓰고 수고한다는 의미로도 설명이 된다.

우리들과 우리들을 둘러싸고 있는 물재, 혹은 일반적 의미로 말하는 자원과의 유효한 관계를 맺기 위한 조건을 설정하는 모든 과정 또는 모든 활동 그 자체가 서비스(Service)라고 말할 수 있다. 경제학의 용어를 쓰면 자원과 효용을 연결해서 자원이 갖는 잠재적 효용을 현재화하는 과정 혹은 활동을 서비스[1]라고 할 수 있다.

사전에 의하면 서비스는 "타인의 이익을 도모하기 위하여 행동하는 정신적 · 육체적 운동"이라고 하고, 타인을 위한 봉사적 행위로 규정하고 있다.

미국 마케팅협회(AMA)의 용어정의위원회(Committee Definitions)는 서비스란 "판매를 위해 제공되거나 상품판매를 수반하여 제공되는 행위, 편익 그리고 만족이다"라고 정의하고 있다.

즉, 서비스란 사용 가능한 모든 자원이 사용가치를 실현하는 과정, 다시 말하면, 경제주체에 대하여 유용한 노동을 하는 행동개념이며, 호텔사업에서의 서비스란 경영효과의 극대화를 위하여 헌신 · 봉사하는 자세이다.

그러나 서비스란 용어자체의 활용범위가 매우 다양하고 광범위할 뿐만 아니라 상호 이질적인 다양한 유형의 서비스가 내포되어 있고, 서비스를 구성하고 있는 것에 관한 본질적인 정의가 부정확하여 서비스에 대한 획일적인 정의를 내리기는 쉽지 않으며 오늘날 같이 선진화된 산업사회에서는 전문, 분업화가 진전되고, 가처분소득의 향상으로 국민의 생활수요가 다양해지고 학력수준의 향상으로 문화적 소비가 증가되면서 고도화된 복합적인 소비행동에 의한 서비스 의미도 점점 더해가고 있다. 따라서 서비스의 개념은 학자들마다 의견이 상이하게 나타난다.

서비스업은 인류가 가져온 직업 중 가장 오래된 것에 속하며, 그것은 손님, 고객 혹은 투숙객을 환영하고 편안하게 모시는 것을 기본 축으로 삼고 있는 것이다.

우리가 'Hospitality Industry를 생각할 때면 우리는 대개 호텔이나 레스토랑을 떠올린다. 그러나 이 용어는 보다 넓은 의미를 갖고 있다. 옥스퍼드사전에 따르면 호스피탈리티(hospitality)는 관대함과 선의를 가지고 고객, 방문객, 혹은 낯선 사람을 맞이하고 대접하는 것을 의미한다. '호스피탈리티' 라는 단어는 중세의 여행자나 순례자의 유혹의 집(Hospice)에서 유래한다. 현재 사립요양소라 부르는 것이 초기형태였고, 그 단어는 현재의 병원(Hospital)과 분명히 연결되고 있다.

---

1) 봉사, 헌신, 자선의 의미로서 서비스는 정치가 및 군인 그리고 종교인들의 직업에서 찾아볼 수 있는 의미로 국가 및 그 사회에 봉사하는 것이다. 예를 들면, 군복무(Military service), 공공행정(Public service) 등은 바로 봉사의 의미를 내포하고 있다. 서비스가 지니는 복종, 종속의 의미로 과거 계급사회에서 낮은 계층에 있는 사람들이 상위계층 사람들을 위하여 수행하는 개인적 행위를 말한다. 반면, 공짜 또는 덤의 뜻으로도 서비스라는 용어가 자연스럽게 사용되고 있다.

서비스 우량기업의 공통된 서비스 운영상의 원칙은 크게 다섯 가지로 설명할 수 있다.

❶ 서비스 우량기업은 항상 변화하는 고객의 기대와 욕구에 귀를 기울이고 그것을 이해하며 개성적이면서 독창적인 방법으로 지속적인 대응을 하고 있다.

❷ 우수한 서비스에 대해 명확한 비젼을 확립하고 있다. 이 비젼을 모든 계층의 종사원에게 전달하고 서비스의 품질에 대한 고객의 평가는 개인적으로도 중요하다는 점을 확신시키고 있다.

❸ 서비스의 질에 대하여 구체적인 기준을 설정하고 항상 이 기준에 따라 자신을 평가하고 있다. 그리고 '이번에는 실패해도 좋다는 사고방식을 배제하기 위하여 100% 완벽함을 목표로 삼는 경우가 많다.

❹ 우수한 인재를 채용하여 그들을 세심하면서도 강도있게 훈련시키고있다. 따라서 서비스의 기준을 충족시키기 위한 지식과 능력을 구비하고 있다. 또 회사 안에서 뿐만 아니라 회사 밖에서도 고객을 위해 일을 하도록 동기를 부여하고 있다.

❺ 우수한 서비스 수행자를 인정하고 표창하고 있다. 이것은 개인의 경우와 그룹의 경우로 나뉘어 시행되고 있다.

고객의 기대와 요구를 충분히 만족시킬 뿐만 아니라 그 기대를 앞서 예측하고 대기할 수 있는 서비스, 고객의 입장에서 생각하고 행동하는 서비스정신이 필요하다.

양질의 서비스 개발과 제공은 하루아침에 이루어지는 것이 아니다. 항상 고객위주의 서비스를 제공하려는 마음가짐과 그를 뒷받침할 수 있는 자기교육, 그리고 효과적인 경영제도를 통한 모든 종사원 개개인의 부단한 노력이 필요한 것이다.

극심한 서비스산업의 경쟁에서 승리하고 고객의 만족을 극대화하는 동시에 장기적인 기업의 이익을 추구하기 위해서는 이러한 양질의 서비스를 끊임없이 개발, 제공하여 고객의 총 체재기간을 포함하여 극대화된 '진실의 순간(Moment of Truth)' 을 창조하는데 전사적인 노력을 기울여야 할 것이다.

2. 호텔 서비스의 개념 및 기능

호텔기업은 순수한 서비스만을 또는 순수한 유형재만을 판매하는 것이 아니라 서비스의 비율이 유형재보다 크다는 특성을 갖고 있으며, 서비스와 유형재가 어떠한 형태로든지 결합한 것으로 많은 접객요원이 다양한 근무상황에서 개별적인 고객과의 대면을 통하여 서비스의 생산, 판매를 실시하고 있다.

따라서 호텔상품을 보다 좋은 상황으로 유지 관리해야 하는 것이 호텔서비스 품질관리라고 할 수 있다. 호텔이 물적 시설 등의 준비가 되더라도 그 가치와 효용은 그에 소속된 종사원의 서비스에 따라서 만족도에 전혀 다르게 나타난다.

서비스 개념 고찰에 근거하여 호텔 서비스의 개념을 접근해 보면 호텔의 서비스란 '활동과 경험으로서 특정호텔을 이용함에 있어 인카운터의 유 · 무형의 인적 · 물적 · 시스템적 활동과 경험이라고 정의할 수 있으며, 무형의 인적 상품과 유형의 물적 상품이 복합되어 판매되는 것으로써 인적 · 물적 · 시스템적 서비스를 하나의 상품으로 판매하여 이익을 얻고, 이러한 서비스를 통합하여 고객에게 제공하는 서비스 상품이다. 따라서 호텔의 서비스는 기능적인 관점에서 고객에게 제공하는 혜택, 편익, 만족의 서비스를 말한다. 호텔 서비스의 구성요소는 개별요소가 독립할 수 없는 것으로 상호 복합적이며 연계적으로 고객에게는 각각의 독립된 효용의 다발(Utility bundle)로 제공되어야 한다. 따라서 호텔의 서비스는 구성요소를 어떠한 방법으로 종사원이 고객에게 제공하느냐가 과제로 남게 된다.

3. 서비스 품질관리

서비스 기업의 상품인 경우, 서비스가 차지하고 있는 비율이 유형재보다 크다는 특성을 갖고 있다. 이러한 상품을 '서비스 상품'이라고 하며, 곧 서비스 상품은 서비스와 유형재가 어떠한 형태로든지 결합한 것을 말하며, 서비스 상품을 보다 좋은 상황으로 유지 관리해야 하는 것이 서비스품질관리(Service quality management)라고 할 수 있겠다.

그림 4-1 **Parasuraman, Berry and Zeithaml의 서비스 품질 모형**

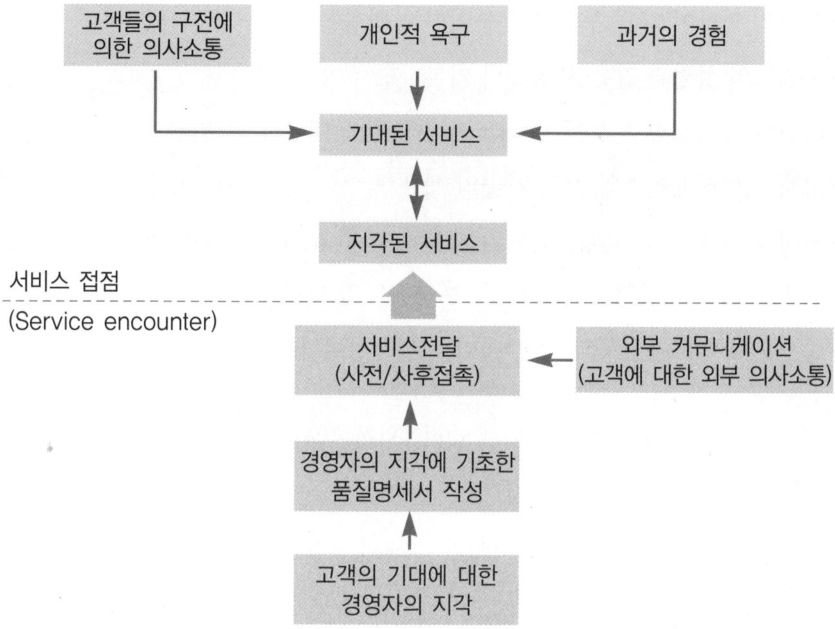

* 서비스 접점(service encounter) : 직원과의 접점, 상품.서비스 그 자체의 성과와 이미지, 시설내부의 상황과 분위기, 환경의 쾌적함과 설비 등 고객만족에 미치는 모든 요소를 포함

서비스품질은 서비스상품의 설계에서 가장 중요한 요소 중의 하나이다. 고객은 서비스기업의 수많은 제공요소 가운데 제공된 품질에 의해 총괄적인 서비스상품에 대한 판단을 하는 경우가 많다.

서비스기업에서는 많은 접객요원이 다양한 근무상황에서 개별적인 고객과의 대면을 통하여 서비스의 생산 · 판매를 실시하고 있다.

서비스 품질에는 친절하고 성실한 종사원으로부터 서비스를 잘 받아 뿌듯한 만족감을 느끼는 것과 같이 고객과 종사원과의 대응관계가 끝난 후 고객이 느끼는 기술적 품질과 서비스나 상품을 제공하는 과정인 기능적 품질, 그리고 사회적 여론이 지배하는 사회적 품질이 있다.

서비스 품질을 향상시키기 위한 10가지 원칙으로는 다음과 같은 것이 있다.

❶ 품질을 추구하는 경영자의 리더십

❷ 전사적인 조직을 통한 통합 마케팅

❸ 목표시장인 고객에 대한 이해

❹ 자신의 역할이 다른 구성원에게 어떠한 영향을 주는 지를 파악

❺ 콘셉트의 설정과 같은 운영상의 기본사항 적용

❻ 최선의 서비스법을 찾을 수 있도록 종사원에 대한 권한 위임

❼ 고객 데이터베이스와 같은 기술의 채용

❽ 서비스 자세가 되어있는 인물의 채용과 교육 등의 인적자원 관리

❾ 서비스 기준의 설정과 업적평가, 보상제도의 도입

❿ 종사원에게 고객반응과 같은 서비스의 측정결과를 통보하는 피드백

서비스 질은 고객의 만족과 직결이 된다. 서비스의 품질관리를 다음의 3가지로 주장하기도 한다.

첫째, 일선에서 행해지고 있는 서비스 수행의 품질의 차이를 없애고 그 수준을 안정시킨다.

둘째, 품질의 절대수준을 계속적으로 향상시켜 경쟁자에게 이길 수 있는 품질 수준을 항상 유지하는 것이다.

셋째, "불량" 대책이다.

그러나 서비스의 경우 재화의 경우와는 달리 서비스 하자에 대한 요구, 즉 클레임을 파악하기가 힘들다. 이유는 재화의 경우에는 불만요소가 확실한 물적 증거로 남지만 서비스의 경우에는 무형성이라는 특성에 의해 물적 증거가 남지 않기 때문이다. 또한 서비스에서 가장 무시해서는 안 되는 클레임 중의 하나가 고객은 서비스가 불만족스러우면 거기에 대해서 뭐라고 말을 하기보다는 "다음에 사용을 하지 않으면 된다."라고 생각하는 경우가 대부분이다.

4. 서비스의 표준화와 매뉴얼

서비스 관리에 있어서 오늘날 외식사업에서 무엇보다도 중요한 사항이라고 할 수 있다. 서비스의 표준화가 이루어진다고 하는 것은 고객이 언제 어느 때든지 그 업장에서

는 어떠한 서비스를 받을 수 있을 것이라는 것을 인식할 수 있는 것이다. 업적이 좋은 서비스 산업의 공통적인 특징은 표준화의 수준이 높고 또한 이를 철저하게 유지한다는 것이다.

서비스 산업은 재화를 생산하는 제조업과는 성격에서 크게 차이가 난다. 재화는 유통과정을 거쳐 고객에게 전달이 된다. 즉, 재화 그 자체가 객관적인 사용가치를 가지고 있는 것이다.

반대로 서비스는 그 특성상 생산과 동시에 소비되는 것은 물론 저장이 불가능하다. 즉, 재판매라는 것은 있을 수 없는 것이다. 서비스 산업은 자동화로 인해 표준화가 이루어져 있는 제조업과는 달리 인간에 의한 인적 서비스에 의한 의존도가 높다. 이는 서비스 산업이 개별적이고 주관적인 그리고 감정적인 면에서 만족을 주는 산업이라는 것을 알 수 있는 것이다.

서비스는 직원의 태도나 능력이 고객에게 미치는 영향이 매우 크다. 부정적인 이미지가 심어질 경우 이는 아주 오랫동안 지속된다. 이로 인해 서비스의 관리는 매우 중요하다고 할 수 있다. 이는 서비스에 있어서의 관리와 교육이 매우 중요하다는 것을 말해주는 것이라고 볼 수 있으며 서비스 질의 향상은 꾸준한 관리와 표준화, 매뉴얼화의 필요성은 무엇보다도 중요한 부분이다.

제2절 호텔리어(Hotelier)의 기본

1. 종사원과 유니폼

1) 종사원

인적 서비스에 대한 의존도가 다른 기업에 비하여 크다는 것이 호텔기업에 있어서 또 하나의 특성이다. 언제나 만족스럽고 예절이 바르며, 정확성이 있으며, 세련되고 신속하게 서비스한다는 것은 훈련된 종사원으로서도 어려운 일이다.

경제가 발전됨에 따라 기업의 규모도 확대되고 호텔산업에서도 설비경쟁, 시장경쟁,

가격경쟁과 더불어 최종적으로는 종사원 개개인의 능력에 의존하게 되며 특히 서비스 상품 생산이나 판매력에 있어서는 보다 많은 종사원들의 능력이 문제가 된다.

앞으로는 호텔 부문별 종사원의 능력수준이 경쟁력을 좌우하게 되며 소수의 우수한 능력으로부터 다수의 우수한 능력 있는 종사원을 필요로 하게 되고 능력의 내용도 축적 능력에서 실천능력으로 욕구가 변화되고 있다.

이 때문에 호텔의 종사원 개개인이 이제까지와는 달리 수준 높은 서비스 능력을 발휘할 것을 기대할 수밖에 없게 된다.

다음은 호텔종사원의 일반부칙을 소개한다.

첫째, 정숙을 유지하라. 둘째, 유쾌하게 행동하라.
셋째, 민첩하게 행동하라. 넷째, 청결하고 봉사적이어라.
다섯째, 세심한 주의를 가져라. 여섯째, 정확하고 봉사적이어라.
일곱째, 성실하고 검소하라.

2) 유니폼(uniform)

- 회사에서 지급된 유니폼을 착용한다.
- 유니폼은 깔끔한 외모를 유지하기 위해서 자주 세탁하고 다림질한다.
- 유니폼은 해지거나 단추가 떨어진 곳이 없도록 수선하여 입는다.
- 와이셔츠는 흰색으로 잘 다려야 한다.
- 넥타이는 지급된 것으로 착용한다.
- 양말은 검정색, 남색 등을 신고 흰 양말은 삼간다.
- 스타킹은 항상 살색을 신어야 한다(女).
- 명찰은 유니폼의 한 부분이므로 항상 착용한다.
- 근무 중에는 유니폼의 규정에 없는 장식은 부착할 수 없다.
- 구두는 검정색으로 항상 청결하고 윤이 나야 하며, 여직원은 슬리퍼형을 신어서는 안 된다(구두 높이가 5㎝를 초과하지 않도록).
- 새로 고용된 직원이 그들이 유니폼을 지급받기 전에 근무하는 것을 삼간다(단, 유니폼을 착용한 후 업장근무 가능).

2. 서비스 기본예절

1) 목적

호텔종사원들로 하여금 항상 청결하고 산뜻한 모습으로 고객을 맞이하게 하며, 종사원의 자질향상은 물론 불친절과 불량스러운 서비스 모습을 근절하여 보다 나은 고객만족을 제공하는데 목적이 있다.

2) 용모 및 특징

(1) 얼굴

- 면도, 콧수염 자르기, 귀지손질 등을 하여 깨끗한 상태를 유지한다.
- 냄새가 강한 화장품은 사용하지 않는다.
- 시력이 좋지 않은 사람은 안경보다 콘텍트렌즈를 착용한다.
- 얼굴에 난 종기, 상처 등은 빨리 치료해야 하며 반창고 등을 붙이고 영업장에 나가는 것을 삼간다.
- 입술은 엷은 색 외에는 사용하지 않는다.
- 아이섀도, 아이라인은 진하지 않게 칠하고 속눈썹은 붙이지 않는다.
- 식사 후는 반드시 양치질을 하여서 대화 시 불쾌감을 주지 않도록 한다.
- 숙취로 인한 피곤한 얼굴을 보여서는 안 된다.
- 수염은 근무시작 전 깨끗이 면도하여 콧수염이 밖으로 나오지 않게 잘라야 한다.
- 옆머리는 귀밑으로 내려와서는 안 되며, 콧수염도 길러서는 안 된다.

(2) 두발

- 남성 : 장발은 삼가고 목덜미와 귀밑머리는 짧게 자른다.
- 여성 : 원칙적으로 긴 머리는 하지 말며, 머리를 올리든가 단정하게 정리한다. 앞으로 늘어뜨리거나 얼굴이 잘 보이지 않는 것은 삼간다.

(3) 얼굴 표정

- 부드럽고 평화스런 표정과 밝고 맑고 환한 표정이어야 한다.
- 온유하고 너그럽고 사랑스런 표정과 친절을 느낄 수 있는 표정이어야 한다.

(4) 눈의 표정

- 눈을 너무 자주 깜빡이거나 안구를 많이 굴리는 것 등은 하지 않는다.
- 상대방을 아래위로 훑어보는 표정을 하지 않는다.
- 상대방을 힐끔힐끔 쳐다보는 것은 삼간다.

(5) 입의 표정

- 자연스럽게 다물고 미소를 지어야 한다.
- 너무 힘을 주어 꼭 다물어서 일직선이 되도록 하지 않는다.
- 눈의 초점이 없는 흐리멍덩한 표정을 하지 않는다.

(6) 바람직한 표정

- 활기차고 생생한 표정과 신선한 표정을 가져야 한다.
- 우아함, 착실함, 침착성, 명랑성, 신속함을 지닌 동작을 한다.

(7) 손

- 항상 깨끗하게 유지한다.
- 손톱은 짧게 깎고 청결해야 한다.
- 여자인 경우 매니큐어는 살색 또는 이와 비슷한 색으로 한다.

(8) 각종 액세서리(귀걸이, 목걸이, 반지, 시계, 머리핀 등)

- 고객에게 불쾌감을 주는 호화스러운 것을 피한다.
- 개성을 살리면서 품위와 우아함을 나타나는 것이어야 한다.
- 근무에 지장을 주는 거추장스러운 액세서리는 피한다.
- 머리 장식품은 고상한 것이거나 머리 분위기와 어울리는 것 외에는 착용을 금한다.
- 머리핀 및 밴드는 유니폼과 잘 어울리는 단색만 허용한다.
- 목걸이, 팔찌, 발찌 등이 유니폼 밖으로 나와서 지나치게 번쩍이거나 눈에 거슬려서는 안 된다.
- 시계 하나(손목시계만 착용 허용, Color 레저용은 착용 금지)
- 각 손에 반지 한 개, 그리고 여자의 경우 귀걸이 1세트만이 허용된다.

• 귀걸이의 경우 귓불에서 $\frac{1}{2}$ inch 이상 늘어지지 않아야 한다.

(9) 복장

• 근무시간 중 직종과 직분에 의해 구분된 지정 유니폼을 착용한다.

• 항상 청결한 상태를 유지한다(세탁 지정일에 필히 세탁).

• 뜯어지고 해진 것이 있을 시 수선한다.

• 단추는 떨어진 것이 없어야 한다.

• 명찰은 반드시 규정대로 달아야 한다.

• 명찰이 낡고 더러워진 경우 새것으로 교체한다.

• 보관은 회사에서 지급한 래커 내의 옷걸이에 걸어 구겨짐과 파손에 주의한다.

• 넥타이는 지급된 것으로 착용한다.

(10) 구두

- 구두는 매일 손질하여 깨끗하고 빛이 나게 하여야 한다.
- 근무 시 사용하는 구두는 출 · 퇴근 시 사용하지 않으며 근무 외의 용도에는 착용하지 않는다.
- 지정된 구두를 착용해야 한다. 여사원은 슬리퍼형을 신어서는 안 된다(구두 높이가 5㎝를 초과하지 않도록).

(11) 양말

- 색상은 흑색이나 흑색에 가까운 것으로 착용한다.
- 스타킹은 살색으로 신고 꼭 맞게 착용한다.

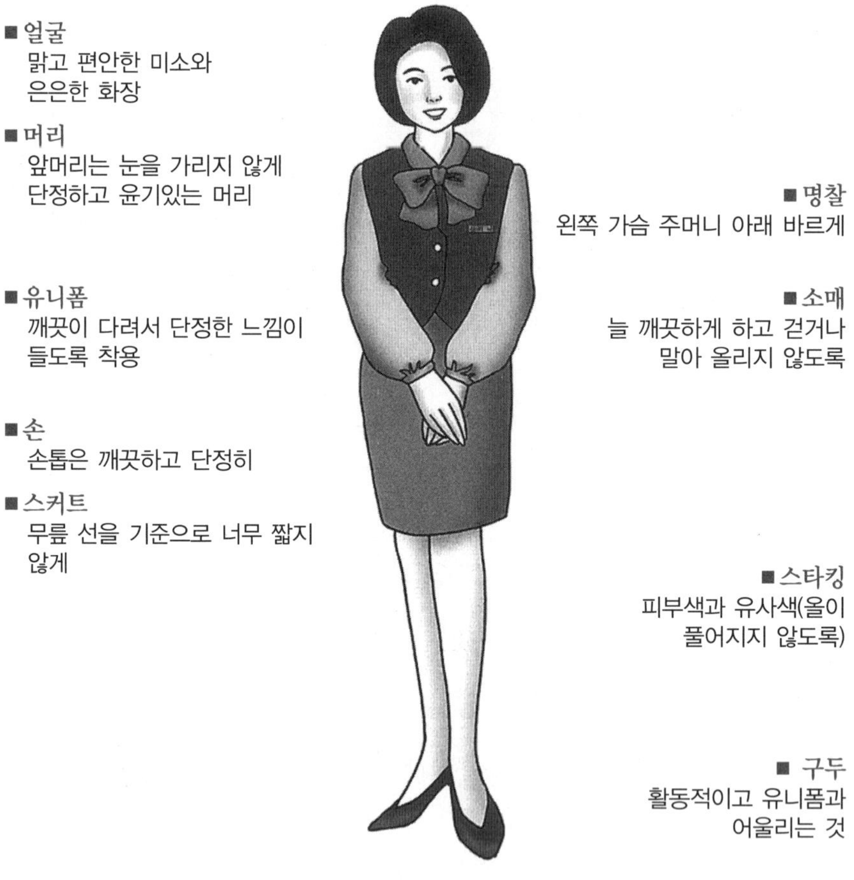

(12) 와이셔츠

- 깃, 소매 끝은 항상 깨끗해야 한다.
- 구김없이 잘 프레싱된 것을 착용한다.
- 단추는 정위치에 있어야 하고 흔들리지 않도록 한다.
- 품은 너무 크지 않게 밖으로 나오지 않게 한다.
- 와이셔츠 목 단추는 항상 단정하게 채워져야 한다.

3) 고객에 대한 기본태도

(1) 접객태도

- 웃는 얼굴로 맞이한다.
- 처음부터 끝까지 섬세한 배려와 능동적인 태도로 임한다.

(2) 접객의 기본원칙

공평한 응대와 1인 1객, 선객(先客) 우선으로 한다.

(3) 서비스 기본자세

❶ 언어사용의 마음가짐

- 항상 성의가 깃들인 언어를 사용하도록 신경 쓴다.
- 항상 정중한 언어를 사용하도록 노력한다.
- 감정에 좌우되지 않고 침착하도록 주의한다.

❷ 자세

- 고객의 입장에서 회사에 피해가 되지 않는 범위 내에서는 최선을 다한다.
- 종사원이 성의를 가지고 최선을 다하는 모습을 보일 때 고객은 수행 결과에 관계 없이 만족을 느낀다.

❸ 언어 사용 시 유의할 점

- 명쾌한 응답을 한다.
- 음량과 말의 속도에 신경 쓴다.
- 표준어로 정중하게 말한다.

- 고객이 한 말을 다른 말로 바꾸어 말하지 않는다.
- 전문 용어를 사용하지 않는다.

❹ 대기 및 보행 방법

- 가슴을 펴고 빠른 걸음걸이로 걷는다.
- 구두를 끌며 걷지 않는다.
- 속삭이는 말씨는 삼간다.
- 고객을 안내할 때는 고객의 좌측 1보 앞에서 안내한다.
- 고객 앞에서는 함부로 얼굴이나 머리를 만지지 않는다.
- 고객을 유심히 쳐다보거나 손가락으로 가리키는 일은 삼간다.

4) 인사하는 방법

(1) 인사하는 방법

- 고객과 눈이 마주치는 순간 미소를 지으며 실시한다.
- 15° 허리를 숙여 정중히 한다.
- Good Evening Sir/Madam? Welcome to the ABC hotel.
- 고객에게 친근감을 주기 위해서 고객의 성함을 항상 부르면서 대화를 한다.

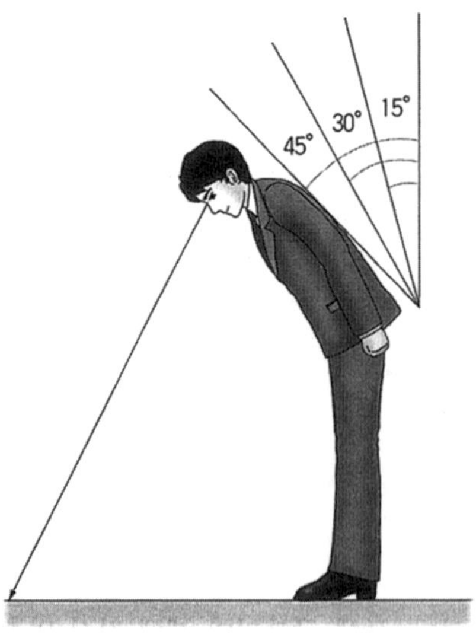

■인사 종류별 각도

[표 4-1] **기본 인사하는 방법 표 그대로 사용**

동작항목 \ 인사종류	반절	보통절	최경례
인사의 각도	하나 : 구부림 둘 : 폄	하나, 둘 : 구부림 셋 : 멈춤 넷, 다섯 : 폄	하나, 둘 : 구부림 셋 : 멈춤 넷, 다섯 : 폄
	20도	30도	45도
시선	발 5~6미터 전방	발 2미터전방	발 1미터 전방
양손의 위치	남자 : 손을 편 채로 엄지손가락을 감싸서 바지 재봉선에 댄다. 여자 : 왼손으로 오른손을 감싸서 아랫배에 가볍게 댄다.		
발	뒷꿈치를 붙이고 앞은 30도로 벌린다.		
표정	가벼운 미소허리, 머리허리에서 머리까지 일직선 유지 (머리만 숙이거나 허리만 굽히지 않는다)		
다리	곧게 펴고 무릎을 붙인다.		
히프	히프가 뒤로 빠지지 않도록 한다.		
주의	눈을 치켜뜨지 말 것		

(2) 인사예절 시 주의사항

- 고객에게 서비스 수행 중 상급자에게 인사는 하지 않아도 된다.
- 고객 안내 시(로비, 엘리베이터 등) 직원의 인사는 간단한 인사말과 목례 정도로 한다.
- 고객에게 들릴 정도의 소리로 직원에게 인사는 삼간다.

5) Salesmanship

- 고객의 언행을 보고 고객을 읽는다.
- 일반 객실을 찾아온 고객이 되돌아가지 않도록 해야 하며, 높은 가격의 객실부터 판매한다.
- 가격이 아니고 가치를 말한다.
  - 객실료에 대한 유효한 가치를 설명

    ex) 가격을 먼저 말하지 말고 객실의 특징을 먼저 설명한 다음 가격을 말한다.

- 고객에게 우리 호텔 고유의 특징을 충분히 인식시켜 판매한다.
  ex) 도심에서 제일 가까운 휴양지 호텔

• 협력(Cooperation)

- 동료 간의 업무를 최대한 오버랩 커버(Overlap cover)한다.
- 자신의 스타일을 고집하지 않고 상의해서 수행한다.
- 회사의 업무를 우선으로 하는 책임감을 가진다.

• 대화(Communication)

- 고객으로부터 요구받은 각종 사항을 해당 부서에서 정확히 전달, 설명하고 수행 · 완료할 때까지 점검한다.
- 업무 수행 후에는 반드시 고객에게 피드백(feed-back)한다.
- 미수행 업무 및 진행된 업무는 반드시 Log Book에 기재하여 다음 근무자에게 인수인계한다.
- 각종 전달 사항 및 숙지 사항을 확인하고 서명을 한다.
  ① 당일 객실 현황
  ② 행사(Function)
  ③ VIP List

Lobby Lounge

■인사하는 순서(남자)

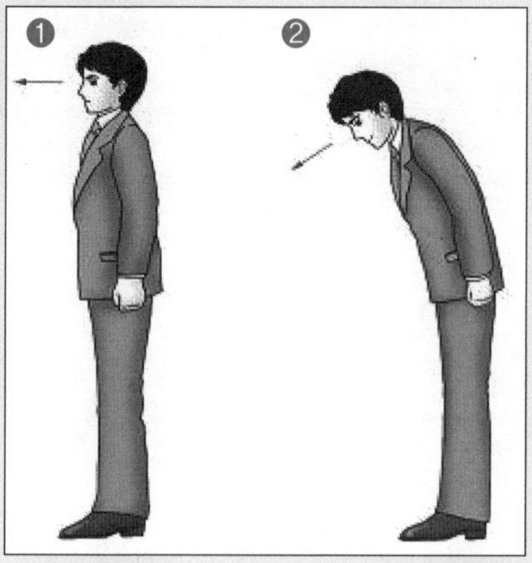

❶ 똑바로 서서 상대방을 본다.

❷ 허리를 중심으로 상체를 숙이며 양손은 바지 봉제 손에 자연스럽게 붙인다.

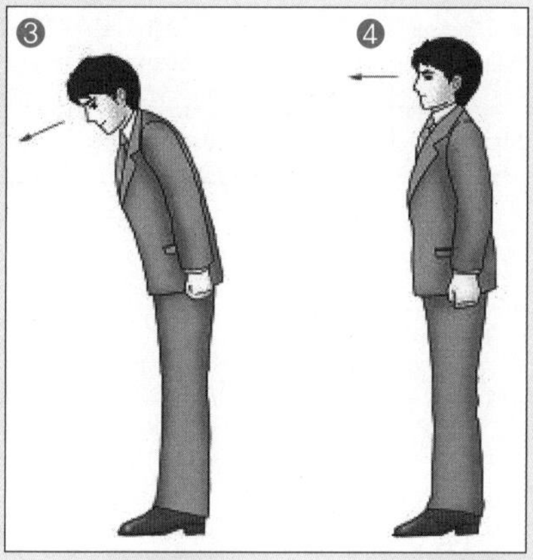

❸ 한 번 숨쉴 동안 상체를 고정한다.

❹ 천천히 상체를 펴고 상대방의 눈을 본다.

■인사하는 순서(여자)

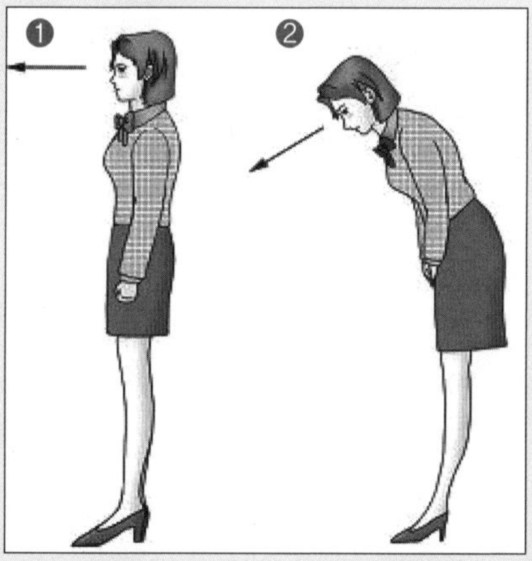

❶ 똑바로 서서 상대방을 본다.

❷ 허리를 중심으로하여 상체를 숙이며 두 손은 오른손이 위로 오게 가볍게 잡고 가운데로 가져 온다.

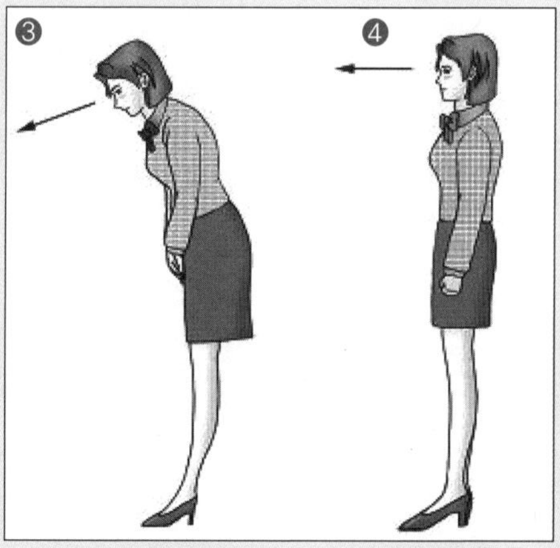

❸ 한 번 숨쉴 동안 상체를 고정한다.

❹ 천천히 상체를 펴고 상대방의 눈을 본다.

2부

호텔상품

Chapter 5 • 호텔상품

Chapter 6 • 객실경영

Chapter 7 • 호텔식음료경영

Chapter 8 • 연회·이벤트경영

Chapter 9 • 호텔부대시설경영

Chapter 05 호텔상품

이해목표

- ▶ 호텔상품의 특성과 구성요소를 이해한다.
- ▶ 호텔상품의 종류와 패키지 상품의 필요성을 이해한다.
- ▶ 호텔상품의 문제점과 개선방안을 이해한다.

제1절 호텔상품의 특성 및 구성요소

1. 호텔상품의 특성

일반적으로 호텔은 객실이나 부대시설과 같은 물리적 설비, 식음료 등 재화의 성격을 가지는 상품, 그리고 종사원의 무형적 서비스가 동시에 제공되어 상품으로서의 가치를 지니게 되므로 호텔 상품은 물적, 인적, 시스템적인 서비스 등 세 가지를 모두 포함하는 개념으로 이해하여야 한다.

호텔은 많은 설비투자비용이 필요할 뿐만 아니라 이러한 시설들은 고정시설들을 제외하고는 조기에 노후화되는 특징을 갖고 있다. 호텔에서 판매되는 상품들은 소프트화된 것들로써 비보관성과 비신축성 상품들로 구성되어 있고, 일종의 다품종 소량 주문생산판매 형태로 이루어져 있다. 인적서비스 위주의 영업으로 숙련된 인력의 부족과 인적구성에 따르는 인건비 부담의 증가로 인하여 생산성이 낮으며, 외부환경의 변화에 매우 민감하게 영향을 받는다. 그리고 호텔의 인적, 물적 자원 구성의 복잡성에 따른 원가계산이 어려운 회계의 특수성을 갖고 있다.

호텔의 상품생산활동은 사람, 정보, 상품을 주변화 대상으로 하여 생산공정을 통하여 변환활동을 수행하는 과정을 의미하며, 제조업과는 달리 최종생산물은 유형적으로 존재하지 않으며, 그 생산공정 자체를 상품화한 것이다.

따라서 호텔상품은 숙박, 식음료, 부대시설 및 기타 관련 정보시설 등과 서비스를 결합 운용하는 시스템을 추가하여 부가가치를 창출하는 거래의 목적물이라 할 수 있다.

호텔상품은 일반 제조상품과 달리 다음과 같은 특성을 지니고 있다.

1) 생산과 소비의 동시성(Simultaneity of production and consumption)

호텔의 서비스는 종사원이 고객과 만나는 접점(서비스 인카운터 ; Service encounter)에서 생산하고 소비된다. 서비스의 소비는 판매자와 구매자가 공존할 경우에 이루어진다. 다시 말해 서비스는 소유되기보다는 경험되어진다는 인적 서비스와 같은 맥락으로써 서비스가 생산됨과 동시에 소비가 되어버린다는 것이다. 즉 호텔리어가 서비스를 생산하는 활동에는 반드시 고객들의 소비활동이 포함되어져야 한다는 의미로도 해석될 수 있다. 또한 호텔서비스의 생산활동은 고객의 소비활동이 동시에 이루어짐으로써 그 의미를 찾을 수 있다.

2) 무형성(Intangibility)

인간의 감각으로 느끼거나 감지하기 어려운 상품적 특성을 말한다. 고객은 상품에 대하여 쉽게 파악하기가 어려우며 고객이 서비스를 소유하지 못하고 단지 경험만을 할 뿐이다.

3) 다양성(Heterogeneity)

호텔의 상품은 서비스와 동시에 판매되고 있기 때문에 비슷한 형태의 상품이라도 여러 가지 형태로 판매될 수 있다. 또한 호텔에 따라 그 종류가 다양하나 최근의 대표적인 추세는 일괄쇼핑(One stop shopping)이 가능하도록 하는 서비스 상품의 다양화를 들 수 있으며, 호텔 서비스상품과 연계된 패키지 상품개발 또한 고객을 위한 가치창조라고 할 수 있다.

4) 비저장성(Non-storability)

호텔의 객실은 당일 판매하지 못하여 팔고 남은 객실은 다음날 이월이 되어서 팔리는 것이 아니라 당일로 상품으로서의 가치를 상실하게 된다. 또한 연회장의 룸, 각 업장의 레스토랑의 좌석도 유사한 경우이며, 이러한 특성이 상품의 비저장성을 의미한다. 즉 다시 말해 저장하지 못하고 바로 소멸된다는 의미에서 '소멸성' 이라고도 설명할 수 있다.

2. 호텔상품의 구성요소

호텔이란 지불능력이 있는 사람에게 객실과 식음료업장, 부대시설 등을 갖추고 호텔 종사원의 조직적인 서비스 활동으로 인하여 그 대가를 받는 사업으로 영업의 주체인 경영자와 종사원, 고객 사이에서 이루어지는 상거래행위라고 할 수 있다. 따라서 호텔은 물적, 인적 서비스를 적절히 조화한 패키지 상품을 구매자인 고객에게 판매하는 것이고 서비스와 상품의 믹스라는 복합적 요소를 가지고 있는데 이들을 살펴보면 다음과 같다.

표 5-1 호텔상품구성도

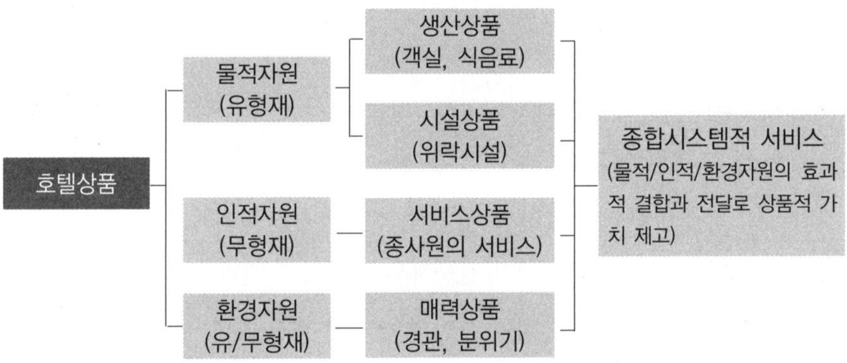

자료 : 김상무, 관광호텔 종사원의 직무만족 요인이 서비스질에 미치는 영향, 계명대학교 산업경영연구소 경영경제 제25집, 1992, p.42

1) 시설(Facilities)

호텔의 하드웨어인 호텔건물과 설비시설 등 호텔의 상품 그 자체로 판매될 수 없는 대중공간(Public space)까지 포함하며, 서비스가 제공되어야 하는 장소에 편리하고 안전하게 설치되어 있어야 한다.

2) 서비스(Service)

서비스는 무형의 상품으로서 호텔 상품에 대한 평가기준인 종사원의 친절, 편안한 객실, 양질의 식음료가 제공되는 과정에서 오는 것으로 고객들의 감각에 의해 체험하고 느낄 수 있는 무형의 상품(Intangible products)이라고 할 수 있다.

3) 위치(Location)

호텔기업은 입지조건에 따라 경영이 좌우된다. 호텔상품의 비이동성으로 고객이 직접 찾아와 구입해야만 되는 것이기 때문에 다른 기업과는 구별이 되는 특성이다. 판매장소가 어디에 위치하고 있는가에 따라 상품구싱이나 생산싱이 다를 수밖에 없고 잠재구매고객의 유치가능 규모가 결정되기 때문이다.

4) 이미지(Image)

상품에 대하여 개인에게 습득된 일련의 현상들을 말하는 것으로 상품으로써 추상적이긴 하지만 때때로 상품선택에 있어서 가장 중요한 역할을 수행하기도 한다.

상품이미지는 그에 관련하여 개인이 연상하는 일련의 느낌과 신념의 집합체로써 직접 경험이나 추상적 경험을 기초로 하여 시간의 경과에 따라 형성되는데 결국 호텔에 대한 이미지란 호텔상품과 서비스의 편익, 호텔의 건물과 시설의 특성에 따른 내외적 분위기, 상호, 호텔서비스에 대한 고객의 평가 등이 이미지 형성에 영향을 주는 요인이다.

5) 가격(Price)

제조업 상품은 가격이 구매력의 결정기준이 될 수 있으나 호텔상품은 물적, 인적 서비스에 대한 고객의 감정과 인상에 따른 제 가치를 수반하는 복합적 성격 때문에 정확한 가격산출이 어렵다. 따라서 서비스의 가격결정은 주로 가격이라기보다는 가치에 기초를 두고 있다.

제2절 호텔상품의 종류

1. 호텔상품의 분류

호텔상품의 경우 다양한 기준에 의해 분류할 수 있다. 또한 상품기획자가 예전과는 달리 고객만족을 극대화하기 위하여 전체 시장을 일정한 기준에 의해 시장을 세분화하여 차별화된 맞춤 서비스를 제공하는 포지셔닝 전략을 쓰고 있다. 따라서 전체 상품에 대한 전반적인 분류는 전체고객에 대한 STP 전략[1]과는 별개로 고객만족도를 높이기 위한 상품 측면에서의 접근방식의 한 과정으로 볼 수 있다.

표 5-1 호텔상품의 분류

분류 기준	종류
이용대상	① 내국인 호텔상품　② 외국인 호텔상품
참가형태	① 단체고객상품(group)　②개인고객상품(FIT)
판매시장	① 인센티브형 상품　② 계약사 상품 ③ 여행사 상품　④ 국제 예약성 상품
이용목적	① 관광상품　② 상용목적 상품　③ 신혼여행 ④ 국제회의　⑤ 연수여행　⑥ 세미나
상품조성	① 기획상품　② 포괄상품
체재형태	① 단기체재 고객상품　② 장기체재 고객상품
상품의 질	① 일반객실　② 귀빈층　③ 스위트상품
이용시설	① 객실　② 레스토랑　③ Bar ④ 연회장　⑤ 회의실　⑥ 기타 부대이용시설

1) STP 전략 : ① market Segmentation(시장세분화) → ② Target Market selection(목표시장선정) → ③ Positioning(포지셔닝)

2. 호텔상품의 종류

현대 호텔상품의 구성요소는 위치, 서비스, 이미지, 가격으로 분류할 수 있으며, 호텔경영면에서 상품은 보면 식음료부문과 객실부문을 호텔의 수익발생이 이루어지는 주 상품이라 할 수 있고 여기에 부대시설까지 포함하여 호텔의 수익을 창조하는 상품이라 할 수 있다.

1) 객실상품

(1) 객실상품의 개념적 정의

객실(Room)의 사전적 의미는 고객을 거처하게 하거나 접대하는 장소의 의미와 여객선, 여객기, 열차 등에서 고객이 머무르는 장소라는 의미로 구분한다. 호텔에서 사용하는 객실의 의의는 숙박을 주목적으로 하는 전자의 의미를 갖고 있다. 웹스터 사전에서는 객실을 벽에 의해 분리된 건물 내의 공간, 혹은 유사한 공간을 벽 등에 의해 분리한 공간으로 정의하고 있다.

그러나 현대적인 의미에서 호텔의 객실은 식음료, 연회, 집회, 문화, 레저, 스포츠, 쇼핑, 오락, 비즈니스 등의 기능과 고급의 인적 서비스의 기능을 갖춘 영리사업체가 고객에게 편안한 휴식과 조용하고 안락한 잠자리를 장소로 제공하는 건축물 공간의 일부라고 정의하고 있다.

호텔의 객실상품은 유형적인 것과 무형적인 것까지 포함해서 고객의 욕구에 맞도록 제공될 수 있는 물적, 인적, 종합 시스템적 상품으로 구성되어 있다. 즉 객실상품은 물적 자원에 속한 상품과 시설상품의 유형재로서 고객에게 제공하는 기본적인 상품이다. 객실상품의 상품적인 가치는 물적 자원인 상품과 시설상품 및 인적 서비스 상품의 단순한 구성만으로 성립되는 것이 아니며, 고객에게 전달될 수 있는 종합 시스템적 서비스가 첨부되어야만 완전한 하나의 상품이 된다. 즉, 객실상품을 물체로 나타나는 제반시설과 식음료, 가구 등이 재원인 원천적 효용가치인 물적인 것과 체계화된 사업조정과 조직적인 협동 등 인적 공여 및 물적인 제공의 상관적 효용가치로서의 시스템적인 것과 종사원의 고객과의 대인관계적 효용가치인 인적인 것의 3대 기능으로 나눌 수 있다. 이러한 물적 기능, 시스템적 기능, 인적 기능은 객실상품의 상품적 요소에 따라 달라진다.

한편 객실상품의 구성요소는 시설과 서비스, 이미지, 가격으로 분류할 수 있다. 객실상품에서 시설은 객실상품의 외형으로 고객의 취향에 맞는 미관, 청결 등의 다목적 활용성과 안전성, 편리성, 쾌적성과 함께 고객의 사생활을 보호할 수 있어야 하며, 인간이면 누구나 건전하고 좋은 시설과 쾌적한 분위기 속에서 인간다운 생활을 할 권리를 가지기 때문에 시설에서 최우선으로 할 것은 위생과 청결 및 안전이다. 객실 서비스는 근본적으로 무형적인 것이므로 고객을 위해 견본을 제시하는 것이 불가능하다. 그러나 서비스의 형태가 객실의 이미지와 직접적인 관련이 있어야 하며, 서비스의 수준 및 신속, 정확한 서비스 및 개인적인 친근감과 친절성이 객실상품의 질을 결정한다.

객실상품은 기능적인 측면에서 휴식공간, 위생공간, 수면공간, 문화공간, 사업공간으로서 다양한 기능을 가지고 있다. 또한 호텔의 객실상품은 관광객의 욕구를 주체적, 객체적 동기가 자극시켜 정주지에서 관광지로 이동하는 과정에서 숙박기능을 담당하고 있는 주거공간으로써 역할을 수행하고 있다. 그리고 최근에 와서는 객실의 질을 높이기 위하여 침식, 휴식공간 이외에 비즈니스 기능을 EFL 서비스(Excutive floor service), 신속한 메시지 전달(Quick message delivery) 등의 서비스 안전에 관한 기능, 금연층(Non-smoking floor), 여성전용층(Lady' s floor)의 지정 등 다양한 욕구에도 충족시킬 수 있도록 하여야 한다.

■호텔객실

(2) 객실상품의 특성

객실상품의 특성은 일반상품과 달리 예약에 의해 판매되는 상품이며, 비신축성, 비보관성, 비전매성 등의 특성을 갖고 있으며, 금일 판매되지 못하면 내일의 판매가 불가능한 시간과 공간의 제약을 받는 상품이다. 객실상품이 일반상품과 다른 점은 비재고화

상품이라는 것이다. 일반상품은 금일 판매되지 않더라도 재고로 남게 되어서 금일 이후에도 판매가 가능하며, 이동판매가 가능하다. 즉 판매장소의 이동이 가능하다는 것이며, 예약 없이도 판매가 가능하다는 것이 차이점이다.

반면 객실상품은 금일 판매하지 못하면 재고로 남지 않는다. 따라서 금일 판매하지 못하면 영원히 그 가치를 상실하게 된다. 그리고 상품을 갖고 이동하여 판매가 불가능하기 때문에 반드시 고객이 지정된 장소로 가서 이용하지 않으면 판매가 불가능하다. 또 예약에 의한 판매이기 때문에 예약시점에서 예약이 거절되면 판매가 거의 불가능하다. 이러한 특성을 갖고 있는 객실상품은 과학적인 객실 수요 예측에 따른 객실판매의 관리 및 운영이 되지 않으면 경영의 목적을 달성할 수 없는 특성을 지니고 있다.

최근의 객실상품은 다음과 같은 몇 가지의 공통적인 특성을 갖고 있다.

첫째, 객실형의 균일화로 이는 객실판매관리의 합리성을 제고시킬 목적으로 객실상품을 표준화하거나 규격화하고 있다. 즉 호텔의 싱글룸이나 트윈룸 등의 객실에 같은 형태의 침대, 가구 집기가 사용되고, 요금도 동일한 객실일 경우에는 균일하게 책정하며, 객실의 색상도 통일성 있게 단일화하고 있는 실정이다. 또한 객실의 형태뿐만 아니라 그 객실의 배치와 디자인도 동일하게 하여 자재의 대량구입과 대량생산에서 발생하는 원가의 절감과 대량판매를 유도할 수 있는 계기를 제공한다.

둘째, 객실의 융통성은 특정한 객실을 한가지의 목적으로만 판매하는 것이 아니고 여러 가지 목적으로 사용할 수 있도록 객실의 형태를 다양화하는 것이다. 이러한 결과 한 개의 객실상품이 1일 1회 판매 이외에 시간판매를 최대화함으로써 한 객실을 수회전 판매하여 이윤의 극대화를 꾀하고 있다. 특히 사업상 호텔의 객실을 이용하는 비즈니스 고객에게는 숙박의 목적 이외에 영업상의 목적 등으로 이용할 수 있도록 객실을 다양화한 것이다.

셋째, 객실용적의 농축화로 호텔의 객실은 막대한 자본이 소요되는 특성을 가지고 이는 상품이기 때문에 객실공간을 최대한 활용하여야 객실판매의 목적을 달성할 수 있다. 하나의 객실을 주간에는 사무실로 이용할 수 있도록 하고, 야간에는 침실로 이용할 수 있도록 하기도 한다. 이를 위해서 다용도의 집기를 배치하고, 남은 공간을 최소화하고 층간의 간격도 최소화하여 에너지 절감을 꾀하고 있다.

넷째, 객실형태의 적합한 배합은 호텔객실은 시장의 상황을 고려하여 도심의 호텔과 휴양지의 호텔과 상이하게 배치된다. 즉 고객의 여행목적을 고려하여 객실형태를 달리 한다.

다섯째, 객실설비의 고급화는 객실의 표준화와 규격화가 진행됨에 따라 다른 호텔과 경쟁하기 위해서 객실공간에 비치하는 가구를 경쟁호텔보다 고급화하고 있다. 특히 호텔의 가구는 다른 상품에 비하여 내구연한이 짧아 자주 교체하여야 하며, 유행에 민감한 고급의 소재를 사용하여야 한다.

여섯째, 객실 내에서의 상품판매 촉진은 객실에 투숙한 고객을 대상으로 룸서비스와 객실 내에 식음료를 배치하여 객실 내에서 고객의 구매를 촉진하고 있다. 이러한 판매는 무인판매의 형태로 호텔의 매출액에 많은 영향을 주고 있다(ex. mini bar).

호텔의 객실은 호텔경영의 단위와 척도가 된다. 호텔의 건축도 객실을 중심으로 설계하며, 호텔경영의 판매대상이 되는 주된 상품도 객실이다. 또한 호텔의 규모도 면적과 객실의 수에 의해서 결정되고, 객실의 규모에 따라 부대시설의 수도 결정된다. 호텔경영에 있어서 객실부문의 비용은 객실판매 여부에 따라서 결정되기 때문에 판매되지 않은 객실은 호텔의 손실을 발생시키는 원인이 된다. 현대 호텔의 대부분은 객실상품을 호텔이 갖고 있는 주요 수입원의 하나로써 인식하여 호텔이 지향하는 투숙객이 많으면 많을수록 그 만큼 부대시설의 이용도가 높아지고 그에 따라 수익이 향상되기 때문에 대부분의 호텔에서는 객실의 수익증대를 호텔경영의 주된 목표로 삼고 있다.

2) 식음료상품

식음료부문은 음식(飮食)과 음료(飮料)를 가장 효율적으로 조리하고 종사원의 훌륭한 서비스를 통해 가장 효과적으로 고객에게 제공하는 부문으로써 호텔에서 식음료 부문은 음식(Food)과 음료(Beverage) 및 서비스(Service)의 세 가지를 판매한다. 음식과 음료는 유형적이며, 고객에게 제공되기까지는 상당한 기술과 감독을 요구하게 되고, 다른 품목인 서비스는 무형이며, 이것은 종사원의 능력과 봉사정신을 요구한다. IMF체제 이전 호텔의 식당경영은 객실 수입을 능가했으나 IMF체제 이후 식음료부문의 시장변화로 식음료부문의 경영전략의 변화와 함께 식음료상품도 변하고 있다.

현대 관광호텔의 식음료 상품은 객실영업과 함께 양대 수익의 발생원이며, 다른 호텔과의 경쟁에 있어서도 우위를 점하게 해줄 뿐만 아니라 객실상품에 비해 탄력성이 매우 높아 호텔에서 식음료 상품의 기여도가 날로 높아져가고 있다.

호텔의 수입구조를 분석한 자료들을 살펴보면, 미국은 전통적으로 객실 수입이 식음료 수입에 대한 절대적인 우위를 보여 온데 반해 일본은 미국과 정반대로 호텔수입의 대다수를 식음료부서에서 올리고 있다.

호텔에서의 식음료 판매활동은 다음과 같은 매우 중요한 역할을 수행한다[2]. 첫째, 호텔에서 고객의 필요와 욕구에 알맞은 식사와 음료서비스를 제공한다. 둘째, 식음료의 생산판매활동을 통하여 호텔기업의 적정이윤을 창출한다. 셋째, 고정고객확보와 호텔의 이미지를 부각시킨다. 넷째, 지역사회의 생활을 윤택하게 하는 호텔의 사회적 사명을 완수한다.

이러한 역할의 수행은 곧 식음료부문의 효율적 운영이 이익창조의 근원이 되며 타 호텔과의 경쟁에 있어서도 타의 추종을 불허하는 유리한 입장에 서게 할 것이며, 객실이용을 증대시키는 데에도 크게 기여하게 될 것이나. 또한 고용 측면에서도 식음료부문이 성업하게 되면 상당수의 종사원이 채용될 수 있으며 그 지역사회에 공헌하게 될 것이다.

3) 연회상품

연회란 사전적 의미로 축하, 위로, 환영, 석별 등을 위하여 여러 사람이 모여 베푸는 잔치로 되었지만 호텔에서 연회의 의미는 이러한 의미 외에 각종 회의, 전시회, 세미나, 교육, 패션쇼 등 다목적인 의미도 포함된다. 연회장을 방켓 룸(Banquet room)이라고 하지만 펑션 룸(Function room)이라고 부르는 까닭도 다목적의 기능을 가진 공간으로써 의미가 강하기 때문이다.

연회장은 일반 레스토랑과는 달리 식탁과 의자가 준비되어 있는 것이 아니라 행사의 목적, 성격, 내용에 따라서 매우 다양한 형태로 준비되고 변화무쌍하게 연출된다.

---

2) 이정철, 호텔식음료상품의 고객애호도에 관한 연구, 경기대학교 대학원 박사학위논문, 2001, p.18

일반적으로 연회란 식음료를 판매하기 위한 제반시설이 완비되어 구별된 장소에서 5인 이상의 단체고객에게 식음료와 기타 부수적인 사항을 첨가하여 행사 본연의 목적을 달성할 수 있도록 하여주고 그에 따른 응분의 대가를 수수하는 행위라고 정의한다. 연회행사는 사회생활의 복잡하고 다양화되는 것과 병행하여 계속 늘어갈 것이다. 연회행사는 크게 식음료를 중심으로 생산과 판매가 이루어지는 것과 방켓이나 연회장을 중심으로 하는 임대연회로 나눌 수 있다.

다음은 수많은 연회행사의 분류를 정리한 것이다.

구분	행사 목적	행사 종류
기능별	식사판매	Breakfast Luncheon Dinner Buffet party Cocktail party Tea party
	장소 판매	Exhibition Fashion show Seminar Meeting Conference Press meeting 상품설명회, 강연회, 간담회, 연주회 등
장소별	호텔 내의 파티 출장파티	연회장, 결혼식, 생일, 출판기념, 정년퇴임식 등 Outside catering party, Delivery service Garden party, Take out
목적별	가족모임 (family party)	약혼식, 피로연, 생일잔치, 결혼기념파티, 회갑연, 고희연, 돌잔치 등등
	회사행사	이 · 취임식 파티, 개점기념파티, 신사옥낙성 파티, 행사파티, 창립기념 파티, 사옥이전 파티, 승진 파티 등
	학교행사	입학 · 졸업파티, 사은회, 동창회, 동문회 등
	정부행사	국빈행사, 심포지엄 · 정기총회, 이사회 등
	기관, 단체행사	국제행사, 심포지엄, 정기총회, 이사회 등
	기타행사	신년하례식, 망년회, 전시회, 국제회의, 기자회견, 간담회, 각종 이벤트 행사 등
요리별	양식파티(Western, French) 중식파티(Chinese) 일식파티(Japanese) 다과회(Tea party)	한식파티(Korean) 뷔페파티(Buffet) 바베큐파티(Barbecue) 칵테일파티(Cocktail)
시간별	아침(Western, French) 저녁(Buffet)	점심(Lunch)

자료 : 김기영 · 추상용, 호텔 · 외식산업 연회기획관리 실무론, 가산출판사, 2001, p.60

연회업무는 일반 식음료 업무와는 다른 몇 가지 독특한 특징을 지니고 있다[3].

첫째, 동시에 대량의 식음료가 동일한 메뉴에 의해 동일한 서비스로 제공된다. 즉, 연회행사는 정해진 시간에 단체로 실시하여야 하기 때문에 사전에 모든 행사 준비사항이 완료되어 대량의 식음료가 동일한 메뉴에 의해 동일한 서비스로 획일적으로 연출된다.

둘째, 예약을 통해서 준비 · 개최되며, 영업시간이 일정하지 않다. 즉, 각종 연회 예약부의 행사 지시서에 의해 준비 · 개최되며, 영업시간도 행사 일정과 내용에 따라 매우 신축적이고 가변적이며, 연회행사가 있을 때만 영업이 이루어진다.

셋째, 호텔의 대중화와 호텔 홍보효과가 크다. 즉 호텔에서 개최되는 연회는 광범위하고 다양한 고객층을 표적시장으로 하기 때문에 호텔의 대중화에 기여도가 높으며, 아울러 여러 종류의 문화행사는 호텔 이미지를 개선하는데 상당한 효과가 있다.

넷째, 매출액이 탄력적이고 대여영업이 가능하다. 즉, 호텔의 객실영업은 아무리 매출액을 높이고자 하여도 정해진 요금과 객실 수에 의해 한계가 있다. 하지만 연회상품은 객실에 비해 아주 작은 공간이지만 식음료의 종류에 따라서 매출액이 상당히 탄력적이며, 또한 연회장 회전율에 따라 효용을 극대화시킬 수 있다. 특히 출장연회는 전혀 한계를 느끼지 않고 매출을 올릴 수 있다. 그리고 각종 회의 및 세미나 행사에 의한 연회장 임대영업이 가능하다.

다섯째, 식음료 원가가 절감된다. 이는 동시에 대량으로 식음료가 제공됨으로 재고 식자재를 조리장이 효율적으로 처분할 수 있게 되어 원가가 절감되는 효과가 있다.

여섯째, 연회의 목적, 성격에 따라 장식을 달리할 수 있다. 연회장을 연회의 목적, 성격에 어울리는 무대장치, 테이블장식, 메뉴, 조명, 실내장식, 음악, 유니폼 등을 다양하게 연출할 수 있다. 이는 어떠한 레스토랑도 모방할 수 없는 연회상품의 특징이다.

일곱째, 다른 영업부문의 매출증진에 파급효과가 크다. 연회행사 유치는 연회매출 증진에만 기여하는 것이 아니라 연회이용 고객의 객실, 식음료 영업장, 사우나(레저시설), 쇼핑센터 등을 다양하게 이용함으로써 호텔 전반적인 영업장 매출증진에 파급효과가 크다.

---

3) 안종기, 울산지역 관광호텔 연회상품의 포지셔닝전략, 동아대학교 경영대학원 석사학위논문, 2000, pp.5~7

여덟째, 호텔 외부판매가 가능하다. 출장연회를 통하여 호텔 내 연회장이 아닌 공간적 제약을 거의 받지 않고 연회매출을 올릴 수 있는 특징을 가지고 있다.

아홉째, 관련 부서 간 긴밀한 협조가 필요하다. 연회행사를 성공적으로 치르기 위해서는 연회장의 예약담당자, 서비스담당자, 조리부, 디자인실, 시설부(전기, 음향, 조명), 하우스키핑, 스튜어드, 벨 데스크, 총무부 등 관련 부서 간의 긴밀한 협조가 필요하다.

열째, 비수기 타계에 기여를 한다. 호텔상품은 성수기와 비수기가 뚜렷한 상품이란 특징을 가지고 있다. 따라서 호텔마다 비수기 타개가 주요 과제가 되고 있으며 이를 위한 각종 기획상품을 개발하고 있다. 호텔의 연회장은 비수기에 특별 이벤트(Special event)와 패키지상품을 개발하여 비수기에 연회장을 적극적으로 활용하는 방안을 연구 · 개발 중에 있다.

열한째, 연회상품의 가격은 가변적이다. 연회상품도 일반 레스토랑처럼 메뉴에 따른 규정된 가격에 의해 판매되지만 연회예약 접수 시 손님의 연회행사 예산 및 특성과 중요도에 따라 연회상품 가격을 다양화하고, 차별화할 수 있다.

4) 부대시설관련 상품

오늘날의 현대인들은 종래의 생활양식인 의 · 식 · 주의 1차적 욕구충족의 시대에서 이젠 가치창조의 중점을 두면서, 개인적으로 건강한 삶 속에서 진정한 삶의 질을 추구할 수 있을까에 대한 해결방안을 갖고 있다고 볼 수 있다. 그리고 수명의 고령화로 인한 건강하고 행복한 노후생활을 위해서도 건강에 대한 욕구는 앞으로도 계속 발전될 전망이다. 이렇듯 오늘날의 경제발전은 물리적인 부의 증대로 인해 보다 나은 삶을 영위하고자 하는 개인적인 자각과 욕구를 일깨웠다. 가치관도 "생활을 위하여 일한다"보다는 "생활을 즐긴다"라는 쪽으로 라이프 스타일(Life style)의 비중이 바뀌어가고 있다.

호텔도 단지 투숙만이 아니라 숙식을 하고 오락을 즐기고 휴식을 하는 하나의 종합적인 생활시설로써 구성되어 있다. 즉, 특급호텔에서는 다양한 형태의 대 · 소규모의 연회장, 나이트클럽, 수영장, 사우나, 헬스클럽, 카지노 그리고 면세점 등의 부대시설을 갖추고 객실영업 매출증진 및 재방문 고객유치에 전념하고 있는 실정이다.

호텔영업의 측면에서도 다양한 부대시설을 보유하고 있는 호텔은 격심한 계절별 수입차이도 줄일 수 있기 때문에 영업활성화 방안의 일환으로써 긍정적으로 검토 · 확장되고 있다.

호텔의 역할은 시대의 변천에 따라 끊임없이 변화되어 왔으며 부대시설로 고객의 욕구에 따라 보완되어져야 할 필요가 있다. 호텔의 부대시설로는 각종 식당, 연회장, 사우나, 사교와 오락시설, 교육과 학술활동시설 등의 서비스를 제공받는 공간들이 있다. 최근에는 관광객의 호텔선정요인 중에서 중요한 부분을 차지하는 것이 부대시설의 유무, 다양성, 편리성에 있다고 한다. 그러나 다양한 부대시설을 확보하려면 많은 투자비가 소요되므로 아직도 우리나라 특급호텔의 경우만 하더라도 종류나 다양성이 미흡한 실정이다.

5) 호텔 패키지 상품의 개념 및 특징

호텔의 패키지 상품은 객실, 식사, 부대시설, 다양한 특전내용 등이 결합되어 이를 관리, 운영하는 프로그램을 추가하여 호텔의 매출을 높이고 저렴한 가격에 고객들이 호텔의 시설을 이용하고 가족, 연인들 누구나가 이용할 수 있고 고객의 편리성을 추구하는 욕구에도 부응하는 상품들을 의미한다.

김재민(1998)은 호텔산업에 있어서 패키지라 함은 호텔 마케터 또는 호텔상품 기획자가 주체가 되어 실시하는 판매촉진 수단의 하나를 말하는 것으로, 숙박은 물론 식음료 및 편의시설을 포함한 여러 서비스가 미리 한단위의 'set'로 준비되어 있고, 지불능력이 있는 불특정 다수인 일반대중을 상대로 판매하는 호텔상품을 가리키는 것이라 했다.

호텔패키지상품은 객실과 식음료, 편의와 쾌적함이 조화를 이룬 상품을 전체적인 가격으로 고객에게 제공하며, 이런 패키지는 주중과 비수기 등과 같이 수요가 낮은 비수기 기간을 극복하고 객실점유율을 높이기 위하여 계획되고 설계되어지지만 수익극대화의 목표를 달성하기 위하여 모든 기간 실시되는 경우도 있다.

패키지상품이 갖고 있는 특성을 다음과 같이 정리하여 설명할 수 있다.

(1) 고객에게 평소보다 낮은 가격으로 제공한다

패키지 상품 가격은 객실, 식음료 등의 상품을 개별적으로 구입하여 이용하는 가격의 합계보다 훨씬 더 저렴하다. 그러나 이러한 가격가치가 모든 패키지 상품에 적용되는 것은 아니다. 품질은 가격에 따라 달라질 수 있으므로 호텔에서는 저가의 객실 및 식음료의 제공 등으로 가격과 품질을 유지하나 고객은 이에 대해 알지 못하며, 단지 원하는 가격에 구매할 뿐이다.

(2) 평소에 고객이 접하기 어렵지만 선호도가 높은 상품이 포함된다

예를 들어 객실에서 룸서비스 직원의 서비스로 제공되는 아침식사 등과 같이 단일 서비스품목으로 고객이 지불하기에는 너무나 호화롭고 고가인 상품이 포함된 경우를 말하는 것으로 이러한 모든 서비스들이 패키지 상품가격에 포함되어 고객의 지불능력에 대한 심리적 부담을 낮추고, 고객에게 높은 매력을 줄 수 있다.

(3) 고객의 구매동기 의사결정에 있어 부담감을 감소시켜 준다

패키지 상품은 기획단계에서 고객이 투숙해야 할 객실, 식사의 종류 및 장소, 부대이용시설 등에 관한 자세한 내용들이 제시되므로 고객이 어디서 상품을 구매할지, 어떻게 이용하는지 등에 관하여 일일이 의사결정을 내리지 않아도 되어 고객의 구매의사결정에 있어 부담감을 감소시켜 준다. 이것은 호텔이용에 경험이 없는 고객들에게 매력적으로 접근할 수 있다. 패키지상품은 고객들로부터 이런 고민들을 해소시켜주며, 수많은 의사결정 사항을 단순화시켜준다.

(4) 고객이 경험하지 못한 것을 제공하여 준다

패키지 상품에 고객의 관심과 궁금증을 유발시킬 수 있는 부분들이 포함되어야 한다. 이럴 경우, 고객의 특정한 관심을 해소시킬 수 있으며, 숙식과 더불어 다양한 편의시설이 제공되어 잊지 못할 추억과 경험을 주게 되어 고객들에게 또 하나의 매력으로 다가갈 수 있다.

패키지가 가지는 가치와 더불어 패키지 상품을 기획하고 준비하는 단계에서 중요하게 짚고 넘어가야 할 것은 패키지가 너무 남발되는 것을 막아야 한다는 것이다. 고객에 대한 약속은 어떠한 상황에서도 지켜져야 하며, 호텔의 시설과 특성을 무시한 패키지 상품의 개발은 고객과의 약속을 지킬 수 없는 상황을 만들 수 있다. 이것은 호텔에 대한 부정적인 측면과 좋지 않은 구전효과를 불러 일으켜 호텔 이미지는 물론 호텔이 추구하는 매출상승에 악영향을 미친다는 것을 잊어서는 안 될 것이다.

판촉수단으로서의 호텔에서 자체적으로 개발하여 이용되는 패키지 상품에 대한 계획과 준비는 다음과 같은 방법을 통해서 수립될 수 있다.

❶ 호텔의 시설과 객실, 식사 등을 적절히 혼합하여 판매촉진을 목적으로 한다. 특별한 행사를 통한 고객유치로 객실점유율을 높이며, 이로 인해 파생되는 시너지 효과(Synergy effect)를 누릴 수 있다.

❷ 리조트 호텔은 비수기와 성수기 기간 중에 고객의 기호와 욕구에 맞는 호텔상품의 구비와 특별할인 요금방식을 이용하여 고객유인 전략을 구사한다.

❸ 도심지 호텔은 호텔의 부대시설 등을 이용하여 고객들을 유치할 수 있다.

❹ 도시나 지방에서 특별한 행사나 인기있는 스포츠 등 각종 행사가 개최될 때 또는 호텔 자체적으로 특정행사를 주관하여 이러한 행사를 중심으로 참여하는 고객들의 객실과 조식을 함께 묶어 판매되는 패키지 상품을 제공하는 방법으로 패키지 계획을 수립할 수 있다.

3. 호텔상품의 문제점

1) 정확하고 효율적인 적정 객실 및 시설을 갖추기가 어렵다

호텔상품에 대한 수요변동은 비수기와 성수기의 격차가 심하다. 호텔상품의 생산과 소비가 동시에 이루어지므로 공간적, 시간적인 한정성과 대량생산의 어려움이 있고, 고객본위라는 자세와 고객통제 또는 유도가 어렵다.

2) 상품의 질에 대한 평가와 측정이 어렵다

고객의 정신적인 영향은 눈에 보이지 않기 때문에 원래 계획된 대로 고객이 만족하였는지 측정하기가 어렵다. 즉 서비스 제공자, 장소, 분위기에 따라 상품의 품질이 달라 일관성을 유지하기 어려우므로 측정하기가 어렵다.

3) 인적의존도가 높다

호텔수업에 대한 고정비 중 인건비의 비중이 상대적으로 다른 업종에 비해 상당히 높다. 또한 인적서비스의 부문은 판매과정에서 기계화, 표준화, 자동화하기 어렵다.

4) 모방하기 쉽다

법률적 보호장치가 곤란하며, 고유한 기술이나 재료의 확보가 용이하지 않다.

5) 인식의 결여

호텔상품에 대하여 유흥, 오락업으로만 생각하고 고부가가치산업이란 인식이 결여되어 있다.

6) 첨단 과학장비의 활용이 미비하다

정보를 기반으로 이루어지는 사업이나 정보습득, 활용에 있어 컴퓨터 시스템의 활용이 미비하다.

제3절 호텔상품의 서비스품질

품질이라는 단어는 사용목적에 따라 다르게 정의될 수 있다. 국제표준기국(International Standard Organization : ISO)는 "품질은 표현되었거나 내재되어 있는 욕구를 만족시키기 위한 상품 혹은 서비스의 능력과 관련된 상품, 또는 서비스의 특성과 특징의 총체이다"라고 정의하고 있다.

이러한 서비스 품질은 일반적으로 기대와 성과의 비교에 의해 결정된다. 즉, Lewis와 Booms(1983)에 따르면 "서비스 품질은 제공된 서비스 수준이 고객의 기대를 얼마나 잘 만족시키는지를 측정하는 것으로, 고객의 기대를 일치시키는 것을 의미한다."라고 주장했다. 호텔서비스 품질이란 한마디로 고객이 호텔을 이용하기 전에 기대한 서비스와 이용한 후에 인식한 서비스 수준 간의 차이인 만족도라고 할 수 있다.

Parasuraman, Zeithaml과 Berry(1988)는 서비스 품질을 '서비스의 우수성과 관련한 전반적인 판단이나 태도'로 정의하고 있다. 또한 이들은 서비스 품질을 절대적인 개념이 아니라 고객의 지각에 따라 결정되는 상대적인 개념으로 파악하여 '고객의 지각과 기대 사이의 차이의 방향과 정도'라고 정의하고 있다.

기대수준 〉 서비스 성과 : 불만족 기대수준 = 서비스 성과 : 그럭저럭 기대수준 〈 서비스 성과 : 만족, 기쁨, 감동

기존 연구들을 종합하여 볼 때 서비스품질의 개념적 특성을 다음과 같이 정리할 수 있다.

- 서비스품질은 고객의 지각과 관련된 고객지향적인 개념이다.
- 서비스품질은 태도와 유사한 개념이다.
- 서비스품질은 서비스의 결과뿐만 아니라 과정에 대한 평가이다.
- 서비스품질은 구매 전에 미리 평가할 수 있는 탐색적 품질보다는 상품구매나 소비 과정에서 평가하는 경험적 품질의 특성이 더욱 강하다.
- 서비스품질은 기대와 성과의 비교에 의해 결정된다.

호텔서비스는 인적 · 물적 · 시스템적 서비스로 결정되어져 있기 때문에 실제로 서비스의 질을 결정짓는 요인은 수없이 많다고 할 수 있다. 또한 이러한 서비스 요인은 객실과 레스토랑 서비스에 따라 다르다고 할 수 있다. 그러나 호텔고객의 지각된 관점에서 볼 때 고객의 평가는 종합적이므로 특정 서비스분야별 접근보다는 호텔서비스에 대한 전반적인 서비스 품질 요인을 중심으로 고려되어야 할 것이다.

Lobby Lounge

직원이 침대를 데워 드립니다. - 영국 이색 호텔 서비스 엽기인가? 고객만족인가?

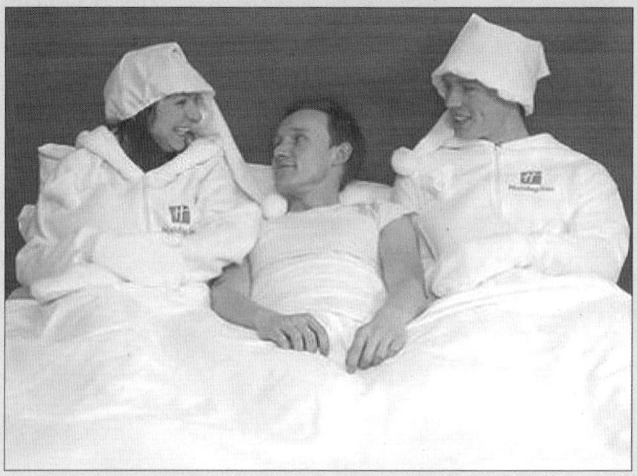

호텔 객실 침대에 눕기 전 누군가 체온으로 당신의 침대를 따뜻하게 만들어 놓는다면 어떤 기분일까? 세계적인 호텔 체인점 홀리데이인이 숙박객의 숙면을 돕기 위해 '인간 난로' 서비스를 시작한다고 밝혔다.

일명 '인간 난로' 서비스란? 손님이 요구하는 경우 손부터 발까지 온몸을 덮는 양털 잠옷을 입고 침대 시트 안에 들어가 자신의 체온으로 침대를 따뜻하게 만들어 놓은 뒤 손님이 들어오기 전에 퇴실하는 서비스이다.

사람의 체온으로 20~24도를 유지한 침대는 숙면의 지름길이라며 '인간난로' 서비스가 실제 효과가 있을 것으로 보고 있다고 전했다.

고객에게 무료로 제공되는 서비스이며, 이 서비스를 맡은 직원은 위생적인 차림으로 고객의 이불 속에 들어가기 때문에 고객은 청결 면에서도 우려할 필요가 없다고 한다.

모텔업닷컴 (http://www.motelup.com) 2010.03.05.

Chapter 06

객실경영

이해목표

- 현관서비스 업무내역을 이해한다.
- 객실예약 업무내역을 이해한다.
- 객실의 기능과 종류에 관하여 이해한다.
- 객실요금 및 정책에 관하여 이해한다.

제1절 객실의 기능 및 객실시설의 고려사항

1. 객실의 기능

객실은 잠만 자는 곳이 아니다. 예전 호텔에서의 객실은 단순히 잠만 자는 곳으로 인식되었다. 하지만 이제는 객실에서 회사업무, 파티 등을 개최할 수 있도록 호텔객실 경영을 한다.

객실을 미팅, 식음료 공간, 사무 공간으로 활용하여 다목적으로 활용할 수 있도록 변화시키며 편의시설을 마련하고 있다. 또한 고객들의 취향에 맞도록 고급의 가구류, 비품 등을 갖추는 추세로 객실을 넓게 사용하여 고객들에게 쾌적한 숙박환경을 조성해 주기 위해 붙박이가구, 화장대와 라이팅 테이블을 겸용으로 활용하는 등의 공간조성을 하고 있다.

1) 수면공간

침실(Bed Roon)의 기능으로써 취침과 휴식의 공간이다. 호텔의 주체는 객실이고, 고객에게 안전하고 쾌적한 휴식과 수면의 제공에 있어 가장 중요한 기능이 된다. 또한 취침 기분을 좌우하는 침대는 객실의 설비물 중 가장 중요한 품목이 된다.

2) 자유공간

거실(Living Room)의 기능으로 다목적 공간이 된다. 즉 독서, TV시청, 음악감상, 작업, 사무, 대화, 상담 등의 활동공간으로 이용되며 고객접대로 외부와의 관계를 맺게 되는 공간이 된다.

3) 위생공간

배수설비를 핵심으로 하는 공간으로 배수, 세면, 목욕 등 생리적 행위를 위한 공간이다. 이러한 기능의 핵심이 되는 욕실(Bath room)에는 화장실(Toilet)과 세면장이 있다.

2. 객실시설의 고려사항

1) 디자인상의 요인

객실의 분위기 조성은 청결을 잘 유지하는 것은 물론 호화가구를 배열하는 경우도 있겠으나, 그 보다도 자연의 빛에 의한 물체의 조화인 것이다. 카펫과 베드 스프레드, 객실 전체를 감싸고 있는 천장과 벽지 등의 색채 조화, 이러한 것들이 하나의 조화를 이루어 시각을 즐겁게 했을 때 만족한 객실 분위기가 조성되어진다. 그러므로 색에 대한 기본 지식 없이는 실내 장식의 배색 처리는 매우 어려운 것이다.

2) 위생상의 요인

호텔시설이 아무리 잘 되어 있다하더라도 위생적으로 고객에게 불쾌감을 유발하면 상품의 가치를 상실하게 된다. 객실 내부에서 위생적으로 유지 관리해야 할 부문이 몇 가지 있는데 첫째가 제빙기 관리이다.

객실고객에게 제공되는 얼음을 생산하고 보관하는 제빙기 관리가 철저하지 못하면 얼음을 이용하는 빙수와 칵테일의 맛이 좋지 않을 뿐 아니라 대장균이 서식할 염려가 있고, 제빙기 관리는 녹물이나 불순물이 들어가지 않도록 철저한 관리가 필요하다. 둘째는 객실에 수돗물을 청결하게 제공하기 위하여 연결 파이프에서 녹물이 유발되지 않도록 관리해야 하고, 파이프를 너무 장기간 사용해서는 안 되며, 적정한 시기에 교체해야 한다. 셋째는 음료수와 미니바를 보관하는 냉장고를 청결하게 유지, 관리해야 하며 수시로 변질된 것이 없는지 점검해야 한다.

그 외에도 양변기, 욕조, 세면대, 벽타일, 유리, 거울 등의 청결상태가 깨끗이 유지, 관리되어야 한다.

3) 유지관리상의 요인

승강기와 에스컬레이터의 유지, 관리는 편리하고 혼동되지 않도록 관리하기 위하여 전문요원을 확보하여 관리토록 해야 하며, 별도 용역회사를 선정하여 운행 책임을 지도록 하는 방법도 있다.

전기상품은 특히 기능상의 이상이 없도록 관리해야 하며, 사용이 편리하도록 준비되어야 함이 무엇보다도 중요하다.

텔레비전은 방송채널이 다양해야 하고 호텔 안내방송, 비상방송, 메시지전달, 유료, 무료의 비디오 시청 등이 편리하도록 준비되어야 한다. 나이트 테이블은 냉난방조절기능, 라디오 방송채널, 객실 내의 조명스위치, 메시지 램프 등의 조절기능이 편리하도록 준비되어야 한다. 전화기는 복잡하지 않도록 제작되어야 하며, 중요한 Wake-Up Call은 차질이 없어야 하고 객실유형에 따라 사용이 편리하도록 준비되어야 한다. 또한 방제시설인 스프링클러, 연기감지기, 비상벨, 비상전, 소화기 등의 시설은 작동기능이 상실되는 일이 없도록 항상 100% 가동상태로 준비되어야 한다.

제2절 객실의 구분

1. 객실의 종류

호텔의 객실은 고객의 취향을 반영한 편리한 기능과 세련되고 고급스러운 디자인을 강조하고 있다. 최근에 각 객실 내에 인터넷 라인과 외출 시에도 메시지를 확인할 수 있는 보이스 메일 시스템과, 개인번호가 부여되는 팩스 렌털 서비스와 같은 사무기능 및 조명과 온도 등을 자동 조절하는 시스템, 객실의 안전장치기능과 같은 최첨단 휴식공간으로 객실을 새롭게 조성하는 경향이 있다.

1) 싱글 룸(Single Room)

1인용 객실인 싱글 룸은 객실 하나에 1인용 침대 하나를 비치하여 한 사람이 투숙할 수 있도록 꾸민 객실을 말하며, 우리나라의 경우에는 관광진흥법 시행규칙에 싱글베드의 크기를 90cm×195cm 이상으로 규정하고 객실의 면적은 13㎡ 이상으로 제도화하고 있다.

싱글 룸은 욕실시설에 따라 다음과 같이 구분한다.

- Single Room without bath : 욕실이 없거나 있어도 욕조시설 없이 샤워시설만 갖추어진 1인용 객실 형태
- Single Room without shower : 1인용객실에 욕조시설은 물론 샤워시설도 갖추지 않은 객실 형태
- Single Room with bath : 1인용 객실에 욕조와 샤워시설을 모두 갖춘 객실 형태

■싱글 룸

2) 더블 룸(Double room)

객실 하나에 싱글 베드 1.5배 크기의 침대 하나를 비치하여 2인이 숙박할 수 있도록 한 객실이다. 투숙객은 주로 부부들로 구성되어 있다.

우리나라의 경우 관광진흥법 시행규칙에 객실의 크기는 19㎡ 이상 침대의 크기는 138cm×195cm 이상의 것으로 규정해 놓고 있다.

■더블 룸

3) 트윈 룸(Twin room)

객실 하나에 싱글 베드 2개를 비치하여 두 사람이 동시에 숙박할 수 있도록 꾸며 놓은 형태이다. 우리나라의 경우 관광진흥법 시행규칙에 19㎡ 이상의 객실 면적을 확보하여야 한다고 규정되어 있다.

■트윈 룸

4) 스튜디오 룸(Studio room)

객실 내에 정규침대 대신 스튜디오 베드(Studio bed)를 설치한 객실로써 상용호텔(Commercial Hotel)에서 흔히 볼 수 있으며, 이 베드는 일반 침대와는 달리 주간에는 소파로 밤에는 침대로 사용할 수 있는 다목적 침대이다. 이것을 벽 쪽으로 밀어 붙이면 객실의 넓은 공간을 활용할 수 있고, 반쯤 빼면 소파로 이용되고 완전히 끌어당겨 펼치면 침대가 되는 것이다. 주로 사업여행자(Business man)들이 낮에 상담업무를 할 수 있도록 특별히 꾸며진 객실이다.

■스튜디오 룸

5) 트리플 룸(Triple room)

트윈 룸에 한 사람이 더 추가하여 숙박할 수 있는 3인용 객실로써 엑스트라 베드(Extra Bed)를 하나 더 비치하여 놓은 객실이다. 이는 주로 가족용으로 사용되거나 비용절감을 감안한 관광객들이 사용하고 있다.

■트리플 룸

6) 커넥팅 룸(Connecting room)

두 개의 객실이 서로 나란히 연결되어 있고 객실과 객실 사이에 내부 통로문이 있어 외부로 통하지 않고 서로 왕래할 수 있어 한 가족이 사용하기에 편리한 객실이다. 일반

객실이 연결된 형태와 스위트 룸과 일반객실 또는 스위트 룸이 연결된 형태가 있다. 커넥팅 룸과 같은 상품개발 시에는 특히 객실 간의 방음에 각별히 주의해야 한다.

■커넥팅 룸

7) 스위트 룸(Suite room)

침실과 응접실이 따로 설치되어 있는 특실이다. 보통 2개의 객실에 상당하는 공간을 활용하여 침실에는 완전한 욕실이 준비되어 있으며 응접실에는 간단한 세면시설이 설치되어 있는 고급스런 객실로써 우리나라 관광진흥법 시행규칙에는 객실 면적을 26㎡ 이상으로 규정하고 있다, 최고급의 VIP용인 경우에는 이외에도 식당(Dining Room), 회의실, 비서 및 경호원용 객실 등이 포함되어 있다.

■양실 스위트 룸

■한실 스위트 룸

이외에 아웃사이드 룸, 인사이드 룸, 온돌 룸, 어드조이닝 룸 등이 있다.

2. 객실상품의 구분

1) 이그제큐티브 플로어 룸(Executive Floor Room)

비즈니스맨들을 위한 특별 전용층에 위치한 객실을 말하며 최근 각 호텔들은 객실상품을 업무 수행 기능상 일반 투숙객이 이용하는 객실과 상용목적으로 투숙하는 비즈니스맨 등을 위한 특별 객실로 물리적 차별화, 가격 차별화를 실시하여 판매 운영하고 있는 추세에 있다.

(1) 이그제큐티브 룸(Executive Room)의 특징

집이나 회사와 떨어져 있지만 고객에게 최상의 비즈니스 업무를 할 수 있는 시설을 갖추고 있다. 투숙객은 객실에서 자신의 사생활을 침해받지 않고 일할 수 있도록 개인 컴퓨터와 인터넷 전용선이 연결되어 있고, 객실 안에는 팩스가 고유번호와 설치되어 있으며, 음성메일서비스가 제공된다.

이그제큐티브 클럽(Executive Club)[1]은 복잡하지 않고 심플하면서 세부적인 사무시설을 중점적으로 구성되어 있다.

■ 이그제큐티브 룸

(2) 이그제큐티브 라운지(Executive Lounge)

영업시간은 오전7시부터 오후10시까지 365일 오픈한다.

- 컨시어지(concierge) 서비스의 제공과 American Breakfast가 오전7시부터 10까지 제공된다.

1) Executive Club Room은 프런트를 거치지 않고, 객실에서 직접 check-in, check-out을 할 수 있으며, 무료아침식사가 제공된다.

- 최대 2시간 동안 회의장을 무료로 사용할 수 있고, 간단한 음료와 간식이 제공된다[티(tea), 커피, 과일 쿠키 등].
- 저녁 5식 30분부터 8시까지 무료로 주류와 안주가 제공된다.

(3) 이규제큐티브 클럽 객실 내에 사용 가능한 물품

- 화장실 용품
- 샤워가운과 슬리퍼
- 헤어드라이어
- 무료구두세탁
- 차/커피쿠폰
- 헬스클럽사용권
- Fax(요금별도 부과)
- 인터넷 전용선
- 음성메일서비스
- 2대의 전화(1대는 화장실에 비치)와 2대의 전화선
- 미니바세트와 미니바 내의 미네랄생수

2) 여성전용(Ladies floor)객실

여성들의 사회활동에 대한 참여가 활발해짐에 따라 관광 및 사업상의 목적으로 여행을 하는 여성들의 수도 증가하고 있다. 이에 따라 여성고객들에 대한 특별객실 운영이 요구되고 있는 현실이다.

오늘날 정기적인 사업여행에서 두드러진 발전은 여성 사업여행자의 증가이며 이러한 여성고객들은 개별여행객(FIT) 구성비에 또 다른 영향을 미치고 있다.

3) 장기투숙객(Long term) 전용객실

사업을 목적으로 일정지역에서 장기적으로 체류하는 고객을 위해 특별히 운영하는 객실로써 침실기능, 취사기능, 사무기능을 수행하는 형태이다.

제3절 객실요금의 종류 및 가격정책

1. 객실요금의 종류

객실요금의 종류는 공표요금(Published rate), 할인요금(Discount rate), 단체할인요금(Group rate), 계약요금(Contract rate) 등으로 구분할 수 있다. 그 외에 객실운영상 추가로 징수되는 추가요금으로 객실당 1인을 기준으로 하고, 1인 추가 사용 시(2명이 1실을 사용할 때) 추가로 징수되는 더블 어큐펀시요금(Double occupancy charge), 낮 12시 이전에 체크인(Check-in)시 추가되는 얼리 체크인 요금(Early check-in charge), 오후 3시 이후 퇴숙할 때 추가되는 레이트 체크아웃 요금(Late check-out charge), EFL요금(Executive floor charge)이 있다. 이때에 잔여 객실이 많이 있을 경우는 통상 40% 내지 50%의 할인요금을 적용하게 된다.

1) 공표요금(Tariff)

공표요금이란 호텔기업이 영업계획에 따라 객실요금을 설정하여 이를 담당행정기관에 공식적인 신고절차를 마치고 호텔에서 공시하는 기본요금을 말한다. 공표요금은 일명 Rack rate라고 하는데 Full Charge 혹은 Full rate로 정상적인 정찰가격이다. 객실요금이 명시된 호텔의 브로셔(Brochure) 혹은 룸 태리프(Room tariff)를 제작하여 호텔 업장에 비치하고 판촉용으로 사용한다. 태리프(Tariff)란 말은 본래 수입한 물품에 붙게 된 관세율을 표기한 리스트(List)였으나, 지금에는 호텔의 요금표를 의미하고 있다.

2) 특별요금(Special Rate)

특별요금제도는 객실요금을 무료로 하거나 또는 공표된 요금에서 할인해 주는 요금제도를 의미한다. 그 종류를 들어보면 다음과 같다.

(1) 무료요금(Complimentary)

단체고객을 인솔하는 안내인(Guide), 혹은 초대손님에게 베푸는 무료요금을 컴프리

멘터리(Complimentary)라고 부르며, 편의상 컴프(Comp)라는 약어를 사용한다. 무료요금도 객실요금만 무료로 제공(Complimentary on room), 식사요금만 무료 제공(Complimentary on food), 객실요금과 식사요금 모두를 무료로 제공(Complimentary on room and food)하는 경우가 있다.

(2) 할인요금(Discount Rate)

❶ 싱글 할인요금(Single Discount Rate)

싱글 할인요금은 고객이 싱글 룸을 예약하고 확약을 받았으나, 고객이 호텔에 도착했을 때 호텔의 사정으로 약속한 싱글 룸 제공이 불가능할 경우 호텔 측은 고객에게 싱글 룸보다 가격이 높은 트윈 룸이나 더블 룸 등을 제공하고, 객실요금은 싱글요금을 적용하는 경우를 말한다.

❷ 비수기 요금(Off-Season Rate)

비수기에 대한 영업전략의 하나로서 호텔의 이용률이 낮은 계절에 한하여 호텔의 공표요금에서 일정률을 할인해 주는 요금제도를 말한다.

❸ 상용요금(Commercial Rate)

특정한 회사와의 계약에 의해서 일정한 요금으로 할인하여 주거나 상업적인 목적으로 장기간 투숙을 원하는 장기숙박객에게 일정한 금액을 할인해 주는 요금제도이다.

도심지 호텔에서는 상용고객을 위한 기업체요금을 적용하는 세분시장이 차지하는 비중이 높아짐에 따라 판촉활동을 강화하고 있다.

❹ 단체할인 요금(Group Discount Rate)

국내외 여행사에서 송객하는 단체관광객이나 정부기관, 협회, 학회 등의 공공단체에서 개최하는 컨벤션이나 세미나에 참석하는 단체행사에 대하여 특별히 할인되는 요금이다.

❺ 가이드 요금(Guide Rate)

여행가이드 혹은 단체관광객 인솔자(T/C; Tour Conductor)가 고객을 동반하거나 여행사 직원이 호텔에 투숙할 경우에 적용하는 요금이다. 호텔과의 계약에 의해 할인율이 적용되나 보통의 경우는 무료로 제공된다.

표 6-2 객실요금의 종류

구분	내용
공표요금 (Published-rate)	• 공표요금은 호텔이 요금을 주무 관청의 승인을 받고 호텔에서 공표한 기본요금이다. 이 공표요금은 게시하도록 되어 있다. 따라서 각 호텔에서는 객실 요금표를 만들어서 객실 내부 또는 공공장소에 비치하고 누구나 쉽게 볼 수 있도록 하고 있다. • 공표요금의 책정에 있어서 고려해야 할 사항 중 일반객실, 고가 객실의 가격을 구분하여 결정하는 것이다. 일반객실의 가격결정은 수요자의 요구를 참고하게 되지만 고가객실의 요금결정은 다르다. 특수한 이용고객의 욕구를 충족시키기 위하여 할인율의 폭을 높이고 부수적인 서비스를 제공하여 특별히 인지하고 있다는 느낌을 주는 것이 필요하다. 따라서 요금결정도 일반객실보다 약간 상향조정하여 결정하게 된다.
할인요금 (Discount rate)	• 공표요금을 기준으로 하여 할인해주거나 송객사와의 할인 계약에 의하여 계약된 송객사로부터 예약이 접수되면 자동으로 할인해 주는 제도이다. 그리고 주로 상대방 고객의 요청과 일반적인 할인 규정에 따라서 할인이 실시된다.
특별요금 (Special rate)	• 할인과 관계없이 상대방의 예산을 감안한 절충가격(Negotiatino rate) 즉 비공식 가격으로 특히 비수기나 단체요금에 적용하는 경우가 많다. 일정한 규정이 없고 상황에 따라서 적용하는 요금으로 중간관리자 이상에서 판단하여 적용하는 요금이며, 성수기 성수일을 제외하고는 비수기나 성수기에 갑자기 판매율이 저조할 경우의 적용요금이다. 특별요금의 적용은 최고 경영층에서 볼 때 오해의 소비가 많으므로 적용 후 반드시 보고의 과정을 거치는 것이 좋다.

표 6-3 거래선별 객식요금 적용방법

분류 기준	종류
일반기업체 적용요금 (Corporate rate)	할인계약에 의해 성 · 비수기를 구분하여 성수기 10~20%의 할인, 비수기 20~30%의 할인 적용. 이때 일정요금(할인된 가격)을 적용하는 경우도 있다.
여행사 단체요금 & FIT 요금 (Travel agent rate)	호텔과 여행사 간에 협상요금으로 정액요금을 적용. 비 · 성수기로 구분하여 적용. 비수기는 성수기요금보다 10~20% 저렴하게 적용된다.
항공사계약요금 (Air line rate)	해당항공 이용고객에 대한 서비스의 일환으로 일반기업체보다 약간 저렴하게 적용되며, 항공사 승무원 요금은 일반 단체요금과 같거나 저렴
계약요금 (Wholesale rate)	호텔과 호텔예약 대행업체간에 체결하여 5~15%의 수수료를 지불 조건으로 적용하는 요금으로 비교적 고가요금을 적용
패키지요금 (Package rate)	여행사와 계약하여 계약요금을 적용 공동판촉 및 상품개발 시 적용

3) 추가요금(Additional Charge)

(1) 초과요금(Late Check-out Charge)

호텔이 정한 퇴숙시간(Check-out time) 이후에 객실을 사용할 경우에 부과되는 요금을 말하는 것이다. 대부분의 호텔은 퇴숙시간은 12:00시로 정하고 있으나 보통 1~2시간까지는 고객이 사전에 정보를 주었을 경우에 영업정책상 무료로 제공하는 경우가 많다. 보통 18:00시까지는 50%의 초과요금(half-day charge)을 부과하지만, 재방문 고객(repeat guest)이나 귀빈(VIP) 고객에게는 규정된 시간 내에서는 초과요금을 부과하지 않는다.

(2) 취소요금(Cancellation Charge)

예약취소료, 위약금, 해약금이라고 하며, 고객이 숙박에 대한 예약을 당일 또는 임박하여 예약을 취소해 올 경우 부과하는 요금으로 단체와 개인고객에 따라 호텔 규정에 의거하여 부과한다.

(3) 홀드 룸 차지(Hold Room Charge)

숙박 중인 고객이 숙박기간 중 여행이나 출장을 갈 경우에 개인수하물을 그대로 객실에 두고 가는 경우와 항공기의 시간변경이나 기타 사정에 의해서 호텔에 도착하지 않았을 경우 그 객실을 타인에게 판매하지 않고 예약객을 위해 보류시킨 경우에 적용되는 요금이다.

이 경우는 호텔의 예약직원과 고객과의 약속이 되어 GTD(Guaranteed)로 표시된 경우에 한하여 이루어진다.

(4) 분할요금(Part Day Use)

Day use라는 용어로 통용되며 주간에 객실을 이용하는 고객에게 부과되는 요금으로서 일반적으로 1시간에서 6시간 동안 또는 오후 6시 이전까지 객실을 이용할 때 부과하는 대실 요금을 말한다.

Day use의 경우 객실요금은 일반적으로 공표요금(tariff)의 50% 정도, 즉 1박 요금의 1/2 정도의 추가요금을 부가하나 6시간 이상일 때는 Full charge하며 주로 18:00시 이전까지 사용한다.

(5) 심야요금(Midnight Charge)

예약을 신청한 고객이 당일 영업을 마감한 이후 한밤중에 도착하거나 익일 새벽에 도착했을 경우 호텔 측은 그 고객을 위하여 전날부터 객실을 판매하지 않고 기다렸으므로 야간요금을 징수하게 된다.

2. 객실 가격정책

객실 요금에는 기준이 되는 일반요금(FIT rate, Rack rate)과, 국내 기업체의 객실 사용 실적이나 전략적 차원에서 상이하게 책정하는 요금을 기업체 요금(LCR : Local Corporate Rate)이라 하여 10~30% 할인율을 정하고 있다. 또한, PCR(Preferred Corporate Rate)은 여행사나 전 세계적인 예약망을 통해 적용되는 요금으로 15~20%의 할인 요금을 적용한다. MEG(Mega Agency/Corporate Rate)는 특정 도시나 국가에 수요를 가진 여행사나 회사에 적용되는 요금으로 수수료가 적용되지 않는 상태로 기업체의 호텔 요금 안내서에 표시되는 요금이다. 이는 PCR과 LCR을 복합시킨 성격을 지닌 것으로 보통 20~25%의 할인이 적용되고 있다.

WLR(Wholesale Leisure Rate)는 수수료가 없는 요금으로, 자사 기획여행상품을 지닌 여행사에 제공되며 이때 여행사 상품에는 그들의 판매 수수료가 가산된다. 이러한 경우 최소 25%의 할인가가 적용되고 있다.

GOV(Govemment Rate)는 정부, 공공기관, 대사관 등에 제공되는 요금으로 자사의 영업 전략에 따라 25~35%의 할인 혜택을 부여한다. TIR(Travel Industry Rate)은 여행사, 항공사 등 여행 관련 기업 임직원에 제공되는 요금으로 자사의 객실 상황에 따라 최고 50%까지 할인을 적용하는 것이 관례이다. 수수료는 통상 모든 요금에 적용되나 LCR 중 일부와 WLR에는 수수료를 제공할 수도 있지만 보통 다른 방법으로 보전시키는 경우가 많다.

3. 가격요금 결정방법

객실요금의 결정은 비공식 접근방법과 회계학적 접근방법으로 대별하고 있다.

관광호텔 객실요금 결정방법에는

❶ 경쟁호텔의 가격을 참고로 하는 방법

경쟁호텔의 가격을 기준으로 하는 가격설정은 가장 간단한 방법이라 할 수 있다. 경쟁이 치열한 경우에는 경쟁상대 호텔의 요금보다 값비싼 요금을 설정하기란 곤란할 것이다. 경쟁 호텔의 이른바 시장가격을 참고로 하여 가격설정이 이루어 질 경우에는 설정된 가격으로 채산에 맞는 시설 · 서비스의 내용이 이에 대응하여 갖추어져 있지 않으면 안 된다.

도시호텔에서는 기업 간 경쟁을 이겨내기 위하여 시장가격에 따른 영업을 전제로 하면서 실제의 투자내용이나 인원배치는 도저히 채산성을 확보하기가 곤란한 것이 많다. 즉, 호화스러운 고급시설을 건설해 놓고도 객실요금은 시장가격에 맞추어 설정하고 채산이 맞지 않는 부분은 식음료부문의 수익금에 의해서 충당시켜 나가는 곳도 많다.

❷ 후버트 방식

후버트 방식은 투자이익을 달성하기 위한 최저한의 평균객실요금을 결정하는 방법으로 구하는 방식은 다음과 같다.

$$\text{최저평균객실요금} = \frac{\text{예측되는 연간총비용 + 목표 투자이익}}{\text{예측되는 판매객실수 (객실수×예상객실 이용률×365일)}}$$

❸ 투자비용의 가산에 따른 가격설정 방법

비용의 가산에 따른 가격설정은 소비자의 구매력 및 시장가격을 기준으로 한 방법과 병용하면 매우 합리적인 접근이라 할 수 있다. 그러나 이 방법만 가지고서는 유효한 가격결정방식이라 할 수 없다. 미국에서는 경험적으로 타당하다고는 보는 1,000분의 1 이론이라 불리는 호텔객실요금의 결정방식이 있다. 이것은 비용의 가산을 기초로 하는 것인데, '호텔객실요금은 적어도 객실부문에 대한 1실당 건축 관련 투입자본의 1,000분의 1이어야 한다' 는 것이다.

경쟁가격정책은 시설과 서비스의 수준이 비슷한 같은 등급의 경쟁기업과 동일한 수준으로 결정하는 방식으로, 실제적으로는 전형적인 후버트 방식보다는 다소 변형하여 전년도의 총 매출액을 기초로 객실이용상황, 예상매출액, 물가 상승률, 인건비 상승률, 특수경기수요 등을 고려한 후 경쟁호텔의 가격을 고려하여 정하는 실질적 산출방법을 채택하고 있다.

제4절 객실관리(House Keeping)

1. 개념

객실을 고객에게 판매할 수 있는 상태가 되도록 유지, 관리하는 업무로서 객실의 청소 및 정리정돈, 기구와 비품의 선택 및 구비 등 호텔 상품을 직접 생산하고 호텔의 재산을 관리하는 부서이다.

객실, 로비, 화장실, 복도, 공공장소 등의 청소, 관리가 주요 업무이며 고객에 대한 세탁 서비스 및 호텔 내 사용하는 모든 린넨류(linenware) 세탁과 호텔에 투숙하는 고객들의 안전과 편의를 위한 다양한 물적 서비스를 제공 제공하는 업무로 하우스키핑 부서에서는 고객 투숙 전 객실을 점검하는 인스펙터, 고객이 투숙 시 불편사항을 접수하고 처리하는 오더테이커, 하우스맨 등의 직무가 있으며 린넨 부서에서는 고객의 의류와 직원의 유니폼을 세탁하고 관리하는 일을 담당하고 있다.

2. 객실 정비

객실은 호텔에서 가장 중요한 상품으로 언제나 최선의 상태로 유지해야 한다.

객실정비를 위해 매일 점검해야 할 사항으로는

❶ 침대 및 가구류 상태

❷ 변기 및 욕실 상태

❸ 냉, 온방 상태

❹ TV, 라디오, 냉장고 등과 같은 가전기구 상태

❺ 각종 전등 상태

❻ 각종 소모품 상태

❼ 전화기 상태

❽ 안전 및 대피시설 상태 등이다.

1) 객실 청소

객실청소는 객실 유지관리 업무 중 가장 기본이 되는 업무로 작업의 개선과 능률 향상에 노력하여야 하며 퇴숙 예정자 명단을 참고하여 업무 계획을 수립하여 고객이 퇴숙하면, 즉시 청소를 실시해야 하며, 이때 고객의 분실물이나 객실의 시설물 및 비치 물품이 없어지거나 파손된 것은 없는지 확인하여야 한다.

일반적으로 트윈 룸 객실을 청소하는데 약 30~35분 소요되며 1일 평균 적정 객실정비 수는 1인당 약 12실 정도가 된다.

청소 순서는 호텔에 따라 약간 차이가 있으나 다음과 같은 순서로 진행된다.

❶ 청소 준비
❷ 객실 내 점검
❸ 침대 꾸미기(Bed making)
❹ 욕실(Bathroom) 청소
❺ 실내 청소
❻ 비품류 정리
❼ 청소 후 점검

2) 공공지역의 청소

호텔의 로비나 화장실 등과 같은 공공장소를 청소하고 관리한다. 특히 로비는 호텔의 얼굴이므로 항상 청결을 유지하도록 해야 한다. 이러한 공공장소의 유지관리는 이를 전문으로 담당하는 사람을 배치하여 효율적으로 관리하여야 하며 로비나 화장실 외에도 주차장을 비롯한 호텔 내외를 청소하고, 때로는 룸 메이드를 도와 객실 청소도 도와주도록 하고 있다.

오늘날 호텔은 인건비 절감과 객실관리에 대한 업무를 줄이기 위해, 공공장소의 청소를 비롯한 제반관리를 외부 전문용역업체에 맡기고 있다.

3. 세탁(laundry) 서비스

호텔 자체 내의 여러 린넨류의 세탁과 대 고객 서비스를 위해 세탁소(Guest laundry)를 직접 운영하거나 외부 업체에 위탁하여 운영하고 있다.

1) 세탁 서비스의 종류

❶ 세탁방법 물세탁(Washing), 드라이클리닝(Dry cleaning), 다림질(Pressing)

❷ 세탁 완료시점 보통(Regular), 특별(Special) 서비스

보통 서비스는 오전 10시 이전 수거 세탁물 당일 오후 6시까지 배달하며 특별 서비스는 고객이 긴급하게 옷이 필요해 별도로 요청할 때 이루어지는 빠른 서비스를 말하며 추가요금이 가산된다.

2) 주문관리

고객으로부터 세탁물 수령 시, 세탁의뢰서의 기재사항과 실제로 고객이 내놓은 세탁물이 일치하는지, 세탁물의 주머니 속에 귀중품이나 기타 물건은 없는지, 세탁물에 찢어진 곳이나 얼룩진 곳 등 이상 있는 부분은 없는지 등을 철저히 확인해야 한다.

만일 이상이 발견될 때에는, 사전에 고객에게 알려 확인을 받아 두어야 한다. 일부 고객은 옷감의 재질을 미처 생각하지 못하고, 해서는 안 되는 방법의 세탁을 의뢰하는 경우도 있으므로 고객에게 잘 설명하여 적절한 세탁방법을 제시토록 한다.

3) 배달 서비스

세탁이 다 된 세탁물은 정해진 시간 전에 지체 없이 배달하여야 한다. 세탁이 완료된 세탁물 배달 시, 우선 품목과 수량이 일치 하는지, 세탁 상태는 양호 한지, 단추가 깨지거나 떨어진 곳은 없는지, 더럽혀지거나 손상된 곳은 없는지 최종적으로 세탁물을 다시 점검토록 한다.

고객의 옷을 세탁하는 경우, 본의 아니게 옷을 손상하거나 분실하는 경우가 발생하는데, 이때 호텔은 책임을 지고 변상해야 한다.

세탁업에 관한 국제기구인 IFI(international fabricare institute)에서는 이러한 경우 일반적으로 세탁 대금의 10배 이내에서 변상하도록 규정하고 있다.

4. 린넨류와 객실소모품(Linen & Guest Supply)

린넨(Linen)의 개념은 곧 마직류를 의미한다. 발음표기에 있어서 리닌, 린넨 등의 명칭을 나타내고 있는데, 일반적으로 호텔에서는 객실이나 식당에서 사용되는 각종 천(Cloth)으로 된 비품을 통칭하고 있다.

고객에게는 항상 깨끗한 린넨을 제공하도록 해야 하며. 얼룩이 있거나 해진 부분이 있는 린넨을 그대로 사용하는 경우가 없도록 반드시 깨끗이 세탁하고 헤진 곳은 수선하거나 여의치 않으면 교체해야 한다.

호텔은 항상 일정량의 린넨류를 보유하고 있어야 한다. 세탁소의 여러 사정(기계 고장, 정전, 물 사정)으로 작업이 지연되어 린넨류 보급이 원활하지 못하는 경우가 있기 때문이며 적정 보유량은 호텔에 따라 다르지만, 보통 3회전 정도의 양을 최소한으로 하여 4~5회전 정도를 보유하고 있어야 한다.

린넨의 질은 호텔의 품격을 결정하는 요소이므로

첫째, 린넨실 담당자 이외에는 출입을 금지시키고

둘째, 린넨실을 비울 때에는 반드시 열쇠를 잠그도록 하며

셋째, 린넨 입출고 시에는 빠짐없이 그 품목과 수량 등을 기록하고

넷째, 인화물질에 조심하여 화재 예방에 주의 할 것 등이 요구된다.

호텔객실에서 사용하고 있는 린넨류는 다음과 같다.

1) 객실 소요 린넨류

- Bed Pad : 누비요
- Sheet : 침대용 시트
- Blanket : 담요
- Spread : 침대 커버
- Pillow : 베개
- Pill Case : 베개피
- Bed Skirt : 침대치마
- Bath Towel : 목욕타올

- Face Towel : 얼굴타올
- Wash Cloth : 손수건
- Bath Mat : 발 닦는 타올
- Bath Robe : 목욕 후 입는 타올 가운
- Lace Curtain : 망사 커튼
- Drapery : 객실 커튼
- Tray Mat : 트레이에 까는 천
- Sopa Mat : 소파에 까는 매트

2) 객실 소요 소모품류

- Shoe Horn : 구두주걱
- Shoe Shine Cloth : 구두닦이 헝겊
- Cloth Brush : 옷솔
- Hanger : 옷걸이
- Laundry Slip : 세탁신청용지
- Water Picher : 물병
- Tray : 쟁반
- Toilet Paper : 화장지
- Match : 성냥
- Waste Basket : 휴지통
- Room Service : 룸서비스 메뉴
- Door Knob Menu : 아침식사 주문메뉴
- Memo Pad : 메모 받침대
- Sewing Kit : 바늘 쌈지
- Brochure : 호텔영업상 안내책사
- Tumbler Cover : 깁싸개
- Stationery Holder : 문구류를 보관하는 책자
- Shampoo : 샴푸
- Envelope : 편지봉투
- Writting Paper : 편지지
- Memo Paper : 메모지
- Post Card : 엽서
- Suggestion Card :호텔에서 불편한 사항을 기록하는 문서
- Johnson Pledge : 가구광택제
- Air Weak : 공기청정제
- Shoe Brush : 구두솔
- Water Cup : 물컵
- Soap : 비누
- Shower Cap : 샤워할 때 쓰는 모자
- Sanitary Bag : 위생봉지
- Hotel Regulation : 호텔약관
- Information : 안내책자
- Flesh 손전등
- D D Card : 객실에 들어오지 말라는 표시

3) 가구

객실에서 이용되는 가구는 특실을 제외하고 일반객실 가구는 규격화, 표준화되어 있고 가급적 객실공간을 감안하여 넓지 않은 것이 특징이며, 색상은 실내장식에 맞도록 준비하여야 한다. 호텔객실에서 사용하고 있는 주요가구는 다음과 같다.

- Baggage Rack : 가방대
- Bed Spring Box : 침대
- Writting Desk : 책상
- Revolving TV Stand : TV틀을 회전시키는 받침
- Picture : 그림 액자
- Tea Table : 티테이블
- Extra Bed : 이동식 침대
- Dressing Mirror : 화장대 거울
- Refrigerator : 냉장고
- Head Board : 침대머리판
- Mattress : 베드위에 놓는 쿠션
- Chest of Drawer : 옷장서랍
- Stool : 등받이가 없는 의자
- T.V : 텔레비전
- Sofa Bed : 접으면 소파, 펴면 침대
- Lamp : 전기램프
- Sofa : 소파
- Desk Stand : 데스크 등 램프
- Easy Chair : 안락의자
- Baby Crib : 아기용 침대
- Center Table : 소파와 안락의자 중간에 놓는 테이블
- Message Lamp : 투숙객에게 메시지가 있을 경우 작동하는 등

5. 호텔 객실 이용 약관(D 호텔 사례)

제1조(본 약관의 적용)

1. 당 호텔이 체결하는 숙박약관 및 여기에 관련되는 계약은 본 약관의 정하는 바에 의하는 것으로 하고 본 약관에 규정되지 않은 사항에 관하여는 법령 또는 습관에 의하는 것으로 합니다.
2. 당 호텔은 전항의 규정에 구애됨이 없이 약관의 취지, 법령 또는 습관에 응하지 않는 범위 내에서 특약에 응할 수가 있습니다.

제2조(숙박 거절의 경우)

당 호텔은 다음과 같은 경우에 숙박을 거절할 수 있습니다.

1. 숙박요청이 본 약관에 의하지 않는 경우
2. 만실로 인해 객실의 여유가 없을 경우
3. 숙박하고자 하는 손님께서 숙박에 관한 법령 또는 공공질서나 미풍양속에 위배되는 행위를 할 염려가 있다고 인정될 경우
4. 숙박하고자 하는 손님께서 전염병자라고 명백히 인정되는 경우
5. 숙박에 관하여 특별한 부담을 갖게 하는 경우
6. 애완용 동물 또는 위험약물 등을 소지하고 있다고 인정되는 경우
7. 천재, 시설의 고장, 기타 불가피한 이유로 숙박에 응할 수 없는 경우
8. 대한민국 법령 등이 규정하는 바에 따라 숙박할 수 없다고 인정되는 경우

제3조(성명 등의 명시)

당 호텔은 숙박 일에 앞서 숙박신청(이상 숙박예약 신청이라고 함)을 받았을 경우에는 기한을 정하여 숙박예약 신청자에 대하여 다음 사항 등의 명시를 요구할 수 있습니다.

1. 숙박자의 성명, 성별, 국적, 직업, 주소 여권번호 등
2. 기타 당 호텔에서 필요하다고 인정되는 사항

제4조(예약금)

1. 숙박 예약신청을 받았을 경우 체류기간에 상당하는 예약금의 선불을 필요로 합니다.
2. 예약금은 차기 항에 해당될 경우에 위약금으로 충당하고 잔액은 반환합니다.

제5조(예약해제)

1. 당 호텔은 숙박예약 신청자가 숙박예약의 일부 또는 전부를 취소했을 경우에는 다음에 열거하는 바에 의하여 위약금을 받습니다.

■일반손님

1) 투숙 전일에 취소한 경우 : 숙박 첫날 요금의 20%
2) 투숙 당일에 취소한 경우 : 숙박 첫날 요금의 80%
3) 투숙하지 않은 경우 : 숙박 첫날 요금의 100%

■단체손님(15명 이상의 경우를 말함)

1) 숙박일 9일 전부터 2일 전 사이에 취소한 경우 : 숙박 첫날 요금의 10%

2) 투숙 전일 취소한 경우 : 숙박 첫날 요금의 30%

3) 투숙 당일에 취소한 경우 : 숙박 첫날 요금의 80%

4) 투숙하지 않은 경우 : 숙박 첫날 요금의 100%

2. 당 호텔에서는 숙박자가 연락 없이 투숙 당일 오후 7시(사전에 명시되어 있는 경우에는 예정 도착시간 이후 1시간)까지 도착 않거나 연락이 없을 경우에는 예약 취소로 간주됩니다.

3. 전항의 규정에 의거하여 취소된 것으로 간주되는 경우에 있어서 숙박자가 연락을 하지 않고 도착하지 않은 것이 기차, 항공기 등 공공운수기관의 불착 또는 지연, 기타 숙박자 자신의 책임에 의한 것이 아니라고 인정될 시에는 제1항의 위약금을 받지 않습니다.

제6조(예약의 취소)

당 호텔은 따로 정하는 바를 제외하고는 다음의 경우에는 예약이 취소됩니다.

1) 제2조 1항에서 8항까지에 해당될 경우

2) 제3조 1항에 허위일 경우

3) 제4조 1항에 규정된 예약금을 기한까지 지불하지 않을 경우

제7조(등록절차)

고객께서는 도착당일 프런트에서 다음의 절차를 취해 주십시오.

1) 제3조 1항의 사항의 기록

2) 제3조 2항의 사항의 기록

제8조(요금의 지불)

1) 요금의 지불은 통화, 여행자수표 또는 쿠폰에 의해 숙박 손님의 출발 시 또는 호텔의 요청이 있을 시 호텔회계에 지불하여 주시기 바랍니다.

2) 숙박 손님이 객실을 이용하기 시작한 다음 임의로 숙박을 하지 않은 경우에도 숙박요금은 받습니다.

제9조(퇴숙 시간)

1. 숙박자가 당 호텔의 객실을 비워주는 시간은 정오로 합니다.
2. 퇴숙시간을 초과할 경우에는 다음과 같이 추가요금을 받습니다.

   오후 3시까지 : 실료의 30%

   오후 6시까지 : 실료의 50%

   오후 6시를 경과할 때 : 실료 전액

제10조(숙박 계속의 거절)

당 호텔은 손님을 받아들인 숙박기간 중이라도 다음과 같은 경우에는 계속 숙박하는 것을 거절할 수 있습니다.

1) 제2조 3항에서 8항까지에 해당될 경우
2) 이용 규칙에 위배되는 경우

제11조(이용규칙의 준수)

당 호텔의 투숙자는 당 호텔에서 정하여 호텔 안에 게시한 이용규칙을 준수하여 주시기 바랍니다.

제12조(숙박책임)

1. 당 호텔의 숙박에 관한 책임은 숙박자가 프런트에서 등록을 끝낸 후부터 시작하여 숙박자가 출발하기 위하여 객실을 비워주었을 때 책임이 끝납니다.
2. 숙자가 당 호텔 안에 게시한 이용규칙을 준수하지 않음으로 야기된 사항에 관해서는 책임을 지지 않습니다.
3. 당 호텔 책임에 기인되는 이유로서 숙박자에게 객실을 제공할 수 없게 된 경우에는 숙박자에게 동등 또는 유사한 조건에 의한 다른 숙박시설을 안내해 드립니다.

제13조(영업시간)

당 호텔의 영업시간은 별지 안내에 있습니다.

제5절 현관 및 객실부문 개요 및 관련 업무

업무절차란 특정한 업무를 수행하기 위하여 사람, 원자재, 에너지, 장비, 과정 등을 논리적으로 구성한 일련의 작업활동이라고 정의할 수 있고, BPR(Business Process Reengineering : 업무절차 재구성)은 조직 내 또는 조직 간의 업무흐름과 과정을 분석하고 설계하는 것이라고 정의할 수 있다.

객실업무는 정중하고, 친밀하며, 세련된 서비스 업무지식이 요구되며, 이는 직원 및 부서 간 긴밀한 협조를 바탕으로 고객만족을 목표로 이루어져야만 한다.

■로비

■프런트 데스크

1. 현관서비스 업무개요

1) 프런트 오피스(Front Office)의 개념

투숙 고객이 실제로 숙박 서비스를 처음 받는 곳이고, 호텔을 이용하는 모든 고객과 접하는 최초의 부서이며 또한 마지막 장소이다. 그러므로 호텔의 심장부이며 영업의 성패를 좌우하는 중요한 곳이다. 따라서 만족스럽고 예절이 바르며 정확하고 세련되고 신속하게 서비스하도록 종사원은 훈련돼야 한다.

2) 프런트 오피스의 근무 수칙

등록 절차는 고객으로 하여금 그들이 체류하면서 받을 수 있는 서비스 질에 대한 첫 인상을 주게 된다.

이 첫인상은 가끔 고객들로 하여금 다른 서비스에 대해서도 판단하게 하는 영향을 준다. 따라서 고객이 등록을 하는 동안에 호텔이 가능한 고객에게 좋은 인상을 주도록 하기 위하여 다음의 근무 수칙을 항상 염두에 두어야 한다.

- 유니폼을 입고 고객 통행 지역을 다녀서는 안 된다.
- 고객의 면전에서 종사원끼리 사담을 해서는 안 된다.
- 고객과 마주칠 때마다 인사를 하며 적당한 언어를 구사한다.
- 객실은 점검 이외의 목적으로는 절대로 출입해서는 안 되며, 부득이한 경우에는 매니저의 허락을 구해야 한다.
- 객실용품의 직원 사용은 절대 금지한다.
- 근무 여건에 따라 회사가 요청하는 시간 외 근무는 최대한 협조한다.
- 근무 시간 중에 무단 이석을 하거나 기타 장소에서 휴식을 취해서는 안 된다.
- 근무 시간 중에 사적인 업무를 수행하거나 근무와 관련없는 서적을 보아서는 안 된다.
- 식사 시간은 규정시간을 초과해서는 안 되며, 근무 교대자가 있을 시에 실시한다.

2. 객실부서 조직 및 업무

1) **총지배인**(GM : General Manager)

호텔 경영정책, 방침 등 호텔경영의 기본방침을 작성한다. 호텔영업 방침의 결정에 따라 연간 예산의 총괄책임을 지며, 영업이익 달성을 위한 호텔운영업무의 통솔과 집행을 담당한다. 호텔영업 활동에 대해 대외적인 대표자의 역할을 수행하며, 인사권 및 인사평가 권한을 갖고 있다.

2) 프런트 지배인(Front Manager)

객실부문의 운영방침과 예산안을 작성하는 업무를 담당하며, 객실운영관리에 대한 지휘, 감독하며, 객실의 판매계획의 입안 및 추진을 담당하며 예산을 관리하고, 객실 가동상황에 대한 분석과 이에 대한 대응책을 마련하고 실시한다. 또한 조직구성원의 근태상황 관리, 근무 스케줄 관리 등을 담당하며, 고객 불만 및 문제점 처리에 근본적 책임을 담당한다. 더불어 시장동향 및 정보의 수집과 활용을 객실 수입증대를 위한 마케팅자료에 적극적으로 반영한다.

3) 프런트 클락(Front Clerk)

예약관리 업무, 리셉션 관리 업무, 인포메이션 업무와 투숙객 동향 파악, 객실 메시지관리 업무, 회계관련 업무, 환전관련 업무, 관리자료 및 각종 보고서의 출력 및 보고서 작성 업무 등을 담당한다.

3. 프런트 데스크 업무

1) 환전(Money exchange) 및 귀중품 보관(Safety box)

외국 통화 및 외국과 국내에서 발행한 여행자 수표의 매매를 환전이라 하며, 투숙객의 환전 편의를 도모하는 한편 외국환을 조기 집중시키고 외화 유출을 방지하는 데 그 목적이 있다. 담당자는 환전 시 한국은행의 위임을 받은 외국환 은행에서 발행한 외국환 매각 신청서와 외국환 매입 증명서 용지만을 사용하여야 하고, 호텔은 환전상 인가증(신고필증), 환전상 표지 및 통화의 형태(현찰, T/C)에 따라 외국환 은행의 대고객 매입율이 각각 상이하므로 매일 오전 10시경 각 통화의 형태별로 대고객 매입률을 산정하여 안내판을 게시한다.

귀중품 보관업무는 최근 객실 내 개인용 금고를 설치하여 이용토록 서비스하고 있으며 일부 호텔의 경우 프런트에서 일괄적으로 관리하고 있다.

2) 투숙절차(Check-in service)

일반적으로 호텔 객실 업무의 중심업무로서 투숙객의 기호에 대한 정보를 해당 부서나 영업장에 제공하게 되며 보다 안락한 서비스를 제공할 수 있도록 한다.

(1) 개인 고객(FIT) 등록의 순서

❶ 영접

- 고객이 도착하면 미소를 지으며 허리를 15° 숙여 정중한 인사를 한다.
- 등록 데스크로 안내하여 의자를 당겨 고객의 착석을 돕는다.

❷ 등록카드 기록

- 준비된 고객의 등록카드를 꺼낸다.
- 회원일 경우에는 카드를 요청해서 스티커에 카드번호를 기입하고 회원이 아닐 경우에는 내용을 설명하고 가입을 권유한다.
- 등록카드에 명시된 고객의 예약사항(투숙기간, 객실종류)과 주소, 여권번호, 생년월일을 재확인 한다.
- 고객 정보(Guest History)의 변경 혹은 공란 부분을 기입하기 위하여 고객에게 여권을 요청하여 대필한다.
- 출발일의 비행기 번호와 퇴실시간을 반드시 문의하여 변경사항을 고객이 직접 기입토록 한다.
- 고객에게 정산 방법을 문의하고 가급적 당 호텔이 접수 가능한 신용 카드로 유도한다. 카드 접수 시에는 유효기간, 고객의 서명을 대조 확인하며 본인의 카드가 아닐 경우에는 접수해서는 안 된다.
- 외국발행 카드는 카드 출력 기계에 해당 Card Voucher를 함께 넣어 복사하며 국내 발행 카드는 Card Easy Checker에 카드 마그네틱선 부분을 접속시켜 불량여부를 확인하고 출력한다. Card 출력 시 Voucher의 분실 시를 대비하여 등록카드 뒷면에도 출력 해둔다.
- 외국발행 카드는 서명 없이도 청구가 가능하기 때문에 퇴숙 시 서명을 받고 국내발행 카드는 서명 없이는 청구가 불가능하기 때문에 반드시 투숙 시 서명을 받고 퇴숙 시에 금액을 확인하고 사본을 받아가도록 안내한다.

- 현금 지불일 경우에는 예치금(Deposit)을 받는데 고객의 투숙기간 총 객실료의 1.5배를 받아야 한다. 만약 고객이 퇴숙 시 지불하겠다고 하거나 때로는 화를 내는 경우가 있는데 이때에는 예치금을 내지 않으면 영업장 이용 때마다 현금을 내야 하는 불편이 초래된다고 정중히 말씀드려 기분이 상하지 않도록 하면서 예치를 할 수 있도록 잘 유도해서 스키퍼(Skipper)로 인한 근무자의 불이익을 초래하지 않도록 한다.
- 부득이 현금 후불일 경우에는 등록카드에 'NP(No Payment)'로 기록하고 컴퓨터의 고객 이름의 공란에 NP로 입력하여 영업장의 회계 담당자가 현금을 받을 수 있도록 한다.
- 국내 회사나 신용 거래처에 지불 보증이 있는 경우에는 굳이 고객에게 지불을 강요하여 대 고객 서비스에 악영향을 초래시켜서는 안 되며 담당자가 임의의 판단을 하지 말고 상급자의 조언을 구해서 처리한다.
- 후불은 객실 예약 시점에서 충분한 지불 규정을 컴퓨터를 통해 확인하고 제공되는 모든 지불 바우처(Voucher)나 객실 할인은 객실 수입이 계상되기 전인 투숙 시 다시 한번 고객에게 확인해야 하며 예약 내용과의 이상 발생 시는 객실 예약으로 확인하여 명백한 결론을 고객에게 전달한다. 수입이 계상된 퇴숙 시에는 객실 요금의 변경이나 바우처를 접수해서는 안 된다.
- 투숙 시 접수한 신용카드나 바우처는 고객의 등록카드에 첨부되어 계산서 함에 보관되어 있다가 퇴숙 후 고객 영수증 원장에 첨부되어 영업 회계과로 보낸다.
- 투숙 기간이 장기일 경우 카드의 사용 한도에 관한 승인을 고객 투숙 후 즉시 카드 회사로 연락하여 승인번호를 받아 카드 바우처에 기록해 놓는다.

❸ 객실 요금 및 숙박 기간 재확인

- 고객의 등록 절차가 끝나면 담당자는 고객에게 객실 번호, 투숙 기간, 객실 요금을 재확인 시키고 대기 중인 벨서비스 종사원이 열쇠 및 등록 카드를 전달받아 객실 안내를 한다.
- 이상과 같은 고객의 완전한 등록 절차의 소요 시간이 최대 7분을 초과해서는 안 된다.

❹ 등록 카드의 정리 및 입력

- 등록이 완료된 등록 카드는 두 개 중 윗장은 분리시켜서 관리자에게 보낸다.
- 아래장 사본에는 고객으로부터 접수한 카드 바우처 및 각종 바우처를 첨부시켜 등록카드 보관함에 보관한다.
- 차량 서비스를 요구한 경우는 등록카드에 기재된 출국 항공편을 보고 항공 시간표를 알아내어 차량 예약서에 기록하여 벨 서비스로 보내 차량을 준비한다.
- 등록 시 고객이 요구한 각종 사항이나 기호, 특징을 고객정보(Guest History)란에 입력하여 다음 투숙 때의 서비스 자료로 삼는다.

(2) 단체 고객(Group) 등록의 순서

단체 고객의 투숙 절차는 가이드 또는 안내원(T.C : Tour Coordinator)과 상의, 모든 서류 작성 및 객실 배정 등의 등록을 일괄 처리하고 혼잡함을 피하기 위하여 개인고객과 구분하여 별도의 장소(Group Desk)에서 시행하며 가능한 한 동일 층으로 배정하고 객실 변경 유무, 종류, 인원수, 도착시간, 식사, 수화물, 지불조건 등을 확인한 후 객실 열쇠를 단체 인솔자에게 전달한다.

3) 정보, 우편 및 메시지(Mail & Message)

전달이 빠르게 정확하게 이루어져야 하며 매우 중요한 기능중 하나이고 특히 우편물 취급 지침서 요령을 숙지하여 대응토록 하며 접수 시 접수시간 직인을 찍고 등기우편, 배달증명의 경우는 수취인의 서명을 반드시 받아둔다. 고객 도착 전에 도착 우편물은 예약슬립에 같이 철하여 두어 투숙 시 전달 되도록 하며 투숙 시 메시지는 시간직인을 찍고 객실에 배달 또는 전화 메시지 지시등으로 표시한다.

이미 퇴숙한 경우는 약 10일간 보관하고 전달이 불가능 한 경우는 반송하거나 행선지 주소가 있으면 행선지 주소로 발송한다. 퇴숙 시 다음 투숙지나 본인의 주소를 남겼을 때는 우편물 전부를 봉투에 넣어 우송한다.

또한, 고객이 알고자 하는 모든 정보를 즉시 제공할 수 있도록 호텔 내의 안내 사항뿐 아니라 비행기나 열차 시간표, 주요 대사관의 위치, 주요 경기장의 위치, 극장, 은행, 백화점, 관광지 등에 대한 자료를 구비 신속히 제공한다.

4) 구급약(Medical Assistance)

만일의 사태에 대비하여 응급처치를 할 수 있는 구급약을 보유하여 처치하도록 한 후 가까운 의료기관으로 안내한다.

5) 분실물 처리(Lost & Found)

- 잃어버린 항목이 무엇인지 알아본다.
- 잃어버린 날자와 시간이 언제인지 알아본다.
- 객실 정비부서에 습득물이 없는지 알아본다.
- 발견될 경우 즉시 고객에게 돌려주고 발견된 것이 없는 경우 고객의 이름과 연락처를 받아 적어 객실정비 부서의 담당자에게 알려준다.

6) 퇴숙절차(Check-out service)

퇴숙 연장(Late check-out) 또는 연박(Extention) 요청 시 퇴숙시간 또는 일자 연기가 가능한지 확인한 후에 고객에게 알려준다.

(1) 개인고객

고객으로부터 퇴숙한다는 연락을 받았을 경우에는

- 고객에게 미니바에서 드신 품목이 무엇인지 확인한 후 객실 담당종사원에게 연락하여 계산서를 준비하도록 한다(객실관리 운영시간 외 : 룸 서비스에 연락한다).
- 고객에게 짐이 어느 정도인지를 확인하여 벨 데스크에 연락한다.
- 고객이 공항 리무진 탑승권이나 공항 이용권을 구입하고자 할 경우 객실료에 포함할 것인지 직불로 할 것인지 문의한다.
- 프런트 데스크에 연락하여 계산서를 준비할 수 있도록 한다.
- 고객원장 파일(Guest Folio)과 등록 카드와 컴퓨터를 보면서 고객의 이름이 적혀진 것과 맞는지 확인한다.
- 고객 Folio를 조회하여 입력되지 않은 계산이 있을 경우 누락된 해당 금액도 즉시 입력 청구토록 한다.
- 지불액을 통보한 후 지불조건이 결정되면 영수증을 인쇄한다.

- 확인 요청 및 지불할 고객의 서명을 받는다.
- 계산 후 영수증을 건네주고 정중히 투숙에 대한 감사와 차후 재방문을 하도록 유도한다.
- 등록카드의 고객 정보란에 고객의 요청사항, 신용카드 번호 등을 기록하여 사후 고객관리를 한다.

(2) 단체고객

- 단체고객 퇴숙 시 수화물수거 시간은 룸 클럭이 확인하여 단체 명단에 기입하여 놓는다. 화물수거 전에 단체 인솔자에게 확인토록 한다.
- 어느 객실에서 몇 개를 수거하였는지 꼭 체크하고 수화물을 전부 내려 왔으면 한 곳에 집결시켜 혼돈되지 않도록 한다.
- 후불인 경우 전체 사용 금액을 출력하여 안내원의 확인 서명을 받아 보관하며, 개인별 사용 내역이 전부 정산되지 않은 경우 인솔자에게 의뢰하여 확인 정산토록 한다.
- 단체의 경우 투숙, 퇴숙에 관계없이 항상 수화물의 수량을 확인하여 인솔자 혹은 안내자의 서명을 받아야 한다.
- 벨 캡틴은 출발 전에 계산이 전부 끝났는지를 확인한다. 계산서를 먼저 확인하고자 할 경우는 절차에 의해 준비된 계산서를 객실로 보내준다.

4. 유니폼 서비스

고객의 송영, 주차와 차량수배, 휴대품 일시 보관, 수화물 운반, 로비 · 현관의 정비 상황을 점검하는 업무를 담당한다.

1) 유니폼(Uniform)의 의의

유니폼은 자기의 신분을 나타냄으로써 자기의 권위, 지위 등을 상징한다. 호텔에서도 유니폼은 종사원의 신원을 확인해주고 그들의 위신을 높여주거나 적어도 결점을 숨겨주며, 호텔의 유용성과 번영을 암시하는 것이다.

유니폼을 입어야 하는 호텔종사원들은 최소한 8시간 동안 유니폼을 입고 근무해야 하므로 그들의 제복을 편하고 매혹적인 것으로 만들도록 노력한다. 만일 어느 호텔의 제복 디자인이 잘못되었다면 그 호텔의 이미지를 그릇되게 할 뿐 아니라 그 업장의 분위기를 바꾸어 놓는 결과를 초래하는 경우도 있다. 더욱이 재봉질이 잘못되었다면 종사원들의 능률과 사기를 저하시키므로 호텔의 서비스 질을 해치게 된다.

한편, 외관상 보기 좋고 옷이 잘 만들어진 유니폼은 자신감과 책임감을 고취시켜 준다. 유니폼은 간편하고 실제적이고 기능적이어야 하고 잦은 세탁에 견딜 수 있어야 한다.

2) **주차대행**(Valet Service)

주차대행 서비스는 고객 중에 자가 운전자의 주차를 대행해 주는 것으로 고객 차량 중 주차대행을 의뢰한 차량에 한하여 신속 정확 안전한 서비스를 목적으로 한다.

- 고객으로부터 차량을 인수 시 주차대행을 차주에게 발부한다.
- 고객으로부터 차량을 인수 시 차량의 이상 유무를 확인한다(단, 차량에 이상이 있을시 즉시 고객에게 확인시킨다. 기타 차량 이상 발견 시 현관 근무자에게 보고하고 그 외 근무자에게 이러한 사실을 구두로 전달하고 기록한다).
- 주차 대행 시는 10km/h 미만으로 안전하게 항상 서행하며 반드시 지정된 장소에 주차한다.
- 고객 차안의 귀중품 여부를 확인하고 만일 귀중품을 발견할시 도난 방지를 위하여 안전한 조치를 취한다.
- 주차 완료 후 차창 및 차 문의 잠금 상태를 확인한다.
- 주차대행에 차량번호, 시간, 차량 위치를 기재한다.
- 주차한 차량의 열쇠는 주차권과 지정된 열쇠함에 안전하게 보관한다.

3) **벨 서비스**(Bell Service)

고객이 짐을 옮기거나 맡기고 싶을 때 또는 다른 도움을 필요로 할 때 제반 서비스를 제공하고 있으며 투숙객의 객실안내를 담당한다.

4) 컨시어지(Concierge)

프랑스어로 '시종', '집사' 라는 어원에서 출발하여 다방면의 지식을 요구하는 부서이다. 일반적으로 벨 서비스였지만 세심하고 폭 넓은 서비스를 고객에게 제공하기 위하여 새로운 조직과 업무분장을 위해 명칭을 변경한 것이 컨시어지이다.

고객을 현관에서부터 영접을 하며, 체재 중이거나 호텔을 떠날 때까지 편의를 제공하는 곳이며, 고객의 안내, 수하물 관리, 메시지와 통신물의 전달, 로비지역의 점검 등을 업무로 하고 있다. 그 외에 체크-인과 체크-아웃 업무, 각종행사, 항공편 안내 및 예약, 관광정보(Local attraction : 관광예약, 기차표예약, 식당예약, 쇼핑 등)제공 및 식당 안내, VIP응대를 위한 준비물 등의 업무를 취급하고 있다.

5. 교환업무

전화교환업무, 모닝콜업무, 전화설비관리 업무를 주요 업무로 하고 있다.

1) 전화응대 및 연결방법

구분	내용	내용
응대 및 연결	1. 친절한 목소리로 인사한다. • 내부전화 : Thank You For Calling May I Help You? Mr(Ms) ○○○ • 외부전화 : 안녕하십니까? ooo호텔입니다. • 연결시 : "연결하겠습니다. 감사합니다." 2. 고객이 원하는 사항을 친절하고 신속하게 처리한다. 3. 상대방이 객실번호를 알고자 할 경우에 회사의 방침상 객실번호를 알려드리지는 않고 직접 연결해 드린다고 양해를 구한다. 4. 객실로 연결 시는 반드시 고객의 이름을 확인 후 연결한다. 5. 통화중일 때는 통화중임을 알리고 MSG를 남기도록 하거나 아니면 잠시 후 다시 걸어달라고 요청한다. 6. 밤 12시 이후에는 국제전화만 연결하고 국내전화는 고객의 별다른 지시가 없는 한 통제한다. 7. 단, 국내전화 중 긴급상황일 경우에는 고객에게 먼저 알려 수신 여부를 확인한 후 연결한다.	• 항상 고객의 성함을 불러드리도록 한다. • 전화를 끊을 시에는 반드시 감사의 인사를 한다. • 기다리게 할 경우에는 이유를 알린다.

구분	내용	내용
DND MSG	1. 외부의 전화를 일체 차단하는 경우 2. 국제전화만 연결하고 국내전화는 차단하는 경우 3. 지정된 사람 이외에는 연결을 원치 않는 경우 4. 객실번호로만 찾는 사람에게 연결해야 할 경우 (객실고객의 이름으로만 찾는 경우 연결하지 말라는 요청이 있을 때 DND 작동절차에 의해 DND 신호가 제대로 들어오는지 객실로 신호를 보내어 재확인해 본다.)	DND (Do Not Disturb) 방해하지 마세요
Interrupt	통화 중 외부에서 고객이 급히 통화를 원할 경우 Interrupt 기능키를 눌러 객실고객에게 죄송하다는 사과의 말과 함께 양해를 구한 다음 연결한다.	
시회전화 및 국제전화	1. 시외 직통전화인 경우 : 9 → 지역번호 → 전화번호 2. 국제 직통 전화인 경우 : 8 → 001(002) → 국가번호 → 지역번호 → 전화번호 3. 상대방 지명통화 및 수신인 요금 지불 통화, 신용카드 통화 등은 국제 전화국(0077)에 신청한다. 4. 교환실에서 전화를 직접 연결해 주었을 때는 통화가 끝난 후 분수를 확인하여 직접 Bill Posting을 하도록 한다. 5. 만일 고객이 국제전화를 요청할 때는 고객 이름, 전화번호 구내번호, 시작시간, 통화 시간을 확인한 후 2장의 (1장은 Traffic Sheet에 다른 1장은 File하여 보관) 전화 Bill을 작성한다. 6. Home Country Direct Service(신용카드 공중전화 서비스)를 원할 경우에는 국가별 Access Code를 알려 주며 Access Charge (2,500+250)가 자동으로 청구된다.	국제직통인 경우 지역번호 앞의 "0"은 누르지 않는다.

2) 콜 익스프레스 서비스(Call Express Service)

서비스 익스프레스 교환원은 편리한 고객 서비스 프로그램으로써 호텔 내에서 "0"번을 누르면 서비스 익스프레스 교환원이 모든 호텔 서비스에 대한 안내를 한다. "한 번의 전화로 모든 것을"이라는 개념으로 시작된 서비스 익스프레스는 혁신적인 서비스의 하나로써 다음 사항들에 대한 모든 정보를 갖고 있다.

- 개인금고
- 공항 관련사항
- 교회서비스
- 구두닦이
- 꽃집
- 당직지배인
- 렌트카
- 룸서비스
- 마사지
- 베이비시터
- 벨데스크
- 분실물관리
- 비상시 대처방법
- 비즈니스센터
- 선물가게

- 세탁
- 여행관련서비스
- 우편물 및 전화메모
- 음성사서함
- 수영장
- 연회서비스
- 해외호텔예약
- 의료서비스
- 식당가
- 예약
- 웨이크업 콜(Wake-Up call)

3) Wake-Up call

구분	내용	주의사항
방법	1. 주간 시간 • Wake-Up Call 시간을 받는다. • 잠자는 동안에 전화연결 여부를 문의한다. 원하지 않을 경우는 Inter MSG를 넣는다.(예 : Do Not Connect) • 알람시계에 시간을 Set-up 시킨다. • No call을 원할 경우 전화를 묶어준다. • White Board에 객실번호와 시간을 적어놓는다. • 기상 안내 녹음을 입력한다. Good Afternoon(Evening) Mr(Ms) 000. It is ---am(pm). Have a nice day. 2. 아침 시간 • 당일 전에 요청한 Wake-up Call을 List(3장)에 작성한다. • 야간조에서는 List을 정리하여 Morning조에 인계한다. - 단체 고객과 일반고객의 Wake-up Call은 기계에 입력하여 Recording(녹음)으로 깨워준다. - V.I.P층의 객실 고객은 별도로 명단을 작성하여 육성으로 깨워 드린다. • 단 무응답일 경우는 House Keeping에 연락하여 Room maid가 직접 깨우도록 한다.	• 장기 투숙객이 요청할 경우 퇴숙날까지 Wake-up Call Service를 하도록 한다(List 첫장에 기록한다). • Wake-up Call을 안받을 경우 3분 간격으로 Recording MSG가 2번 나간다.

4) 메시지 관리 업무

구분	내용	주의사항
고객이 자신의 행선지를 남기려고 할 때	객실번호(Last Name)→[CMD1)11]→고객의행선지→Enter KEY를 누른다.	행선지가 호텔 내 업장일 경우는 구내번호를 입력
외부에서 투숙객에게 Voice Mail Message를 남기는 경우	[FLASH]→[7000+1]→객실번호→[CONF2)]→[RELEASE] 순서로 음성 MSG를 연결한다. 이때 Message Light는 자동적으로 켜진다.	예약고객의 경우는 프런트 데스크에서 직접 MSG를 접수하여 도착 즉시 바로 전달할 수 있게

구분	내용	주의사항
투숙객에게 Written Message 남기는 경우	• 컴퓨터 모니터에서 고객의 객실번호 및 이름을 확인한다(육하원칙에 의거하여 MSG 접수). • MSG접수→[CMD5]→MSG입력→Enter Key • MSG가 잘 입력되었는지 [CMD6]로 확인	
고객이 Message 확인 시	• Written MSG : 컴퓨터상에서 고객의 방번호와 이름을 조회 후 [CMD6]을 누른 후 MSG를 읽어준다. 그리고 [CMD3]로 MSG를 지운다. ※ 주의 : 음성 MSG는 [CMD3]을 누를 경우 MSG가 저장되지 않고 지워짐으로 Enter Key를 누른다. • 음성 MSG가 있는 경우 [FLASH]→[7001+1]→[방번호+01]→[CONF]→[RELEASE]순서로 음성MSG를 들려준다.	'3' 자리수의 방번호는 앞자리에 '0' 을 넣어 '4' 자리를 눌러준다.
Message를 다시 듣고자 할 때 Room Phone에서 자동으로 MSG Light[3]를 켜고, 끄고자 할 때	• Written MSG : [CMD18]→MSG를 읽는다. • 음성MSG : [FLASH]→[7001+1]→[ROOM NO+13]→[CONF]→[RELEASE]순서로 MSG를 다시 들려준다. • 켜고자 할 때 : MSG가 있는데도 MSG LAMP가 꺼져 있을 경우 Lips를 잡고, [MSGWT]를 눌러 준 다음 방번호를 누른다. 그 상태에서 [MSGWT]를 켜서 작동시킨다. • 끄고자 할 때 : MSG가 없는데도 MSG LAMP가 켜져 있을 경우 Lips를 잡고, [MSGWT]를 눌러준 다음 방번호를 누른다. 그 상태에서 [MSGWT]를 켜서 작동시킨다.	

5) 일반 서비스 업무

구분	내용
안내	1. 각 업장의 영업시간 및 예약 안내를 한다. 2. 그 날의 연회행사 및 연회장소, 시간 등을 안내한다. 3. 그날의 날씨, Room rate, 환율 등을 안내한다. 4. 타 호텔, 각 기업체, 여행사, 유명 음식점, 항공사 등의 전화번호를 안내한다. 5. 호텔 내에 있는 이발소, 미용실, 헬스클럽, 수영장, 영업시간 및 위치 등을 안내한다. 6. 대한항공 리무진 버스, 이태원 셔틀 버스 등의 시간표를 안내한다. 7. Business center의 영업시간 및 업무내용 , FAX번호, TELEX번호, 사서함 번호 등을 안내한다. 8. 호텔 위치, 호텔 주소를 안내한다.
마사지 요청	1. 여성 또는 남성 안마사선택 및 원하는 시간을 문의한다. 2. 가격, 도착하는 시간, 마사지 소요시간을 알려준다. 3. 외주업체에 연락한다. : 객실번호, 시간을 알린다.

6. 예약업무

예약 업무는 고객의 요구조건에 부합하는 최적의 객실을 신속 정확한 업무 처리와 서비스로 제공 가능토록 효율적 예약 시스템을 구비하여야 하며 고객과의 중요한 첫번째 접촉으로 호텔 수익을 좌우하고 있다고 하여도 과언이 아니다. 따라서 고객이 요구한 객실에 대한 확실한 보장과 효율적인 판매로 수입을 극대화하고 고객관리의 업무도 수행하여야 한다.

특히 객실은 저장 판매를 할 수 없을 뿐 아니라, 객실점유율 및 평균 판매액을 높여야만 하기 때문에 프런트 및 판매부서와 긴밀한 협조체계를 구축하여 각종 호텔 전반에 대한 지식으로 고객에게 만족할만한 예약 서비스를 제공하여야 한다.

1) 예약 종류 및 방법

(1) 예약 채널

❶ 여행사(Travel Agent)

여행사의 호텔 수배과 담당자를 통하여 예약이 이루어지며 일반적으로 5실 이하는 FIT처리를 하고 단체가격적용은 10실 이상부터 적용하고 있으며 비수기의 경우 의존도가 높다.

❷ 기업체(Corporate accounts)

국내에 있는 다국적 기업체 및 국내 기업체를 대상으로 연간 객실 이용도에 따라 차별적인 계약을 체결 운영하고 있으며 지속적인 관계 유지 및 고객 충성도 향상에 주력하고 있으며 대다수의 상용호텔의 경우 의존도가 매우 높다.

❸ 해외 예약 사무소(Overseas reservation office)

호텔 규모와 운영형태에 따라 차이가 있으나 주고객 시장에 직접 사무소를 개설하거나 CRS(Central Reservation System)를 활용하고 있다.

(2) 예약 종류

❶ 개인예약(FIT Reservation)

15인 이하

❷ 단체예약(Group Reservation)

15인 이상으로 보통 여행업자, PCO 등에서 예약하며 안내자가 동행한다.

❸ 특별 예약(Special Reservation)

- VIP 예약 : 상부에 보고하여 지시에 따른 특별 배려 및 응대를 한다.
- 단골 예약 : 자주 사용하던 객실을 할인 배정토록 한다.
- 신혼객 예약 : 축하 서비스를 제공한다.

❹ 항공 승무원 예약

❺ 기타

내국인, 외국인으로 구분

(3) 예약 방법

무료전화(080번), 직통전화(Direct Telephone), 호텔대표기구(Hotel Representatives)를 이용하거나 VIP 및 객실 답사 또는 상담 필요 시 직접 방문을 하여 예약을 하기도 하며, 우편(Mail) 또는 팩스 그리고 여행사와 판촉직원에 의한 예약이 있으나 최근에는 신속, 정확, 효율성으로 인한 인터넷 예약이 증가 추세에 있다.

예약 신청 완료

예약일	2013-06-02	예약번호	
도시명	Singapore	호텔명	Park Regis Singapore
체크인		체크아웃	
룸타입	Park Queen	객실수	SGL: 0 DBL: 1 TWN: 0 TRP: 0
조식/Remark	조식 American Breakfast Incl / [Hotelpass-Summer Promo]		
투숙객	Room / Last, First Name / Adult (2), Child (0) DBL		
총금액	USD 552.00		

호텔명: Park Regis Singapore

Total Rate	DBL (1개) 552.00 (635,236원) ▶ 총 할인후 금액 USD 513.36 (590,770원)

■인터넷 예약 완료 장면

2) 예약 접수 및 처리

정확, 간단, 신속하게 업무를 진행하여야 하며 접수 시 예약카드에 필요한 접수 내용을 기록하거나 컴퓨터 예약 시스템(PMS-Property Management System)에 직접 입력토록 한다. 예약 완료 후에도 지속적인 재확인을 통하여 객실 판매에 차질이 없도록 하여야 하며 예약이 불가능한 경우에도 상황을 친절히 설명하고, 감사표현을 한다.

(1) FIT 예약 처리

❶ 도착 예정일, 출발 예정일 – 정확히 반복 문의토록 한다.

❷ 객실 형태 – 침대 구조, 객실 위치를 문의토록 한다.

❸ 사용 객실 수 및 투숙 인원수를 파악토록 한다.

❹ 투숙객 성함 – 철자 확인 및 이중 계약을 방지하기 위하여 Last name으로 통일한다.

❺ 객실요금 – 세금, 봉사료 포함 유무를 알려 주고 할인 시에는 예약서에 할인율을 기재한다.

일반적으로 객실요금 상담 시에는 다음 내용을 주지하여야 한다.

- 호텔정책에 따른 요금을 제시토록 한다. : 상황에 따라 각각 다르다.
- 높은 가격부터 권하여 호텔 수입을 증대시킨다 : 부대서비스를 설명하여 혜택 내용을 인지토록 한다.
- 결정요금은 번복할 수 없다. 따라서 신중히 임하여야 한다.
- 연박(Extention)의 경우 가능 여부를 확인하여 통보한다 : 성수기에는 불가능한 경우가 발생한다.
- 환율에 대한 정보를 알려준다 : 당일 환율을 적용하여 원화로 알려준다.

❻ 예약처 및 연락처 – 재확인 및 취소료의 발생 시 연락 가능한 번호를 알아 둔다.

❼ 예약 보증 및 지불 수단 – 신용카드, 선불 등의 조건을 기재토록 한다.

❽ 기타 – 고층, 여성층 등 기타 고객의 요구 사항을 기재한다.

(2) 단체 예약 처리

단체는 일반적으로 최소 15명 이상을 말하며 단체요금이 적용되며 대개 단체예약은 최초 예약이 행해질 때 선지급이나 선보증금이 요구된다.

세미나, 회의, 관광, 여행사 등의 예약으로 많은 객실을 한꺼번에 예약을 받으므로 방심하지 않아야 하며 복잡하며 많은 문제점 발생요인이 내포되어 있으므로 업무수행에 판매 담당자와 긴밀히 협의하여 처리한다.

단체예약 처리 시 주의 사항으로는

❶ 단체예약의 경우 여행사 지불 또는 개인단체나 일반 회사지불이 있으며 어떤 때는 단체의 인솔자가 지불하는 경우가 있기 때문에 예약접수 시 지불방법과 범위를 분명히 해두어야 한다.

❷ 취소나 변경 또는 인원의 감소 등 불확실성이 많은 단체에 대해서는 예약신청자인 여행사, 항공사, 일반단체에게 도착 일주일 전 예약확인의 연락을 하도록 한다.

❸ 예약확인이 되었을 때 단체명단, 객실 수, 식사예정, 도착시간, 숙박 및 여행일정 등을 요구 또는 확인한다.

❹ 단체고객을 접수할 때에는 특히 예약 조성 상황표(Control chart)를 읽어 요일, 희망 객실 수, 단체의 인원수, 고객의 국적, 여행목적, 지불조건, 취급여행사명, 예치금의 가증성 여부 등을 세밀히 검토한 후 접수하도록 한다.

7. 비즈니스 센터(Business Center)

호텔의 비즈니스 센터는 지속적인 기술혁신으로 인해 고객들에게 앞선 기능과 다양한 전문적 서비스를 이용할 수 있는 환경을 제공하기 위해 최신의 컴퓨터와 레이저 프린터, 팩스, 복사기 등을 갖추고 있다. 뿐만 아니라 이곳에서 고객은 현지의 해설(통역)과 번역을 보조받고 회사의 신용확인과 분석과 같은 비즈니스 관계 업무도 볼 수 있다. 또한 인터넷이 설치된 회의장도 사용할 수 있다.

호텔 투숙객이 아닌 고객도 호텔 내 센터의 수많은 서비스를 이용할 수 있다.

■비스니스 센터

■비스니스 센터 회의실

1) 비즈니스 센터의 시설

- Xerox(1)
- Fax machine(2)
- Computer(E-mail)/Printer(고객용 3, 직원용)
- Typewriter(1)
- Video/TV(1/1)
- Name card copier(1)
- Paper cutter(1)
- Meeting table(1)
- Newspapers, magazines, books
- Telephone directory
- Company information
- Signage-Hours of Operation
- Promotional brochure
- World hotel' s index

2) 비즈니스 센터 업무수행의 기본자세

비즈니스 센터 근무자는 호텔고객 중에서도 보다 전문적이고 세련된 고객을 접할 뿐 아니라 고객의 비즈니스와 직결되는 업무를 담당하고 있으므로 조그만 실수가 치명적인 영향을 끼칠 수 있다. 따라서 비즈니스 센터 담당자는 철저한 재검토와 신속 정확한 업무처리 능력을 필요로 한다.

- 비즈니스 센터 내의 모든 기기에 대한 완벽한 이해와 함께 이를 효과적으로 사용할 수 있으며 고객에게 사용법을 설명할 수 있는 능력을 구비해야 한다.

- 사무기기의 고장여부와 필요한 용품들의 구비상태를 수시로 확인한다.
- 비즈니스 센터의 정리, 청결 상태를 항상 점검한다.
- 비즈니스 센터 이용자의 정보와 자료에 대해 전반적인 비밀성을 유지하고 모든 일은 최후까지 완수하는 책임감과 철저한 사후관리에 힘쓴다.
- 모든 업무는 고객과 근무자 사이에서 합의된 시간 내에 고객에게 만족감을 줄 수 있도록 정확하고 완벽하게 처리한다.
- 팩스 메시지(Fax message)는 수신 후 30분 이내에 객실로 전달되어야 한다.

3) 비즈니스 센터 서비스

(1) 비즈니스 안내 서비스(Business Information Service)

고객이 업종별 회사의 정보를 원하실 때 Korea Export, Korea Trade & Investment, Company Information(Kompas) 등의 책자를 이용해 전화번호, 주소 등을 찾거나 Korea Trade Association(551-0114)로 전화하여 업체안내 데스크에 문의한다.

(2) 비서업무 서비스(Secretarial Service)

2시간 미만의 업무는 비즈니스 센터 담당직원이 처리하나 장시간 작업이나 외부에서 업무를 도울 때에는 개인비서를 알선한다. 비서 알선은 이력서를 참고로 하여 외부 인력관리 전문기관에 의뢰한다.

(3) 통역 및 번역 서비스(Interpretation Service)

간단한 통역이나 번역은 비즈니스 센터 담당직원이 처리하나 장시간 작업이나 외부에서 업무를 도울 때에는 전문 번역/통역 기관에 의뢰한다.

(4) 타이핑 서비스(Typing Service)

고객이 원하는 양식에 따라 약속된 시간 안에 오타 없이 타이핑할 수 있도록 한다. (Excel 등을 이용한 표, 그림이 삽입될 경우에는 추가 요금이 징수된다)

(5) 복사 서비스(Photo Copying Service)

축소, 확대, 양면 복사가 가능하며 20부까지 자동 분류 복사할 수 있다. OHP 용지는 복사기 용지함에 Transparency Film을 넣고 일반 복사와 같은 요령으로 한다.

(6) 명함제작 서비스(Name Cards Copy Service)

명함 제작을 원하는 경우 이를 인쇄소에 제작을 의뢰하는 업무이다. 제작 소요기간은 3일이며, 1갑에 100장을 기준으로 한다.

(7) 팩스 서비스(Fax Service)

❶ Fax 수신

30분 이내에 객실로 전달이 가능하도록 조치한다. 전달할 때에는 수신인, 송신인, 받은 시간, 전달자 등을 Fax 장부에 기록한다.

- C/In 예정인 고객의 Fax를 받으면 Fax 장부에 기록한 후 컴퓨터에 입력한다.
- C/out했거나 고객의 이름이 확실치 않을 때에는 이유를 밝혀 Return Fax 처리한 후 파일에 끼워둔다. Return Fax Cover Sheet은 송신용 Fax 아래의 노란 파일에 있다. 1년이 지난 Return Fax는 폐기처분한다.

❷ Fax 송신

모든 페이지가 정확한 번호로 들어갔는지 확인하며 고객에게 반드시 확인을 해준다.

❸ TCR Report

Fax 송/수신을 보여주는 TCR Report가 나오면 파일에 보관한다. 2년이 지난 TCR Report는 폐기처분한다.

(8) Fax Line Service

고객이 본인의 컴퓨터에 선을 연결하여 직접 Fax를 보내고자 하는 경우, 수신용 Fax의 하얀 선을 회색선 아래의 훅에 연결하고 그 자리에 고객 컴퓨터의 선을 연결 조치한다.

(9) **택배 서비스**(Courier Service)

서류나 샘플을 해외 · 국내에 Express로 발송하는 경우 이를 대행해주는 업무이다. DHL, Fed/Express, UPS, 택배 등을 통해 고객이 원하는 날짜에 정확하게 도착할 수 있도록 예약 처리한다. 고객에게서 물건을 접수할 때는 수신인의 정확한 이름과 주소, 전화번호 그리고 청구서를 반드시 받아 놓는다. 정확한 요금을 계산하여 현금을 받아 놓거나, 투숙 중인 고객의 경우에는 후불 처리를 한다.

(10) **대여 서비스**(Rental Service)

비즈니스 센터 내에 있는 사무기기(컴퓨터, Video 등)를 대여해 주는 업무이다. 특히 비즈니스 센터 담당자가 컴퓨터, 인터넷 등을 자유자재로 운영할 수 있도록 전문 지식을 알아둔다.

Lobby Lounge

세계에서 가장 비싼 호텔의 객실은 어떨까?

최근 CNN의 여행 관련 인터넷 사이트 CNNGo는 세계에서 숙박비가 가장 비싼 호텔 3곳을 선정해 발표했다. 1위는 스위스 제네바에 있는 호텔 프레지던트 윌슨의 로열 펜트하우스 스위트가 차지했다. 8층 전체를 사용할 수 있는 이 객실의 하룻밤 숙박료는 6만 5000달러(약 7500만 원)다. 2위는 인도 자이푸르에 위치한 더 라즈팰리스 호텔의 더 프레지던트 스위트(1박 4만 5000달러 · 약 5200만 원), 3위는 미국 뉴욕 포시즌호텔의 타이 워너 펜트하우스 스위트(4만1836달러 · 약 4850만 원)였다.

1. 호텔 프레지던트 윌슨의 로열 펜트하우스 스위트(스위스 제네바)

고풍스런 첨탑 디자인이 특징이다. 호텔룸 내부는 작은 방 12개, 욕실 6개로 구성돼 있다. 또 명품 스타인웨이 그랜드 피아노, 개인 당구장 및 서재, 피트니스룸, 대리석으로 된 화장실 등이 구비돼 있다. 방탄 처리된 현관문과 개인 경호원 체제로 세계 최고 수준의 보안성을 보장한다. 또 개인 엘리베이터가 설치돼 있어 프라이버시 보호에도 상당히 기여한다. 꼭대기 층에 있어 호텔 안에서 고객이 호텔 밖을 둘러싼 몽블랑 산맥과 제네바 호수의 경치를 즐길 수 있다. 그렇지만 돈이 있다고 누구나 이용할 수는 없다. 소수의 특정 고객만 받기 때문에 예약도 이 호텔 대표와 개인적 친분을 통해서만 이뤄진다고 한다.

2. 더 라즈팰리스 호텔의 더 프레지던트 스위트(인도 자이푸르)

이 호텔은 과거 마하라자 왕궁답게 호화스럽다. 스위트 룸의 면적은 1500m²에 달한다. 호텔룸 내부는 4층으로 구성되며 객실 내부엔 과거 마하라자의 소장품을 보관한 개인박물관이 있다. 대리석과 거울, 금, 상아로 치장된 벽, 바닥, 계단을 갖추고 있고, 개인 테라스, 수영장도 있다. 테라스에선 인도 자이푸르의 유명 관광명소인 핑크시티의 전경을 한 눈에 볼 수 있다.

3. 포시즌호텔의 타이 워너 펜트하우스 스위트(미국 뉴욕)

세계 유명 건축 디자이너 피터 마리노가 직접 디자인한 9개의 객실도 딸려 있다. 면적은 400 총규모는 약 121m²에 이른다. 최상층에 위치해 있어 객실 내부에서 360도 방향으로 맨해튼의 지평선을 모두 볼 수 있다. 스파 룸, 도서관, 그랜드 피아노 등 호화로운 시설이 구비돼 있다.

온라인 중앙일보, 2012.06.18.

Chapter 07 호텔식음료경영

이해목표

- 메뉴의 중요성과 기능에 관하여 이해한다.
- 메뉴계획에 관하여 숙지한다.
- 식음료 서비스 업무에 관하여 이해한다.
- 주장업무에 관하여 이해한다.
- 주방업무에 관하여 이해한다.

제1절 식음료 경영 일반적 개요

오늘날 호텔경영은 수익의 극대화 추구를 위해서 객실판매 위주의 경향에서 벗어나 식음료판매에 매우 적극적으로 임하고 있으며 이를 위하여 외식사업까지도 포함하여 운영하고 있다. 왜냐하면, 객실판매는 객실이란 상품의 한계성이 있으므로 수익의 새로운 확대는 제약이 적은 식음료 판매에 의존하지 않을 수 없기 때문이다.

호텔 레스토랑은 호텔의 이윤의 추구라는 점에서 없어서는 안 될 중요한 부서로 자리 매김하고 있으며, 로비와 같은 중요한 호텔의 중요한 공간에 종종 배치된다.

미국호텔협회(American Hotel Association)는 식음료부문의 중요성을 "호텔에 있어서 최대의 진보의 기회는 음식의 준비와 이에 대한 서비스에 놓여 있다. 이 부문이 호텔의 명성을 좌우하게 되며, 아무리 기술을 더해도 항상 부족함을 보이는 곳이기도 하다"라고 하였다. 즉, 식음료 상품(F&B)은 식사(Food)와 음료(Beverage)의 결합이다. 식사와 음료는 유형적 상품인데 반하여, 서비스는 무형적 상품이다. 전자는 일정한 수준의 기술과 감독으로써 고객에게 만족을 가져다 줄 수 있으나 서비스는 바로 종사원의 자세에 의해 결정된다. 따라서 좋은 음식이나 종사원의 서비스 결과는 호텔 전체의 명성에 커다란 영향을 미친다.

고객들의 소비성향과 생활패턴이 바뀌고 시간이 흐름에 따라 식음료 부문의 중요성은 시간이 지나면서 더욱 높아지고 있으며 조직 또한 거대해지면서 과학적인 관리방식을 요구하게 되는 실정이다.

1. 식음료 경영의 특징과 중요성

1) 특징

식음료 부문은 재료비, 인건비, 운영비 등 비용 발생이 객실 부문보다 30% 이상 크므로 호텔 내에서 경영효율화가 되지 않으면 이익률이 현저히 떨어지는 특성을 가지고 있다.

호텔 내에서의 식음료 부문의 특징을 살펴보면 크게 생산관리 측면과 판매관리 측면으로 나눌 수 있다.

(1) 생산관리 측면에서의 특징

❶ 생산과 판매가 동일한 장소에서 거의 동일하게 이루어진다

고객의 직접 방문과 주문에 의해 생산되고, 이에 서비스가 부가되어 비로소 상품의 가치를 가지게 된다. 호텔 식음료의 상품은 원칙적으로 판매와 소비가 동시에 이루어지는 주문 생산에 의존하고 생산의 자동화가 어렵다는 등의 특징을 가지고 있다. 이러한 맥락에서 생산과 판매 두 측면에서의 중요도가 높다고 볼 수 있다. 또한 생산관리 측면에서 보았을 때 상품원가에 대한 이익의 폭이 크다는 것을 들 수 있다.

❷ 주문생산을 원칙으로 한다

테이블 서비스의 형태를 띠는 레스토랑에서는 고객의 직접 주문에 의해서만 생산이 이루어진다.

❸ 수요예측이 곤란하다

고객의 수요예측은 영업분석과 경험에 의해 어느 정도까지는 가능하다고 하지만 근본적으로는 상당히 어렵고 해결하기 힘든 문제라고 할 수 있다. 레스토랑에서 매니저는 항상 고객의 동향을 파악하고 고객의 욕구와 사회 전반에 걸친 변화에 능동적으로 대처할 수 있는 능력을 배양하는 데에 노력을 해야 한다.

❹ 상품원가에 대한 이익의 폭이 크다

상품원가에 대한 이익의 폭이 객실보다는 작으나 타 산업에 비해서는 높은 편이다. 그러나 재료비의 상승이나 인건비나 제반 경비의 상승, 높은 질을 유지하기 위한 조건 등으로 인해 이익의 폭을 높이기가 쉽지만은 않은 것이 사실이다.

(2) 판매관리 측면에서의 특징

❶ 장소적인 제약을 받는다

호텔 내의 일정한 장소에 위치하는 관계로 소비자 행동양식의 영향을 받는다. 꼭대기 층에 위치할 것인가, 지하에 위치할 것인가에 따라 고객의 접근성이 영향을 받으며, 관리에도 영향을 준다.

❷ 시간적인 제약을 받는다

제한된 시간에 효과적으로 고객에게 최상의 서비스로 최대의 이익과 성과를 창출해야 한다.

❸ 상품의 보관이 어렵다

음식은 단시간에 판매되어야 하며, 시간이 지나면 되돌릴 수 없는 것이므로 가능한 정확한 수요를 예측해야 한다.

❹ 인적 서비스에의 의존도가 상당히 높다

핵심서비스인 식사의 제공도 중요하지만 식당에서는 부가서비스를 더욱 높은 가치로 생각한다. 서비스 종사원은 항상 MOT(Moment of Truth)의 자세로 고객을 응대를 해야 하며, 최고경영자나 Manager는 직원의 서비스 마인드를 항상 주시하여야 한다.

❺ Menu에 의한 판매

시장가격의 변동과 고객의 경향에 따라 메뉴의 내용과 가격을 수시로 수정할 수 있고, 고객의 입장에서 구매결정을 쉽게 하는 기능과 역할을 한다.

❻ 식당의 구조와 시설, 분위기 등의 영향이 크다

제반시설의 고급화와 청결화, 그리고 개성화 경향이 뚜렷하다.

❼ 현금판매를 원칙으로 한다

식당 내에서의 지불은 현금과 Credit card를 원칙으로 하고 있으며 이로 인해 기업은 자금운영을 원활히 할 수 있다.

2) 식음료의 중요성

(1) 새로운 고객의 창출

호텔 식음료 서비스 역할은 새로운 고객을 꾸준히 발생시키고 유지시키는데 있으며 새로운 고객을 만드는 것은 매우 중요하다. 호텔의 기능에는 숙식의 기능 이외에 모임이나 집회, 세미나, 공연예술 등의 다양한 기능을 지니고 있다. 이러한 여러 가지 이유로 고객은 호텔의 레스토랑을 찾게 되는데 호텔의 식음료 부문에서는 모든 서비스와 품격 있는 식사가 되도록 부단히 노력하여 고객들로 하여금 좋은 인상을 주도록 해야 한다.

식음료 부문은 단순히 식사만을 제공하는 곳이 아니라 호텔의 이미지 창출에 기여할 수 있는 마케팅 도구로써 중요한 위치를 차지하고 있는 것이다.

(2) 고객기대에 부응

호텔의 식음료 서비스를 개선을 하기 위해서는 고객이 무엇을 기대하고 있는지를 인지하여 그에 부응하는 서비스를 충족시킴으로 단골 고객을 확보하여야 하며, 서비스의 일관적인 높은 질의 유지는 호텔의 명성이나 이미지의 창출에 많은 기여를 할 것이다.

(3) 호텔기업에 재정적 기여

호텔 수입의 극대화에 가장 기여할 수 있는 부문이 바로 식음료 부문이라고 볼 수 있다. 위에서도 언급이 되었지만 호텔의 대부분의 주요 상품은 객실과 식음료 부문으로 구성이 된다. 호텔에서 객실은 객실 수가 제한이 되어있다. 즉, 수요에 대한 판매 탄력성이 매우 낮아 한정된 수입으로 만족할 수밖에 없지만 식음료 부문은 상품은 수요에 대한 탄력성이 매우 크다는 것을 알 수 있다. 오늘날의 대규모의 호텔일수록 식음료 업장이 다양화되고 규모화되는 것을 볼 수 있다.

이외에도 고객에 대해서는 영양보충, 심신의 회복, 기분전환과 피로회복, 품위유지 등 위락과 자아 발견의 공간을 제공하는 중요성을 가지기도 하며 지역사회의 생활의 질을 보다 윤택하게 하는 호텔의 사회적 책임에 따른 사회적 사명을 수행하고 있다.

3) 호텔 식음료의 경향

(1) 신속한 서비스의 제공

신속한 서비스는 호텔 식음료 경영에 있어서 첫째로 해결해야 할 과제이다. Fast food와 같이 빠른 서비스를 요구하지는 않지만 식당의 종류와 음식에 따라 개개의 상품별 제공시간을 정해 놓고 정해진 시간에 정해진 상품이 제공되도록 하는 것이 중요하다.

(2) Quality service의 제공

그 식당의 Concept에 맞는 최고의 음식과 함께 최대한 화려하고도 우아한 양질의 서비스를 제공한다.

(3) 다양한 상품의 제공

국적별로 다양한 음식을 제공함은 물론, 건강식, 어린이 식단 등 다양한 상품을 제공함으로써 고객의 욕구에 부응하고 있다.

(4) Friendly service의 제공

틀에 짜인 서비스를 벗어나 점차 미소를 생활화한 친근한 서비스를 시도한다.

(5) 적극적인 마케팅 전략

지금까지의 안일한 경영에서 벗어나 적극적인 차별화 전략 및 판매촉진 전략으로 경쟁시대에 대처하고 있다.

(6) 국제회의를 비롯한 대규모 연회행사의 유치

국제화 시대를 맞아 호텔의 식음료경영은 종래의 식당에서의 이익창출은 물론 대규모 국제회의를 비롯한 연회행사를 유치하여 부가가치를 높이고 있다.

(7) 표준화 및 규격화를 정형화하려 한다

종래의 경험과 숙련의 경영에서 벗어나 표준화 전략을 구사함으로써 일관된 상품의 질을 유지하고자 한다(표준조리법, Standard service 등).

2. 식음료 부서의 조직

식음료부서(F&B-Food & Beverage)는 특급호텔에서 상당히 큰 비중을 차지하는 부서라고 볼 수 있는데, 고객을 직접 응대하는 부서이기 때문에 Room Division과 더불어 FOH(Front Of House)를 대표하는 부서라고 할 수 있다.

호텔에서의 식음료 부문의 구조를 보면 식음료 부문은 식료와 음료를 생산하고 판매하는데 직 · 간접적으로 참여하는 생산부서(주방)와 판매부서(서비스)로 구성되어 있다. 호텔에 따라 식음료 부문을 구성하는 생산부서와 식음료부서를 하나로 통합하여 식음료부서 책임자의 관리에 두기도 하고, 두 부서를 각각 분리하여 주방은 주방부서 책임자가 식음료는 식음료부서의 책임자가 각각 관리할 수 있도록 구성하기도 한다.

식음료 부문의 중요한 업무 내용은 다음과 같이 요약된다.

- 식음료의 구매 및 저장(Purchasing and Storing of Food and Beverage)
- 식사의 준비(Preparation of Food)
- 식사의 제공(Service of Food)
- 식음료의 통제(Food and Beverage Control) 등이다.

1) 아울렛(outlet)

호텔 내에 있는 모든 고객을 상대로 하는 식음료업장을 통틀어 아울렛(Outlet)이라고 부르고 있으며, 주요 아울렛으로는

(1) All-day Dining

아침식사부터 점심, 저녁식사를 모두 제공하는 All-day dining은 일반적으로 국제적인 수준의표준이 될 만한 콘셉트로 음식과 메뉴 등을 구성하여 제공하고 있으며 이는, 세계 각국의 다양한 인종, 국적의 고객들이 호텔에 투숙하기 때문이다.

일반적으로 업장 내무에 섹션을 나누어 Asian Counter, Western Counter 등으로 나누어 다양한 음식을 제공한다. 메뉴 역시 가장 기본적인 뷔페식부터 개별메뉴를 별도로 주문할 수 있는 A La Carte 등의 형태로 제공한다.

■일식당

(2) Lobby Lounge

로비라운지는 이름 그대로 로비에 마련되어 커피/차를 비롯한 간단한 스낵 및 주류 등을 즐길 수 있게끔 설계된 업장으로 일반적으로 오전에 영업을 개시하여 늦은 밤(1~2시)까지 운영하고 있으며, 투숙객뿐만 아니라 호텔을 방문하는 외부 고객에게도 오픈되어 있는 것이 특징이다(물론 다른 업장들도 외부고객에게 오픈되어 있으나 로비 라운지의 특성상 좀 더 공개적인 특성을 지니고 있다).

(3) Signature Restaurant

시그니처 레스토랑은 각 호텔이 보유하고 있는 고급 레스토랑을 일컫는다.

호텔이 위치한 장소, 브랜드, 규모, 특징에 따라 다양한 레스토랑이 설계되기 때문에 한 가지로 특정지어서 설명할 수는 없지만, 세계 각국에 위치한 호텔의 문화적 특성이나 호텔의 이미지, 콘셉트 등에 따라 결정되는 것이 일반적이다.

(4) Bar

일반적인 특급호텔은 로비라운지 이외에 별도로 마련 된 Bar를 운영하고 있는데, 건물 특성에 따라 최상층에 위치하기도 하고, 옥외에 별도의 라운지를 운영하는 호텔도 있다. 콘셉트 역시, 와인바에서부터 세계맥주를 취급할 수도 있고, International Bar가 될 수도 있다.

■Bar

(5) Deli/Bakery

일반적으로 호텔 로비층에 위치하고 있으며, 투숙객들과 외부 고객들을 위한 간단한 베이커리와 커피 등을 제공한다.

2) 조직

호텔 식음료부문의 효과적인 기능발휘를 위해서는 조직을 구성해야만 한다. 직원 각자는 자신의 의무와 업무적 책임, 권한 및 경제적 책임을 이해하고 있어야 하며, 조직의 목표와 자신의 업무와의 관계도 파악하고 있어야 한다.

조직이란 특정한 목표를 달성하기 위해 일하는 집단의 행동을 관리하는 것으로 식음료 서비스에서는 고객의 음식과 서비스에 대한 욕구를 충족시켜 주는 것을 의미한다. 호텔 식음료부문의 조직은 사람을 통해 작동하기 때문에 각자의 능력을 최대한으로 발휘할 수 있도록 도와주고 격려해 주어야 한다.

(1) 호텔 식음료 부문의 조직 원칙

❶ 기능에 따라 조직해야 한다

식자재 구입, 메뉴기획, 조리, 서비스 등과 같이 식음료부문에서 수행되는 각 기능은 조직구성의 일부가 되어야 하며, 그 기능이 분명한 목적과 존재 이유가 있어야만 한다.

❷ 조직은 간단하게 편성해야 한다

조직의 구성은 불필요한 직위나 편성이 없도록 간단하게 해야 한다. 계층 간의 거리를 짧게 함으로써 경영진과 직원들 간의 의사소통을 원활히 하고, 보고의 절차를 간략하게 하여야 한다.

❸ 모든 직책에 대한 업무의 책임, 권한 및 경제적 책임을 밝혀 두어야 한다

❹ 가능하면 가장 낮은 직급의 직원에게도 책임과 권한을 위임하여야 한다

어떤 사람이 주어진 업무에 대한 책임을 맡았다면 그 업무를 수행하기 위해서 동등한 권한을 가지고 있어야 한다는 것은 분명한 사실이다. 권한을 위임하지 않음으로써 부하직원들을 절름발이로 만들고 다른 사람이 하면 더 잘할 수 있는 일을 자신이 하게 된다.

❺ 조직의 패턴(Pattern)을 유지해야 한다

경영자가 직접 나서서 최일선의 직원들에게 명령해서는 안 된다. 명령계통을 손상시키지 않고 계통을 밟아 일하는 것이 바람직하다.

(2) 식음료부문의 조직의 기능

현대 호텔의 경영조식은 수입의 한계성에 직면한 객실수익보다 식음료부문의 비중이 더 커지고 있으며 식음료부문의 조식은 각 부서 간에 특수성과 기술면으로 볼 때 차이가 있으므로 각 부서의 라인과 스텝의 장에게 부문의 권한을 대폭 이양하고 권한과 책임을 부여하여 직무를 수행토록 하고 대화채널을 확립하여 내부통제 제도를 이룩하여야 한다. 각 부문의 기능을 살펴보면 다음과 같다.

❶ 식당부문

- 한식, 일식, 중식, 양식 등 각 식당의 영업 및 고객관리
- 각 식당의 집기, 비품, 시설물의 보존, 유지 및 관리
- 각 식당 종사원의 판매메뉴 및 가격결정, 자료 작성
- 각 식당 종사원의 인사관리 및 교육훈련
- 기타 각 식당의 영업에 필요한 제반 사항을 주업무로 한다.

❷ 음료부문

- 로비라운지, 나이트클럽, 메인 바 등 각 주장의 영업 및 고객관리
- 각 주장의 집기, 비품, 시설물의 보존, 유지 및 관리
- 음료 판매메뉴 및 가격결정
- 각 주장 종사원의 인사관리 및 교육훈련
- 기타 주장 영업에 필요한 제반사항을 주업무로 한다.

❸ 연회업무

- 각 연회장의 시설 및 집기의 전용 및 관리
- 연회행사 예약 및 행사준비
- 연회유치 판촉활동 및 판촉부와 정보교환
- 연회행사의 제반 가격결정을 위한 조정업무
- 연회 서비스의 개선 및 품질관리

- 연회 행사 고객의 안전관리
- 출장 연회의 종합적 관리
- 연회 종사원의 인사관리와 교육훈련
- 기타 연회장 영업에 필요한 제반 사항

3) 직무

❶ 식음료 부장

식음료부서의 모든 업무를 총괄하는 사람으로 각 레스토랑, 바, 연회 등 모든 식음료 영업장을 관리, 운영하며 직원들에 대한 지휘 감독 및 경영 업무를 수행한다.

❷ 식음료 차(과)장

식음료 부장을 보필하고 모든 식당의 운영 상태 및 문제점을 파악하고 운영하는 데 관한 책임을 지며 각 식당 종사원의 인사 관리, 서비스 강화 교육을 담당합니다.

❸ 영업장 지배인

단위 업장의 책임자로서 영업현장의 업무 전반과 대고객 서비스 관리, 직원의 지휘 및 감독, 노무 관리 및 전반적인 영업장 운영을 관장하고 책임을 진다.

❹ 영업장 부지배인

식당 지배인을 보좌하며 영업장 운영관리, 직원의 근퇴 관리, 교육훈련, 대고객 서비스 관리를 주업무로 하며, 지배인 부재 시 대리 업무를 수행한다.

❺ 캡틴

식당 지배인을 보좌하여 최일선 접객 책임자로서 직원들의 근태 상황, 위생상태 점검, 서비스 관리 등의 업무를 수행한다.

❻ 웨이터/웨이트리스

식음료 서비스의 중심 역할을 담당하는 직책으로 캡틴을 보좌하고 주문된 식음료를 직접 취급하여 고객에게 제공하며 각 책임 구역의 준비 및 정돈, 영업 준비 등을 한다.

❼ 소믈리에

와인을 전문적으로 다루는 직무를 수행하며, 식사에 어울리는 와인을 추천하고 서브하며, 와인의 진열과 재고를 점검한다.

❽ 바텐더

음료를 담당하며 칵테일 조주, 음료판매 및 서비스, 음료 진열과 재고를 점검한다.

❾ 아울렛 수납원

고객의 식음료 가격을 계산하여 요금을 수수하고 그 날의 영업 실적을 지배인에게 보고한다. 캐셔는 고객을 맞이하는 최종적 단계로 밝은 미소와 깨끗한 용모로 전 업장의 이미지에 긍정적인 영향을 주어야 한다.

❿ 안내원

지배인, 부지배인의 업무를 보좌하며, 당일 예약을 관장하고 고객의 영접 및 테이블의 적절한 안내 역할을 수행한다.

그림 7-1 식음료부서의 조직도

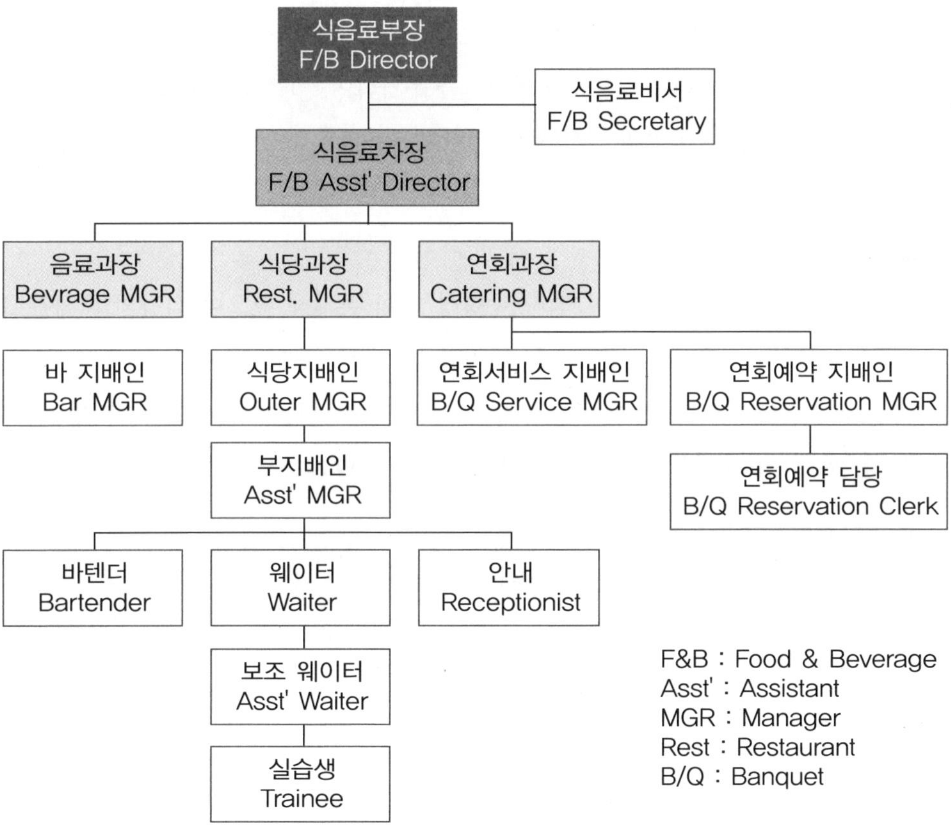

3. 레스토랑(식당)의 개념

1) 어원 및 정의

레스토랑(Restaurant)이란 어원은 프랑스의 대백과사전(Larouse Duxxe Siecle)에 의하면 'De Restaurer' 란 말로부터 시작되었다고 한다. 본래 이 Restaurer란 단어의 의미는 "수복한다. 재흥한다. 기력을 회복시킨다."라는 뜻으로 피로한 심신을 원상으로 회복시킨다는 의미를 지니고 있다. 따라서 이 단어가 주는 뜻은 영양 있는 음식물을 섭취하고 휴식을 취함으로써 건강을 회복시켜 원기를 되찾는다는 의미이다.

미국의 Webster 사전에는 "대중에게 공개하여 식음료를 제공하는 시설물, 즉 대중들이 식사하는 집"으로 정의 하고 있으며 일반적으로 사람들에게 식사를 제공하는 공중의 시설, 정가판매점, 일품요리점으로서 음식물과 휴식장소를 제공하고 원기를 회복시키는 장소로 정의 한다.

호텔레스토랑은 "영리를 목적으로 하는 호텔의 한 부대시설로서, 일정한 장소에 일정한 시설을 갖추어 놓고 음식물에 서비스를 부가하여, 지불능력이 있는 고객에게 제공하고 그 대가를 받는 공공의 시설"로 정의할 수 있다.

2) 역사

인류의 역사와 먹고 마시는 역사는 항상 같이 존재해 왔으며 식당의 역사는 고대 B.C.512년경 이집트에서 시작된다. 하지만 이 당시에 제공된 음식은 극히 단조로운 Cereal, 들새고기, 양파 등이 주를 이루었으며, 어린아이는 보호자의 동반 없이는 출입이 불가능하였다고 한다. 특히 여자아이는 출입이 불가능하였으며, 결혼한 후에나 출입이 가능하였다고 한다.

로마시대에는 kala kala라는 큰 대중목욕탕의 주위에 식당이 있었다고 한다. 그리고 같은 시대에 여행자들을 위한 수도원, 사원 등에서도 식사와 숙박을 제공하였다고 한다.

영국에서는 12세기경 선술집(Public house) 같은 곳이 있었으며, 1650년에 영국에 최초로 커피하우스가 옥스퍼드에 개업을 하는 등 고정가격으로 점심과 저녁을 제공받을 수 있는 간이식당이 도처에 생겨나기 시작했다.

프랑스에서는 1765년에 Mon. Boulanger이라는 사람이 'Restoratives' 란 스프를 개발하여 인기가 상승하는 과정 중에 'Restaurant' 이란 말이 정착하여 현대의 레스토랑이라는 용어가 생기게 되었다는 설도 있다.

일찍이 세계문명발상지 중의 하나인 중국은 6세기경에 식경이라는 전문서적을 발간하여 식당의 발전에 효시를 주었다.

중국의 요리가 이탈리아로 전파되고, 이탈리아 요리가 프랑스로 전파되어 현재에 이르고 있다. 우리나라의 경우 1398년 태조 7년 이태조가 승교방(지금의 명륜동)에 성균관 건물을 준공하고 유학을 강의하는 명륜당을 두었는데, 이곳에 유생들이 거처하고 공부하는 양재(兩齋)라는 기숙사에서 선비들에게 식사가 제공되는 방을 일컬어 식당(食堂)이라 비로소 부르게 되었다.

4. 메뉴의 어원 및 정의

메뉴(Menu)는 우리말로 '차림표' 나 '식단' 이라고 부르며 불어의 'Carte', 영어의 'Bill of Fair', 스페인어의 'Minuta', 일어의 '곤다데효', 중국어의 '채단자' 등으로 불리고 있으나, 'Menu' 란 말은 세계 공용어로 통용되고 있다.

메뉴의 어원은 라틴어의 Minutus에서 기원되었으며 영어의 Minute에 해당되는 말로서 "상세히 기록하다"라는 의미를 지니고 있다.

메뉴의 정의를 웹스터사전(Webster' s Dicionary)에서 찾아보면 "A detailed list of the foods served at a meal"로 되어 있고, 옥스퍼드사전(The oxford Dictionary)에서는 "식사로 제공되는 요리를 설명한 상세한 표"라고 표현되어 있다. 따라서 메뉴란 식당에서 고객에게 제공하기 위한 상품의 가격과 품목을 계획하여 고객이 상품을 구입하는데 필요한 조건과 정보를 기록한 목록표이기도 하다.

또한 식사를 서비스하는 식당에서 상품자체의 설명과 가치증진을 위하여 필요한 것이고 식당영업의 이윤과 직결되며 고객의 육체적, 정신적 만족을 증대시켜 주기 위해서 제공되는 품목과 형태를 체계적으로 구성해 놓은 차림표를 말한다.

또 메뉴는 구매, 수요 등의 식음료 관리 시설 및 장비의 배치 공간의 분배, 식음료 조직, 생산성, 서비스, 원가관리, 최종수익에 걸쳐 모든 분야에 영향을 미친다. 룸서비스의 메뉴는 투숙고객을 대상으로 제공될 음식을 효과적이고 정확하게 선택할 수 있도록 하는 판매수단이다.

■전자 메뉴판

5. 메뉴의 중요성

1) 약속서류

메뉴는 고객과 레스토랑과의 무언의 약속이다. 고객이 음식을 주문할 때 메뉴를 보고서 주문을 함으로써 레스토랑 측의 성실한 제안과 고객 측의 동의로 약속이 성립되기 때문에 메뉴에 제시한 품목이 나오지 않으면 고객과의 약속을 위반하는 것이다. 따라서 식재료의 수급상 문제나 기타 제반사항은 메뉴를 제공하기 전에 충분히 고지해서 고객과의 무언의 약속을 반드시 지켜야 한다.

2) 판매수단이며 상품목록표

메뉴를 어떻게 계획하고 도안하며 특정품목을 어디에 배치할 것인가 또는 칼라사진을 첨부하거나 식욕을 자극할 수 있는 메뉴 문구(Menu copy)의 활용 여부에 따라 판매에 크게 영향을 미치게 된다. 따라서 메뉴에 대해 많은 지식을 가진 전문가에 의해 계획되고 도안, 작성되어야 한다.

3) 레스토랑의 얼굴이며 상징

오디오는 음질로, 책은 내용으로, 비디오는 화질로 평가된다면 식당의 메뉴도 당연히 그 식당의 고객에 의해서 평가되어야 한다. 주요 고객층의 수준이나 실내디자인, 분위기 등이 어우러져 식당 전체의 이미지를 형성하게 된다.

4) 레스토랑의 경영자료

메뉴의 변천과정을 체계적으로 정리해두면 고객의 선호도 변화와 식재료 수급의 변화, 가격동향, 레스토랑 이미지의 변화 등 많은 정보가 함축되어 있기에 과거와 미래를 연결하고 미래의 전망을 가능케 하는 경영자료로도 활용할 수 있다.

5) 매뉴얼

메뉴가 결정됨으로써 작업의 표준화와 능률적인 작업수행이 가능하며 내부통제의 수단이 된다. 매뉴얼(Menual)화의 이점은 품질관리와 품질향상이 용이하며, 초보자의 교육효과를 높이는 업무효율이 좋아질 뿐만 아니라 인건비도 절약되며, 위생관리상 바람직하다.

6) 요리연구와 신메뉴 개발의 자료로 활용

어떤 음식재료를 가지고 이런 방법으로 조리할 때는 고객의 반응이 이렇고, 이런 종류의 향신료를 사용할 때는 고객의 반응이 저렇더라, 따라서 다음에는 이러한 방법과 향신료를 사용해 신메뉴 개발 등의 연구자료로 활용이 가능하다.

6. 메뉴관리

1) 메뉴의 기능

예전에는 경영자들이 메뉴계획이라는 것을 그렇게 중요하지 않은 것으로 여겨 왔으나 사실상 메뉴는 식음료 부서에 있어서 중요한 경영도구로 볼 수 있다. 메뉴는 판매를 위한 목록표가 아니라 판매를 촉진하는 도구로서의 기능을 하고 있는 것이다. 메뉴는 가장 먼저 고객의 필요와 욕구를 충족시킴과 동시에 수익성을 고려해야 한다.

메뉴관리의 영역은 메뉴계획과 메뉴의 분석, 가격결정 등이 주요영역으로 볼 수 있다. 이러한 메뉴는 무엇을 어떻게 만들가 하는 것인가를 결정짓는 요소로 다음과 같은 기능을 하고 있다.

❶ 메뉴는 필요한 시설구조와 공간, 입지를 결정한다

한식집과 패스트푸드점은 서비스를 제공하는 방법, 객석의 구조, 시설 등을 달리하고 있으며, 공간의 구성, 입지 조건 등도 각기 달리하고 있음을 알 수 있다.

❷ 메뉴는 필요한 인력과 숙련도를 결정한다

메뉴의 종류에 따라 주방에서 필요한 인력 및 숙련도, 서빙 등을 담당하는 인력과 인원수를 결정한다.

❸ 메뉴는 필요한 설비기기를 결정한다

다양한 주방설비와 편의 기기, 집기 등은 메뉴의 종류에 따라 달라진다.

❹ 메뉴는 구매해야 할 식자재의 항목을 결정한다

메뉴의 종류에 따라 식자재의 구분이 가능하다. 즉, 어떠한 음식이 메뉴에 의해서 제공되는 가에 따라서 그 음식을 만들 식자재의 항복이 결정되는 것이다.

❺ 메뉴는 서비스 영역의 공간과 실내장식을 결정한다

셀프서비스를 주로 하는 10대 후반에서 20대 대상의 페스트푸드점은 적은 공간에 비교적 많은 객석을 필요로 하지만 고급 레스토랑의 경우 넓은 공간과 우아한 실내장식이 우선시된다.

❻ 메뉴는 원가관리 절차를 결정한다

식자재의 원가 및 노동, 자본 등의 원가는 메뉴에 따라 다르며, 메뉴분석으로부터 원가관리는 시작이 된다.

❼ 메뉴는 생산요건을 결정한다

메뉴는 어떤 날 어떻게 조리할 것인가라는 작업의 흐름과 준비시간 및 제공시간과 수량 등을 결정하는 요소이다.

❽ 메뉴는 서빙 요건을 결정한다

메뉴는 어떠한 음식이 어떻게 고객에게 서빙이 되어야 하는지 그 요건을 결정한다.

2) 메뉴의 조건

(1) 경영자 측면

❶ 메뉴개발은 그 식당의 목표와 목적을 반영하고 있어야 하고 그 식당에 음식서비스의 존재를 위해 필요한 것을 반영할 수 있어야 한다.

❷ 예산이 아주 중요한 요인이 되는데, 예산은 음식 판매로부터의 소득과 음식원가 비율에 따라 달라지며 따라서, 음식판매로부터의 소득은 고객의 가처분소득, 시설의 위치, 서비스의 유형과 다른 결정요인에 따라 달라야 한다.

❸ 납품시장 상황 즉, 원재료의 수요와 공급의 측면, 계절적인 변동 등도 고려해야 한다.

❹ 물리적 시설과 장비로 이용 가능한 주방비품의 크기와 수용력 등도 고려해야 한다.

❺ 기술을 필요로 하는 메뉴개발은 직원의 능력과 조리를 위해 이용 가능한 직원의 수(인건비)도 고려되어야 한다.

❻ 메뉴개발은 음식조리와 서비스의 하부시스템유형(서브시간)도 고려되어야 한다.

(2) 소비자 측면

❶ 영양을 고려해야 되는데 균형적인 영양음식 제공과 고객별(연령, 성별, 비만(비비만형), 건강(비 건강)형 등)로 세분화시켜, 그 타깃에 맞는 영양가 있는 메뉴를 개발해야 한다.

❷ 식생활 습관과 음식 서비스 선호도도 고려되어야 하는데 내적인 요인으로 모양, 색깔, 냄새, 질감, 온도, 맛, 제시되는 방식, 제공되는 온도, 담는 방식 등과 외적인 요인으로 어느 곳인가(입지적인) 하는 환경, 소비될 상황의 기능과 광고, 홍보, 식사시간과 계절 등이 되겠다.

❸ 생물학적, 생리학적 및 심리학적인 요인 등도 고려 대상이다.

❹ 인적요인으로 기대수준, 타인의 영향과 식욕 분위기와 정서, 가족상황, 교육수준도 고려 대상이다.

❺ 이 밖에 사회, 경제적인 요인과 문화와 종교적인 요인도 고려 대상이 된다.

(3) 음식 측면

❶ 음식 색깔은 관심과 식욕을 촉진시키는데 기여한다.

❷ 음식 질감과 형태는 다양성을 제공하여 주고 음식에 대한 고객의 관심을 자극시켜 준다.

❸ 음식 농도는 메뉴의 점도와 밀도의 정도를 말하는데 다양성을 제공한다.

❹ 음식 맛은 아주 중요하며 단맛, 쓴맛, 짠맛 등의 간을 잘 가미 또는 혼합 시 독특한 맛을 창출할 수도 있어 고객 특성에 잘 맞출 수 있도록 고려해야 한다.

❺ 음식 조리방법과 서빙 시 온도, 시각적인 효과를 위한 제시 방법도 아주 중요한 포인트가 된다.

7. 메뉴 계획 시 고려사항

레스토랑에 있어서 메뉴는 식음료사업의 경영자와 수요자인 고객을 연결해 주는 역할을 한다. 따라서 메뉴는 수이성 있는 경영성과를 위한 중요한 요소가 된다.

그러므로 성공적인 메뉴란 경영조직에 대해 이윤을 창출시킬 수 있고 고객의 욕구를 충족시킬 수 있는 방향으로 내용과 외양을 갖추어야 한다.

메뉴계획 시 고려하여야 할 사항은 다음과 같다.

첫째, 메뉴의 계획은 기본적으로 표적시장의 필요와 요구(Needs & Wants), 즉 세계 각국에서 온 객실 투숙 고객들의 요구가 기본 바탕이 되어야 하고 그에 따라 좀 더 고객을 유인할 수 있는 마케팅 계획, 즉 투숙고객의 구매에 맞는 품목으로 구성되어야 한다.

둘째, 특1등급 호텔의 경우, 객실에 투숙한 고객들이기 주고객이기 때문에 약간의 고급스런 분위기와 건강 분위기, 신속하고 신선한 고급서비스가 진행되도록 계획하여야 한다.

셋째, 메뉴는 신선한 품목, 계절성을 고려한 품목, 이용고객층을 고려한 품목, 건강을 고려한 품목으로 구성되어야 한다.

넷째, 고객의 구매결정과 판매를 자극하고 고객 단가에 영향을 줄 수 있는 디자인이어야 한다.

다섯째, 종사원의 업무수행 능력과 고객이 편안함을 느끼는 서비스 형태가 반영되어야 한다. 지배인은 자신이 판매하고자 하는 품목이 아니라 고객이 구매하고자 하는 품목을 제공하기 위해 특별한 고객을 파악하여 우선 고려하여야 한다.

여섯째, 고객의 변화하는 욕구를 파악하기 위해 메뉴 품목에 대한 선호도를 측정하고 경쟁 호텔의 메뉴 내용과 경영분석을 통하여 호텔별 투숙 고객의 요구와 기호를 파악하여야 한다.

일곱째, 판매에 따른 개별적이고 전체적인 수익성의 맥락에서 고려하여야 하고 메뉴 품목에 대해 구입 가능한 상태를 알아야 하며 그 상품에 대한 이익과 비용을 고려하여 메뉴의 비용 분석을 하여야 한다.

여덟째, 장비의 이용과 장비의 수에 따라 조리사들의 작업 부담을 덜어 줄 수 있는 선을 감안하여야 하며 조리장의 능력과 주방설비의 수용 능력에 의해 계획되어야 한다.

아홉째, 다양한 수준의 영양요소가 고려되어야 하고 저콜레스테롤, 저염분, 저칼로리 메뉴를 계획하여야 하며 영양과 건강이 메뉴 품목에 반영되어 맛, 색깔, 조리법 등이 조화되어 가능한 한 많은 사람의 구미에 맞아야 하고 너무 많은 품목은 조리 생산의 많은 문제를 발생시키므로 품목을 제한해야 한다.

8. 식자재 관리와 원가관리

1) 식자재 관리

식자재의 관리는 식음료 부서의 영업에 필요한 식자재의 분류와 구매, 보관, 입 · 출고 등에 이르는 전 과정을 이야기한다. 식자재 관리란 구매규격에 적합한 식자재의 최저가격도입과 적정재고수준의 유지 및 보관상의 신선도유지, 필요한 식자재의 적기출고와 재구매 시점, 구매량의 합리적 설정 등으로 외식업소에서 제공하는 메뉴의 품질과 원가비용의 문제를 함께 해결하는데 그 의의가 있다.

이러한 식자재 관리가 필요한 이유는 다음과 같이 들 수 있다.

- 제공메뉴의 품질수준과 구매규격에 따른 식자재 기준의 설정
- 낭비요소의 사전제거 및 검품 · 검량과 책임관계의 명확화
- 저장시설의 유용성 극대화와 재고수준의 조절

• 구매량, 구매시점, 저장문제 등 식자재 재고관리시스템의 확립
• 원가 통제와 목표이익의 추구
• 분리된 주방업무의 경영관리영역으로의 흡수

이러한 식자재의 관리상에서는 몇 가지 식자재의 입 · 출고와 저장에 대한 원칙이 있다.

❶ 저장위치 표시의 원칙

식자재의 저장위치를 규정하여 물품별 정리규정에 따라 누구든지 필요한 식자재를 찾을 수 있도록 구분한다.

❷ 분류저장의 원칙

식자재를 최상의 상태로 저장하는 저장기준에 따라 식자재를 분류하여 저장을 하는 것이다.

❸ 품질유지의 원칙

일반적인 식품별 적정 저장온도와 습도, 저장기간 등을 식자재에 적용하여 메뉴제공에 문제가 되지 않도록 식자재의 품질을 유지하는 것이다.

❹ 선입선출(FIFO)의 원칙

식품의 특성을 고려하여 식자재의 관리는 선입선출을 이용한다. 특히 변질이 쉬운 식자재와 유효기간이 설정되어진 식자재의 관리에 유의한다.

❺ 공간활용의 원칙

식자재의 저장과 관리는 위에서 언급한 선입선출이 가능하도록 하며, 동선이라는 요소도 중요하게 고려를 하여야 한다.

식자재의 관리에서는 이러한 저장과 입 · 출고 외에도 위생관리의 측면을 많이 고려해야 한다. 위생관리는 식자재의 관리에 있어서 빠져서는 안 될 것이다.

위생이란 사람의 건강을 유지하게 해주는 가장 중요한 조건이라고 할 수 있다. 식품안전사고의 위협은 곳곳에 잠재되어 있으며, 위생관리에 있어서 식음료 부서는 많은 신경을 써야 할 것이다. 식음료 부서에서의 대형 사고는 그 기업의 사회적 신용도를 떨어뜨릴 뿐만 아니라 막대한 피해를 입히게 된다. 그러므로 고객에게 제공되는 식음료 자재는 철저한 위생관리가 필요하다고 할 수 있다.

이러한 위생관리의 목적은 주방에서 다양한 식용 가능한 식품을 취급하여 음식상품을 고객에게 직접 제공하는 과정에서 일어날 수 있는 식품위생의 위해를 방지하고, 고객의 안전과 쾌적한 식생활을 보장하는데 있다. 이러한 위생관리는 HACCP(Hazard Analysis Critical Control Point)라는 시스템을 통해서 관리를 하고 있는 것을 볼 수 있다.

2) 원가관리

성공적인 식음료 경영을 위해서는 효율적인 식음료 원가관리제도가 전제된다. 일반적으로 대부분의 기업에서는 원가계산제도와 원가관리제도의 개념의 병립과 실무상의 병합을 실행함으로써 효율적인 경영관리가 가능하도록 하고 있다.

미국의 회계학회에서 발표한 원가계산의 목적은

- 회계설정을 위한 목적의 원가수치 제공
- 관리목적을 위한 원가수치 제공
- 재무제표 작성 등 기타 목적을 위한 원가수치의 제공이다.

원가수치의 제공의 목적은 원가의 계산기능에 의한 것이며, 계획의 수립과 관리의 목적으로 그 수치를 사용하는 기능 자체는 원가의 관리기능인 것이다. 다시 말해서 원가계산 자체가 목적이 될 수 없으며, 다만 원가관리를 위한 수단적 및 과정적 기능에 불과하다 하겠다.

실제로 원가를 관리하는 데는 다음의 두 가지 주제에 초점을 맞추는 것이 좋다.

첫째, 원가를 현재의 수준에 유지하는 데 제반 노력이 필요하나, 더욱 중요한 원가관리의 목표는 원가의 인하이다.

둘째, 원가를 통제함으로써 그 관리의 목적을 추구하는 것보다는 오히려 올바른 원가계산을 통한 정확한 자료수치나 정보에 의해 계획의 기능을 강화하는 방향으로 관리의 목표를 두는 것이 바람직하다.

❶ 원가관리에 있어서 절차의 필요성

원가관리를 하는 데에 있어서는 하나의 절차를 통해서 관리를 통해서 하는 것이 필요하다. 식음료 원가를 관리하는 경영자는 구입에서 판매하는 이르기까지의 상품의 움

직임에 따른 기능을 잘 파악하여 단계마다 능률적인 원가관리를 하도록 해야 한다. 이러한 식음료의 원가관리는 식음료 콘트롤의 단계에서 이루어질 수 있다. 식음료 컨트롤의 단계는 '구매 → 검수 → 저장 → 출고 → 준비 → 생산 → 저장 → 판매 → 분석 → 환류 → 구매' 의 과정이라고 볼 수 있다.

제2절 호텔식음료 서비스 업무

1. 식음료 서비스 형태와 방법

1) 테이블 서비스

테이블 서비스는 음식 서비스의 가장 전형적인 서비스의 형태로 전채, 주요리, 후식의 순서로 고객이 메뉴를 살펴 보고 주문에 따라 직원이 요리를 제공하는 방법으로 호텔이 갖고 있는 호화로운 분위기와 높은 객단가, 그리고 최상의 서비스를 고객에게 제공함으로써 만족도를 높이는 레스토랑을 말한다. 테이블 서비스의 종류는 서비스 방법에 따라 프렌치 서비스 (French Service), 러시안 서비스(Russian Service), 아메리칸 서비스(American Service)로 나눌 수 있다.

(1) French Service

시간적인 여유가 많은 유럽의 귀족들이 품위 있고 고급스런 분위기를 즐기던 전형적인 서비스로서 화려하고 정중하여 주로 고급식당에서 제공되고 있는 서비스이다.

French Service의 특징

❶ 모든 서비스는 고객의 오른쪽에서 오른손으로 한다.

❷ 요리는 쉐프 드 랭에 의해서 준비되며, 꼼미 드랭이 서브한다.

❸ 조리와 서비스를 겸비한 숙련된 직원이 요구되므로 인건비 지출이 높다.

❹ 남은 음식을 적정온도로 유지시키며 오랜 시간 서비스할 수 있다.

❺ 서비스 제공 시간이 길기 때문에 많은 고객을 서비스할 수 없다.

❻ 알라까뜨(A La Carte) 메뉴를 전문으로 제공하는 레스토랑에 적합한 서비스이다.

❼ 게리동[1]을 사용할 수 있는 영업장의 충분한 공간확보가 필요하다.

❽ 고객의 식사가 끝나기 전에는 테이블 정리를 하지 않는다.

(2) Russian Service

1800년 중반에 유행한 서비스로서 실버 서비스, 플래터 서비스라고도 한다. 생선이나 가금류를 통째로 조리하여 아름답게 장식한 후, 고객에게 서브되기 전에 사이드 테이블에 전시함으로써 식욕을 돋게 하는 효과를 노린 것에서 유래되었다.

Russian Service의 특징

❶ 한 명의 서비스직원이 필요하고, 프렌치 서비스보다 시간이 절약된다.

❷ 많은 고객이 동일한 음식을 먹는 연회 서비스에서 많이 사용된다.

❸ 프렌치 서비스에 비해 특별한 준비기물이 필요하지 않다.

❹ 마지막 고객은 나머지 음식을 제공받기 때문에 식욕을 잃기 쉽다.

❺ 식탁의 마지막 고객에게 제공할 음식이 부족할 수 있다.

❻ 모든 요리가 주방에서 플래터에 모양 있게 준비된다.

❼ 플래터에 담겨진 요리가 뜨거운 것일 때는 따뜻한 접시를 사이드 테이블에 준비한다. 따뜻한 빈 접시를 고객의 오른쪽에서 오른손으로 암타올을 사용하여 세팅하고, 웨이터는 왼손에 플래터를 들고 오른손으로 음식을 서브한다.

(3) American Service

프렌취. 러시안 서비스와 달리 형식보다는 편의를 위주로 한 서비스 방법이다. 아메리칸 서비스는 음식을 직접 운반하여 고객에게 서브하는 Plate Service와 고객이 많을 때 음식이 담긴 접시들을 트레이를 사용하여 사이드테이블까지 운반 후 고객에게 서비스하는 Tray Service로 구분된다.

American Service의 특징

❶ 음식 맛에 대한 고객의 욕구를 충족시키기 어렵다.

❷ 고급레스토랑보다는 좌석회전이 빠른 레스토랑에 적합하다.

---

1) 주방에서 고객이 요구하는 종류의 음식과 그 재료를 카트(cart)에 싣고 고객의 테이블까지 와서 고객이 보는 앞에서 직접 조리하여 제공하는 서비스 형태이다.

❸ 주방에서 미리 음식이 접시에 담겨져 제공된다.

❹ 서비스의 속도를 높일 수 있다.

❺ 적은 인원으로 많은 고객을 서비스할 수 있다.

❻ 음식의 적정온도 유지관리가 어렵다.

2) 셀프/카운터/뷔페 서비스

(1) Self Service

셀프 서비스는 카페테리아나 뷔페에서처럼 고객 스스로 음식을 운반하여 식사를 하는 서비스 방법이다. 셀프 서비스가 원칙이지만 카빙이 필요한 음식은 조리사에 의해 서비스되며, 스프와 음료를 웨이터가 제공하기도 한다.

셀프서비스의 특징

❶ 자신의 기호에 맞는 음식을 선택하여 양껏 식사를 할 수 있다.

❷ 신속하게 식사를 할 수 있다.

❸ 식사가격이 비교적 저렴하다.

❹ 고객의 불만이 적다.

❺ 적은 직원 수의 활용으로 인건비가 적게 든다.

❻ 좌석회전이 빨라 매출액이 증진된다.

❼ 시스템화된 주방시설을 갖추고 있어서 위생적인 식사가 제공된다.

❽ 외국의 경우에는 봉사료의 지불이 없다.

(2) Counter Service

카운터 서비스는 고객이 조리사와 붙어 있는 카운터를 식탁으로 사용하면서 직접 조리하는 모습을 지켜 보며 식사할 수 있는 서비스 방법이다. 따라서 카운터 서비스는 음식을 신선하고 빠르게 제공할 수 있으며, 고객이 보는 앞에서 조리하므로 시각적 서비스를 높임으로써 고객의 만족도를 높일 수 있고 좌석회전율이 높은 편이다.

(3) Buffet Service

뷔페 서비스는 긴 식탁 위에 있는 잘 차려진 음식 중에서 자신이 먹고 싶은 음식을 선택하는 서비스방법을 말한다. 고객 스스로 샐러드나 드레싱을 선택하고, 몇 가지 메뉴품목은 조리사에 의해 제공되기도 한다. 서비스 직원은 음료수와 후식만을 제공하거나 전채와 스프를 테이블에 직접 제공하기도 한다.

Buffet Service의 특징

❶ 음식을 보기 좋게 진열해야 하고, 기타 음식관리에 세심한 주의를 기울여야 한다.

❷ 음식이 신선하고 완전하게 유지되도록 관리해야 한다.

❸ 한 번에 많은 고객을 서비스할 수 있다.

2. 룸서비스(Room Service)

1) 룸서비스의 특성

룸서비스의 특성은 전체적으로는 식음료 부서에 속해 있기 때문에 F&B상품과 비교하여 다른 특성만을 살펴보기로 한다.

일반적으로 룸서비스라 함은 호텔 투숙객에게 그들의 욕구와 편익을 위해 식음료와 무형의 가치인 서비스를 객실까지 운반하여 제공하고 그 대가를 받는 일련의 행위라고 규정했을 때 식음료 상품을 투숙객의 객실에 케이터링(Catering)[2]서비스하는 것이 가장 큰 특징이라고 할 수 있으며, 그 구체적 특성은 다음과 같다.

- F&B부서의 다른 영업장, 즉 한식, 중식, 일식, 양식 식당처럼 뚜렷한 단일메뉴로 구성되어 있는 것이 아니라 한 · 중 · 일 · 양 · 이탈리아식의 일부품목(필수적 고객 선호품목)들이 고객들의 욕구에 맞게 다양한 메뉴로 구성되어 있다.
- 다른 식음료 영업장에 비해 24시간 주문을 받는다.
- 호텔 객실에 투숙한 고객만을 대상으로 판매가 이루어진다.
- 고객 주문만 받는 주문 주문자(Order taker)가 존재한다.
- 전화상으로만 주문을 받는다.
- 전화상으로 주문받기 때문에 보이지 않는 고객의 욕구조정(Control)이 어렵다.
- 서비스 동선이 길어 서비스 시간이 오래 걸린다.
- 종사자의 서비스 장소가 객실이므로 서비스 감독(Supervision)이 어렵다.

2) Supply(공급하다)의 의미를 내포하고 있다.

• 비교적 고가의 상품을 판매할 수 있다.
• 다른 식음료 영업장에 비해 분위기나 무드(Mood)의 조성이 곤란하다.
• 추천이나 제안 판매가 어렵다.
• 일반고객을 대상으로 광고선전(Advertisement)하기가 곤란하다.

이외에도 다른 F&B 영업장에 비해 고객심리 변화에 능동적인 대처가 곤란하기 때문에 고객 불만(Complaints)이 자주 발생한다.

2) 오더 테이커(Oder taker)

룸서비스는 관광진흥법상 관광객 이용시설업 중 일반 음식점으로 분류되며 관할행정 관청에서 식품위생법 22조 제1항, 동법 시행규칙 22조의 규정에 의거 식품접객업의 영업을 허가한다고 되어 있다. 호텔 내 객실과 밀접한 관련을 가지고 있으며 식음료 부서의 단위 영업장으로써 연회부서 및 각 식당과 함께 호텔에 없어서는 안 될 중요한 위치를 차지하고 있다.

객실투숙 고객으로부터 유선 전화를 받는 주문 접수자를 'Room Service Order-taker' 라고 하며 고객 주문 시 객실번호와 주문내용을 기록한 후 예의바른 어조로 복창하고 주문에 대한 감사의 인사를 한 다음, 기록된 장부에 의해 계산서(Bill)를 발행하고, 발행된 계산서를 입력(Posting)하는 과정을 '오더 테이킹(Order-taking)' 이라고 한다. 따라서 외국어에 능숙하지 못한다던지 예의 바른 어조와 태도, 상품지식 등이 부족하면 고객과의 충분한 대화를 할 수 없기 때문에 매출액에 기여를 하지 못하고 또한 판매는 고객의 주문으로부터 이루어지기 때문에 룸서비스 조직원 중 오더 테이커(Order-taker)의 기능이 가장 중요하다고 볼 수 있다.

그림 7-2 Orer taking 과정

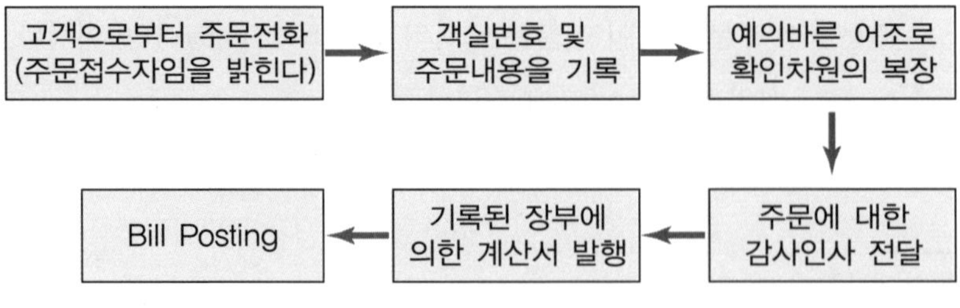

3) 오더 테이크(Room Service order take) 방법

(1) 전화 서비스의 유의사항

- 전화벨이 3번 이상 울리지 않도록 한다.
- 모든 전화내용은 빠짐없이 Order Sheet에 기록한다 : 고객이름, 객실번호, 식음료 주문 내역, 식사할 고객의 수, 주문한 시간을 적는다(정확하고 신속한 서비스를 확실히 하기 위해 읽을 수 읽게 기록하며, 중요하지 않는 것이라도 고객이 언급한 내용은 모두 적는다).
- 전화를 끊기 전에 고객의 주문을 필히 반복하며 정확한 서비스 시간을 말한다.
- 룸 서비스 메뉴에 나와 있지 않은 음식이나 특이한 음식을 주문할 때는 반드시 주방에 먼저 확인한다.
- 자주 오시는 고객일 경우는 그 고객의 음식기호를 알아두도록 하며, Log Book에 기록한다.
- 실수 또는 주문이 늦어질 경우 충분히 사과한다.
- 적당한 끝맺음 말을 사용해야 한다. 아무런 끝맺음 없이 고객보다 수화기를 먼저 내려놓지 않는다.
- 긍정적인 생각을 갖도록 한다. "NO"라는 대답을 하기 전에 고객의 특별 주문에 대해서 주방에 확인 후, 가능한 한 서브할 수 있도록 한다.

(2) 추천(Suggestive)판매

- 객실 내에 비치된 각 업장의 프로모션(Promotion) 상품에 대한 안내와 룸서비스 메뉴에 대해 해박한 지식을 가지고 있어 각 음식에 적당한 후식 또는 음료수를 추천 제안할 수 있도록 한다.
- 목소리에 미소를 담고 긍정적인 태도와 목소리의 안정된 톤을 항상 유지하도록 한다.

(3) 미니바(Mini-Bar)

미니바에 있는 아이템을 주문할 때는 계산서를 작성하지 않고 미니바에 직접 전화하여 비치할 수 있도록 한다.

(4) 과일 바구니

고객이 과일 바구니를 객실로 배달하기를 원할 경우 룸서비스에 인계한다.

(5) BILL POSTING

- Normal Bill, Official Bill[3], ENT Bill[4]을 구별한다(Normal Bill을 제외한 다른 계산서는 아이템을 기입한 후 포스팅하지 않고 바로 룸서비스로 인계한다).
- 객실번호, 수량, 아이템을 정확히 포스팅한다.
- 고객의 기호에 따라 특이한 주문이 있을 시에는 주방에 먼저 가능한지 확인한 후에 계산서에 포스팅한다.
- 주문한 식사의 각 업장(룸서비스를 제외)에 전화하여 미리 준비할 수 있도록 한다.
- 다른 업장의 음식을 주문할 때는 음식가격에 10%의 배달요금(Delivery charge)을 포함하여 포스팅한다.

(6) TRAY PICK-UP

객실에서 고객이 그릇을 치워달라는 요청이 있을 때는 룸서비스에 연락하여 바로 조치할 수 있도록 한다.

3. 호텔식음료 서비스 업무준비

식음료 서비스 업무는 신속, 정확, 친절을 사명으로 하여야 하며, 통신비밀을 엄수할 것을 원칙으로 한다.

모든 직원은 근무시간 10분에 도착하여 정확한 인수인계 및 호텔현황을 파악하기 위하여 Log Book[5]을 읽고 서명을 하고 교대 근무자가 모두 모여 간단한 회의를 통하여 업장 지배인 또는 인수 관리자로부터 모든 인수인계가 정확히 확인된 후 업무를 시작한다.

관리자는 객실 예상점유율을 확인하여 객실현황을 파악한 후 적절한 직원을 배치하여 고객서비스에 차질이 없도록 하고, 객실별로 예약상황을 확인한다.

---

3) 업무상 이용한 경우 작성하는 계산서
4) 접대 및 판촉 목적으로 이용한 경우 작성되는 계산서
5) 그날의 주요 업무 및 지시사항을 작성하여 업무 교대 시 착오가 없도록 기록해 놓은 대장

주요 준비점검 사항은 [표 7-1]과 같다.

표 7-1 호텔식음료 부문 주요 업무 준비사항

준비 항목	준비 내용
준비물	서비스 표준항목에 있는 사용기자재 확보
준비작업	상급자로부터 받은 주요업무지침을 수령, 그날의 일정 및 계획점검
업장이상유무	업장 내의 이상 유무를 확인하고 점검한다.
청소상태	위에서 아래로 식당 입구에서 back side쪽으로 한다.
물건창구 및 수령	세척 및 비품, 소모품을 확보
셋팅(setting)	기본 셋업을 한다.
Silde Board	정리정돈과 보충 작동여부 확인
포도주	메뉴에 있는 것을 모두 확보
메뉴	항상 청결하며 이상 유 · 무 확인
예약기록부	전 직원에게 테이블 지정과 고객을 알려준다.
P.O.S.	전원스위치 및 shift 상태 점검
Wine Celler	와인 유무 및 온도 점검
Linen	Table cloth와 냅킨확보 및 상태점검
Center Piece	테이블 위에 놓여지는 성냥, 꽃, 소금, 후추상태 확인
주방	기물 정리정돈
Cordial Cart	Liquor 유무 확인
Coffee Machine	전원 스위치 확인, 청결유지 및 작동이상 유무상태 점검
테이블 배치	예약장부의 목록과 테이블 인원 셋업의 확인 및 예약 Stand를 놓는다.
게시판 공고	모든 공문을 전 직원에게 알린 후 게시판에 부착 공고한다.

4. 식음료 서비스 절차

1) 전화 서비스

(1) 행동

- 세 번 이상 벨이 울리지 않도록 즉시 받는다.
- 수화기를 들면 먼저 감사의 말, 업장명, 이름을 밝히고 고객의 성함과 용건을 듣는다.
- 필기구, 메모지를 준비하여 즉시 메모한다.
- 고객의 용건은 메모하고, 어려운 점은 납득이 가도록 공손히 여쭈어 보고 착오를 방지하기 위해 항상 확인한다.
- 표준어와 경어를 사용하며 애매한 답변은 하지 않는다.
- 메시지 전달을 의뢰받았을 경우 메모하여 전달한다.
- 전화를 끊을 때는 상대방의 신호를 확인한 다음 수화기를 놓는다.

(2) 언어

- 안녕하십니까? (어디)의 (누구)입니다[(Good morning(afternoon, evening) Sir, Maam)].
- 무엇을 도와드릴까요?(May I help you?)
- 감사합니다(Thank you).

(3) 주의사항

- 시간이 걸리는 용건을 질문받았을 경우 상대방에게 들리지 않도록 상사 또는 동료와 의논한 후 즉시 답변한다.
- 통화 시 이사람, 저 사람에게 돌려서는 안 된다.
- 잘못 걸려온 전화는 상대방이 불쾌하지 않고 용건을 해결할 수 있도록 돕는다.

2) 예약 서비스

(1) 행동

- 상대방의 이름, 전화번호, 시간, 인원을 기록하고 가능하면 회사명, 특별한 사항들을 기록한다.
- 다시 한번 반복하여 이상이 없는가 확인한다.

(2) 언어

- 안녕하십니까?
- 성함과 전화번호를 말씀하여 주셔서 감사합니다.

3) 영접 서비스

(1) 행동

- 미소 띤 얼굴로써 공손한 인사와 명랑한 인사말로 맞이한다.
- 예약고객의 경우 사전에 성명, 예약사항을 숙지하여 영접 시 ○○○ 회장님, ○○○사장님으로 호칭하며 예약에 따른 장소 및 준비사항 등을 확인한다.
- 테이블 또는 칵테일 코너로 모시고 자리가 마련되면 좌석을 배정한다.

(2) 언어

○○○회장님, ○○○사장님, 어서 오십시오.

(3) 주의사항

- 순서에 입각하여 차례대로 좌석을 배치한다.
- 사용가능한 시간을 알려드린다.

4) 고객 물품 보관

(1) 행동

고객의 물건을 보관해야 할 때, 지정된 Tag 중 하나를 보관물에 부착하고, 다른 하나의 Tag을 고객에게 드린다.

(2) 언어

외투(모자, 가방 등)는 저희가 보관해 드리겠습니다.

(3) 주의사항

귀중품, 지갑, 현찰, 중요서류들은 고객이 맡기는 보관물에서 제외하도록 한다.

5) 안내 서비스

(1) 행동

- 지정된 장소로 모실 때는 손바닥은 펴고 손등은 아래로 하여 방향을 제시한다.
- 고객의 통행에 방해되지 않도록 고객 우측 2~3보 전방에서 고객과 보조를 같이 하여 안내한다. 안내담당자는 호텔 내의 행사, 공연시간, 영업시간 등을 알려주며 고객이 문의 시 즉시 알려줄 수 있도록 준비한다.

(2) 언어

- 이쪽입니다.
- 좋은 시간 되십시오.

(3) 주의사항

- 혼자만 가지 않는다.
- 앉을 때까지 도와준다.

6) 착석 서비스

(1) 행동

- 고객이 자리에 앉기 쉽게 뒤에서 살며시 밀어 드린다.
- 착석 부자유자, 여성 그리고 주빈이 마지막으로 착석하도록 한다.

(2) 주의사항

너무 힘껏 밀지는 않는다.

7) 주문 서비스(칵테일 & 식음료)

(1) 행동

- 고객에게 인사를 한다.
- 메뉴를 드린다.
- 식전 음료를 주문받는다.
- 음료주문이 끝나면 전채요리, 수프, 샐러드, 앙뜨레 순으로 주문을 받는다.

(2) 언어

- 음료는 어떤 것으로 하시겠습니까?
- (샐러드)드레싱은 어떤 것으로 하시겠습니까?
- 고기는 어느 정도 구워 드릴까요?

(3) 주의사항

- 손가락으로 가리켜서는 안 된다(메뉴설명 시).
- 특별한 주문 요청 시에는 주방과 연락하여 가능 여부를 묻는다.

8) 주문서(Order paper)배포 관리

- 주문서는 흰색의 원본을 포함하여 모두 4장으로 이루어져 있다(흰색 원본, 붉은색 카피 2장, 청색 카피 1장).
- 흰색 원본 → Cashier, 붉은색 카피 1장 → 주방, 청색카피 → Server 보관, 붉은색 카피 1장 → 업장 내에서 사용된다.

(1) 행동

주요리가 끝난 후 치즈, 후식, 커피 또는 홍차 식후주 순으로 주문을 받는다.

(2) 언어

- 뭘 드릴까요?
- 커피와 홍차는 어떤 것으로 하시겠습니까?

(3) 주의사항

시간이 오래 걸리는 것은 소요시간을 알려드린다.

9) 식음료 서비스

(1) 행동

- 양발의 간격을 25~30cm 정도 벌려 무릎을 구부려 높낮이를 조절한다.
- 서브하기 전에 주문내용에 따라 요리에 맞는 기능에 따라 세팅을 한다.

- 고객의 우측에서 오른손으로 제공하며 소스, 드레싱을 제공할 때는 고객의 좌측에서 서브한다.
- 글라스는 $\frac{1}{3}$ 하단쪽을 손가락으로 가볍게 쥔다. 글라스를 놓을 때는 소리가 나지 않게 놓는다.
- 고객 앞으로 1cm 정도 살며시 밀어 드린다.

(2) 언어

- 주문하신 ○○ 올려 드리겠습니다[Enjoy Your meal, Sir(Madam].
- 맛있게 드셨습니까?(How is your steak?)
- 치워드릴까요?(May I take your Dishes?)

(3) 주의사항

- 제공할 때 치워드릴 때는 Tray 또는 접시가 고객의 머리위로 지나가서는 안 된다.
- 엄지손가락이 접시의 테 안쪽에 들어가지 않도록 한다.
- 소음이 나지 않도록 한다.

10) 맥주 서비스

(1) 행동

- 맥주병이 잔에 닿지 않도록 1~2cm 정도 띄워서 따른다.
- 채우고 남은 병이 상표가 고객 앞으로 오도록 맥주잔 윗쪽에 놓는다.

(2) 언어

주문하신 ○○ 맥주입니다.(This is ○○ beer that you’ ve ordered)

(3) 주의사항

- 차가운 것을 제공한다.
- 잔에 7부 정도 채우고 3부 정도 솟아오도록 한다.

11) 물 서비스

(1) 행동

- 고객의 우측에서 오른손으로 잔에 7부 정도 따르며 고객이 퇴장할 때까지 물을 충분히 제공한다.
- Water pitcher가 잔에 닿지 않도록 25cm 정도 위에서 따른다.

(2) 주의사항

- 물이 고객의 옷에 튀지 않게 한다.
- 글라스를 손에 들고 따라서는 안 된다.

12) 빵 · 버터 서비스

(1) 행동

- 빵 바구니에 담아서 테이블 위에 놓는다.
- 버터볼은 접시 위쪽, 버터접시에 담아 낼 때는 고객이 쉽게 드실 수 있는 위치에 놓는다.

(2) 언어

특별히 좋아하는 빵이 있습니까?(May I bring some special Breads you would like to enjoy?)

(3) 주의사항

빵을 집을 때는 서빙 기어 또는 빵 집게를 사용한다.

13) 와인 서비스

(1) 행동

- 와인잔에 $\frac{1}{3}$ 정도(백포도주), $\frac{1}{2}$ 정도(적포도주) 채우고, 와인서브가 끝날 때까지 같은 양을 유지한다.
- 테이블보에 와인 방울이 떨어지지 않도록 조심해서 서브한다.

(2) 언어

- 와인을 테스팅하시겠습니까?(Would you like to taste the wine?)
- 와인이 어떻습니까?(How is the wine?)

(3) 주의사항

- 글라스를 쥘 때는 하단쪽을 쥔다.
- 글라스에 와인병이 닿지 않도록 한다.

14) 스프 서비스

(1) 행동

- 고객의 우측에서 드린다.
- 국자를 사용할 때는 고객의 좌측에서 담아드린다.

(2) 언어

- 뜨겁습니다.(The plate is hot.)
- 조심하십시오.(Please, be careful.)

(3) 주의사항

스프가 언더라인에 흘리지 않도록 주의한다.

15) Food 서비스

(1) 행동

- 뜨거운 요리는 뜨겁게, 차가운 요리는 차갑게 준다.
- 차가운 요리는 차가운 식기에 담아 서브한다.
- 고객의 우측에서 서브한다.
- 소스는 사전에 준비해 둔다.

(2) 언어

- 대단히 뜨겁습니다.(It's very hot. Please be careful.)

- 요리는 어떻습니까?[Are you enjoying the foods?(entrees)]
- 맛있게 드십시오.[Please, enjoy your breakfast(lunch, dinner)]
- 필요하신 것이 있으면 말씀하여 주십시오.[May I bring anything else at this time for you breakfast(lunch, dinner)]

(3) 주의사항

- 뜨거운 접시는 고객에게 주의를 시켜준다.
- 식기 구분을 정확히 하도록 한다.

16) Side Dish 서비스

고객의 특별한 주문 시 버터볼 접시(B.B. Plate) 위쪽에 놓고 적당한 시기에 치운다.

17) 핑거볼 서비스(finger bowl service)

(1) 행동

- 물을 담을 때는 미지근한 물로 하고 레몬을 띄운다.
- 손을 사용해야 하는 뼈나 껍질이 있는 요리나 과일 등을 서브할 때 같이 제공한다.

(2) 주의사항

너무 차거나 뜨겁지 않도록 주의한다.

18) 샐러드 서비스

(1) 행동

고객의 우측에서 드리며, 드레싱은 반드시 고객의 좌측에서 어떤 드레싱을 드실 것인지 물어본 후 샐러드 위에 끼얹어 준다.

(2) 언어

어떤 드레싱으로 올려 드릴까요?(What kind of dressing your salad?)

(3) 주의사항

드레싱을 흘리지 않도록 한다.

19) 빈 접시 치우기

(1) 행동

- 빈 접시를 치울 때는 큰 접시에서 작은 접시 순으로 치우고 글라스 등 작은 식기는 트레이(Tray)를 사용해서 뺀다.
- 물잔, 와인잔을 제외한 불필요한 기물은 테이블에 남아 있지 않도록 깨끗이 치운다.

(2) 언어

치워도 될까요?(May I clear your table?)

(3) 주의사항

음식을 치울 때에는 고객 뒤쪽에 물러서서 소음이 나지 않도록 조용히 치운다.

20) 테이블 청소

(1) 행동

- 후식이 서브되기 전에 빵 부스러기 등 테이블 위를 깨끗이 정리한다.
- 테이블 클로즈가 지저분할 때는 같은 색의 냅킨을 깔아준다.

(2) 언어

실례합니다. 크리닝하겠습니다.(Excuse me. Let me clean your table!)

(3) 주의사항

크리닝을 할 때는 양해를 구하여 조심스럽게 한다.

21) 디저트 서비스

(1) 행동

- 디저트 나이프와 스프는 고객의 오른쪽 포크는 왼쪽에 세팅하고, 포크만 세팅할 땐 고객의 오른쪽에 놓는다.

• 케이크나 파이 등을 서브할 때는 뾰족한 부분이 고객 앞으로 오도록 한다.

(2) 언어

후식은 어떤 것으로 올려드릴까요?(May I offer you some desserts?)

(3) 주의사항

• 아이스크림류는 녹지 않게 한다.
• 과일류는 신선감이 있어야 한다.

22) 커피 · 홍차 서비스

(1) 행동

• 커피잔은 고객의 우측에서 손잡이가 오른쪽으로 향하도록 놓으며 티스푼은 손잡이와 평행하게 놓는다.
• 준비된 설탕 및 크림이 충분한지 확인 뒤 손잡이가 고객 쪽으로 향하여 놓는다.
• 컵에 8부 정도 채워 준다.
• 커피가 다 마셔갈 즈음엔 더 마실 건지 물어 보고 준다.
• 홍차를 서브할 때 레몬이나 우유를 준비한다.
• Teapot을 사용하여 티백을 넣어 서브한다.

(2) 언어

커피는 어떤 것으로 하시겠습니까?[Would you careful Coffee, Espresso or Cappuccino?)]

(3) 주의사항

• 커피서브 온도는 80℃ 정도가 좋다.
• 크림은 차갑게 보관한다.

23) 후식주 서비스

(1) 행동

- 고객 앞에 여러 가지 후식주를 준비한다.
- 고객에게 후식주의 내용을 설명한다.
- 제 용도의 글라스를 사용한다.

(2) 언어

어떤 후식주로 하시겠습니까?(Would you careful nice after dinner drink?)

(3) 주의사항

차가운 것은 차갑게 서브한다.

24) 계산서 관련 서비스

(1) 행동

- 식사가 끝나면 테이블에 계산서(Bill)를 갖다 준다.
- 계산서를 놓기 전에 기재사항을 확인한다.
- 빌홀더에 끼워주며 영수증과 거스름돈은 공손히 준다.
- 카드 계산 시에는 시간을 알려 준다(승인번호받음).
- 카드 시에는 카피와 영수증을 함께 준다.
- 룸 사인 시에는 키번호를 확인하고 성함(Full name)과 서명을 정확히 받는다.

(2) 언어

- 계산은 어떻게 해드릴까요?(How would you like to pay your bill?)
- 미리 준비하여 드리겠습니다.(Let me prepare you bill.)
- 영수증입니다.(This is your receipt.)
- 감사합니다.(Thank you for joining us Good bye.)

(3) 주의사항

- 너무 시간이 지체되지 않게 한다.

- 각 업장 연관 계산서가 있을 시 합산하여 계산한다.

25) 페이징 서비스(Paging Service)

(1) 행동

- 리셉션이 단정한 걸음걸이로 고객이 쉽게 볼 수 있도록 페이징 보드가 가슴 정도 위치하도록 한다.
- 빠른 시간 내에 신속하게 확인해 준다.
- 단골이나 이름을 알고 있는 고객은 직접 알려준다.

(2) 언어

- ○○○분이십니까?(Are you ○○○?)
- 전화왔습니다.(Here is your phone call)
- 여기 있습니다.(Here you are)

(3) 주의사항

고객이 잘 볼 수 있는 글씨를 쓴다.

26) 환송 서비스

(1) 행동

- 고객이 일어날 때 즉시 의자를 빼주고 정중히 인사하며 배웅한다.
- 주위에 빠뜨린 물건이 없는지 확인한다.

(2) 언어

- 감사합니다.(Thank you.)
- 오늘 식사는 어떠셨는지요.(How was everything?)
- 다음에 또 뵙겠습니다.(I would like to see again. Please join us again, Good bye.)

(3) 주의사항

성의 있는 자세로 인사를 드린다.

5. 문제 발생 시 처리방법 및 마무리

1) 문제발생 시 처리방법

(1) 식음료

- 식음료에 이상이 있거나 맛이 이상하면 보고하여 즉시 교환한다.
- 고객이 원하지 않았던 것이 있을 때는 즉시 보고하여 시정한다.
- 필요 시를 대비 항상 대책을 논의한다.
- 고객의 만족도 체크 이상 시 보고 시정한다.

(2) 예약

- 예약 후 1시간이 지나도록 연락이 없을 때는 지배인과 논의 후 지배인 권한에 의해 처리한다.
- 예약이 중복될 때는(같은 방이나 테이블) 즉시 지배인에게 보고하여 논의한다.
- 예약인원의 변동이 많을 경우에는 즉시 논의하여 대책을 세운다.

(3) 긴급상황 처리방법

- 기물파손 및 부족 시 → 기물관리부(Steward dept.)
- 재해 발생 시 → 비상계획부, 당직 책임자
- 환자 발생 시 → 의무실, 당직책임자

2) 마무리 사항

(1) 후임자와의 업무인수관계

상급자에게 상황완료 보고하고, 동급자에게는 남은 업무 인수, 인계한다. 비상사태 발생 시에 대비 사전계획을 수립 및 재정립한다.

(2) P.O.S.

영업시간에 맞게 마감하여 마감 즉시 보고한다. 수시로 POS 교육을 실시하고 전담 POS 담당자를 지정한다.

(3) 린넨

사용된 린넨류는 즉시 세탁소로 보낸다.

(4) Silver, China Ware

세척기에 넣어 깨끗이 하고 정리 정돈하여 보관한다.

(5) 와인

Wine 냉장고에 보관한다. White/Red 보관 시 주의한다.

(6) 잠금장치

항상 잠금장치를 확인한다. 와인열쇠는 반드시 반납한다.

(7) 정리정돈

모든 사용 기자재는 모두 깨끗이 정리 정돈하고 쓰레기통은 깨끗이 비운다. (쓰레기통 비우기, 재떨이 관리, Back Side 정리정돈)

3) 기타사항

- 어린이를 동반한 가족은 좀 떠들어도 다른 사람에게 폐가 되지 않을 구석진 좌석으로 안내한다.
- 신혼부부 또는 연인이라고 생각되면 대화내용이 다른 사람에게 잘 들리지 않는 2인용 좌석으로 안내하는 것이 좋다.
- 연소자나 신체상 부자유한 사람은 입구 가까운 좌석으로 안내한다.
- 정장을 한 부인 또는 호화로운 의상을 입은 여성은 다른 사람이 잘 볼 수 있는 중앙 좌석으로 안내하는 것이 좋고 만일 같은 여성이 중복될 경우 서로간의 거리를 좀 떨어지도록 한다.

• 모르는 사람끼리의 동석은 피하도록 하고 부득이한 경우에는 쌍방의 동의를 구하도록 한다.
• 고객이 들어올 경우 여러 사람의 시선이 집중되지 않도록 처리해야 한다.

제3절 주장업무

1. 주장(Bar)의 개념

사회적 변화와 개인적 여건에 따라 현대사회는 외식의 중요성이 급증하게 되었다. 게다가 외식의 주체가 되는 사람들은 단순한 양적 측면보다는 질적 측면을 더욱 강조하게 되었다. 이로 인하여 호텔 식음료부서에서는 양질의 고객들의 확보와 이윤의 극대화를 달성하게 위해 음료(Beverage) 판매의 중요성을 인식하게 되었다. 식음료부문에서 음료판매증가는 눈부시게 발전을 하였고 순이익 발생률이 20% 정도에 불과한 레스토랑 운영보다 바(Bar)의 이익 발생률은 40% 이상을 상회하고 있어 식음료경영에 중추적인 역할을 하고 있다.

주장의 개념은 술을 판매하는 장소를 일컬으며, 영어로는 바(Bar)라고 부르며, 프랑스어의 'Bariere'에서 비롯된 말로 고객과 바텐더(Bartender) 사이에 가로놓여져 있는 널판을 바(bar)라고 하던 것에서 유래되었다.

아늑한 분위기가 느껴지는 장소에서 바텐더가 고객에게 주로 음료를 판매하는 곳으로서 식당이 음식을 통하여 고객에게 식욕을 충족시켜 주는 물적 공간이라면 주장은 시설이나 분위기에 있어서 각 호텔의 성격에 알맞은 구조와 디자인으로써 특징 있는 조명, 시설과 음악으로 고객의 기분을 회복시켜 주는 정신적 공간이라고 할 수 있다.

바텐더(Bartender)는 'Bar'와 'Tender'의 합성어로 'Bar'를 부드럽게 만드는 사람, 즉 바에 오는 모든 고객을 내 집과 같이 편안하게 만들며 칵테일 조주 등을 책임지는 사람이라는 뜻이다. 그러므로 바텐더는 단순한 칵테일의 기술습득보다는 와인과 음료에 관한 이론과 실무를 둘 갖춘 칵테일의 전문가가 되어야 한다.

현대적 의미에서 바는 경영자의 경영 마인드와 직접적인 연관성이 있는 시설 또는 경영방식을 갖추고 영업을 하거나 또는 다양한 고객의 욕구를 충족시키기 위한 시설과 각종 이벤트로 경영되고 있다. 따라서 바는 고객이 이용하기 편리한 곳에 일정한 시설을 갖추어 놓고 종사원들에 의해서 각종 음료와 서비스를 제공하는 영업장이라 할 수 있다.

2. 주장의 종류

바(Bar)는 일반적으로 전문적인 바와 호텔식음료 부문에 속하는 호텔바로 나눌 수 있으며, 또한 정통 클래식 바(Classic bar)와 엔터테인먼트 바(Entertainment bar, Play bar)로 크게 나눌 수 있다. 최근에는 한 가지 형태를 추구하는 곳도 있지만 클래식 라이브 스타일과 엔터테인먼트 스타일을 접목시켜 영업하는 곳도 많으며, 이를 세분화하면 클래식 바(Classic bar), 째즈 바(Jazz bar), 시가 바(Cigar bar), 엔터테인먼트 바(Entertainment bar), 웨스턴 바(Western bar), 스포츠 바(Sports bar), 비어 바(Beer bar), 퓨전 바(Fusion bar), 와인 바(Wine bar), 댄싱 바(Dancing bar), 레스토랑 바(Restaurant bar), 나이트클럽 바(Night club bar) 등 그 특징과 다양함이 헤아릴 수 없을 정도로 다양한 형태로 운영되고 있는 실정이다.

대부분의 호텔 바는 호텔 식음료나 레스토랑 부서 중 하나의 영업장으로서 고객의 유형이나 레스토랑의 형태에 따라서 종류가 분류되어지고 있다. 크게 호텔 바는 메인 바, 멤버십 바, 웨이팅 바(Waiting bar), 라운지 바가 있다.

■바(Bar) 전경

3. 주장의 조직구조와 직무

호텔 바의 경우 식음료부서의 세부 부서로서 존재하며, 다른 부서와 비교하여 상대적으로 가장 활발한 영업활동을 이루고 있어 효율적인 경영조직으로 구성되어야 한다. 주장의 조직은 영업시간, 서비스의 형태와 테이블 수에 따라 규모와 유형적 차이가 있으며 일반적으로 아래와 같은 조직구성 형태를 갖추고 있다.

그림 7-3 주장의 조직도

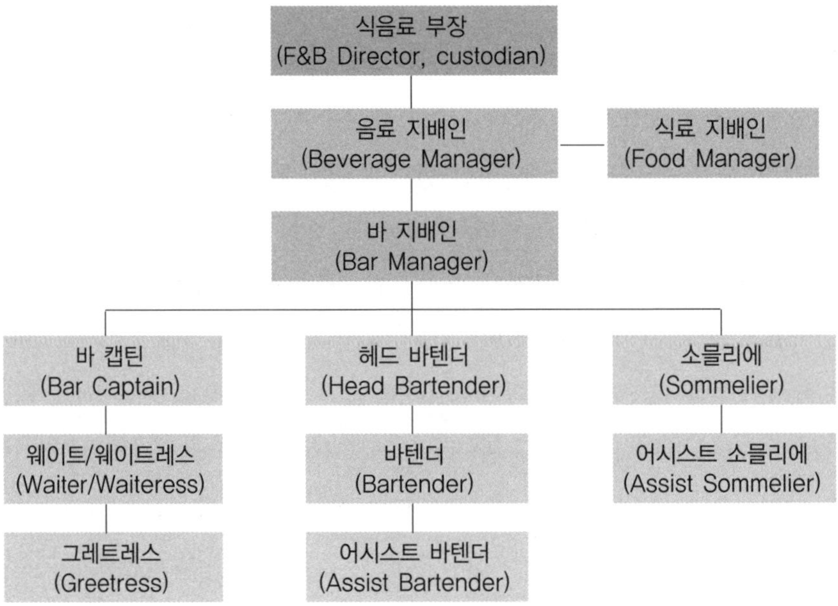

1) 음료 지배인(Beverage Manager)

음료부서에서 근무하는 직원들을 관리 · 통제하는 사람으로서 부지배인을 두는 곳도 있다. 종사원들의 근무시간 편성, 종사원교육, 서비스 등 바의 전반적인 일을 책임 · 총괄하는 것이 주요 업무이다.

2) 바 지배인(Bar Manager)

바 지배인은 주장 내의 모든 서비스와 종사원에 대한 책임과 권한을 가지며, 영업에 대한 방향과 목표를 설정하여 운영한다. 일정수준의 외국어 실력 및 업무의 전반적인 지식, 음료에 대한 전문적 지식을 가지고 종사원에 대한 교육 · 훈련을 담당한다. 음료의 출 · 입고관리 및 재고관리를 감독하고 원가관리 및 메뉴관리를 시행하며, 정기적으로 재고조사(Monthly Inventory)를 직접 실시한다.

3) 바 캡틴(Bar Captain)

바 캡틴은 바에서 접객 책임을 맡고 있는 책임자로서 웨이터 · 웨이트레스 · 그레트레스 · 보조원들을 관리 · 감독하며, 음료서비스의 주문과 지배인의 업무를 보좌해야 한다. 또한 신입사원 및 실습생에 대한 교육훈련과 영업시간 후에는 영업일보를 작성하고 특기사항을 보고해야 한다. 고객에 대한 예약사항을 점검하고 고객을 영접 · 환송하는 업무를 담당한다.

4) 바텐더(Bartender)

표준 레시피(Recipe)에 따른 음료를 준비하는 업무를 담당한다. 바텐더는 영업종료 후 재고조사를 하여 담당 지배인에게 보고를 해야 하며, 바 주위의 청소 및 기물정리를 담당한다. 또한 글라스류 및 칵테일 용기 등을 세척, 정리하며 냉장고와 제빙기 등의 기기를 점검하는 업무를 담당한다. 바텐더는 바의 영업에 관한 1차적인 책임이 있으며 바에서 사용되는 음료 및 부재료가 적정재고량이 유지되어 영업에 차질이 없도록 관리해야 한다.

5) 소믈리에(Sommelier)

와인의 진열과 음료재고를 점검 · 관리하며 필요시 음료창고로부터 보급 · 수령하는 업무와 고객으로부터 와인 주문 및 추천을 돕고 서브를 담당하는 업무를 한다. 와인의 프로모션(Promotion)을 계획하고 진행할 수 있도록 하며, 하우스 와인(House wine)을 지정하여 이에 따른 판매전략과 교육을 실시한다.

제4절 호텔조리 · 주방

1. 호텔조리 · 주방의 일반적 개념

1) 호텔조리의 개념

우리 인류가 음식을 조리하여 먹기 시작한 것은 불(火)을 발견한 이후이며 기술문명의 발달과 더불어 조리방법과 형태에도 많은 변화가 있었다. 또한 인간의 식생활은 가장 기본적인 욕구의 충족으로부터 출발하여 오늘날에는 기본적 욕구뿐만 아니라 그 이상의 고차원적인 부분과 결합한 의미에서의 욕구를 충족시키기 위한 조리법이 발달되어 오고 있다.

대중매체와 정보화에 의한 풍족한 문명 속에 식생활도 과거 기본적인 욕구를 충족시키기 위한 수단에서 오늘날에는 그 어느 때보다 풍요한 시대에서 생활에 따른 다양한 욕구의 수단으로 삼고 있는 것이 사실이다. 이제는 양이 아닌 질을 추구하며, 개인의 취향에 따른 음식에 대한 신택의 폭이 다양해짐에 따라시 음식 및 조리에 대힌 괸심과 이해가 높아지고 있다.

조리란 식품을 찌거나 끓이거나 굽거나 볶거나 또는 튀기거나 하면서 조미하는 과정을 통하여 식품의 기본적인 특성을 향상시키고 먹기 좋은 음식을 만들어 식탁에 올려놓는 과정이다. 현대적 의미의 조리(Cooking : Cusine)란 “The Art of preparing dishes and the place(kitchen) in Which they are prepared”라 하여 장소적 의미와 기술적 의미를 내포하고 있음을 알 수 있으며, 조리는 맛을 승화시키고 먹기 쉽게 하는 고대로부터의 기술로 설명하고 있다.

조리는 식품이 함유하고 있는 영양소를 미각적으로 맛있게, 위생적으로 안전하게, 시각적으로 보기 좋게, 영양적으로 섭취할 수 있도록 하는데 그 목적이 있다.

2) 호텔주방의 개념

호텔주방(Hotel kitchen)이란 호텔에서 음식을 위생적으로 조리할 수 있도록 편리한 시설과 기구를 갖추어 놓은 장소에서 고도의 기술을 가진 전문가의 조리기술과 예술적 감각으로 여러 가지 물리적 혹은 화학적 방법을 사용하여 음식상품을 생산하여 고객에게 제공함으로써 고객들에게 즐거움과 행복감을 제공할 목적으로 만들어진 장소라고 할 수 있다.

호텔에서 주방은 식음료 부문과 같이 맞물려 돌아가는 호텔 내의 큰 수입원으로 점차 비중이 확대되고 있는 실정이다. 주방의 사전적 의미는 "음식을 만들거나 차릴 때에 쓰도록 정해 놓은 방"으로 일정한 공간을 의미한다. 외국의 문헌으로 요리사전(The Cooks Dictionary)에 의하면 주방(Kitchen)이란 "The room or area containing the cooking facilities, also denoting the general area where food is prepared" 라고 하였다. 즉 "요리 시설을 갖춘 방, 또는 각종 식품을 가공 또는 조리하는 일반적인 장소로서의 음식이 준비되는 곳"을 의미한다.

또한 주방이란 "업무수행을 효율적으로 하기 위하여 각종 기계 및 시설을 갖춘 일정한 공간"을 말한다. 그러나 호텔주방의 개념은 일반적으로 사용하고 있는 주방의 개념보다는 내용면에서나 규모면에서 광의의 내용을 담고 있다. 호텔주방은 "조리부서의 장을 중심으로 법적 자격을 갖춘 조리사가 제법 또는 양목표(Recipe)에 의해 식용 가능한 식품을 조리기구와 장비로 화학적, 물리적 및 기능적 방법을 가해 고객에게 판매할 식음료 상품을 만들 수 있도록 차려진 장소"라 할 수 있다.

■ 호텔주방

따라서 호텔주방은 고객에게 판매하는 상품 즉 음식을 만드는 생산라인이며, 식당은 고객을 직접 접대하는 판매현장이다. 이는 주방은 생산과 소비가 동시에 이루어질 수 있는 상황변수가 많은 독특한 특성을 가지고 있는 공간이라는 것이다. 이렇듯 호텔주방은 음식물을 생산하는 작업공간으로서 조리기능과 판매기능, 서비스 기능의 복합적 시스템 속에서 각 구성원의 역할분담을 형성하여 이루어지는 중요한 부서이다.

2. 호텔주방관리의 특성 및 분류

1) 호텔주방의 특성

호텔주방은 호텔 내의 타 부서에 비해 노동집약적 부서이다. 호텔 주방의 존재가치는 영리목적의 조직에 있어 최대 과제인 수익과 직접적으로 관련되어 있기 때문에 그 중요성은 더욱 크다. 즉 음식이라는 상품의 생산에 필요한 식품, 시설 및 장비 등으로 구성되는 물리적인 요인에 대한 품질기준과 이들을 이용한 조리능력이 호텔주방의 주요 관건이 된다는 것이다.

또한 주방종사원은 대부분 고객과의 직접적인 커뮤니케이션이 이루어지는 서비스접점(Service encounter)요원이 아니므로 주방인적 자원의 관리는 호텔종사원과 고객의 상호작용이나 서비스접점에서 고객이 느끼는 서비스 품질보다는 간접적이기는 하나 핵심적이라고 보아야 한다.

2) 호텔주방의 분류

호텔의 주방은 크게 지원주방(Support Kitchen)과 영업주방(Business Kitchen)으로 나눌 수 있으며, 각각을 다시 세분화하면 다음과 같이 분류되어 있다.

(1) 지원주방(Support Kitchen)

지원주방은 영업주방에서 필요한 기본재료를 가공하거나 영업주방에서 필요로 하는 음식을 생산하여 제공하는 주방으로서 메인주방(Main kitchen), 또는 더운 요리주방(Hot kitchen), 냉요리주방(cold kitchen), 어 · 육류 가공주방(Butcher kitchen), 제과 · 제빵주방(Pastry & Bakery)으로 나누어 볼 수 있다. 일부 호텔에서는 호텔의 운영

형태에 따라서 메인주방을 연회주방(Banquet kitchen)으로 통합 배치하여 운영한다. 대부분의 지원주방은 음식을 직접 판매하지 않고 영업주방에 지원을 하지만 제과 · 제빵은 필요에 따라 델리숍(Delicatessen)에서 판매되어진다. 지원주방의 직무는 다음과 같다.

❶ 메인주방(Main Kitchen)

호텔의 핵심주방으로서 육수(Stock), 스프(Soup), 소스(Sauce) 등을 생산하여 지원하는 주방으로서 영업주방에서 음식을 제조하여 판매할 수 있도록 기본적인 식재료를 가공하여 영업주방으로 제공한다. 때로는 출하시기에 따라 가격변동이 심한 식자재를 성수기에 필요한 양을 확보하기 위해 1차 가공하여 냉동 저장하고 영업주방으로 출고한다. 또한 메인주방은 더운 요리주방이라고 하며, 연회행사 시간에 더운 식사를 조리하여 고객에게 제공한다.

❷ 냉요리주방(Cold Kitchen)

조리과정이 온(Hot)요리 또는 냉(Cold)요리이거나 간에 고객에게 판매되는 순간에 차갑게 제공되는 음식을 만들어 영업주방에 제공한다. 냉요리주방에서는 냉전체요리(Cold appetizer), 냉소스(Chilled sauce), 드레싱(Dressing), Sod 수프(Cold soup), 카나페(Canape), 테린(Terrine), 빠떼(Pate), 갈라틴(Galantine), 샐러드(Salad) 등을 만들어 필요한 영업주방에 제공한다. 또한 냉요리 주방에서는 영업주방의 주문에 의해 과일, 야채, 가공육 및 어류, 육류, 가금류 등의 식재료를 이용하여 아름답게 장식하여 영업주방에 공급한다.

❸ 어 · 육류 가공주방(Butcher kitchen)

호텔 내에서 사용하는 모든 육류와 어패류를 구매의뢰, 품질검수 후 수령해서 자르고, 정선해서 일선 영업장과 메인주방에 공급하고 햄, 소시지 등 각종 훈제상품을 생산하는 주방이다. 즉, 부쳐주방은 단위주방에서 필요한 어류, 패류, 육류, 가금류 등을 구매하여 각 단위주방의 메뉴에 따라 부위, 형태, 크기 수량 등으로 정선하여 단위주방에 제공한다. 대규모 호텔에서는 훈제시설을 갖추고 있으며 어류, 육류 등을 이용한 훈제식품을 만들어 단위주방에 제공해주고 있다.

❹ 제과 · 제빵주방(Pastry & Bakery Kitchen)

제과 · 제빵주방은 독립된 시설을 갖추고 여러 종류의 빵(Bread)류와 케이크(Cake)류, 쿠키(Cookie)류, 쵸콜릿(Chocolate)류, 푸딩(Pudding)류, 파이(Pie)류 등을 생산하고 영업주방에서 필요로 하는 후식(dessert)을 제공하며 델리숍에서 판매하는 상품을 공급한다.

(2) 영업주방(Business Kitchen)

영업주방은 지원주방의 지원을 받으면서 고객의 주문에 의해 직접 음식을 만들어 판매하는 주방으로서 체인호텔이나 대규모 호텔에서는 호텔의 규모에 따라서 고객의 욕구에 대응하기 위해 다양한 영업장을 가지고 있다. 그러므로 고객의 취향에 알맞은 주방을 필요로 한다.

❶ 커피숍 주방(Coffee Shop Kitchen)과 룸서비스 주방

지원주방에서 만들어진 음식을 제공받아 고객의 주문에 따라 음식을 완성하여 제공하는 주방이다. 커피숍 주방의 특징은 영업시간이 다른 영업주방과 달리 24시간 운영되며, 불특정 다수의 고객에게 음식을 제공하므로 각국의 특색 있는 일품요리(A La Carte), 아침조식(Breakfast), 오늘의 요리(Today's Special), 커피와 차(Coffee & Tea), 기타음료(Beverage) 등을 판매한다는 것이다.

또한 룸서비스 주방(Room Service Kitchen)은 객실에 투숙하는 고객의 주문에 의해 이뤄지고 있기 때문에 24시간 식음료를 제공하는 업무를 수행한다. 대규모 호텔이나 체인호텔에서는 룸서비스 주방을 가지고 있지만 많은 호텔이 구조조정과 유사기능 통폐합과정에서 커피숍 주방에서 룸서비스기능을 담당하고 있다.

❷ 연회주방(Banquet Kitchen)

연회주방은 연회장의 규모에 따라 독립된 주방을 설치 · 운영하는 경우와 독립된 연회주방이 없는 경우는 메인주방에서 연회업무를 담당한다. 연회주방에서는 각종 연회, 세미나, 출장연회 등에 필요한 음식을 제공한다. 연회주방에서는 뜨거운 음식은 자체에서 직접 제공하며, 나머지 음식은 지원주방의 도움을 받아 연회행사를 마친다. 따라서 연회주방에서는 세트메뉴, 뷔페메뉴, 동양식 메뉴, 칵테일 메뉴 등의 메뉴에 따라 지원주방과 영업주방의 도움을 받아야 한다.

❸ 뷔페주방(Buffet Kitchen)

뷔페주방은 각국의 대표적인 음식을 준비하여 고객에게 제공되는 음식을 만드는 주방이다. 특색 있는 음식을 준비하기 위하여 메인주방, 동양식 주방, 냉요리주방, 제과·제빵주방 등에서 준비한 음식을 운반하여 제공하며 필요에 따라 해당 부서의 전문조리사를 지원한다.

❹ 기타주방(Outlet Kitchen)

특정 문화권의 향토색 짙은 음식을 고객에게 제공하기 위한 각 단위 영업주방으로 동양식 주방과 서양식 주방으로 나누고 있다. 동양식 주방은 한식주방, 일식주방, 중식주방 등으로 구성되어 있고 서양식 주방은 호텔의 규모와 등급에 따라 다소 차이는 있지만 일반적으로 프랑스식 주방(French Kitchen), 이탈리아식 주방(Italian Kitchen) 등으로 구성되어 있다.

서양식 주방은 기본적인 재료를 지원주방으로부터 공급받아 메뉴의 종류에 따라 요리를 완성하여 고객에게 제공함으로써 다른 영업주방보다 지원주방의 도움을 적게 받는다. 또한 동양식 주방은 서양식 주방보다 지원주방의 도움을 덜 받는 편이다.

3. 호텔경영과 주방관리의 연관성

오늘날 현대 호텔기업의 경영적 측면에서 주방이 차지하고 있는 비중은 상당히 크고 중요하다. 전체적인 측면에서 조직운영적 관점에서는 호텔기업이나 주방은 모두 공통점을 가지고 있다고 볼 수 있다. 호텔기업 경영의 초창기에는 주요 수익창출 부문이 객실에 치중되었으나, 오늘날 국내 호텔기업의 수익창출 부문을 분석하여 보면 식음료수입이 보다 많은 부분을 차지하고 있다는 사실을 간과해서는 안 된다. 따라서 주방이란 존재가 호텔기업 경영과정에서 매우 중요한 부서임을 염두에 두어야 할 것이다.

호텔경영의 합리적인 운영이 곧 경영목표를 달성할 수 있듯이 호텔 내부에서 주방을 어떻게 운영하느냐에 따라 호텔전체 수입에 영향을 주므로 운영방법과 형태를 고려하여 본다면 다음과 같은 관련성 여부를 지적할 수 있다.

첫째, 호텔규모의 확대로 주방경영조직의 전문화 특성화를 유도했다. 즉, 소규모의 영세적인 경영시대에서 대규모 형태의 일반기업경영방식을 주방경영기법에도 도입하고 있다.

둘째, 호텔경영비용 중 주방부문의 경영활동 경과로 발생되는 제 비용의 규모가 비대해졌다.

셋째, 호텔인적자원관리 중 주방인원만큼 전문적인 기술과 생산성, 능률성, 조화성을 요하는 부서도 드물기 때문에 전문성을 필요로 한다.

넷째, 호텔경영과정에서 일어나는 대부분의 부서는 영업부서라고 할 수 있지만, 그 중에서도 주방은 지원부서의 성격을 띠고 있다.

4. 호텔주방의 조직

호텔주방조직의 구성은 음식을 생산하는 부서에 따라 양식주방, 한식주방, 일식주방, 중식주방 등으로 구성되며, 주방이 기능에 따라 메인주방, 콜주방, 부처주방 제과제빵, 연회주방 및 뷔페주방 등으로 구성되어 있다.

호텔주방은 요리의 생산, 식자재의 구매, 인력관리 및 메뉴개발 등 호텔 요리상품과 주방운영에 관계되는 업무를 효율적으로 수행하기 위해 구성된 조직이다.

표 7-2 국내 특급호텔 주방조직의 직급체계 및 역할

직책	역할
Executive Chef	조리부 영업활동에 대한 전체적인 권한과 책임
Assistant Executive Chef	총주방장 보좌 및 부재시 업무대행
Sous Chef	단위주방 관장 및 section의 모든 업무 관리 감독
Head Chef	주방기능의 원활한 협조 및 운영, 주방의 총지휘자
Assistant Head Chef	주방장 대행업무, 기능적, 실무적 능력 구비
Section Chef	영업장 section part 관리, 생산관리, 직원관리, 교육
Cook	cook helper, trainee 업무지도 및 주요 요리 담당
Cook Helper	주방청소, 조리를 위한 준비과정 담당

직책	역할
Trainee	주방의 기본업무를 습득하는 사원
Chief Steward	기물에 관한 관리책임, 인력관리 및 교육담당
Assistant Chief Steward	Chief Steward 보좌, 용역인원 관리 감독
Steward, Stewardess	연회행사 banquet 기물이동배치, dish washer 담당
Cook Officious job	주방조직에 대한 조리 사무 업무 담당

자료 : 안형기, 호텔주방조직환경에 따른 임파워먼트가 직무만족, 조직몰입 및 이직의도에 미치는 영향, 경주대학교 대학원 박사학위논문, 2003, p.15~16

특급호텔의 경우 주방조직의 직급체계도는 호텔의 규모와 형태, 메뉴의 성격에 따라 차이가 있으나 기본적인 구성은 유사하다. 가장 높은 직위에는 조리부 영업활동에 대한 전체적인 권한과 책임을 갖는 Executive chef가 있고, 그 아래에 이를 보좌하는 Assistant executive chef, 양식단위 영업장을 관할하는 Sous chef 및 동양식 영업장을 관할하는 Sous chef를 들 수 있다. 이러한 기본적인 조직구성 아래 각 단위 영업장을 중심으로 Head chef 와 Assistant head chef가 있으며 그 다음 직급에 따라 Section chef, Cook, Cook helper 및 Trainee 등이 있다.

5. 호텔주방조직의 직무 및 단위업무

일반 호텔조직은 주방장, 부주방장, 1st cook, 2nd cook, Cook, Cook helper의 직책으로 되어 있다. 먼저 주방장은 주방운영 전반에 대한 책임자이기에 인원관리 매출관리, 행정, 시설유지 등을 책임진다. 따라서 모든 주방운영사항을 기획하고 실행하며 평가할 수 있도록 경영감각이 뛰어나서 주방요원 등의 업무를 적절히 분해하고 조화롭고 짜임새 있는 운영에 탁월함을 갖추어야 한다. 또한 주방장을 제외한 요리사들은 각자의 역할 및 업무분담을 명확히 하여 전체적으로 원활한 영업이 이루어질 수 있도록 한다.

그림 7-4 **호텔 주방조직의 구성**

자료 : 장태경, 관광호텔 부쳐 주방관리의 효율성에 관한 연구, 경기대학교 서비스 경영전문대학원 석사 학위논문, 2004, p.16

1) 총주방장(Executive Chef)

주방장은 주방에서 가장 높은 직책으로 주방기능이 원활히 협조되어 운영되도록 조절하는 주방의 총지휘자이다. 주방장의 주요 업무로는

- 정기적인 메뉴개발을 한다.
- 일일 식재료 구입을 총괄하여 주문한다.

- 정기적으로 시장조사를 하여 반영하도록 한다.
- 스페셜, 계절요리 등 신상품 개발을 한다.
- 주방운영현황, 업무진행상태를 검토하여 개선책을 연구한다.
- 중·단기계획을 세운다.
- 타 경쟁사 매출, 고객 수 성장률을 점검한다.
- 조리사 후생복지, 안전관리 및 발전에 관심을 가짐으로써 효율적인 주방관리를 하도록 한다.
- 매출관리, 원가관리, 위생관리, 시설관리를 한다.

2) 부주방장(Assistant Executive Chef)

주방장을 보좌하여 기능적인 면, 실무적인 면에서 강해야 한다. 현장에서 주방인원을 감독하고 주방장 대행업무를 수행하며 주요 업무는 다음과 같다.

- 완성된 요리의 체크
- 부서의 유기적인 협조 도모
- 주방기기 및 기물관리
- 주방창고관리
- 주방장 업무보좌
- 조리사들의 근무연장, 휴일, 야근수당 등을 주방장에게 보고한다.

3) First Cook(요리장, 조리장, 전문 요리사)

각 부서의 조장으로서 요리업무의 실무 면에서 탁월한 기능을 소지하며 업무의 노하우를 가장 많이 알고 있는 요리사이다. 주방운영에 관하여 중간관리자 역할을 수행하고 주방장에게 주방 내 모든 제반사항에 관하여 1차 보고자이며 주방장, 부주방장의 유고나 부재 시 업무대행 역할을 한다.

- 조원의 업무를 감독, 담당 부서의 업무를 총괄
- 요리의 마지막 처리, 담당기기 및 기물유지 관리, 식재료 유지 감독
- 주방의 운영현황, 업무진행상태의 보고

• 주방 내 조리사간의 협동 및 동료에 등 동기부여를 위한 모임주선
• 주방의 소모품, 식자재 등 선입, 선출에 입각한 원가의식을 조리사 등에게 교육
• 영업준비 및 마감 마무리
• O.J.T. 교육 및 현장교육훈련, 전날의 모든 업무결과를 분석 토의

4) Second Cook(숙련 요리사)

1st Cook을 보좌하며 기능상 실무능력이 풍부하여 일반 cook업무를 지도하고 요리의 중요한 업무를 수행하는 사람으로 상사의 업무지시에 따라 업무를 수행한다. 그리고 모든 업무 확인, 체크 후 보고하는 것이 임무이다.

• 담당부서를 보좌 · 관리한다.
• 식재료 파악하고 필요한 식재료를 신청한다.
• 담당부서에서의 필요한 베이스 요리를 준비한다.

5) Cook Helper(조리사 보조원)

일반적으로 키친 헬퍼(Kitchen Helper), 쿡 헬퍼(Cook Helper)로서 직무의 개념을 보면 주방에서 청소, 생식품을 조리하기 위한 준비과정을 담당하는 직책이다. 조리사 보조원은 영양, 위생, 과학적인 조리지식을 체계적으로 익혀 조리분야에서 항상 선구자적인 역할을 해야 한다. 주방에서의 일반적인 업무로는 기초식재료 수령, 주방 청결 상태 확인 등이 있다.

Lobby Lounge

미슐랭 가이드 michelin guide

프랑스의 타이어 제조 회사인 미쉐린(미슐랭)이 매년 봄 발간하는 식당 및 여행 가이드 시리즈로 1900년 미쉐린에서 타이어 구매 고객에게 무료로 나눠 주던 자동차여행 안내 책자에서 출발하였다.

초기에는 타이어 정보, 도로법규, 자동차정비요령, 주유소 위치 등이 주된 내용이었고 식당은 그저 운전자의 허기를 달래주는 차원에 지나지 않았다. 그러나 해가 갈수록 호평을 받자 22년부터 유료로 판매하기 시작했고, 이후 대표적인 식당지침서로 명성을 날리게 됐다.

그 후 100년의 세월동안 엄격성과 정보의 신뢰도를 바탕으로 명성을 쌓아 오늘날 '미식가들의 성서' 와 같은 위치를 차지하게 되었다.

전담요원이 평범한 손님으로 가장해 한 식당을 1년 동안 5~6차례 방문해 직접 시음하고 객관적인 평가를 내리는데 음식 맛, 가격, 분위기, 서비스 등을 바탕으로 일정 수의 식당을 엄선하고 다시 이들 가운데 뛰어난 식당에 별(최고 별 3개)을 부여해 등급을 매긴다.

최고 등급인 별 3개를 달게 되는 경우에는 성대한 시상식을 치르기도 한다. 여기에서 별 3개를 달게 되는 요리사는 최고의 명성을 가지게 된다.

그러나 한번 받았다고 끝이 아니며, 정기적으로 재심사를 걸쳐 별을 박탈하기도 하기에 무작정 별을 받았다고 안심할 수도 없는 노릇이다.

한국에서 별을 받은 식당은 한 군데도 없고, 한식당은 2스타인 뉴욕의 'Jungsik' 이 있다.

별의 가치는 공식 가이드북에 따르면 다음과 같다.

1개 – 그 분야의 요리에 있어서 특별히 맛있는 식당, 맛있고, 서비스도 깔끔한 식당
2개 – 멀리서 찾아올만한 가치가 있을 만큼 대단히 맛있는 식당
3개 – 오직 그것만을 먹기 위해서라도 반드시 여행을 할 가치가 있을 정도로 탁월한 식당

https://namu.wiki/w/미슐랭가이드, 2015-07-14. 참조

Chapter 08

연회 · 이벤트경영

이해목표

- ▶ 호텔연회 업무에 관하여 이해한다.
- ▶ 호텔컨벤션 업무에 관하여 이해한다.
- ▶ 호텔연회의 특수성과 효과에 관하여 이해한다.

제1절 호텔연회 업무

1. 연회의 개념

1) 연회의 정의

21세기 국민들의 라이프스타일은 경제적 소득의 향상, 생활의 여유로움, 교육 수준 및 의식수준의 향상과 더불어 가족구조의 변화로 인하여 고소득의 특수계층만의 전유물로 인식되던 호텔시설의 이용률을 높이게 되었다. 또한 기술발달과 교통수준의 급격한 발전과 통신 및 인터넷 보급의 확산으로 국가 간, 단체 간, 개인 간의 교류가 활발하게 이루어지고 있어서 호텔시설 중 특히 연회시설부문의 이용확대가 가속화되고 있다. 따라서 앞으로의 호텔이용은 근본적인 객실이나 식음료시설 이외에 부차적인 연회시설의 이용률이 급증하리라 예측할 수 있다.

오늘날의 연회는 사회가 복잡해지고 경제가 발전함에 따라 대형화되고 다양하게 이루어진다. 따라서 호텔 연회행사는 점차 방대하게 다발적으로 이루어지기 때문에 호텔은 연회장을 완벽히 갖추고 연회를 전담하는 부서를 조직화하여 연회유치에 심혈을 기울이고 있다.

연회부서는 일반적으로 판촉, 예약, 서비스, 주방으로 나뉘며 각 부문은 호텔 내 다른 부문과는 달리 고객에게 만족된 연회서비스를 제공하기 위해 상호 긴밀히 공조하는 조직체계를 갖추고 있다. 연회장은 식음료부서 중 단일 업장으로는 규모에 있어서 가장 넓은 평수를 차지하고 있고 다양한 대 · 중 · 소 연회장을 가지고 있으며 호텔경영에 많은 공헌을 하고 있다.

'Banquet'의 어원은 프랑스 고어인 'Banchetto'로서 당시에 '판사의 자리' 혹은 '연회'를 의미했었는데 이 단어가 영어화되면서 지금의 'Banquet'으로 되었으며, 웹스터사전(Webster Dictionary)[1]에 의하면 "많은 사람들, 혹은 어떤 한 사람에게 경의를 표하거나 행사(연례적인 행사나 친목회 같은)를 기념하기 위해 정성을 들이고 격식을 갖춘 식사가 제공되면서 행해지는 행사"라 하고 있다.

표 8-1 연회(Banquet, function)의 정의

출처	정의
안종윤 「관광용어사전」	Banquet은 정식의 연회를 말하며, 연회장(Banquet room, Hall)은 공개되어 있지 않은 개별실로 파티를 위해 고객들에게 제공되는 방을 말한다.
한국관광공사 「관광용어사전」	Banquet Room은 별도의 공간에서 필요한 서비스 인원과 예정된 양의 다양한 식음료서비스를 대금을 지불하는 그룹에게 제공하는 호텔 서비스의 한분야이다. Function[2] Room은 취침시설은 없지만 모임, 전시, 오락 등으로 사용하는 그룹에 적합한 방이다.
한글학회 「우리말 큰사전」	잔치, 연찬, 피로연과 같은 의미, 잔치를 일컬어 '기쁜 일이 있을 때에 음식을 차리고 손님을 청하여 즐기는 일'이라 한다.
이희승 「국어대사전」	연회란 축하, 위로, 석별 등의 뜻을 표시하기 위하여 여러 사람이 모여 주식(酒食)을 베풀고, 가창무도(歌唱舞蹈) 등을 하는 일이라고 정의내림
웹스터 사전	Banquet : 많은 사람들, 혹은 어떤 한 사람에게 경의를 표하거나 연례적인 행사나 친목회같은 행사를 기념하기 위해 정성을 들이고 격식을 갖춘 식사가 제공되면서 행해지는 행사 Function : 감명깊고 정성들인 종교적 의식, 혹은 자주 열리는 공식적이고 공적인 또는 사회적인 의식, 만찬이나 리셉션(환영회)으로서의 모임
관광호텔 연회메뉴얼	호텔 또는 식음료를 판매하는 시설을 갖춘 구별된 장소에서 2인 이상의 단체고객에게 식음료와 기타 부수적인 사항을 첨가하여 모임 본연의 목적을 달성할 수 있도록 하여주고 그 응분의 대가를 수수하는 일련의 행위를 말한다.

1) Webster defines a Banquet as an elaborate and often ceremonious meal attended by numerous people and often honoring person or making some incidents as an anniversary or reunion.

2) 본래 기능, 구조 등의 의미를 갖는 용어이지만 행사, 잔치, 모임, 축제, 축연 등 다양한 행사를 뜻하는 의미도 가지고 있다. 따라서 최근에는 연회행사가 다양화되는 추세에 따라 연회를 지칭하는 용어로 사용하는 호텔이 증가하고 있다.

종합적으로 연회는 "고객이 사전에 요구한 예약사항에 의해 준비된 장소에서 필요한 서비스 인원과 식음료 서비스를 제공함으로써 행사본연의 목적을 달성할 수 있도록 해주고 그 대가로 대금을 수수하는 행위"를 일컫는다.

2) 연회의 중요성

연회부문의 영업은 일반적인 식음료 영업장에서와 같이 메뉴 및 음료를 주문받는 즉시 서비스하는 형태의 영업과는 많은 차이점을 갖고 있다. 호텔마다 각각 차이를 갖고 있기는 하지만 영업적인 비중이 상당히 높은 편이며, 오늘날 대부분의 호텔들은 이러한 연회매출액의 극대화를 위한 적극적인 판촉활동을 전개하고 있으며 연회판촉 전문요원들을 적극적으로 교육 · 훈련시키고 배치하는데 주력하고 있다.

연회의 중요성은 첫째, 연회행사는 단순히 연회부문의 매출신장에 그치는 것이 아니라 호텔의 객실 및 부대영업부문의 매출증진에 상당한 기여를 한다. 둘째, 연회영업의 일환으로 벌이는 기획행사(Special event)는 호텔의 고객을 지속적으로 유지하게 하고 신규고객을 개척하는데 견인차 역할을 하게 된다. 셋째, 연회서비스와 관련하여 연회장에서 개최되는 각종의 문화행사는 호텔의 이미지 개선과 호텔산업의 대중화에 공헌한다. 넷째, 대규모 국제적인 행사 또는 국민들이 관심 있는 행사를 유치할 경우에는 자연적인 호텔홍보 효과를 기대할 수 있다. 이러한 호텔연회의 효과는 다음과 같이 요약할 수 있다.

- 호텔매출액 증대의 효과
- 호텔의 고객 수(Covers) 증대의 효과
- 비수기 타개방안의 효과
- 호텔의 이미지 제고 및 홍보수단의 효과
- 전 종사원 참여기회의 효과
- 호텔시설활용의 효율화
- 국제수지 개선 및 지역경제 활성화의 효과
- 고용증대의 효과

3) 연회의 종류

연회는 여러 가지 방법으로 종류를 나눌 수 있지만, 기능별, 장소별, 주제 · 목적별, 시간별, 주관기관별, 식음료 메뉴별 등으로 나눌 수 있다.

크게는 식음료 서비스가 주가 되는 순수연회와 다른 특수목적을 달성하기 위하여 식음료 서비스가 부가적으로 준비되어 개최되는 이벤트성격의 주제연회로 나눌 수 있으며, 연회의 개성이나 기능에 따라 다양하게 분류할 수 있다.

표 8-2 **연회의 종류**

분류기준	종류
개최시간	조찬모임(breakfast gatherings) : 06:00 ~ 10:00 브런치모임(brunch gatherings) : 10:00 ~ 12:00 점심모임(lunch gatherings) : 12:00 ~ 15:00 저녁모임(dinner gatherings) : 18:00 ~ 22:00 야간모임(supper gatherings) : 22:00 ~ 24:00
개최장소	호텔내부(연회장, 식당) 호텔외부(출장연회-Outside Catering) Garden party Take out Delivery Service
주관기관	가족모임(결혼식, 약혼식, 회갑연, 돌잔치) 기업모임(창립기념일, 개관기념일, 신상품발표회, 이 · 취임식) 학교모임(사은회, 동창회, 동문회) 정부행사, 협회 · 학회(국제회의, 정기총회, 학술대회) 기타(신년회, 송년회, 이벤트, 기자회견, 간담회, 연주회, 패션쇼)
기능별	식음료 판매(breakfast, luncheon, dinner, cocktail party, buffet, tea party etc.) 목적별 판매(theme party, event party)
요리별	국적별(한식, 중식, 일식, 양식) 형태별(buffet, tea party, BBQ party, cocktail reception)

2. 연회의 특수성 및 파급효과

1) 연회의 특수성

현대에는 정보화시대를 맞이하여 국가 간의 공통 이익이나 상호협력 증진을 위한 국제교류를 추구하는 대규모 모임을 갖게 하며, 여가시간의 증대, 소득의 증대, 교통수단의 발달 등은 빈번한 모임이나 회합을 갖게 하는 요인들로 등장한다.

이러한 연회는 다른 호텔사업부문과는 별도의 특수성을 갖고 있다.

호텔에서 열리는 연회는 불특정다수의 고객을 표적시장으로 볼 수 있으므로 일부 소수로 국한된 고객층의 영업부문과는 달리 호텔고객의 대중화를 선도할 수 있다. 또한 각종 행사를 참석하는 수많은 사람들에게 호텔에 대한 좋은 이미지를 선보여 호텔 홍보효과에도 긍정적 영향을 미치게 할 수 있다.

호텔의 주요사업부문 중 객실은 초기투자비용이 과대하고 고정경비의 지출이 심하며 가격과 공간이 정해져 있지만, 연회의 경우 선택된 식음료에 따라 매출액은 가변적일 수 있다. 또한 공간적인 측면에서도 탄력적으로 운영할 수 있으므로 전체 영업매출액은 다른 영업부문에 비해 비교적 제한이 적으며 매출증진을 가져올 수 있다.

식음료 원가절감 측면에서도 확정된 메뉴를 대량 공급함으로써 재고물량을 줄일 수 있으며, 식자재의 손실을 적게 가져올 수 있어 다른 식음료부서에 비해 원가가 절감되어 영업이익을 높일 수 있다는 특성을 갖고 있다.

출장연회의 경우 시간적 공간적 제약을 뛰어 넘어 판매가 가능하다는 장점을 갖고 있어서 연회매출의 무한한 가능성을 가늠케 한다.

호텔사업부문은 계절에 따라 성수기와 비수기가 구분되는 수요변동성을 특징으로 갖고 있으나, 비수기의 경우 특별 연회이벤트를 기획 · 운영하여 고객들을 유치함으로써 객실 및 다른 식음료부서의 잠재적 고객을 확보하는 타개책으로 이용할 수 있다.

특히 연회행사의 경우 반드시 예약을 통해 준비되고 개최되어지며, 일시에 대량으로 동일한 메뉴와 동일한 서비스가 제공되는 특징을 갖고 있으며, 연회 참석고객들 중 객실을 이용하거나 부대시설을 이용하는 고객들로 인하여 다른 부문의 매출증진에도 파급효과가 매우 큰 장점을 갖고 있다. 이외에도 연회상품의 경우 다른 레스토랑처럼 정해진 가격에 의해 메뉴가 판매되어지는 것이 아니라 예약 접수 시 참석자의 수, 예산정도, 고객의 중요도에 따른 특별요금이 적용되어 비교적 가격이 가변적이라 할 수 있고, 행사의 목적과 성격에 따라 장식을 각각 달리 할 수 있으며, 테이블의 배치와 분위기 연출을 행사에 따라 다르게 할 수 있다. 이러한 연회는 일반 레스토랑과 같이 일정한 영업시간을 갖고 운영되는 것이 아니라 예약에 의해 행사가 있을 경우만 영업이 이루어지는 특징을 갖고 있어 관련 부서 간 긴밀한 협조관계가 필요하다.

2) 연회의 파급효과

호텔연회는 호텔내의 세분화된 영업부문이지만 호텔기업 내적인 측면에서는 각종 연회행사를 통해 다른 영업 분야의 매출액 증진에 영향을 미치며, 호텔 외적인 측면에서도 경제적인 측면, 사회 · 문화적인 측면에도 영향을 미친다.

(1) 호텔의 매출액 증진

호텔기업의 수입원은 객실, 식당, 연회, 주장 그리고 임대수입이다. 연회장에서 국제행사를 유치 또는 인센티브 연회를 유치하거나 세미나 및 학술대회를 유치할 경우 고객은 객실에서 투숙하고 각 식당 및 주장을 이용하게 됨으로써 연회장의 매출부문 이외 호텔기업 수입에 미치는 영향은 지대하다. 따라서 호텔기업에서는 객실판매 다음으로 연회판매의 중요성을 인식하고 있는 추세이다.

(2) 경제적 측면

연회장은 국제회의 및 대규모 연회 개최로 호텔산업의 중추적인 역할을 함으로써 숙박 및 음식에 대해 영향력이 크다. 이외에도 회의장의 임대료와 부수적인 장치료, 간판제작비, 동시통역시설 사용료, 시청각 기자재 사용료, 꽃 장식비, 전신전화비, 일반투숙객이 하지 않는 연회 즉, 환영, 환송파티 등으로 매출을 극대화할 수 있다.

호텔 외에도 외부 관광환경과도 연결되어 관광 및 쇼핑 등으로 지역의 문화수준 향상과 고용의 창출효과, 세금 수입확대도 기대될 수 있다.

(3) 사회문화적 측면

호텔에서 국제회의 및 연회가 개최됨으로써 관련분야의 국제화 내지는 질적 향상을 가져와 일반국민의 자부심 및 의식수준의 향상을 꾀하고 아울러 각종 시설물의 정비,

교통망의 확충, 조경개선, 고용증대, 관광쇼핑의 개발 등 광범위한 효과가 있다. 또한 주최국으로서 임원피선 및 의사결정 참여 등의 개최국의 권위신장 및 이익옹호가 가능하다. 특히 이벤트를 통한 연회는 한국의 문화, 풍습, 음악, 무용 등을 참가자들에게 소개하여 관광, 문화변수로 등장하게 되었고, 국내적으로는 문화공간활용이 가능하여 다양한 행사를 통한 중추적 역할을 수행하고 있다.

3. 호텔연회의 조직과 업무

1) 호텔연회부문의 조직

일반적으로 기업의 최대목표는 이윤의 극대화이다. 그러나 이러한 궁극적 목표를 달성하려면 기업 내부의 조직이 경영시스템에 부합되도록 구성되어 경쟁으로부터 우위를 점하기 위한 공동의 목표와 일련의 목적을 갖고 유기적으로 활동하여야 한다.

호텔에서 일반적으로 연회부서(Catering Department 혹은 Banquet Department)는 식음료부서(Food & Beverage Division)에 소속되어 있으며, 연회부장의 지휘 하에 연회서비스과(혹은 팀), 연회예약과(혹은 팀), 연회판촉과(팀), 아트 및 디자인실(팀)과 얼음조각 장식실(팀) 등으로 구성되며, 기타 지원부서로 연회주방, 기물관리, 음향, 영상 및 방송부서 등이 있다.

호텔 식음료부서의 하부조직인 연회부의 조직은 각 구성원들과 각 부처 간의 밀접한 협조활동에 의한 조직의 결합을 꾀하지 않으면 안 된다. 따라서 종사원의 업무가 합리적이어야 하며, 권한과 책임의 한계를 명확하게 하는 직무의 할당이 전제되어야 한다.

구제적으로 조직 내용을 살펴보면 다음과 같다.

- 경제성에 목적을 두고 경영목적을 달성하기 위한 업무활동, 즉 기능적 조직이 되도록 한다.
- 상호 커뮤니케이션 관계를 유지하여 업무를 효율적으로 처리하도록 한다.
- 경영목적 달성에 필요한 각 구성원의 직무를 세부적으로 규정한다.
- 일정한 권한과 책임을 할당하여 각 직무의 상호관계를 정하고 업무를 능률적으로 처리할 수 있도록 한다.
- 조직은 경영자의 관리를 위한 능률적인 수단이 되어야 한다.

그림 8-1 연회부서의 조직도

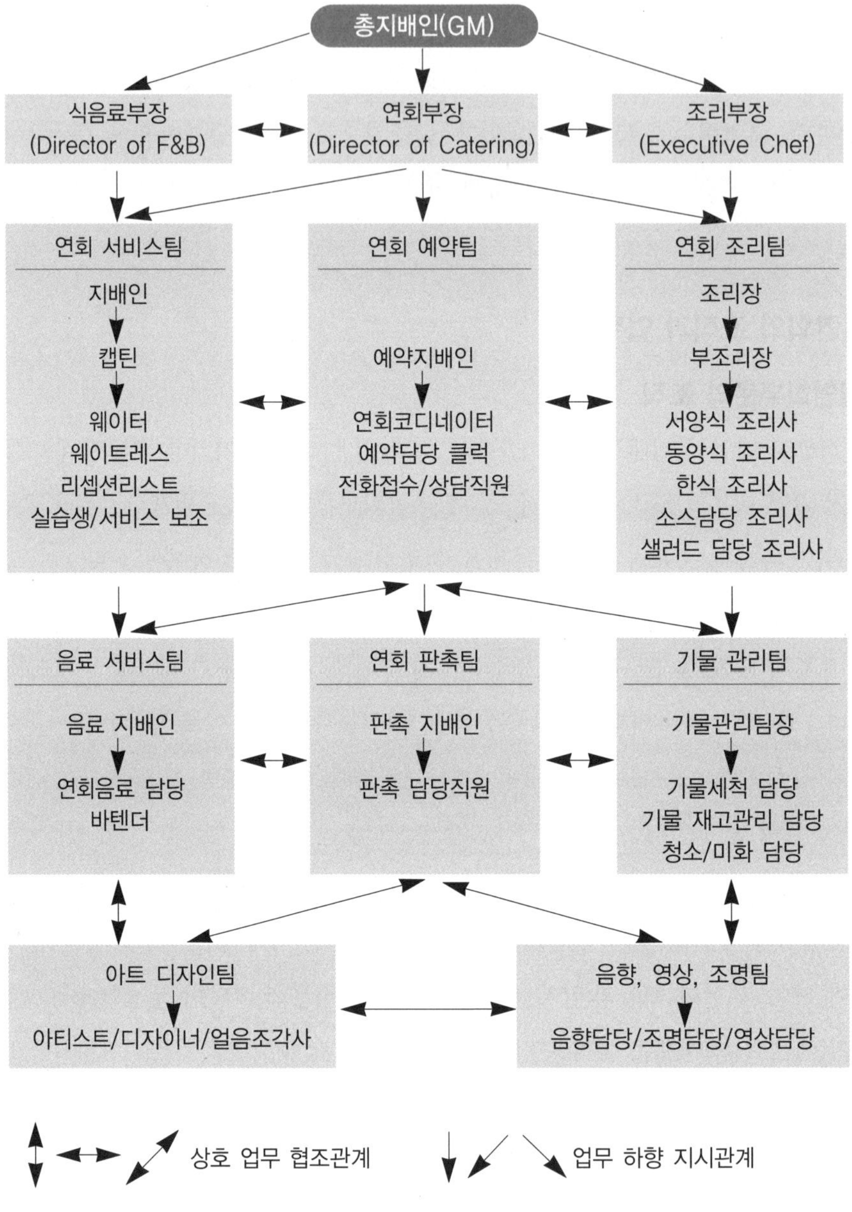

자료 : 고재윤, 조춘봉, 최웅 공저, 호텔식당경영학원론, 신정출판사, 2005. pp.388~389

2) 호텔연회부문의 주요업무

호텔의 연회부문은 식음료 부서에 소속하고 있어서 식음료부서장이 연회부문을 관리하게 된다. 그러나 최근에는 연회부문이 호텔에 대한 기여도가 큰 만큼 식음료 부서와는 별도로 독립된 조직체계를 갖추고 있는 호텔이 늘어나는 추세이다.

그림 8-2 연회행사의 업무 절차

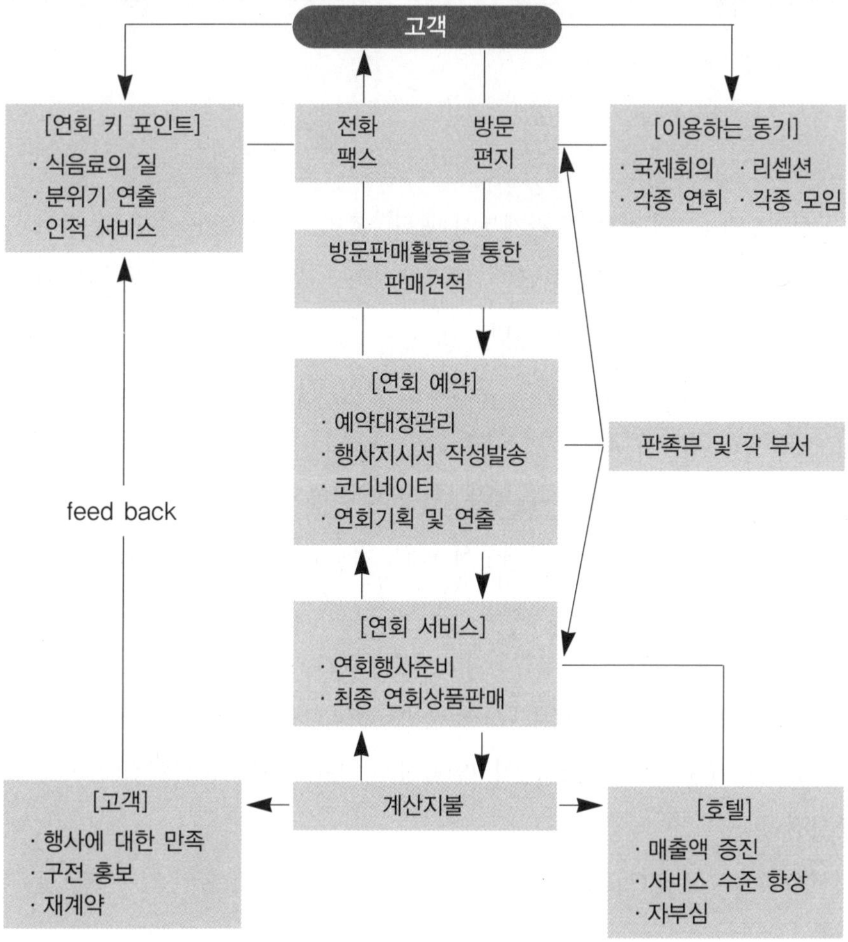

자료 : 박성부 · 이정실 공저, 호텔식음료 관리론, 기문사, 1998, p.228

연회행사는 철저한 예약제로 계획되며 운영되어진다. 따라서 연회가 이루어지기 이전과 연회를 모두 마친 사후처리 과정까지 세심한 기획운영이 이루어져야 한다. 다음은 전반적인 연회의 흐름을 순서대로 나열한 것이다.

❶ 예약접수 : 판촉, 내방, 편지, 전보, 전화, Talex, Fax

❷ Control Chart 확인

❸ 예약전표 기록

❹ Control Chart Booking

❺ 견적서 및 메뉴 작성

❻ Function Sheet 작성

❼ Function Sheet의 검토 및 관계부서 배포 : 조리, 현장, Bar, 수납, 음향실 등

❽ 외주(外注)업무 발주(發注) : 현관, 현수막, 밴드, 장치, 조명, 차량, 무대제작, 메뉴인쇄, 상차림, 사회, 엔터테인먼트 등

❾ 사내 협조업무 발주 : 동시통역, 꽃, 조명, 음향, 사진, Ice Carving, Logo 제작, Sign Board, 주차

❿ 연회예약과 준비사항 : 안내판, 메뉴, 명찰, 좌석배치도, 방명록, Tape, 메뉴카드

⓫ 행사 전일(前日) 확인사항 : 관계부서 확인, 외주업무 발주확인, Function Sheet 재확인, 고객확인

⓬ 행사 전일 작성 배부사항 : 연회일람표, VIP Report

⓭ 연회준비 및 행사진행 : 현장(행사장 준비), 조리(음식준비), 음향실(조명, 음향관계), Bar(음료준비), 장식(꽃장식, 얼음장식, 무대장치), 손님영접(연회서비스와 행사진행)

⓮ 계산서 작성 : B.Q Cashier가 작성, 행사주최 측 계산 시 확인 및 서명 또는 현금지불

⓯ 고객환송 : 연회서비스 요원들이 출구에 도열해서 인사, 행사담당자가 최종인사, 부착물 철거

⓰ 고객관리 : Guest History Card 작성, 감사편지 및 설문지 발송, 답방인사, Function Sheet 보존, 매상확인, 외주 발주물의 계산서 정리

제2절 호텔 컨벤션 업무

1. 호텔 컨벤션의 의의와 효과

1) 의의

호텔은 컨벤션 참가자와 그의 동반자들을 위한 국제적인 수준의 숙식과 각종 편의시설 및 컨벤션 시설과 전시 · 연회시설 등을 갖추고 전문적인 서비스를 제공함으로써 국제회의뿐만 아니라 관련 행사를 통한 교제의 장소로 활용되고 있다.

따라서 컨벤션 개최지 선정에 있어서 호텔이 갖는 의의는 매우 크다고 볼 수 있다. 호텔 컨벤션 관련 서비스로는 첫째, 숙식을 제공할 수 있다는 것이다. 컨벤션에 참가하는 참가자들은 물론 그들의 동반자들 즉, 가족이나 보도진, 기자, 수행원들의 숙식을 제공할 수 있다. 둘째, 시설 면에서 사용이 용이하다는 것이다. 컨벤션센터를 갖춘 호텔은 물론이고, 그 외에도 대부분의 호텔에도 회의규모에 적합한 회의장과 연회장이 마련되어 있으므로 편리하다. 셋째, 각종 편의시설의 제공이 가능하다는 점이다. 통신, 은행, 우편뿐만 아니라 건강과 오락을 위한 다양한 프로그램들과 시설들이 갖추어져 있으므로 회의 참가와 동시에 체재기간 동안의 여유를 즐길 수 있다. 넷째, 전문적인 서비스가 가능하다는 것이다. 회의에 필요한 전문요원을 비롯하여 비즈니스센터를 설치, 운영할 수 있다. 다섯째, 원스탑(One-stop) 서비스가 가능하다는 것이다. 회의일정에 맞는 각종 교통정보 제공, 관광지 안내, 쇼핑몰, 기타 각종 서비스를 제공함으로써 컨벤션 개최장소로서의 최대효과를 기할 수 있는 것이다.

2) 효과

호텔에서 컨벤션을 유치함으로써 얻어지는 효과로는 다음과 같다.

첫째, 일반 투숙객보다 평균 체재일수가 길다.

둘째, 일시에 다수의 투숙객 유치가 가능하다.

셋째, 소비지출이 일반 투숙객보다 많다.

이러한 수요창출과 이익의 경제적 효과뿐만 아니라 지역 이미지를 상징하는 역할과 다른 지역 정보의 유입, 문화진흥, 국제교류 그리고 지역관광을 진흥시키는 등 지역사회에 문화적, 경제적 파급효과를 가져올 수 있다. 또한 호텔경영에 있어서 가장 문제점인 비수기를 타개할 수 있는 방법이 되고, 호텔의 국제적인 홍보는 물론이며, 개인고객과 같이 예약을 취소하거나 'No Show' 되는 경우가 없는 확실한 고객유치가 된다.

2. 호텔 컨벤션의 특징

호텔 컨벤션의 특징으로 첫째는 예약시스템(Reservation system)에 의한 운영을 들 수 있다. 각종 컨벤션은 예약에 의해 접수되고 견적서에 의해 계약이 성립되며 행사지시서에 의해서만 준비-진행-종료되는 시간적인 제약을 받는다. 둘째는 종합상품성이다. 규모의 여하를 막론하고 호텔조직에 속해 있는 각 부서의 협조 없이는 행사를 치를 수 없는 복합기능을 갖고 있는 종합상품이란 점이다. 셋째는 매출액의 무한성을 들 수 있다. 같은 연회장이라 하더라도 행사성격과 견적계약에 따라 매출액은 상이하며 컨벤션 개최로 인한 호텔 매출액의 한계는 거의 무한하다. 넷째는 무형성이다. 호텔상품의 특성과 마찬가지로 컨벤션도 인적자원에 의한 서비스로써 저장할 수 없고, 서비스가 제공되는 순간 소멸되기 때문에 형태가 없는 무형성을 특징으로 한다. 따라서 적절한 시기에 최고의 가격으로 컨벤션 상품을 판매하여야 한다. 다섯째는 상품가격의 차별화로써 컨벤션 상품도 다른 호텔상품들과 마찬가지로 규정된 가격에 의해 연회상품이 판매되지만 연회예약 접수 시 고객의 예산과 행사 중요도에 따라 특별한 가격이 결정되므로 규정된 가격도 무시될 수 있다. 여섯째는 홍보효과이다. 컨벤션의 규모에 따라 상이하지만 동시에 최다 고객을 호텔 내로 유입할 수 있고 훌륭한 서비스로 호텔의 이미지와 홍보효과를 극대화할 수 있다는 점이다. 마지막으로 저원가로 생산성 극대화가 가능하다는 점이다. 확정된 메뉴를 대량 생산하여 판매하므로 저원가와 노동생산성이 극대화되며 보다 세련된 서비스 상품을 고객에게 제공할 수 있다는 특성을 가지고 있다.

3. 호텔 컨벤션의 마케팅믹스전략

1) 호텔 컨벤션 상품

호텔 컨벤션 상품의 마케팅믹스전략으로는 컨벤션 개최를 위한 전문시설의 확충, 호텔부대시설의 확충, 그리고 전문인력 서비스의 확보 및 개선 등이 있다. 컨벤션에 참가하기 위한 목적이나 그밖에 다른 목적으로 방문하는 모든 내 · 외국인들을 대상별로 목표시장을 설정해보면, FIT 및 단체관광객, 국제회의, 기업회의를 포함한 컨벤션 참가자들, 비즈니스여행객, 트레이드쇼, 협회 등이 모두 포함될 수 있을 것이다. 특히 마케팅의 주요 대상인 단체나 기업의 개요 및 특성, 역대회의 개최현황 및 향후 계획 등을 파악하고 그에 맞는 컨벤션 상품의 개발을 꾀하여야 할 것이다.

2) 호텔 컨벤션 상품가격

가격은 마케팅믹스에 있어서 구매결정에 가장 영향을 미치는 중요한 요소이다. 즉 신축성있는 가격은 시장에 있어서의 과잉과 부족을 수용함으로써 수요공급의 기능을 조절하기도 한다. 가격전략에 있어서 가장 중요한 것은 원가, 공급량 및 가격 간의 관계로써 장기적 최대이윤 획득을 전제로 적절한 관계를 발견, 설정해야 한다. 호텔 내에서 다른 부대시설이나 객실, 식음료 가격은 이미 책정이 되어 있고, 다른 연회행사와 마찬가지로 컨벤션 행사가격도 행사의 특성, 규모, 기간에 따른 가격책정은 역시 어느 정도 자유로울 수 있다. 즉, 가격에 맞춰서 행사를 진행할 수 있기 때문에 호텔의 다른 상품에 비해서 가격이 탄력적이라 할 수 있다.

3) 컨벤션 개최장소로서의 호텔입지 여건

대규모 회의장 및 객실확보와 더불어 장소의 선정 적합성 문제가 도출되는데 이는 교통의 편리성 그리고 관련 편의시설 이용의 용이성과 관계된다. 대외적으로 호텔 유치 목적이라면 원거리 장애요소를 극복하기 위해서 교통의 요충지에 위치하면 좋겠지만, 참가자들의 원활한 활동을 위해 주변환경 여건도 충분히 구비되어 있어야 한다.

이에 각 호텔들이 지니고 있는 긍정적인 상황제시를 바탕으로 경제적 이윤획득 및 참가자들의 욕구충족이라는 차원에서 효율적인 진행시간 배분 등의 세밀한 프로그램

개발이 뒤따라야 할 것이며, 앞으로도 계속 문제가 될 주차장의 합리적인 관리 시스템과 공간의 확보도 선행조건이 되어야 할 것이다.

4) 호텔컨벤션의 촉진활동

촉진(Promotion)은 마케팅 커뮤니케이션의 한 부문으로써 예상고객이 될 수 있는 사람들에게 마케팅믹스의 다른 요소인 호텔의 상품, 호텔가격, 유통에 관한 정보를 제공하며 그들의 수요욕구가 환기되도록 하고, 호텔 컨벤션 상품의 구매를 장려하며, 또한 호텔시설 및 서비스에 대한 재인식을 촉구한다. 호텔에 있어서 촉진활동은 제조기업의 상품과 달리 중요한 역할을 한다. 그 근본 이유는 서비스 상품이 무형적 특성을 가지고 있기 때문에 고객이 특정 서비스 상품의 특성이나 혜택을 완전히 이해하기도 힘들고, 또 그 서비스 상품이 자신들의 욕구를 얼마나 충족시킬 수 있는지 평가하기도 힘들며 다른 호텔의 서비스 상품과 구별하기도 힘들기 때문이다.

특히 컨벤션 호텔 상품은 이용 전에는 평가가 불가능하기 때문에 촉진활동이 구매의 사결성 단계에서 결성석 역할을 한다. 컨벤션호텔 상품과 가격이 주로 호텔 내부에서 이루어진 준비된 작품이라고 한다면 촉진믹스는 그것을 시장에 알리고 설득하고 구매토록 하는 호텔의 노력이라고 할 수 있다.

4. 호텔기업의 컨벤션산업 육성전략

1) 재포지셔닝(Repositioning)

전문 컨벤션시설과 차별화전략을 실시하기 위해서는 호텔기업의 컨벤션산업에 대한 포지셔닝(Positioning)이 필요한데, 이때에는 자사분석과 함께 전문 컨벤션시설의 분석까지 진행되어야 한다.

2) 객실요금의 적정화

호텔기업이 컨벤션 행사를 유치하는데 가장 매력적인 요소 가운데 하나가 숙박시설 이용의 편리성이라고 할 수 있다. 그런데 객실요금이 터무니없이 비싸거나 일반고객과 비교해 저렴하지 않다면 호텔 컨벤션은 고객들에게 큰 매력을 끌 수가 없게 될 것이다. 따라서 컨벤션 이용 고객들에게는 객실요금의 상당부분을 할인해 주거나, 식음료 시설 이용뿐 아니라 호텔 내 부대시설 이용시 일반고객과의 차별화를 실시하여 저렴하고 편리하게 이용할 수 있도록 배려해야 할 것이다.

3) 컨벤션 유치를 위한 적극적인 판촉활동

일반 제조기업이나 다른 서비스기업에 비해 호텔의 판촉활동은 저조하다 할 수 있다. 예전에는 이용고객이 일부계층에 한정되어 있었기 때문에 그렇다 하더라도 오늘날 호텔 이용고객의 폭은 점차 넓어지고 있다. 따라서 객실유치 뿐만 아니라 컨벤션 유치를 위한 적극적인 판촉활동이 이루어져야 할 것이다.

4) 컨벤션 전담부서설치 및 전문인력 강화전략

호텔기업의 컨벤션 산업을 육성하기 위해서는 이용 편리성 및 시설설치도 중요하겠지만, 컨벤션산업도 서비스 요소에 따라 많이 좌우되는 산업이라 할 수 있다. 따라서 전문 컨벤션시설은 물론 다른 호텔과의 경쟁에서 우위를 점하기 위해서는 전담부서 설치와 전문인력 양성이 시급한 문제이다. 이미 호텔직원들은 서비스 수행능력을 충분히 갖추어져 있다고 볼 수 있기 때문에 전담부서를 설치하여 이들을 컨벤션 전담 인력으로 양성하기 위한 전문교육을 실시하여야 한다.

특히 컨벤션 전담부서가 수행하는 능력이나 실적을 조사 · 분석하여 교육프로그램을 적절하게 조절하고 인센티브제도나 포상제도를 도입하여 적극 활용해야 할 것이다.

Lobby Lounge

호텔 연회, 이제는 휴대전화로 설계 한다

신상품 발표회, 드라마 제작발표회, 해외 바이어 세미나…. 특급호텔에서 개최하는 주요 행사들이다. 비단 국내에서만 열리는 것도 아니다. 동부대우전자는 지난 4월 인도네시아 자카르타 메리어트호텔에서, LG전자는 올해 5월 브라질 상파울루 보르본 이비라푸에라 호텔에서 신상품 발표회를 열었다. LG생명과학은 지난 2013년 10월 웨스틴 베이징 호텔에서 현지 성형외과 원장 등을 대상으로 국산 필러 상품 발표회를 열기도 했다.

특급호텔에서 열리는 행사는 겉보기엔 화려하지만 실제로는 많은 수작업을 거친다. 특히 행사의 컨셉트를 잡거나 인테리어 · 동선을 구상하기 위해서는 많은 문서 작업과 전화통화 미팅이 필요했다. 하지만 이것이 휴대전화 하나로 해결이 가능하게 됐다. JW메리어트 · 르네상스 · 리츠칼튼 · 코트야드 등 호텔체인을 운영하는 메리어트 인터내셔널이 17일 발표한 '미팅스 이매진드' 시스템이 그 주인공이다. 올해부터 미국과 아시아 등지에서 운영하던 프로그램으로 국내 메리어트 계열 호텔에는 이날부터 도입됐다.

미팅스 이매진드는 축하 · 결정 · 교육 · 아이디어개발 · 네트워킹 · 결과물 도출 · 홍보 등 연회의 7가지 목적에서 시작한다. 연회를 계획하는 담당자가 연회의 목적을 하나 고르면 전 세계 메리어트 호텔의 각 특징이 그림으로 나온다. 예컨대 '축하' 라는 목적을 고르면, 음식 카테고리에는 샴페인에 강점이 있는 곳, 수박 디저트가 맛있는 곳 등이, 테크놀로지 카테고리로는 조명이 획기적인 곳, 바로크풍 가구가 있는 곳 등의 특징이 대표 사진과 함께 표시된다. 그 중에서 마음에 드는 한 곳을 고르면 해당 호텔과 바로 연결이 된다.

온라인으로 예약을 하게 되면 그 다음부터는 선택한 호텔의 이벤트 담당자와 전용 애플리케이션으로 1:1로 24시간 상담을 할 수 있다. 방법은 카카오톡 등 인스턴트메신저서비스를 통해 대화나 사진 · 동영상을 주고받는 것과 유사하다. 또한 해당 행사에 참석하는 사람들도 앱을 통해 호텔에 각자 투숙 예약을 하거나 행사의 준비과정을 살펴볼 수 있다.

JW메리어트의 강주혜 부장은 "국내 호텔 업계에서는 처음으로 시도되는 것으로, 국내는 물론 전세계 100여개 계열 호텔에서 연회를 휴대전화 하나로 준비할 수 있다는 점이 특징"이라며 "올해 연말까지 객실의 체크인 · 아웃과 연회 비용을 휴대전화로 결제하는 것까지 가능해질 전망"이라고 말했다.

mdfh@joongang.co.kr. 2015.07.17

Chapter 09 호텔부대시설경영

이해목표

- ▶ 호텔 부대시설의 의의와 필요성에 관하여 이해한다.
- ▶ 호텔 부대시설의 종류와 기능에 관하여 이해한다.
- ▶ 피트니스 센터 시설과 운영에 관하여 이해한다.

제1절 호텔부대시설경영

1. 호텔부대시설의 의의

인간은 종래의 생활양식인 의 · 식 · 주의 1차적 욕구충족의 시대에서 오늘날 가치창조에 중점을 두면서, 어떻게 개인적으로 건강한 삶 속에서 진정한 삶의 질을 추구할 수 있을까를 찾고 있다고 볼 수 있다. 그리고 수명의 고령화로 인한 건강하고 행복한 노후생활을 위해서도 건강에 대한 욕구는 앞으로도 계속 발전될 전망이다. 이렇듯 오늘날의 경제발전은 물리적인 부의 증대로 인해 보다 나은 삶을 영위하고자 하는 개인적인 자각과 욕구를 일깨웠다. 가치관도 "생활을 위하여 일 한다"보다는 "생활을 즐긴다"라는 쪽으로 라이프스타일의 비중이 바뀌어가고 있다.

호텔은 단지 투숙만이 아닌 숙식을 하고 오락을 즐기고 휴식을 하는 하나의 종합적인 생활시설로서 형성되어야 한다. 따라서 특급호텔에서는 대 · 소규모의 연회장, 나이트클럽, 수영장, 사우나, 헬스클럽, 면세점 그리고 비즈니스 활동시설 등의 부대시설을 갖추고 객실영업 매출 증진 및 재방문 고객유치에 전념하고 있는 실정이다.

호텔영업의 측면에서도 다양한 부대시설을 보유하고 있는 호텔은 격심한 계절별의 수입 차이도 줄일 수 있기 때문에 영업활성화 방안의 일환으로 긍정적으로 검토되고 확장되고 있다.

관광호텔의 역할은 시대의 변천에 따라 끊임없이 변화되어 왔으며 부대시설도 고객의 욕구에 따라 보완되어져야 할 필요가 있다.

최근에는 관광객의 호텔선정 요인 중에서 중요한 부분을 차지하는 것이 부대시설의 유무, 다양성, 편리성에 있다고 한다. 그러나 다양한 부대시설을 확보하는데 많은 투자비가 소요되므로 아직도 우리나라 특급호텔의 경우만 하더라도 종류나 다양성이 미흡한 실정이다.

본 장에서는 앞에서 다루어진 식음료 및 비즈니스센터 업무는 생략하고 기타 부대시설에 대하여만 서술한다.

2. 호텔 피트니스 센터(Fitness center)

피트니스(Fitness)는 웹스터 사전의 정의에 의하면 "적당, 적합, 그리고 신체나 건강상태가 양호한 상태"라고 정의하고 있다. 호텔의 피트니스 클럽은 호텔에 따라 피트니스 센터, 헬스클럽, 레크리에이션센터 등 여러 가지 이름으로 불리고 있으며, 회원들만이 이용할 수 있는 멤버십제도로 운영되고 있다.

피트니스 클럽이란 아직 정확한 우리말 번역은 없지만 건강 진흥 센터, 체력단련센터 등으로 불러질 수 있으며, 그 개념은 건강한 개인적 삶을 영위하기 위해 개인에 적합한 운동으로 정신적, 육체적 건강상태를 지속적으로 추구하는 복합 스포츠 시설이라고 할 수 있다.

피트니스 센터는 헬스를 비롯해 수영장, 사우나, 골프연습장 등의 시설을 갖추고 있으며 골프, 스키, 하이킹 등의 동호회를 활발하게 운영하고 있어 회원들로부터 큰 호응을 얻고 있다.

1) 시설의 종류

(1) 레크리에이션 센터

체련장(개인별 건강 상태점검, 운동프로그램 구비)이라고 불리기도 한다. 이는 건강 체크 시스템을 통해 분석된 개인의 건강상태와 이를 바탕으로 한 운동프로그램에 의해 개인의 운동량과 운동종목을 조절하고 있다. 주요 시설로는 런닝머신, 자전거, 노젓기 등이 있다.

(2) 에어로빅 스튜디오

늘 새로운 프로그램으로 신선한 자극을 불러일으키는 에어로빅 강좌는 여성회원들에게 "내게 젊음을 되찾아주는 가장 신나는 클럽활동"이라는 평가를 받으며 인기를 더하고 있고 세계 에어로빅의 최신 경향을 연구해 회원들의 취향과 활동력에 맞게 재편성하는 등 활기를 주도하는 역할을 하고 있다. 여성회원들이 대부분인 에어로빅 강좌를 남성회원의 참여를 이끌어내고 좀 더 활성화시키기 위해 오전에 스트레칭 클래스를 개설하기도 한다.

■ 체련장

■ 에어로빅

(3) 실내외 수영장과 골프연습장

실내수영장은 사계절 운영하고 있으며, 골프연습장은 계절에 따라 변화한다. 한여름엔 연습장 자리에 썬덱을 비치해 일광욕을 즐길 수 있도록 했으며 나머지 계절은 연습장으로 이용하고 있다.

■수영장

■골프연습장

(4) Sauna

습식 사우나와 건식 사우나 시설과 스파시설이 갖추어져 있다.

- 여성 전용 마사지룸
- 래커룸 : 개인 래커룸 사용 시 월 일정 금액을 개별 추가 지불한다.
- 파우더룸
- 휴게실 등

2) 호텔 피트니스 클럽의 회원제도

특급 호텔의 피트니스 클럽은 멤버십 제도로 운영되고 있으며, 일정액의 입회금을 보증금으로 납입하고 매년 연회비를 지불하는 형식의 제도를 취하고 있다. 회원의 종류는 크게 네 가지로 구분하고 있는데 개인회원, 부부회원, 가족회원, 법인회원으로 나누어진다.

이들 회원의 경우 아무나 가입을 시키지 않고, 운영위원회의 승인을 득한 사람만이 회원이 될 수 있기 때문에 주로 특정계층의 일정한 자격요건이 되는 사람들만의 모임으로 운영되고 있다. 이를 회원권이라 통칭하며, 유명 호텔일수록 멤버 즉, 회원만 사용하는 시설로 유지 운영된다. 단, 투숙객에 한해서 사용할 수 있으며 대중시설이 아닌 회원만이 이용할 수 있다는 시설이다.

표 9-1 멤버십 가입조건 및 할인특전

일반적인 조건	Membership 고객의 할인 특전
• 개인회원 : 만 18세 이상 • 가족회원 : 부부회원만 가능 • 법인회원 : 기명2인 이상 • 비회원 이용 여부 - 회원동반시 2인 가능	• 객실 이용시 20% 할인 • 식음료/베이커리 10% 할인 • 이 · 미용실 10% 할인 • 세탁소 이용시 10% 할인

우리나라 호텔의 피트니스 클럽은 대부분 멤버십 형태의 이용권 판매 방식으로 운영되고 있으며, 이는 다시 영구회원제(평생회원제)와 단기회원제(연회원제, 월회원제)로 분류하여 운영하므로 연회비수입의 부족분을 충당하고 있는 곳도 있으며, 시설의 이용은 멤버십에 가입된 회원과 2인 이하의 회원 동반객, 그리고 투숙객만으로 한정하고 있어 일반 대중의 경우는 이를 쉽게 이용할 수 없다.

(1) 영구회원제(평생회원제)

영구회원제는 가입비를 선납하고 매년 연 회비를 납부하는 방식과 고액의 가입비를 예치하는 방식이 있으나 대부분의 호텔에서는 전자를 택하여 운영하고 있다. 영구회원제의 장점과 단점을 살펴보면 다음과 같다.

❶ 장점

요금을 고액으로 설정할 수 있다. 따라서 투자자본을 조기에 회수할 수 있으며 보증금을 받을 수 있어 보증금 수입에 의한 금리 수입도 기대할 수 있다. 따라서 장기에 걸쳐 회원을 유치할 수 있어 지속적인 매출이익을 확보할 수 있으며, 회원의 피트니스클럽에 대한 신뢰가 높다. 시설의 사용에 숙련되어 있어 초소한의 인스트럭터로 운영이 가능하며 시설의 사용에 익숙해져 있고 또한 내 것이라는 주인의식이 강해 내구연한이 길어진다. 따라서 결과적으로는 원가절감 효과가 있다.

❷ 단점

요금이 고액으로 인하여 회원의 모집에 어려움이 있으며 회원의 발신력이 강하여 회사의 영업 및 정책의 변화에 어려움이 있다. 일정 기간 경과 후 보증금의 변화에 대비하여 어느 정도의 여유자금 준비가 필요하다.

(2) **단기회원제**(연회원제, 월회원제)

단기회원제의 장점과 단점을 살펴보면 다음과 같다.

❶ 장점

매월 또는 매년 회원권을 판매하기 때문에 자금의 흐름이 원활하며 회원의 응집력이 약하여 회사의 영업 및 정책의 변화를 원활히 수행할 수 있다. 가입비 부담이 적기 때문에 단시일 내에 많은 수의 회원을 확보할 수 있으며, 탈회 및 입회가 자유로워 회사와 갈등의 소지가 적다.

❷ 단점

매일 회원권의 판매 활동을 벌여야 하기 때문에 별도의 인원이 필요하며 매월 많은 수의 신규 회원이 입회하기 때문에 시설의 이용 교습을 위한 많은 인스트럭터가 필요하여 인건비의 상승을 가져온다. 매출액이 일정치 못하며 계절적, 사회적, 경제적 영향을 많이 받는다.

피트니스 클럽은 이러한 욕구를 충족시키기 위한 레저, 스포츠, 휴식기능을 구비한 시설로 볼링장, 실내외수영장, 에어로빅 룸, 사우나, 헬스클럽 등을 겸비하고 있는 호텔부대시설이다.

개인에 따라 선호하는 종목이 다르기 때문에 이러한 욕구충족을 위해 서울시내 특급호텔의 경우 실내는 물론 실외까지 다양한 종목의 시설을 설치하고 있다.

[표 9-2]와 같이 실내시설의 종류에는 수영장, 체련장, 에어로빅장, 골프연습장, 사우나, 스쿼시 & 라켓볼장, 볼링장 등으로 구성되어 있으며, 실외에는 옥외수영장, 테니스코트, 미니 골프장, 아이스링크, 조깅코스 등이 있는데 실외시설은 호텔의 입지조건에 의한 영향이 심하다.

표 9-2 특 1등급 호텔 피트니스 클럽의 시설규모 현황

구분	S호텔	H호텔	L호텔	P호텔
총면적	2,008	660	1,174	1,144
체련장	151	73	150	168
에어로빅장	23	30	27	38
스쿼시장	9	15	52	4.6
스포츠클리닉	-	-	-	-
인도어골프	-	33	-	34
실내수영장	129(25m×8m)	184(25m×7.5m)	120(18m×6.2m)	243(20m×10m)
남자사우나	240	121	190	293
여자사우나	145	60	-	184
부대시설	70	114	90	90
옥외시설				
수영장	528	-	-	-
골프장	174	40	250	-
테니스	코트(2면)	-	-	-
기타	야외조깅트랙	-	-	-

자료 : 에이스회원권거래소. 2000.10.S호텔 내부자료, 2000년

3) 호텔 피트니스 클럽의 기능

(1) 호텔 영업 측면에서의 기능

영업 측면에서 본 호텔 피트니스클럽의 기능은 첫째, 단골 고객의 확보이다. 호텔이 피트니스 클럽을 회원제로 운영하면서 이들에게 호텔 이용 시 각종 혜택을 주기 때문에 지속적으로 호텔의 제반시설을 이용하게 되는 것이다.

둘째, 다른 영업장의 매출에 기여한다. 회원들은 피트니스 클럽을 이용한 후 호텔의 식음료 업장을 이용하거나 기타의 장소에서 비즈니스업무와 병행하는 경우가 많기 때문에 다른 영업장의 매출에도 상승효과가 있다.

셋째, 호텔의 홍보효과가 크다. 호텔 피트니스클럽은 일반 스포츠클럽에 비해 고급 시설로 분류되고 있으며, 회원권의 가격도 높다. 따라서 회원의 구성이 주로 상류층으로 되어 있기 때문에 이들의 사회적 지위로 볼 때 오피니언 리더(Opinion Leader)로서의 역할을 하게 되는 것이다.

넷째, 투자자본을 조기에 회수할 수 있다. 대부분 호텔 피트니스클럽이 회원제로 운영되며, 회원권은 고가로 분양되기 때문에 투자자본을 조기에 회수할 수 있다.

다섯째, 지속적인 고정매출의 확보가 가능하다. 평생회원제로 운영되는 피트니스 클럽이 수천 명의 회원들에게 연회비를 부과하여 매년 고정매출을 확보하게 된다.

여섯째, 매년 일정액의 이자수익이 발생한다. 선납 받은 가입비를 은행에 예치함으로써 매년 일정액의 이자수입을 기대할 수 있다.

(2) 호텔 고객 측면에서의 기능

호텔 피트니스 클럽의 기능은 첫째, 건강관리기능을 들 수 있다. 회원은 규칙적이고 충분한 운동과 휴식을 통하여 정신적, 육체적으로 건강을 유지할 수 있으며, 근래에는 젊은 여성을 중심으로 미용 측면에서도 많이 이용되고 있다.

둘째, 회원 상호 간의 커뮤니케이션의 기능이다. 호텔 히트니스 클럽의 경우에는 호텔별로 회원의 구성이 일정한 연령이나 직업과 관련되는 경우가 많다. S호텔 피트니스 클럽의 경우에는 전통적으로 정치인, 기업인 등 노년층이 많고, H호텔은 기업인 위주의 중장년층이, 그리고 P호텔은 의료인, 연예인, 외국인 등의 중장년층이 주류를 이룬다. 따라서 이러한 구조는 그들만의 공통된 주제로 커뮤니케이션을 가능하게 하고, 회원 상호 간의 유대관계에도 큰 영향을 미치게 되는 것이다.

셋째, 건전한 여가를 갖게 하는 기능이다. 산업사회의 발달과 풍요한 경제의 덕택으로 현대인의 여가는 급속히 늘어나고 있고, 이에 대한 관심 또한 커지고 있다. 특히 스포츠를 통한 여가의 이용은 회원자신의 건강유지는 물론이고, 사회를 건전하게 하는데도 큰 역할을 하고 있다.

넷째, 재산증식의 기능이다. 대부분의 호텔 회원권은 한정된 수만큼의 회원권을 분양하기 때문에 분양이 마감되면 프리미엄이 붙어 재산을 증식하는 기능을 하게 되는 것이다.

3. 세탁소(Laundry Shop)

일부의 특급호텔을 제외하고는 대다수의 호텔들이 세탁 업무를 외부위탁 시스템으로 운영하는 경향이 대부분이다.

객실 손님의 세탁서비스(Laundry Service) 시간은 07:00~21:00이고, 보통 오후 2시 전에 맡긴 세탁물은 당일 21:00까지 배달이 되나 오후 2시 이후에 맡긴 세탁물은 다음날 13:00전까지 배달된다.

1) 업무

- Order Sheet에 객실번호와 원하는 시간 및 아이템 기록한다. 단, Special Service와 V.I.P층인 경우는 무엇보다도 먼저 Pick-up할 수 있도록 한다.
  - Laundry 이면 L
  - Drycleaning 이면 D
  - Only Press 이면 P/O
  - Special Service 이면 SPC
- 고객에게 Delivery 시간을 반드시 알려 주며, Laundry Order Form을 기입하도록 말한다. Special Service, Normal Service를 정확히 구별하며 SPC일 경우 추가 비용을 지불해야 한다는 것을 알려 준다.
- Laundry : 2 Hour Service (100%)Charge
  4 Hour Service (50%)Charge
  Dry Cleaning : 2 HOUR (100%)Charge
  4 HOUR (50%)Charge
  Pressing : 1 Hour (100%)Charge
  4 Hour (50%)Charge
- D.N.D Card가 걸려 있을 때는 Pick-up이 불가능함으로 객실의 문 밑에 Slip 카드를 넣어 손님이 전화하면 즉시 배달할 수 있도록 한다.
- 당일의 D.N.D Card 때문에 배달하지 못한 세탁물에 대해서는 모든 직원이 알 수 있도록 Board에 객실번호를 적어 놓는다.

2) 세탁 아이템별 가격예시

GENTLEMEN'S LIST	AMOUNT(₩)	LADY'S LIST	AMOUNT(₩)
Suit(2-Pcs)	23,800	Suit(2-Pcs)	23,800
Coat	12,500	Jacket	12,500
Trousers	11,300	Slacks	11,300
Necktie(plain)	5,800	Slacks(Silk/Wool)	12,000
ecktie(Silk/Wool)	6,000	Skirt	11,300
Overcoat	26,500	Skirt(Silk/Wool)	15,000
Sweater	11,000	Skirt(Pleated)	22,600
Shirt(plain)	11,000	Dress(Plain)	21,000
Shirt(Silk/wool)	14,000	Dress(Silk/Wool)	24,000
Bathrobe	14,000	Carcoat	15,000
Raincoat	26,500	Blouse(Plain)	10,000
Liner	6,000	Blouse(Silk/Wool)	14,500
Muffler	5,000	Sweater	11,000
uffler(Silk/Wool)	5,500	Rain(Over)coat	26,500
Vest	6,000	Scarf(Silk)	5,000

4. 기타 부대시설

1) 이발소(Barber shop)

남성고객의 편리를 위해 남자 커트, 손톱손질, 면도 등의 서비스가 있다.

2) 미용실(Beauty parlour)

여자커트, 파마, 머리손질, 매니큐어, 전문적인 메이크업 서비스가 있다.

3) 상점(Beautiques)

양복점, 기념품점, 잡화점, 화원 등이 있다.

Lobby Lounge

'0.1% 사교장' 호텔 피트니스…불황에도 가격 천정부지

긴 불황에도 '0.1%의 사교장' 특급호텔 피트니스의 인기는 치솟고 있다. 회원권 가격이 수천만 원에 달하는 고급 피트니스를 중심으로 매물부족 현상을 빚을 정도다. 시세 역시 가파르게 상승 중이다.

20일 업계에 따르면 올해 들어 국내 특급호텔 피트니스 회원권의 시세는 평년 동기 대비 15~20%가량 상승했다. 고급 피트니스의 주요 고객층인 고위 공무원, 대기업 최고경영자(CEO), 연예인 등의 수요가 늘면서다.

가장 인기가 높은 곳은 서울 소재의 반얀트리 클럽, 하얏트 호텔, 신라호텔, W 워커힐 호텔, 조선호텔 등이다. 회원권 가격은 개인 기준 평균 6000~7000만 원 선이다. 반얀트리의 경우 9000만 원을 호가한다. 여기에 200만~500만 원가량의 연회비는 별도다. 실질적인 거래가격은 거래소의 중매로 매수자, 매도자가 협상을 통해 결정하게 된다.

정총명 동부회원권거래소 컨설턴트는 "최근 부동산 침체 영향으로 불확실성이 커지고 부도 위험이 있는 골프 회원권은 외면받고 있는 반면, 대기업이 운영하는 특급 호텔 회원권은 시세가 눈에 띄게 상승하고 있다"고 설명했다. 그는 "사교용 수요뿐 아니라 최근 '힐링' 이라는 개념으로 찾는 고객이 많다"면서 "매물이 잘 나오지도 않을 뿐더러 나오는 즉시 소진된다."고 말했다.

20~30대 젊은 층과 가족단위(키즈 회원) 회원 등의 수요 증가도 시세 상승을 부추기고 있다. 국내에 '호텔 휴양' 이라는 개념이 확산되면서 '회장님들의 헬스장' 이라는 이미지를 벗고 있는 셈이다. 실제로 호텔 피트니스는 지역에 따라 거물급 인사들의 사교장으로 통했다. 법원 근처에 위치한 JW메리어트 호텔에는 법조계 인사가, 강남구 역삼동의 리츠칼튼은 '부유층 사모님' 들이 많다. 그러나 향유 계층이 젊은 층과 가족으로 확산되면서 세대교체가 일어나고 있다는 얘기도 나온다.

각 호텔 역시 다양한 부대시설로 대응하고 있다. 피트니스 회원권을 보유하면 실내외 피트니스, 수영장, 골프연습장, 스파, 사우나, 테니스를 비롯한 스포츠 코트, 키즈클럽 등 다양한 부대시설을 이용할 수 있도록 하는 식이다. 멤버십 고객에게 숙박시설 등을 이용할 수 있는 바우처를 정기적으로 제공하는 곳도 있다. 가장 다양한 시설을 갖추고 중심가와 다소 떨어져 가족 간 휴양을 즐길 수 있는 반얀트리의 경우 아이를 포함한 가족 회원권 가격이 1억5000만 원 수준이지만, 매물은 찾기 힘들만큼 인기가 많다.

한 업계 관계자는 "휴식에 대한 수요는 늘고 있지만, 바쁜 일정 탓에 멀리 떠나지 못하는 부유층들이 대안으로 찾는 경우가 많다"면서 "특히 건강, 힐링에 관심이 많은 젊은 층의 수요가 늘어 호텔 측에서도 반기는 분위기"라고 전했다. 그는 "피부관리 등 스파시설과의 연계도 활발하다"고 덧붙였다.

아시아 경제 2015.03.20

3부

호텔판매 및 운영관리

Chapter 10

호텔사업계획

이해목표

- ▶ 호텔사업계획의 구성에 관하여 이해한다.
- ▶ 부문별 주요업무를 이해한다.
- ▶ 호텔사업계획 시 고려사항을 이해한다.

제1절 호텔사업계획의 구성

1. 호텔사업계획의 절차 및 구성

호텔사업 계획의 절차는

제1단계 : 경영주체 및 프로젝트 팀 편성

제2단계 : 기획 조사 활동

제3단계 : 기본계획 설정

제4단계 : 실시계획의 설정

으로 나눌 수 있으며 단계별 고유의 목적을 가지고 시계열적으로 연속적인 진행이 되어야 한다.

일반적인 호텔사업계획은 [표 10-1]과 같이 요약할 수 있다.

표 10-1 호텔 프로젝트 업무 흐름도

<table>
<tr><th colspan="5">계획</th></tr>
<tr><td colspan="4">기획</td><td rowspan="3">5. 계획안(규모) 결정
• 결과의 만족 여부 (Feed-Back)</td></tr>
<tr><td colspan="2">호텔재원</td><td colspan="2">기본조건</td></tr>
<tr>
<td>1. 일반입지 조사분석
• 시장조사
- 여행자층
- 관광시장
- 여행루트
- 숙박업종
- 대상고객, 경쟁사 조사
- 시설규모
- 영업현황
- 경영능력
- 가격
- 투자계획</td>
<td>2. 정책결정
• 토지의 적성
• 타당성
• 고객욕구에 대한 적응성</td>
<td>3. 재조사검토
• 부지조건
• 교통영향
• 경영환경
• 노동환경
• 정보환경
• SVC환경
• 과거재해유무</td>
<td>4. 기본조건결정
• 기본 이미지
• 시설규모 (연면적)
• 객실규모 (면적, 실수)
• 부대시설 종류, 규모</td>
</tr>
<tr><td colspan="4">기본계획</td><td rowspan="3">10. 기본안 내/외 환경
• 결관의 만족 여부
- 인적인 문제
- 시설적인 문제 (Feed-Back)</td></tr>
<tr><td colspan="2">기본계획</td><td colspan="2">기본조건</td></tr>
<tr>
<td>6. 건설계획
• 호텔성격
• 시설전체규모 (층수, 면적)
• 객실 종류, 구성
• 실당 면적 (연면적/객실수)m²
• 기본순객실면적 비율
• 부대시설규모 비율
• 예상투자비산정</td>
<td>7. 인사계획
• 예상조직도
• 인원배치계획
• 외주용역검토
• 업무분장
• 교육계획
• 채용계획</td>
<td>8. 재무계획
· 소요자금
· 자금조달계획
· 자금수지계획
· 수입(가동율)
· 지출
· 예상손익계획</td>
<td>9. 기본설계도작성
• 기존설계도작성
- 평 · 단면도, 동선계획, 구조계획, 설비계획, 전기계획, 방재계획, 시공계획
- 기존객실상세도, 평면도, Shaff상세도, 가구배치도
- 객실, Public관리, Space의 면적배분결정
- Front위치 결정
- 모델룸 설치결정
- 내장, 외장계획
- 백사이드, 운송계획
- 종사원부문계획
- 방재시설계획
- 예상투자비배분 (목표치 수정)</td>
</tr>
</table>

<table>
<tr><th colspan="4">실시</th></tr>
<tr><td colspan="3">실시설계</td><td rowspan="2">13. 종합평가
• 결과의 만족 여부 (Feed-Back)</td></tr>
<tr><td>• 개업준비계획
• 종사원채용교육 계획
• FFE 구매계획
• 마케팅계획</td><td>11. 실시설계도 작성
• 설계사양개요, 마감 재료표
• 평면, 입면, 단면설계도
• 건축 각 상세도
• 구조도, 구조계산서
• 전기, 공조, 위생, 운송기, 주방 각 공사 설계도
• 객실, 가구, 비품, 인테리어 설계도
• PUBLIC(로비, 홀), 기획부문(식당, 연회장 등) 기타 부문의 인테리어집기, 비품, 주방부문 상세 설계도
• SIGNAGE설계도
• 조깅 · 주차장 관개 설계도
• 각 설계자 간 예산조정 등 업무협조 및 연락
• 공사계약준비 및 방법입안
• 각종허가 신청업무</td><td>12. 적산 및 사정
• 실행예정 가격결정
• 적산가액사정 및 조정
• 자금계획</td></tr>
</table>

<table>
<tr><td colspan="4">감리</td><td rowspan="2">18. 개업
• 관광진흥법에 의한 등급심사</td></tr>
<tr><td>14. 공사계획
• 시공업자 결정
• 계약사 심사</td><td>15. 시공
• 시공감리
• 설계감리</td><td>16. 준공검사 (인도)
• 호텔메뉴얼</td><td>17. 개업준비
• 운영 시뮬레이션(시숙)
• 주방, 기계실 시운전
• 종사원 실습
• 건축설비 부분 마감 조정
• 가구, 집기 등 반입 배치
• OPENING CEREMONY계획
• 팜플릿류 정비</td></tr>
</table>

2. 개업 준비 계획의 구성

호텔의 개업 준비 활동이 시설, 경영 측면의 조화에 의해 진행되어야 하며 모든 활동은 기업 목적 달성을 위한 수단이 되어야 한다. 따라서 개업 준비 계획의 종합표를 작성, 주요한 작업항목이 계획표에 정리되어야 하며, 다음과 같은 사항들이 필요하다.

- 시장조사(계획단계, 개업 이전단계, 개업 후의 단계)
- 판매촉진(부문별)
- 요금정책 체계
- 상품개발(객실, 식음료, 메뉴)
- 세일즈 방법
- 홍보
- 고객 조직화
- 관리업무
- 예산관리
- 채용, 훈련, 배치
- 업무 위탁 계약(청소, 방재 등)
- 인 · 허가 관계 업무
- 건축, 시공검사
- 업자선정, 계약

제2절 부문별 호텔사업계획

1. 기획 및 관리부문

1) 사업성 검토 부문

호텔 프로젝트의 1단계 업무로써 사업의 가능성, 호텔의 성격, 시설투자 규모 등 기본적인 시안을 마련하여 중역회의 등의 의사결정을 거쳐 최종 기획안을 작성하는 업무이다.

(1) 사업성 검토의 주요 업무

- 일반입지 조사 분석
- 부지조건 등의 재조사
- 기본 개념의 설정, 시설투자 규모 등의 기본조건 결정
- 호텔의 성격 등 기본 시설계획의 설정
- 투자계획 및 손익 계획 등의 타당성 검토

등에 관하여 제반조사 검토과정을 통하여 시장의 과거, 현재, 미래의 전망을 충분히 검토하여야 한다.

(2) 사업성 검토의 업무 흐름도

그림 10-1 **업무 흐름도**

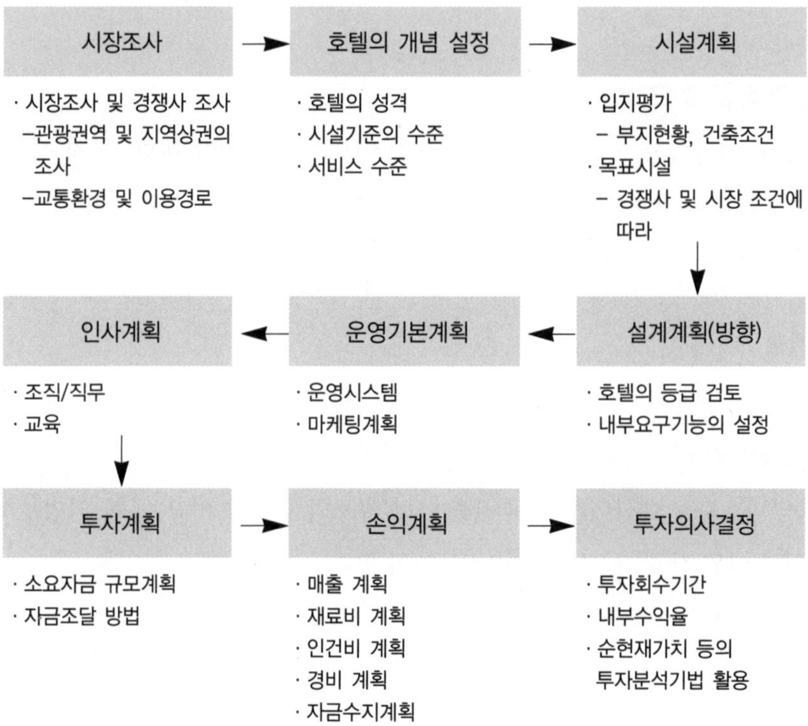

2. 인사 및 교육 부문

개업 후 기업의 목표를 효율적으로 달성할 수 있는 조직을 설정하고 인력을 확보하여 조직개발을 통하여 조직 구성원 개인의 잠재능력을 극대화하여 조직의 효율성을 극대화시키는 것이다.

그림 10-2 **조직 개발도**

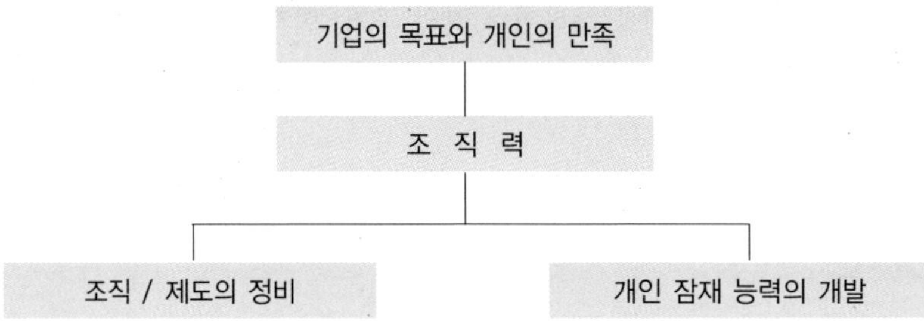

1) 인사 및 조직의 주요 업무

기업의 특성, 경영방침을 고려하여 조직을 설정 및 계획하여야 한다. 조직 설정 시 기업의 이념을 기초로 하여 기업에 필요한 기능을 갖추고 사원들의 능력에 맞게 수정하도록 유의하여야 한다.

(1) 인원계획

인건비의 규모, 근무제도, 업무운용의 범위 및 시설규모와 업무량을 참조하여 최대의 인력 효율화를 기하는 소요인력 규모를 파악하여야 한다.

인원산출방법으로는 예산대비 인원 산출, 시설규모와 업무량 비교 산출, 영업부서와의 협의에 의한 인원 산출, 실무적인 인원 산출이 있다.

(2) 채용 및 급여 계획

개업 준비 상황과 교육훈련 기간을 고려하여 필요한 인력을 적시에 채용하되, 인건비 규모 범위 내의 인력채용계획이 이뤄져야 하며 급여제도를 사전 정비하여야 한다.

개업 전 채용과정에서 조직 구성에 필요한 모든 종사원은 최소한 영업개시 3개월 전에는 채용이 완료되어야 하며, 사업을 추진할 중요 구성원들은 프로젝트 개시 시점부터 채용하여 업무진행에 따라 보충해야 한다. 일반적으로 신입과 경력의 비율은 8 : 2를 기준으로 조정하고 개업 전 인건비를 줄일 수 있도록 개업일에 가깝게 채용하는 것이 바람직하다. 또한 인력을 한 번에 채용하는 것보다 훈련기간을 고려하여 수시로 채용하고 최소한의 인력만 채용하는 것을 기본 원칙으로 한다.

채용계획을 수립할 때에는 중장기 전망을 내다보고 검토해야 하고, 안정적인 노사관계를 위한 노력과 채용인원 확인 점검을 반드시 검토해야 할 것이다.

개업 준비를 위한 신입 및 경력사원을 동시에 다수 채용하기 전에 급여제도를 미리 정해 놓아야 한다. 왜냐하면 급여제도 정비없이 개별적으로 임금교섭을 하게 될 경우 시간적 낭비는 물론이고 종사원 간의 급여수준이 일정치 않게 되어 불만요인이 되며, 향후 급여인상 작업 시에도 큰 불편이 따르기 때문이다. 따라서 적어도 채용계획이 수립되는 시점에서는 급여계획이 이미 수립되어 있어야 한다.

(3) 교육훈련

개업 후 영업활동을 원활하게 수행할 수 있도록 채용된 종사원을 계획에 따라 체계적으로 교육훈련을 시켜야 한다.

3. 인 · 허가 부문

1) 사전검토의 필요성

사업추진단계별로 일정에 맞추어 취득하되 인 · 허가의 신청 및 취득은 사업의 구성 및 계획 단계에서부터 사전에 충분한 관계법령의 검토와 관계 행정기관의 협의가 필요하다.

2) 인 · 허가 절차의 업무 흐름 요약

인 · 허가 서류의 작성, 신청 및 관계기관과의 업무는 호텔사업과, 설계사무소, 건축 또는 설계시공자 등이 용역계약에 따라 분담 처리하는 것이 보통이나 신청자의 명의는 반드시 호텔사업자로 하여야 한다.

그림 10-3 인허가 업무 흐름도

사업계획의 승인 → 건축허가 → 준공검사 → 영업허가 및 관광호텔 등록 → 개업

4. 마케팅 및 홍보 부문

1) 마케팅 업무

마케팅 업무는 호텔개업 후 영업활동에 대비한 사전활동이라 할 수 있다. 개관 전 마케팅은 개관 후 본격적 영업활동의 진입의 사전준비 과정이며, 영업이익의 조기 달성과 중·장기 영업방향 제시로 업계의 우위를 확보하고 호텔이 지향하는 기업이념의 정리라는 측면에서 그 중요성을 찾을 수 있다.

2) 판매촉진 업무

호텔 상품 매출 목표를 달성하기 위한 수단으로써 판매활동을 담당할 조직구성과 인적인 구성 요건를 갖추고 연속적인 영업활동을 행하는 것이다.

3) 광고, 홍보 업무

홍보활동의 의미는 직접 판매수단이기 보다는 기업 전체의 이미지 형성과 상품의 이미지 형성의 가속 효과로 이익을 창출시키는 기업활동의 한부분이다.

- 직접 경비를 투자하는 광고, 판촉물 제작 등의 업무다.
- 직접경비의 부담 없이 기업의 대언론활동을 통해 기업의 이미지를 형성시키는 공중 등으로 구성된다.

(1) 홍보(Public Relations)

홍보 업무의 경우 회사의 이미지를 제고시키는 대언론 활동과 호텔의 이미지를 나쁘게 할 수 있는 사건에 대한 예방 조치 업무 등으로 크게 나누어지나, 여기서는 이미지제고 측면의 활동을 주로 의미한다.

그림 10-4 홍보 업무흐름도

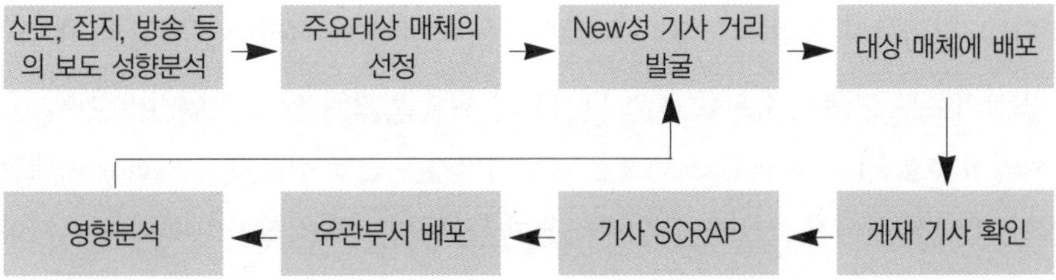

(2) 광고(Advertising)

광고업무는 홍보업무 중에서도 가장 경비집행이 많이 되는 업무로 호텔업의 경우에는 상품별 광고보다는 회사전체의 이미지를 나타내는 기업광고의 집행이 많으며, 광고내용은 호텔의 이미지를 나타내어 주는 사진과 시설규모, 예약망 표시 등으로 구성한다.

호텔 광고의 종류

- 기업 광고
- 연회 이벤트 광고
- 식음 이벤트 광고
- 기타 공고성 광고(사원모집, 결산공고, 예약번호변경 등)

그림 10-5 광고 업무흐름도

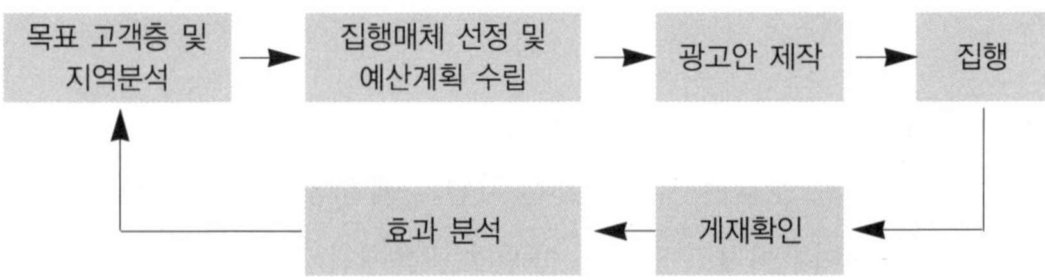

• 광고안 제작 및 매체선정 등은 전문 광고대행사와의 계약에 의해 시행하는 것이 통상적인 업무 형태임.

(3) CIP(Company ldentity program) 및 판촉물 제작

기업 이미지 통합 작업이라고 일컫는 CIP의 경우 호텔에 있어서는 건물의 시설수준을 마무리해서 결정짓는 역할도 하며, 회사의 심벌마크에서부터 각종 간판, 유니폼, 고객용품, 사무용품, 판촉물 등에 이르기까지 색상이나 레이아웃 측면에서 디자인 통일을 통한 호텔 이미지 형성에 결정적 요소가 되는 작업이다. 이러한 통일된 이미지의 지속적인 부각으로 경쟁력 강화를 통한 마케팅의 효율을 높여 주는 수단이며 또한, 한 번 결정되어 수정을 가할 경우 많은 비용을 유발시키기 때문에 전문가의 의견을 최대한 수렴하고, 그 범위 내에서 효율적인 경비 집행이 될 수 있도록 적절한 관리가 필요하다.

그림 10-6 CIP 업무흐름도

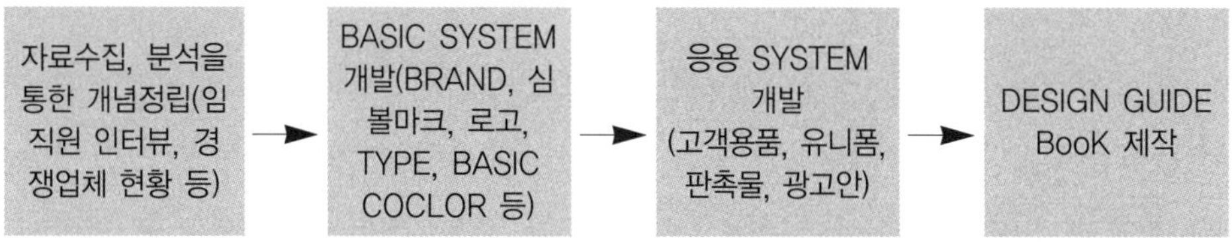

- CIP의 경우 전문회사에서 주관 시행함이 원칙이며, 개업 전 완성된 Design Guide Book에 의해, 추후 제작물은 Color Scheme, 기본 Layout, Typeface 등을 동일하게 가져감으로써, 기업 이미지의 지속적 유지 가능.
- 개업 전 CIP 완성과 함께, 개업 후 지속적 유지에 관심을 기울이지 않으며 투자 경비가 헛되이 되는 경우가 있어, 사후관리에 각별한 주의 필요.

그림 10-7 판촉물 제작의 흐름도

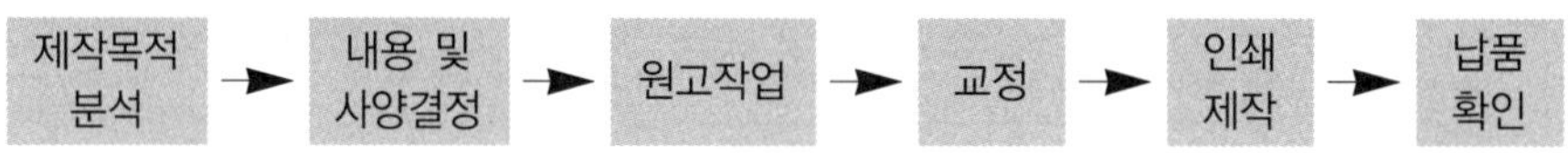

(4) 고객관리 업무

호텔 투숙객을 대상으로 행하는 서비스 개선 차원의 제반행위로 객실, 연회, 업장 등 호텔 상품 전반에 걸쳐 이루어지고 있으나 아래의 내용에서는 특히 객실 고객을 주요 대상으로 하여 다루었다.

호텔의 고객관리 목적은 다음과 같다.

- 고객의 재방문 고객화
- 재방문 고객을 통한 신규고객 창출
- 고객관리의 표준화, 전산화를 통한 업무 능률 향상

- 재방문 고객분석을 통한 고객의 세분화 및 목표고객의 선정
- 미래 고객의 예측을 통한 객실 판매율의 안정적 확보
- 고객모니터링을 통한 서비스 수준 향상

(5) 개관관련 행사 업무

- 개관 전 시숙행사
  - 호텔의 시설, 메뉴 및 서비스에 대한 사전 점검
  - 호텔관련 상품의 사전고지하는 홍보
  - 종사원의 영업훈련에 대한 내부적 평가 기회
  - 시설 및 종사원 교육에 대한 보완 사항 발굴 조치
- 개관 기념행사
  - 현재까지 진행된 모든 개업준비 업무의 성과물 연출
  - 일반적으로 호텔 업무가 완전 가동하기 시작한 후 1개월 이후 개최
  - 지방별 행사, 국경일, 예정 참석고객, 호텔의 정규고객, 언론매체, 행정기관 등 모두에게 불편없는 날을 택하도록 노력

5. 전산 부문

1) 호텔 전산화의 필요성 및 기대효과

호텔사업은 초기 설비투자비중이 높고, 낮은 생산성 및 외부환경에 기업이 민감한 영향을 받는다. 또한 회계상 일반 제조기업과는 다른 특수성을 갖고 있는 특징이 있다.

따라서 호텔운영상 업무패턴이 다양하고, 상품의 특수성으로 인하여 판매의 어려움이 있다. 또한 무형적 성격비중이 높아 생산성 향상이 곤란하며, 수요의 변동이 심해 매출관리상 어려움을 갖고 있다. 또한 동종업계의 판매경쟁이 치열하고, 회계처리상의 어려움과 더불어 365일 24시간 연중 무휴를 하는 사업으로 운영상의 어려움을 갖고 있다.

이에 따라 호텔전산화는 반드시 필요하다. 이를 통하여 대고객 서비스 증대, 효율적인 영업관리, 수익증대, 관리 효율화의 측면에 대한 기대효과가 있다.

2) 호텔 전산화의 목표 및 방향

호텔전산화는 호텔경영 방침 및 기업 내외부환경, 투자효과 극대화에 부합하는 시스템을 구축하고 자체 전산요원의 노하우 축적을 추진목표로 삼고 있다.

또한 해당호텔의 독자적인 시스템을 구축하고 전체적인 호텔시스템을 구축하는 것을 기본방향으로 정하여야 한다.

이에 대한 고려사항은 다음과 같다.

- Full Day Operation을 염두한 시스템
- Operation과 Maintenance기 단순 간단한 시스템
- Turn-Key Base 방식 업체 선정

표 10-2 SYTEM 전체 구성도

BACK OFFICE	MANAGEMENT SYSTEM	ENERGY SA-VING SYSEM	PABX	POS	FRONT OFFICE
• 인사 · 급여 • 상여 · 정산 • 여신 관리 • 고객 관리 • 원자재 관리 • 원가 관리 • 일반 회계	• 중앙통제관리 • SYSTEM관리 • 현황 관리 • 영업통계 분석	• CHECK-IN /OUT DATA CHECK • 객실청소상태 자동 처리	• 전화요금 관리 • PMS	• 판매관리 • 일일 결산 (업장별) • MENU 관리	• FRONT관리 • 예약 관리 • 객실 관리 • 수납 관리 • FORMATION • 일일 결산

⬇

종합경영정보시스템

3) 호텔 전산 시스템의 요건

❶ SOFT WARE

- 단순하고 편리한 운영
- 초기 data의 간단한 입력 및 수정
- 관련 시스템과 data교환
- 다양한 적용 업무
- 안전성

❷ HARD WARE

- 신뢰성
- 운영 가능한 soft wre 종류

- 안전성
- 확장성
- 신속한 응답
- interface

❸ **SOFT WARE 지원 업체**

- 시스템의 정확한 설치
- 충분한 교육 지원
- 풍부한 업무 경험
- 신속한 정비 및 up grade
- 업무 개발 능력

6. 구매 부문

구매부분은 자재의 단순 조달 차원을 넘어 이익창출을 극대화하는 적극적인 구매자세 확립이 필요하며 공사 관련 자재의 조달은 납기준수가 무엇보다도 중요하다.

1) 물품 매입 작업

- 규격, 품질, 수량, 유통경로, 인도조건 등에 따라 가격의 결정
- 시장 및 업계 동향 등의 정보를 입수하여 가격결정에 활용
- 가격보다는 질에 역점

2) 조달사무관리

- 매입전표 및 납품전표 관리
- 외상 매입금 및 지불업무 관리
- 원가관리
- 구매선 관리

3) 납품관리

- 구입물품의 인수와 접수
- 납품전표와 청구서의 대조
- 납품일보의 작성

4) 보관/저장관리

물품의 재고관리로서

- 청구 전표에 의한 물품의 출고
- 적정 재고에 대한 조사 연구
- 연월차 재고조사 및 결산
- 물품의 보수 및 수리

그림 10-8 구매업무의 흐름도

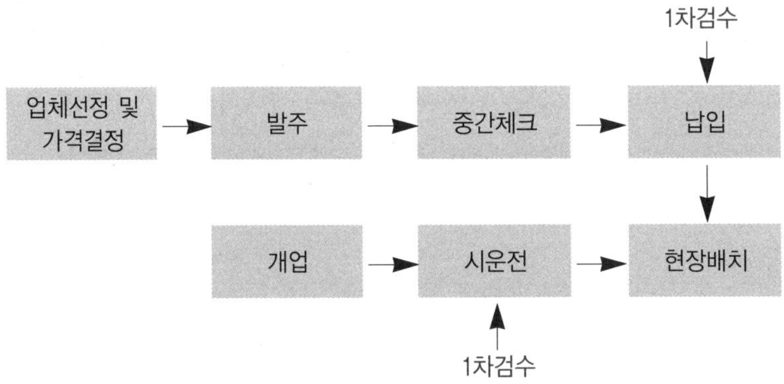

7. 객실 부문

객실부문은 호텔 영업의 중심으로 호텔 산업의 성패를 좌우하는 주요 부문이다. 또한 하드웨어가 주체를 이루고 있기 때문에 호텔의 기본 계획 단계에서 그 방향이 이미 설정되어 있다. 따라서 개업 준비팀은 호텔의 기설정된 기본방향 및 마케팅 목표를 원활히 수행해 나가기 위한 제반 영업운영 시스템을 설립하는데 주력하여야 한다.

(1) 영업 콘셉트의 설정

초기 마케팅 정책 수립 시 이미 수립된 호텔 콘셉트를 계획단계 및 건설기간의 정도에 따라 변화된 여건을 조사 분석하여 현실에 부합하는 각 업장의 영업 콘셉트를 조정 · 설립하여야 한다.

- 입지지역 특성 : Macro 특성, 교통환경

- 시장특성 : 시장현황 조사, 지역시장 조사
- 국내 시장 특성
- 경쟁사의 현황 및 전망

2) 객실 조직 및 인원 설정

(1) 객실 조직

객실부문의 조직은 고객응대 서비스의 질적 수준을 높이고, 서비스를 정형화하며 서비스 라인의 체계화, 고객지향형 서비스를 위한 대고객 서비스의 창구의 일원화 실현, 인력 효율의 제고, 일인 다기능화를 실현할 수 있도록 하여야 한다.

모든 호텔에 가장 적합한 조직을 단정하기는 불가능하나 개업 준비팀은 영업상황을 고려하여 수정을 하되 [그림 10-9]와 같은 조직이 가장 합리적인 조직이라고 볼 수 있다.

그림 10-9 **객실조직**

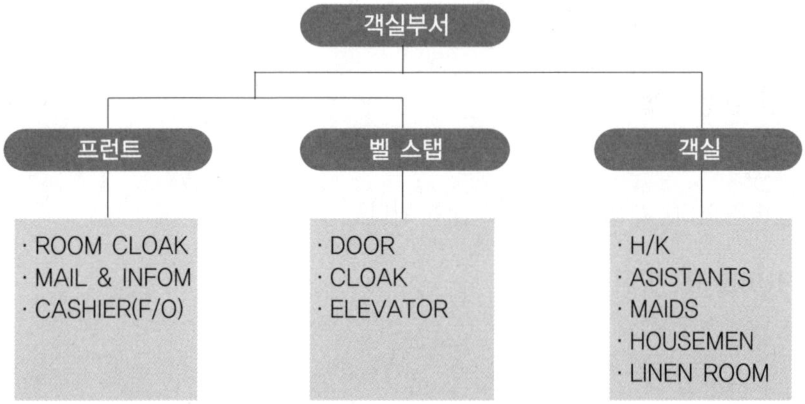

(2) 객실 인원

일부에서 통용되는 실당 몇 명 등의 획일적인 방법보다는 객실 수, 평균투숙률, 인당 평균 업무량, 인원의 숙련도, 경쟁사 현황, 작업환경, 예상 서비스 수준, 경영방침 등을 고려하여 실정에 맞도록 정하는 것이 좋다. 인원의 설정 방법은 다음의 방식을 종합하여 현실에 맞도록 결정함이 바람직하다.

❶ 예산규모 법칙

- 일반적인 매출 대비 인건비 비율은 25~30%
- 매출이익(매출액-직접재료비) 대비 인건비는 33~40%가 적정선

❷ 시설 규모, 업무량에 의한 법칙

표 10-3 **시설규모와 요원 기준**

구분	기준	인원수
룸메이드	객실수 10~20실당	1명
하우스키퍼	메이드 10~20인당	1명
프런트클럭	객실 20~30실당	1명
	시간당처리업무 건수 30건당	1명
도어, 벨, 클럭, 엘리베이터	객실 50실당	1명
청소인원	공공시설 1,000㎡당	1명

[표 10-3]은 일반적인 시설규모와 요원 기준이다. 그러나 어디까지나 이것은 평균치일 뿐 실제상황과 가동률에 비례하여 결정하는 것이 타당성이 있다.

(3) 객실요금 설정 방법

❶ HILTON 방식

1실당 건설비의 1,000분의 1이 객실요금이 된다.

❷ ROY HUBBART 방식

연간 총경비 ------------------- E 원

연간 목표이익 ----------------- P 원

객실수 ----------------------- N 실

객실 이용률 ------------------- Q %

1일의 객실요금 ---------------- X 원으로 하면

$$X = \frac{E+P}{N \times Q \times 365} \quad \text{-------------} ①\ 식$$

① 식에서 X를 미리 결정해 놓으면 $\frac{E}{365}$ 는 1일의 총경비가 되기 때문에

$$Q = \frac{\frac{E}{365}}{X \times N}$$ 로 되어 수입객실율의 계산이 가능함.

X의 수를 변화시킴에 따라 Q의 퍼센트(% : percent)가 변한다.

8. 기타 부대 업장

부대업장은 특징적 시설에 의한 고객 흡인력 확보, 고객 판매율 제고를 위한 부가가치 상품 및 외래객과 지역 주민의 유인 효과가 있어 호텔 각 영업장 매출에 커다란 영향을 주고 있으며 무엇보다도 가장 확실한 고정 고객들의 이용업장이므로 그 중요성이 크다고 할 수 있다.

1) 영업 콘셉트 설정

전체적인 호텔이미지에 부합하는 분위기를 창출하되 다음 사항을 고려하여 각 업장의 콘셉트를 수립한다.

- 지역 특성
- 시장 특성
- 국내 업계 현황 및 전망
- 경쟁동종업체 현황 및 전망

2) 영업 정책

- 고객 우선주의의 서비스와 이익증대의 판매위주 정착
- 고객 확보를 위한 세련되고 정교한 서비스 정착
- 업무영역 방침

3) 조직

그림 10-10 **조직도**

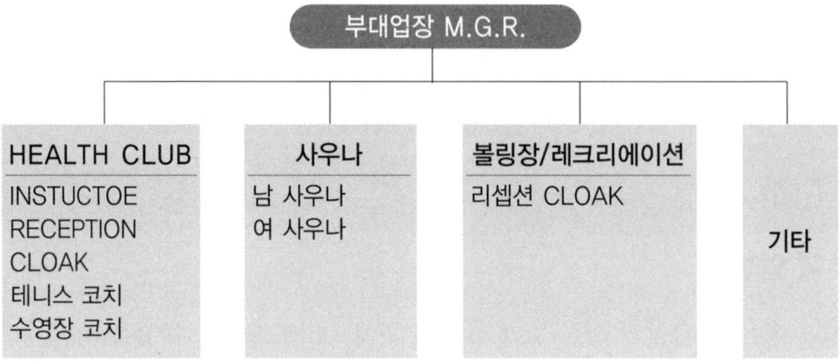

그림 10-11 **피트니스센터의 업무 흐름도**

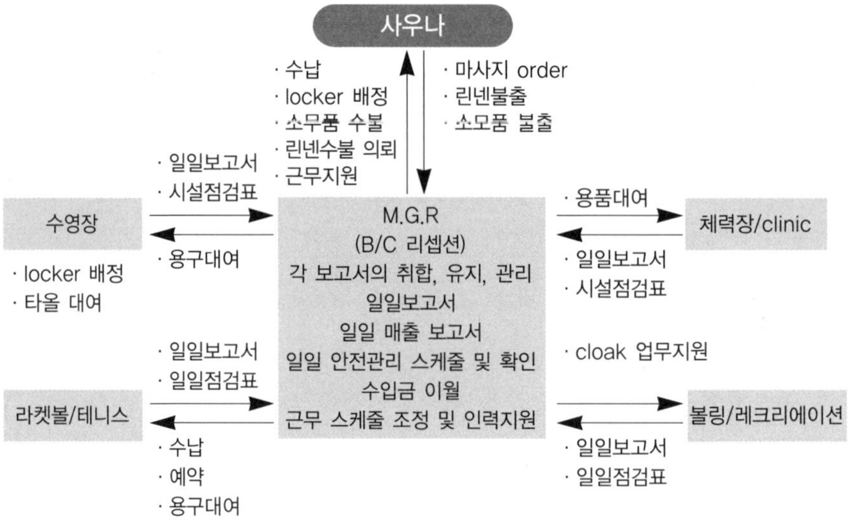

9. F&B(식당, 연회) 부문

개업 준비를 위한 업무 목적은 개업 후의 상품을 판매할 수 있는 수용의 확인으로 수요의 양과 질, 그 중에서 상품을 이용할 수 있는 대상 계층을 선정하고 이에 맞는 시설 구성의 조건을 갖추고, 그 입지에 맞는 운영방침을 설정하여 날로 심화되고 있는 호텔 간의 경쟁에 대응할 수 있는 명확한 영업방침을 수립하기 위함이다.

1) F&B 주요 업무

- 개업 후 상품을 판매할 수 있는 수요의 확인
- 상품을 이용할 수 있는 대상 고객층의 선정
- 영업 콘셉트에 맞는 시설 구성조건
- 입지에 맞는 운영방침 설정
- 상품경쟁에 대응할 수 있는 명확한 영업방침의 수립

2) F&B 영업 콘셉트의 설정

(1) 시장조사 및 분석

- 지역 특성 조사
- 시장특성
- 국내 F&B 시장 전망
- 경쟁 동종업소 현황 및 전망

(2) 설정요건

- 고급, 중급, 전문 등 방침과 특징 설정
- 대상고객 수준 설정
- 시설조건 설정
- 회계 시스템 설정
- 시설조건 설정인테리어 방향 설정
- 시설조건 설정주력상품 설정
- 시설조건 설정가격설정
- 시설조건 설정서비스 형태 설정
- 인력규모 설정
- 영업시간 설정
- 집기, 비품, Table Ware, 유니폼, 소모품 등 설정

3) F&B 조직 및 인력구성

(1) F&B 조직의 기능

식음료 부문은 요리나 음료 또는 연회를 일괄 판매하는 곳으로서 식음료를 효율적으로 서비스하면서 최대의 수익을 가져오고자 하는데 있다.

- 구매 기능(purchasing)
- 메뉴 작성(menu planing)
- 요리 제공(service)
- 수령(receiving)
- 창고 관리(storing)
- 준비(preparing)

그림 10-12 Menu 개발 절차

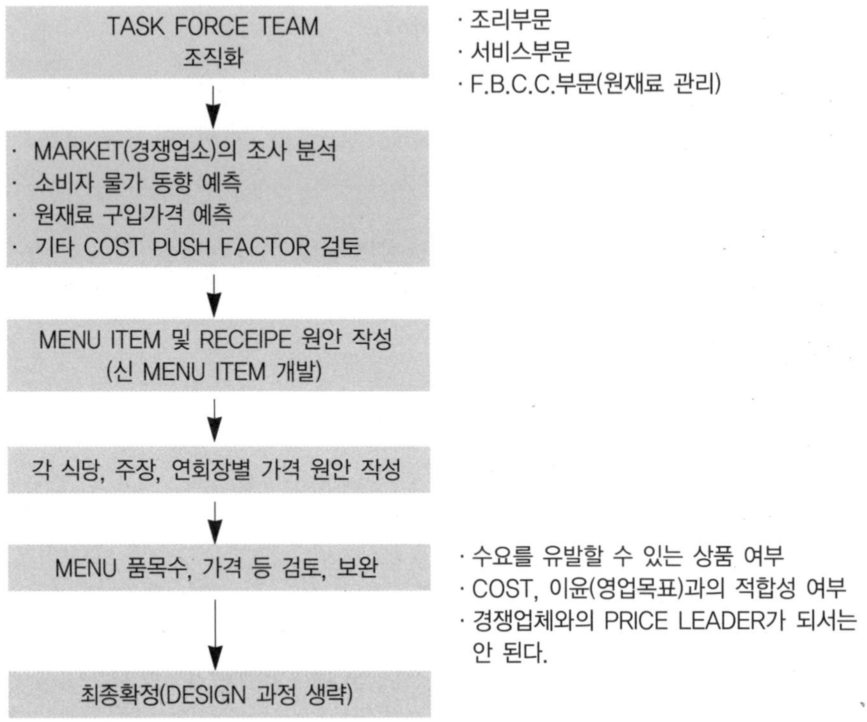

• 개업 3개월 전 완료

(2) 인원 설정

인원의 설정에는 다음의 3가지로 생각하는 방법이 있지만, 업무량과 노동력 관리가 기본임으로 업무 분담의 방법과 관련이 깊다.

- 채산성의 분석으로부터 기준 인건비 중에서 정원을 결정
- 시설규모와 작업량으로부터 결정
- 기업 방침에 의한 서비스 수준으로부터 결정

이상 3가지이나 이들의 균형을 검토해 가면서 결정하게 되지만 유연성이 아주 중요하다.

10. 조리 부문

1) 조리 업무 기능

(1) 기본 기능 : 생산 관리

- **품질 관리** 준비된 식자재의 관리에서부터 조직원에 대한 품질, 기술 지도를 통하여 초기부터 완성단계까지 품질향상에 신경을 써야 한다.
- **원가 관리** 가능한 한 원재료 구입 시부터 저렴한 단가에 좋은 품질을 구입할 수 있는 안목을 키우고 시장조사를 통하여 우수한 품질의 원재료가 주문되도록 노력하며 모든 생산공정에 불필요한 손실이 발생하지 않도록 노력을 기울인다.
- **공정 관리** 품질관리를 위한 중간단계로 표준 recipe 및 올바른 조리법 사용, 그리고 정성을 다한 요리생산 등이 올바로 시행되는지를 관리하여 부적격 및 불합격품에 대한 사전 예방 관리를 철저히 한다.

(2) 부수적 기능

- **재고 관리** 식재료의 정확한 재고관리를 통하여 현장재고를 유지하여 불필요한 많은 양의 재고를 가져오지 않도록 한다. 필요 이상의 현장 재고는 넓은 의미에서 이익을 반감시키는 결과를 초래하게 된다.
- **저장 관리** 출하기간이 제한된 특정품목의 식재료를 비출하기를 대비하여 가격과 물량이 좋은 조건일 때 필요한 양의 원재료를 가공 혹은 저장처리, 장기 저장 후 해당품목의 비출하기에 사용한다.

그림 10-13 **조리업무 흐름도**

2) 조직

적정 인원 산출 방법은 업태, Menu, 조리 system, peak 시간의 요리 공급량에 따라 차이가 있으나, 일반적으로 다음의 기준을 적용을 적용한다.

❶ **T/O 산출 : 서비스 부문 T/O×75-85%**

❷ **평균인건비 : (매출-직접재료비)의 15-20%÷T/O**

Menu작성의 일반적 원칙은 다음과 같다.

- 원가와 수익성
- 음식의 다양성
- 구입가능한 식품
- 시설 및 설비
- 맛의 조화
- 작업 인원
- 계절성
- 식자재 재고

그림 10-13 기본 조직도

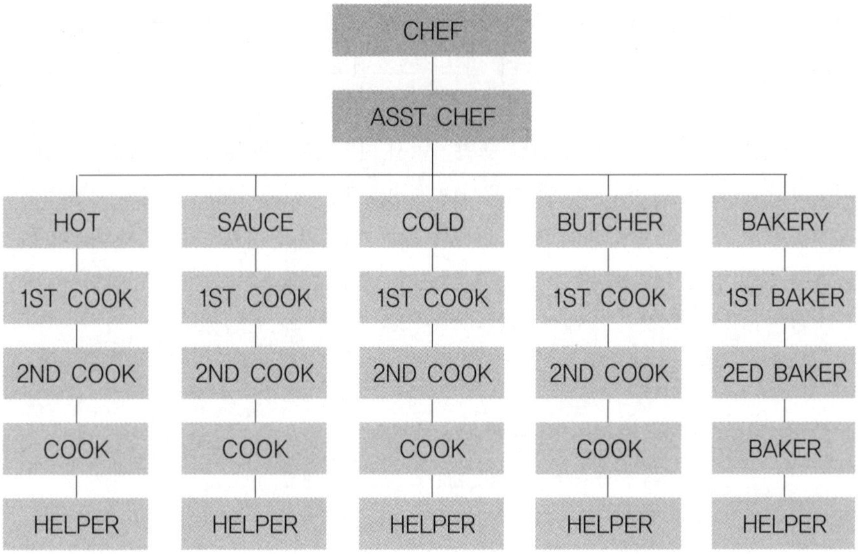

Lobby Lounge

서울 지역에 공급되는 비즈니스호텔은 올해(2015년) 정점을 이룰 전망이다. 서울시는 올해 55개 호텔, 총 8255개의 객실이 신규 공급될 전망이라고 밝혔다. 2013년과 지난해 신규 호텔 객실 수(3116실 · 3883실)보다 2배 이상 늘어난 규모다. 내년에도 총 23개의 호텔(4166실)이 추가로 오픈할 예정이다.

비즈니스호텔이 급속히 증가하는 데는 유커의 힘이 절대적이라는 평가다. 2010년 189만 명이었던 중국인 관광객 수는 지난해 613만 명으로 급증했으며, 올해는 714만 명에 이를 것이라는 관측이다. 게다가 유커는 주로 명동과 남산, 남대문시장, 동대문패션타운 등을 돌며 쇼핑 관광을 주로 하기 때문에 비즈니스호텔도 도심을 중심으로 자리를 잡고 있다.

하지만 최근 호텔의 공급 속도가 너무 빨라지면서 자칫 공급 과잉으로 이어질 수 있다는 지적도 나온다. 2011년 146개였던 서울시내 관광호텔은 2017년이면 300개 이상으로 급증할 전망이다. 중국인 관광객에 비해 한국을 찾는 일본인 관광객 수는 혐한(嫌韓) 분위기와 엔저 현상 등의 여파로 2012년 이후 매년 줄고 있는 점도 우려되는 대목이다. 일본인 관광객은 2012년 352만 명에서 지난해에는 235만 명으로 급감했다.

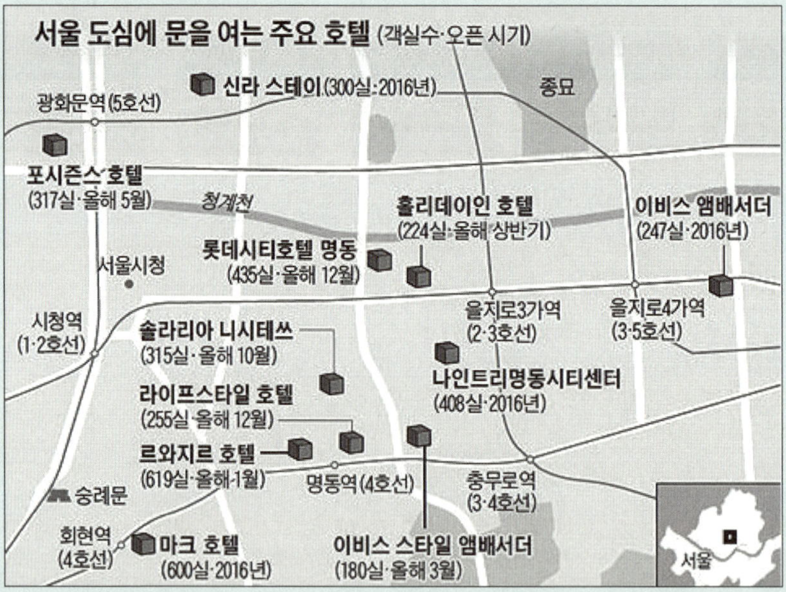

출처 : 조선비즈, 2015.03.12

Chapter 11

호텔마케팅

이해목표

- ▶ 호텔마케팅의 특수성을 이해한다.
- ▶ 마케팅 믹스와 STP전략을 이해한다.
- ▶ 호텔마케팅의 특수 과제를 이해한다.

제1절 호텔마케팅의 개념

1. 마케팅의 일반적 개념

경영학적인 측면에서 마케팅 시대(Marketing era)가 도래한 것은 그리 오래된 일은 아니다. 생산자인 기업과 고객 간의 상호 교환과정(Transaction)을 시장활동이라 하는데, 기업이 경쟁 하에서 생존과 성장목적을 달성하기 위하여 고객을 만족시키는 상품(Product) · 가격(Price) · 유통(Place) · 촉진활동(Promotion) 등을 계획하고 실행하는 관리과정을 마케팅이라고 한다.

최초의 인간들은 스스로 생존을 위한 자급자족시대를 맞이하였고, 화폐가 나오기 이전에는 유통중심의 판매자와 공급자가 직접 연결되는 단순거래시대(Simple trade era)로 전환되었다. 하지만 단순거래의 양을 늘리기 위하여 생산능력을 강조하는 생산지향시대(Production era)와 공급량이 수요를 초과하면서 발생되는 재고량을 해결하기 위한 단기적 안목에서의 판매지향시대(Sales era)를 맞이했지만, 각각 과도한 재고량과 장기적 관계를 지속시키지 못한다는 단점을 발견하게 되었다. 이러한 수차례의 시장활동을 통해 각 단계별 보안점들이 등장하자 마지막으로 나온 것이 마케팅시대인 것이다.

그림 11-1 시장활동의 개념

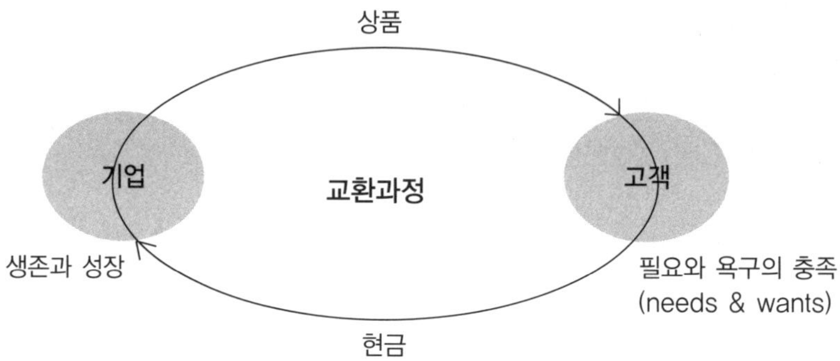

이 시기에는 경쟁이 치열한 상황에서 경쟁우위를 확보하기 위한 기업 간의 생존경쟁을 위하여 무엇이든 고객중심의 필요와 욕구(Needs & Wants)를 파악하고 고객만족을 최우선시하며, 서비스 접점(Service encounter)에서 최일선 종사자(Line staff)들의 고객만족(CSM : Customer Satisfaction Management)을 위하여 다른 직원들은 관리차원이 아닌 최상의 서비스를 위한 지원부서의 개념으로 받아들이기 시작하였다.

그림 11-2 마케팅 개념의 발전과정

2. 호텔마케팅의 개념 및 특수성

1) 호텔마케팅의 개념

관광산업의 주요 분야인 호텔산업은 일반 제조업과는 다른 특성을 갖고 있기 때문에 일반 기업에서 전개하는 마케팅활동과는 다른 방식의 마케팅적 접근을 요구하고 있다. 호텔기업들의 대형화, 고급화가 가속화되면서 기존에 독보적 고급 이미지의 특급 호텔 역시 국내에 최정상급 호텔의 등장으로 인해 무한경쟁체제에 돌입하게 되었다.

아시아권에서 한국은 이미 최고급 호텔시장의 선두주자로 진입하기 시작하였고, 이러한 고객들의 수준 높은 욕구에 부응하여 각 호텔들은 먼저 확고한 경쟁우위를 확보하기 위한 치열한 마케팅전쟁을 하고 있다.

그림 11-3 **호텔기업에서의 고객과 상품**

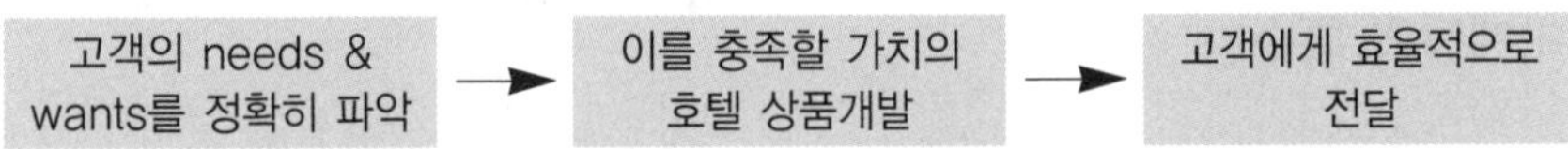

과거에 비해 고객들은 호텔로부터 직접 제공받는 정보 이외에 다양한 경로를 통하여 보다 많은 정보를 유입하게 되었으며, 생활양식(life style)의 변화와 가처분소득의 증가로 인하여 호텔이용률이 증가하고 있는 실정이다. 따라서 고객들은 경쟁적 호텔기업 중에서 자신의 욕구에 만족스런 호텔을 선택할 수 있는 폭이 넓어졌으며 호텔기업들은 이러한 다양하고 복잡해진 고객들의 욕구를 만족시키기 위해 끊임없는 노력이 필요하게 되었다. 이러한 관점에서 고객들이 원하는 것이 무엇인지를 정확하게 파악하여 이를 충족시킬 호텔상품을 개발하는 것은 물론 고객에게 효율적으로 전달할 수 있는 방법을 모색하는 것이 무엇보다 중요하게 되었다.

따라서 호텔마케팅이란 고객의 필요와 욕구를 정확히 파악하여 그들에게 가치가 있는 상품을 개발하여 알려주고, 손쉽게 구매할 수 있도록 배려해야 하며, 교환과정에서 가치와 만족을 부여하여 고객과 장기적 관계를 맺는 것을 목적으로 한다. 고객관점에서 구매활동 전에 고객의 욕구를 자극하는 일에서부터 본격적인 구매활동과 구매 후 사후관리에 이르기까지의 모든 진행과정에 마케팅이 관여되며, 이는 시장활동의 촉진제와 같은 역할을 한다.

그림 11-4 호텔마케팅의 개념

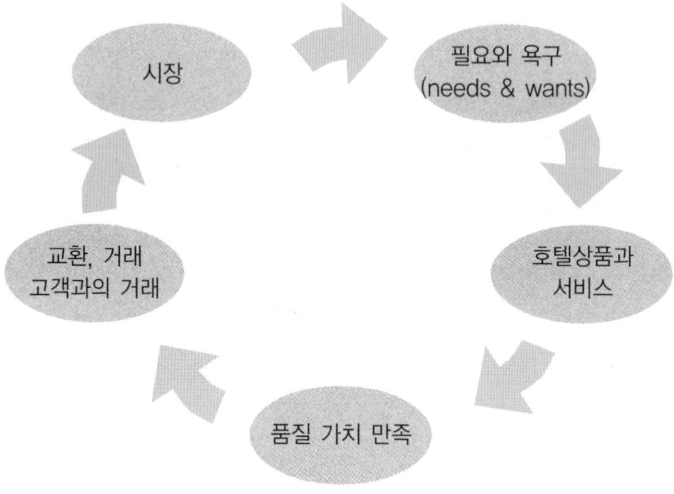

2) 호텔마케팅의 특수성

모든 상품들은 유형적인 부분과 무형적인 부분을 동시에 갖고 있지만, 일반상품과는 달리 고객들이 호텔상품에서 느끼는 가치만족은 유형적인 부분보다는 무형적 부분에 더 많은 비중을 두고 있다. 따라서 이러한 상품특성을 고려한 마케팅전략의 수립이 다각도로 연구되어야 할 것이다.

(1) 서비스 유형화를 통한 지각위험도 감소

탐구재상품이 아닌 경험재상품인 호텔상품은 모든 경험을 한 후에 그 만족도를 알 수 있기 때문에 사전에 고객들이 느끼는 구매 후 불만족할 수 있을 것이란 불안감을 표시하는 인지적 지각위험도가 상당히 높다고 할 수 있으므로 이를 유형적 단서(Tangible clues)에 의해 형상화 시켜주어야 한다. 즉, 무형서비스를 구체화 · 형상화하여 객관적인 물리적 증거(Physical evidence)로 나타내 주어서 눈에 보이지 않는 것에 대한 신뢰감을 구축하고자 하는 것이다.

(2) 인적자원관리

호텔종사자들은 그들 자체가 호텔상품의 무형성을 형상화하는 존재들이다. 호텔상품은 결론적인 상품의 품질이 고객만족에 영향을 미치기도 하지만, 서비스요원에 의해 어떻게 전달되는지 과정자체가 중요하다 할 수 있다. 따라서 호텔서비스의 생산과 고객들의 소비가 동시에 일어나는 서비스접점(Service encounter)에서의 일선종사자에 대한 관리가 절대적으로 중요하다. 그러므로 마케팅적 관점에서 최우선 순위인 고객만족에 의한 접근방식이라 할 수 있는 내부마케팅(Internal marketing), 즉 호텔기업 내부에 고객이 있음을 인식하고 이러한 내부고객인 종사원들을 우선 만족시켜야 우리의 최고 우선순위인 일반고객들에 대한 최상의 서비스가 제공됨을 깨달아야 할 것이다. 따라서 이들에게 책임을 동반한 권한을 부여(Empowerment)하고, 다른 후방부서(Back-stage)의 직원들은 관리적 측면이 아닌 서비스접점에서 최고 성과를 만들어 내기 위한 지원부서(Supporting group)의 역할임을 인식하여야 한다.

따라서 이러한 종사원에 대한 인적자원관리는 모집에서 채용 및 배치, 그리고 교육훈련을 통한 경력관리까지 전사적 측면에서 접근하여야 한다.

(3) 수요와 공급조정

호텔서비스상품은 생산과 소비가 동시에 일어나며, 저장할 수 없고, 없어지는 소멸성을 특징으로 갖고 있기 때문에 수요의 통제가 가능하다면 유효적절한 수요조절전략이 필요하다. 수요의 분포가 비교적 시간적으로 골고루 분포되어 있는 일반 상품과 달리 호텔서비스 상품은 성수기와 비수기, 피크타임과 비피크타임이 주기적 혹은 불규칙적으로 이어지므로 수요가 몰리는 시기의 고객들을 수요통제의 가능성에 따라 비수기 및 비피크타임으로 조정할 수 있는 마케팅 전략적 방안이 요구된다.

또한 비수기와 성수기의 서비스품질 균형을 맞추기 위해 수요변동에 따른 탄력있는 공급지원 시스템이 구축되어야 한다. 하지만 이것 역시 가용능력을 균형있게 지원하느냐, 혹은 수요에 대응하여 경우에 따라 적응시키느냐, 즉 공급과 수요의 특성에 따라 다른 시스템을 이용하여야 한다.

따라서 성수기는 수요가 많아 총매출액에는 좋은 기회지만 고객입장에서는 불만족을 야기 시킬 수 있고, 비수기에는 수요에 비해 공급량이 과도하여 비용이 급증하고 이익실현에 문제가 생기므로 탄력적 조절전략이 필요하다. 이러한 수요와 공급의 조정도 수요통제의 가능성에 따라 다르지만, 수요통제가 될 수 있는 고객만족에 의한 마케팅믹스를 적절히 이용하여 조정해야 한다.

(4) 서비스 품질의 일관성 유지

호텔서비스상품의 특징 중 이질성이란 것이 있다. 이는 호텔상품의 특성상 인적 서비스 및 무형적 성격이 강한 부분들은 다른 요소들에 의해 서비스 품질이 달라질 수 있으며, 이런 경우 호텔고객들은 일정 수준의 서비스를 기대하는데 서비스 품질이 각기 다른 이질성을 갖고 있으므로 일관된 서비스를 기대하는 고객들에게 신뢰성의 문제점으로 들어날 수 있다. 따라서 호텔이 서비스 품질 표준화를 통해 서비스를 일정수준으로 유지해야 고객의 인지적 위험도를 줄이고 후회없는 호텔선택을 할 수 있을 것이다. 이런 측면에서 볼 때 일반호텔에 비해 체인호텔에 대한 선택을 비교적 쉽게 결정하는 것은 서비스품질에 대한 일관성을 신뢰하는 측면이라 할 수 있다.

(5) 고객믹스 관리

호텔기업은 현재의 총고객수보다는 고객과의 장기적 관계지속을 위해 고객의 양적 측면보다는 질적 측면에서 수익성 창출을 고려해야 한다.

따라서 현재의 보다 많은 고객들을 유치하기 위한 시장점유율 극대화와 현재의 평균 판매가격과 같은 단층적 측면을 고려하기보다는 얼마나 많은 판매량을 얼마나 수익성이 좋은 가격에 판매하였는지 판매의 효율성을 고려한 총괄적인 측면의 RevPAR와 같은 성과지표를 이용하는 것이 현명한 것이다.

제2절 마케팅 믹스와 STP전략

1. 마케팅 믹스의 개념 및 요소

마케팅믹스(Marketing mix)라는 것은 마케팅활동을 진행시킬 때 사용되는 주요 전략적 요소들을 일컫는다. 기업에서 사용되는 일반적 마케팅 믹스요소는 크게 McCarthy에 의해 주장된 4가지의 전략적 요소들로 구성된다.

이는 상품(Product), 가격(Price), 유통(Place), 촉진(Promotion)이다. 그러나 서비스상품의 경우 일반 재화와는 다른 여러 가지 특이한 사항들이 있어 Boom & Bitner에 의해 앞에서 언급한 일반 마케팅믹스 요소 4P와 더불어 3가지를 더 첨가하여 서비스 마케팅에서는 7P를 주장하였다. 이는 인적자원(People), 서비스 전달과정(Process), 물적 증거(Physical Evidence)로 설명된다.

표 11-1 확장된 서비스 마케팅 믹스

구분	내용
Product	물리적 상품의 특징, 품질수준, 보조물, 포장, 보증, 상품계열, 브랜드
Price	유연성, 가격수준, 거래조건, 차별화, 할인, 에누리
Promotion	촉진믹스, 인적판매, 광고, 판촉, 홍보
Place	경로의 유형, 노출, 중개상, 매장 위치, 운송, 저장, 경로관리
Process	서비스 활동의 흐름(표준화/개별화), 서비스 전달 단계의 수(단순/복잡), 고객의 참여 수준
Physical Evidence	설비설계, 장비, 표지, 종사원 보장, 명함, 팜플릿, 계산서
People	종사원 선발, 교육, 종사원 조사, 고객의 교육, 의사소통, 문화, 가치

2. 시장세분화에 따른 포지셔닝전략(STP 전략)

시장경제가 심화되고 고객의 생활수준, 문화, 사고방식, 라이프스타일이 글로벌화되면서 고객들이 상품이나 서비스를 선택할 수 있는 폭이 점차 증가되고, 교육수준이나 소득 및 고객들의 의식 향상으로 이들의 질적 수준이 점차 향상되고 있는 시점에서 고객들은 보다 높은 기대에 대한 만족을 얻을 수 있는 상품이나 서비스 품질을 추구하게 되었다.

유형상품은 품질특성을 평가하는데 있어서는 식스시그마(Six sigma)[1], ISO 9000[2] 등 다양한 형태의 정보를 이용할 수 있는 것과는 달리, 호텔기업에서 상품을 차별화할

---

1) 식스 시그마 운동은 상품설계, 제조, 서비스 품질 불량을 최소화해 규격상한과 하한이 목표로 정한 품질중심으로부터 6시그마 거리에 있도록 하겠다는 것이다. 식스 시그마 품질수준은 1백만 개 상품 중 불량이 3.4개 이내이다.

2) ISO 9000(International Organization for Standardization 9000) 6년 영국 품직인증기관인 영국표준협회(BSI)발의로 87년 모든 산업에서 인정받았다. 국내에서도 상품을 수출할 때 ISO 9000인증을 요구하는 사례가 늘고 있어 공업진흥청이 인증기관을 지정해 94년부터 시행하고 있는 상품의 생산 및 유통과정 전반에 걸쳐 국제규격을 제정한 소비자 중심의 품질보증제도

수 있는 방법은 일관되게 경쟁사보다 우수한 서비스를 제공하여 고객들이 기대하는 서비스 품질을 충족시키거나 월등히 나은 서비스의 제공을 통해 고객을 유인해야 할 것이다. 호텔서비스 상품의 경우에는 무형적인 특성으로 상품에 대한 평가가 불가능하여 여러 가지 형태를 통해 서비스의 품질을 확인하게 된다.

이러한 고객의 고품질에 대한 요구로 인하여 예전에 불특정다수를 상대로 마케팅활동을 펼치던 대중마케팅(Mass marketing)보다는 진정한 자기호텔기업의 고객이 될 수 있는 부류를 선별하여 경쟁호텔과는 다른 차별화된 마케팅전략을 집중적으로 전개할 것이 요구되고 있다.

이러한 차별화된 마케팅의 단계별 접근방식으로 가장 대표적인 STP전략을 살펴보면, 이는 일대일마케팅(1 : 1 Marketing), 개인마케팅(Individual marketing), 직접마케팅(Direct marketing)과 유사한 개념으로, S(Segmentation) T(Targeting) P(Positioning)전략은 첫째, 전체시장을 몇 개의 객관적으로 측정 가능한 기준들을 이용하여 가치있는 다수의 시장으로 분류(Segmentation)하고, 둘째, 세분화된 여러 시장 중에서 자사의 능력과 경쟁 등으로 고려하여 매력적인 표적시장을 선택(Targeting)한 다음, 마지막으로 표적시장에서 상품속성이나 다양한 마케팅 믹스요인을 이용하여 자사상품을 고객의 마음속에 심어주는(Positioning)과정을 의미한다.

1) 1단계 : 시장세분화(Market Segmentation)

시장세분화란 일정한 기준에 따라서 전체시장을 몇 개의 동질적인 고객집단으로 나누는 것을 의미한다. 불특정 다수의 전체시장을 대상으로 마케팅활동을 하는 대중마케팅(Mass marketing)에 비해 각 세분시장고객에 대한 이해와 행동을 기대하고 예측하기 용이하며, 이러한 이해를 발판으로 시장에서의 기회를 발견하여 고객의 욕구에 맞게 상품, 가격 등 마케팅믹스를 개발할 수 있는 장점을 갖고 있다. 또한 다양한 요구를 갖고 있는 호텔고객과 같은 경우 정확히 그 욕구를 충족시킴으로써 충성도(Loyalty)를 높일 수 있어 일반 대중마케팅에 비해 그 효과가 높다.

시장세분화는 객관적인 측정이 가능하고, 효과적이고 선별적인 접근가능성을 확보하여야 하며, 일정 수준 이상의 규모를 갖고 있어 수익성이 존재하여 마케팅행동이 실질적으로 가능해야 한다.

시장을 세분화하는 기준은 첫째, 지역, 도시의 크기, 인구밀도 등과 같은 지리적 변수(Geographic variable)와 둘째, 연령, 성별, 소득, 직업, 교육수준과 같은 인구통계학적 변수(Demographic variable), 셋째 사회계층, 생활양식, 가치관, 개인적 특성과 같은 심리분석적 변수(Psychographic segmentation), 넷째, 상품에 대한 개인적 인지도, 태도, 상표충성도, 사용량, 구매목적, 추구효익, 가격 민감성 등 상품구매와 직접적인 관련이 있는 변수들의 분류인 행태적 변수(Behavioral variable)가 있다.

2) 2단계 : 목표시장선정(Target Market Selection)

1단계를 통해 나누어진 여러 세분시장 가운데 매력적인 몇몇을 선정하여 마케팅 활동의 목표로 삼는 것을 목표시장 선정 또는 표적시장화라고 한다. 표적시장을 선정할 때 고려해야 할 점은 세분시장의 규모, 수익성, 성장률, 경쟁의 강도와 경쟁사의 현위치 및 변화방향, 자사의 수요충족 능력 등이며, 이러한 평가기준을 중심으로 세밀하고 객관적인 분석과정을 통하여 결국 마케터에게 의미있는 시장으로 최종 결정이 되는 몇몇 시장을 집중적으로 마케팅활동의 대상으로 삼는 것을 목표시장 선정이라고 말할 수 있다.

3) 경쟁우위확보를 위한 포지셔닝전략(Positioning)

오늘날 호텔시장은 고객들의 다양하고 차원높은 욕구를 충족시켜주기 위한 수많은 호텔기업들의 등장으로 경쟁의 강도가 나날이 높아지고 있다. 호텔기업활동이란 것은 호텔기업의 존속 및 성장을 의미하는 것인데, 이를 위하여 치열한 경쟁활동을 해야 하고, 결국 경쟁우위를 확보한 호텔만이 시장에서 살아남을 수 있다.

이를 위한 전략이 차별화전략(Differentiation)이다. 즉, 자기 호텔기업의 독특한 이미지와 비교우위를 제시하여 표적시장의 고객으로 하여금 경쟁기업들을 모두 제쳐두고 자기 기업을 선호하도록 하는 마케팅도구를 뜻한다. 이러한 차별화를 통하여 표적시장의 고객 마음속에 존재를 정확히 자리매김하는 것, 위치정립, 전략적 위치계획 및 정립의 의미를 호텔 포지셔닝(Positioning)이라고 한다.

차별화를 하기 위해서는 우선 경쟁사가 쉽게 모방할 수 없는 것을 선택하여 고객의 필요와 욕구에 적합하여야 하고, 독특한 이미지로 고객에게 전달될 수 있으며, 수익성이 존재하여야 한다.

차별화를 통한 포지셔닝의 방법은 여러 가지가 있는데, 특정상품이나 서비스 속성에 의한 포지셔닝을 비롯하여, 고객의 문제해결방법에서 독특함을 제시하거나, 사용상황 또는 사용자에 의한 포지셔닝, 경쟁사와 비교에 의한 포지셔닝, 색다른 상품 사용방법 제시에 의한 포지셔닝 등 다양한 방법이 있다. 포지셔닝의 전략수립과정은 치밀하고 정교하여야 한다.

우선 호텔기업이 보유하고 있는 잠재적 경쟁우위 요소를 발견하는 것이 중요하다. 이 중 고객에게 강조하여 부각시킬 경쟁우위 요소를 선별하여 고객에게 전달하고, 이를 바탕으로 다시 평가하여 재포지셔닝(Repositioning)하는 과정을 반복하여 마케팅활동을 해야만 한다.

이러한 STP 전략을 통하여 고객들에게는 독특한 맞춤 서비스를 제공하여 만족도를 높이고, 이러한 과정을 반복함으로써 시장점유율과 매출액을 높이고 고객과의 장기적 관계를 지속하는 것은 호텔기업의 양적인 측면뿐만 아니라 질적인 측면에서의 발전을 도모하는 가장 중요한 부분이라 할 수 있다.

제3절 호텔마케팅의 특수과제

1. 내부마케팅(Internal marketing)

호텔내부에 존재하는 고객, 즉 호텔종사원 역시 마케팅 접근방식으로 다가서서 직무동기를 유발하고 직무만족을 최대화하여 궁극적으로는 서비스 품질을 높이고자 하는 것을 내부마케팅이라고 한다. 따라서 내부고객만족을 통한 서비스 품질의 향상을 통해 외부고객 즉 일반고객들의 만족을 높여 기업의 이익극대화를 추구하자는 것이다.

직무동기유발→직무만족→서비스품질향상

외부마케팅과 내부마케팅을 나누는 기준은 고객의 위치이다. 고객이 기업 내부에 존재할 경우, 즉 종사원을 고객으로 보는 관점은 내부마케팅이라고 하고, 기업 외부에 존재하는 일반고객을 대상으로 하는 마케팅활동은 외부마케팅 또는 일반 마케팅이라고 한다.

내부마케팅의 목표는 첫째, 고객중심적 태도를 갖고 서비스 지향적 마인드를 갖도록 하는 것, 둘째 서비스품질을 높이기 위한 동기부여, 교육 및 훈련을 시키는 것, 셋째 호텔기업이 꼭 필요한 수준의 인력을 확보, 유지하고자 하는 것이다. 내부마케팅의 대상인 종사원은 고객접촉빈도와 마케팅 관여도에 따라 접촉자(Contractor), 조절자(Modifier), 영향자(Influencer), 고립자(Isolated)로 나눌 수 있다.

내부마케팅에서 다루는 영역으로는 고객만족을 우선하는 호텔 서비스 문화를 형성하여 권위주의적 조직구조에서 책임을 동반한 권한부여를 통하여 서비스 중심의 조직구조로 개편하는 것을 포함한다. 또한 정서적으로 적합한 인력을 선발하고 교육 및 훈련을 통한 직무스트레스 해소, 효율적 업무처리능력을 가르치고, 인적, 물적 업무환경을 조성하여 서비스 지원체제를 구축하는 인력관리도 포함한다.

이외에도 신속한 정보교환으로 고객서비스를 극대화하기 위한 내부정보교환과 호텔기업 외부와의 커뮤니케이션으로 통한 종사원들의 사기진작 및 동기부여도 내부마케팅의 중요 영역이라 할 수 있다.

2. 관계마케팅(CRM : Customer Relationship marketing)

관계마케팅이란 고객과의 서비스접점(Service encounter)을 관리하여 고객과의 관계를 형성, 유지, 발전시킴으로써 고객기반을 튼튼히 다지는 것을 의미한다.

이는 기존고객을 유지하고 고객으로부터 시장정보와 그들의 필요와 욕구에 대한 자료를 직접 얻을 수 있는 장점을 가지고 있는데, 단순 거래마케팅의 경우 거래의 성사만이 주목적이라고 할 때, 관계마케팅은 단순 거래의 성사뿐만 아니라 고객과의 지속적이고 친밀한 관계를 장기적으로 형성하도록 노력하는 것이 목적이라 할 수 있다.

관계마케팅의 경우 서비스에 대한 고객의 요구나 그 수요가 지속적이고 주기적인 경우에 더욱 중요하다. 또한 대상고객이 호텔선정의 선택권을 가지고 있고, 동질의 서비스를 제공하는 경쟁호텔이 많은 경우, 고객들의 구전의 영향력이 상대적으로 큰 경우를 모두 포함한다.

관계마케팅을 실현하기 위한 방법적 선택은 크게 3가지로 설명되는데, 금전적 효익(Financial benefits), 사회적 효익(Social benefits), 구조적 유대감(Structural ties)이다.

금전적 효익이란 신규고객이나 일반고객에 비해 동질의 상품을 보다 저렴하게 이용할 수 있는 해택을 부여함으로써 가격경쟁력에서 우위를 점하여 장기적 관계를 지속하는 것을 의미하다. 사회적 효익이란 고객의 정보에 대하여 사전 파악을 함으로써 경쟁호텔을 이용할 경우보다 훨씬 고객에게 맞는 개인적 맞춤서비스를 제공받음으로써 이에 대한 편익으로 선택우위를 점하는 것을 의미한다. 구조적 유대감이란 해당호텔에 접근하는 관계마케팅의 대상고객들로 하여금 다른 고객들과는 다른 시스템적 접근을 통하여 일반고객과는 차별화된 서비스를 접할 수 있는 하여 고객과의 관계를 특별한 방법으로 지속하는 것을 의미한다.

이를 토대로 고객 충성도에 따라 다음과 같이 고객을 단계별로 구분할 수 있다.

예상고객→고객→단골고객→지지자→옹호자

이러한 고객충성도를 향상시키기 위한 전략적 방법으로는 핵심서비스를 개발하고, 고객과의 관계를 특화시키며, 핵심서비스를 돋보이고자 하는 포괄서비스를 제공함으로써 품질향상을 도모할 수 있다. 또한 회원제도나 특별할인율을 적용하는 것과 같이 이들과의 관계가격을 정하는 정책을 선택할 수 있고, 내부마케팅을 통해 관계마케팅의 대상고객에 대한 종사원들의 서비스를 보다 한층 친밀한 관계로 유지, 발전시킬 수 있다.

3. 그린마케팅(녹색경영 : Green Marketing)

1) 개념

산업이 발달하면서 풍요롭고 편리한 세상이 되었지만 반대로 오존층 파괴, 수질 오염 등 환경오염에 대한 우려와 관심이 높아지면서 소비자들은 환경 보호에 관심을 보이는 기업을 신뢰하게 되다. 그렇기에 기업의 입장에서는 경제발전과 환경보호 두 마리의 토끼 모두를 포기할 수 없기 때문에 이에 대한 대안으로 떠오르고 있는 것이 바로 그린마케팅(Green Marketing)이다. 초록색을 의미하는 그린(Green)은 '작은 것이 아름답다' 책에서 등장한 그린운동(Green Movement)을 시작으로 그 의미가 새롭게 변화되었다. 그린마케팅이란 단순한 고객의 욕구나 수요충족에만 초점을 맞추는 것과 달리 자연환경보전, 생태계 균형 등을 중시하는 시장접근전략이다. 기업을 경영하면서 발생할 수 있는 환경오염을 최소화하면서 고객이 만족할만한 품질의 환경 친화적인 상품을 개발하여 긍정적인 브랜드 인지도 제고와 매출향상을 목적으로 하는 마케팅을 의미한다. 그러나 그린마케팅은 환경보호를 위해 소비를 줄여야 한다는 '극단적인 환경보호주의적 마케팅' 과는 달리 자연의 자정능력을 해하지 않는 범위 내에서 기업을 운영한다는 것이 특징이다. 즉 환경보존 및 소비자의 건강에 대한 기업의 사회적 책임을 강조하는 마케팅이라고 할 수 있다.

호텔에서 그린 마케팅은 호텔에 투숙하면서 발생하는 각종 환경오염을 줄이기 위한 운동으로 신라호텔, 힐튼호텔, 메이필드호텔 등 많은 호텔들이 진행하고 있다. '그린카드 캠페인' 은 2박 이상 투숙 고객이 침대시트의 교체를 원하지 않을 경우 객실에 비치된 그린카드에 체크표시하여 문 밖에 걸어놓으면 시트와 수전 타올 등의 교체를 하지 않는 것이다. 캠페인을 통해 불필요한 세탁으로 발생하는 수질오염을 줄일 수 있다.

그랜드 하얏트 서울도 최근 대두되고 있는 친환경과 관련하여 그린 마케팅과 캠페인을 벌이고 있다. 글로벌 하얏트 체인 차원에서 '하얏트 어스(Hyatt Earth)' 라는 친환경 정책을 펼치고 있는데, 직원들을 대상으로 친환경에 대한 인식에 대한 교육, 쓰레기 및 폐기물 줄이기, 에너지와 물 절약, 친환경 상품 사용, 건물 및 디자인 친환경 시공 등 다섯 가지의 키 포인트를 중점적으로 캠페인을 벌이고 있다. 그랜드 하얏트 서울에서도 그린 팀을 주축으로 친환경 캠페인을 시작하여 최근 개보수를 마친 4개 층에 친환경 공사재료를 사용하였고 다양한 그린 정책을 통해 비용 절감 효과도 누리고 있다.

2) 그린마케팅의 장점

그린마케팅의 장점은 크게 두 가지로 나눌 수 있다.

첫 번째 장점으로는 자연환경보존이다. 탄소성적표지, 환경표지 등 자연환경을 보전하기 위해 노력한 기업들에게는 인증마크를 부여하게 되는데, 이러한 인증마크를 통해 기업들의 노력과 환경에 대한 영향을 절감하였는지를 확인할 수 있다.

두 번째 장점으로는 기업의 이미지 상승이다. 기업에서 환경 관련 인증마크를 표기할 경우 사람들이 물건을 구매할 때 인증마크를 확인하게 되고 표시되어 있는 상품을 구입하게 된다. 이처럼 기업에서 인증마크를 표기하면 상품을 구매할 때 기업에 대한 신뢰도나 호감도가 쌓여 기업에 대한 이미지가 상승되고, 다음에 상품을 구매할 때 그 기업의 상품을 사는 등 다음 구매에 영향을 끼친다.

4. 서비스 회복(Service Recovery)

고객들의 호텔 선택 기준은 과거 경험, 구전, 그리고 호텔기업의 광고에 의해서 형성되며, 이러한 기준을 바탕으로 기대한 서비스(Expected service)와 지각한 서비스(Perceived service)를 비교하여 지각된 서비스가 그들의 기대를 만족시키지 못할 경우 서비스 품질에 대하여 불만족하게 되고, 서비스 활동에 있어서 불평행동이 야기되는 것이며, 만족한 고객들은 고객충성도를 통해 서비스 기업에 기여하게 되는 것이다.

1) 서비스 실패에 따르는 고객들의 불평행동

서비스 실패란 고객의 기대나 '허용영역(Zone of tolerance)' 이하의 서비스 전달을 고객이 처음 지각함으로써 발생되는 모든 활동을 포함하며, 여기에서 허용영역 이하로 떨어진다는 것은 고객이 예상한 서비스보다 못한 서비스를 제공받는 것, 즉 서비스 실패를 의미하는 것이다.

즉, 서비스가 제대로 수행되지 않거나 빈약하게 수행된 결과로 서비스가 처음의 계획이나 기대한대로 전달되지 않음으로 인하여, 서비스 전달과정의 인식이 적정한 서비스 기대와 만나지 못할 경우 발생하며, 서비스 접점에서 고객 불만족을 야기하는 열악한 서비스 경험으로 서비스가 전달되어지는 동안 발생하는 여러 실수들, 고객에 대한 서비스의 약속 위반 혹은 여러 형태의 서비스 오류 등을 포함한다.

이러한 서비스 실패들은 서비스 실패에 있어서 잘못이 서비스 제공자에게 있으며 서비스의 성공은 고객의 관점에 따라 달라질 수 있고, 이는 고객이 호텔기업의 서비스를 측정하고 판단할 수 있다는 이론적 근거로 제공되고 있다.

고객과의 관계에서 고객이 “1개의 손해에 대해서 12개의 보상이 필요하다.”라고 말할 수 있는데, 이러한 말은 논리적으로 합당하지는 않으나 서비스 마케팅에서는 위의 이론적 배경을 바탕으로 정당성이 부여되며, 서비스 실패나 문제가 발생한 상황을 처리하는 것은 고객의 불만족한 감정을 없애는 것으로 고객 스스로가 충분한 서비스를 받았다고 인지하도록 하는 것이 중요하다고 할 수 있다.

그림 11-5 고객불평행동의 분류 : 불만족 발생 시 고객반응

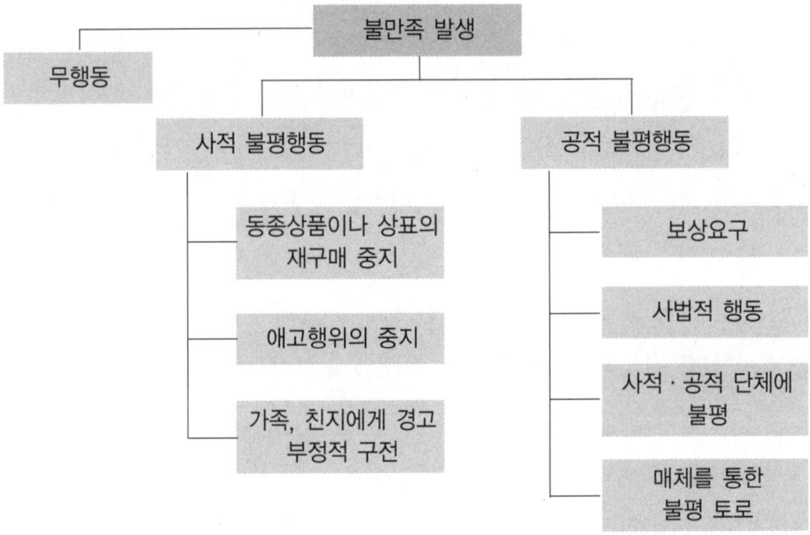

자료 : Day, Ralph L., and laird Jr. Landon, Towards a Theory of Consumer Complaining Behavior, in Peter D. Bennett and J. N. Sheth eds., Foundations of Consumer and Industrial Buying Behavior, New York : American Elsevier, 1977

고객들은 서비스 실패가 발생했을 경우에 서비스를 조속히 해결하여 바람직한 서비스를 제공받을 수 있도록 행동을 취하게 되는데, 서비스 실패를 표현하여 서비스를 회복하기 위한 가장 보편적인 방법이 바로 고객의 불평행동이다. 따라서 기업이 지속적인 운영과 현 상태의 문제를 파악하기 위해서는 고객들의 불평행동을 유도하여 이러한 불평행동이 미래에 긍정적인 방향으로 전환할 수 있도록 고객을 유도해야 할 것이다.

2) 서비스 회복(Service Recovery)의 개념

고객들은 서비스 실패가 발생할 경우 이에 대한 적절한 대응을 요구하였으며, 이에 대해 서비스 제공자가 취하는 일련의 행동을 서비스 회복이라 한다.

회복에 대한 용어는 British Airway의 'Putting Customer First Campaign' 에서 최초로 사용되었으며, 서비스 회복에 대한 개념은 1970년부터 사용하기 시작하여 1980년대까지 마케팅 전문가들을 통해 특정 서비스 문제의 해결뿐 아니라 서비스 회복의 장기적인 이점(고객 충성도, 긍정적 구전)을 강조하기 시작하였다. 1990년대부터는 경쟁적인 시장 상황에서 서비스 회복 과정 중에 이탈하는 고객들에 대한 비용을 계산하고 불평행동을 유도하며, 서비스 회복에 대한 요구를 예측하게 해주며, 종사원에 대한 권한 이양 및 고객들에게 회복의 개선상황에 대하여 알려줄 것을 주장하였다.

서비스 회복은 고객이 기대에 못 미치는 서비스를 제공받은 후 불만족한 상태에 있을 때 기업이 불만족한 고객을 서비스 실패가 일어나기 이전의 상태 또는 만족하는 수준으로 되돌리는 것이다. 소극적인 의미에서는 서비스 실패가 발생하기 전의 상태로 되돌리는 것을 의미하며, 적극적인 의미에서는 고객에게 보다 상화된 서비스를 지각하게 하는 것으로 서비스의 회복에는 종사원의 시간과 기술 등 여러 가지가 요구되고 있다.

서비스 회복에 대한 고객의 기대는 과거의 경험을 바탕으로 한다. 기업입장에서 불만족한 고객은 단순히 고객 상실을 의미하는 것이 아닌 고객의 감정적 반응에 대한 대응으로 기업에서 발생할 수 있는 여러 가지 잠재 비용들을 감소시킬 수 있으며, 고객 기대에 부응하는 것에 실패한 기업이 상처받은 고객을 만족 상태로 되돌리는 과정으로, 서비스 품질에 대한 고객 지각을 개선하고 고객만족을 강화시키기 때문에 매우 중요한 요소이다.

서비스 실패에 대해 종사원의 긍정적인 대응과 적절한 불평처리는 불만족한 고객을 만족한 고객으로 전환시킬 수 있는 회복과정일 뿐만 아니라, 전환된 만족은 기업에 대한 신뢰와 몰입에 긍정적인 영향을 미치며, 서비스 실패를 통해 회복이 이루어지지 않았을 경우 이는 기업의 이익 감소와 다른 고객에 대한 부정적 구전을 통해 기업의 이미지 향상을 초래한다.

이러한 서비스 회복과정은 Tax & Brown에 의해 제시되었다. 먼저 고객의 실패지점을 확인한 후 고객의 문제해결을 통해 의사소통을 하고, 의사소통의 결과에 따라 실패의 유형을 분류하고 이를 데이터로 통합하여 전반적인 서비스를 향상시켜, 서비스 시스템을 개선하고 전반적인 고객만족을 통해 고객의 충성도를 개발하여 이를 이익으로 연결시키는 상승과정을 보여준다.

서비스 회복이란 교환과정에서 고객과 서비스 제공자 사이에서 상호 만족할만한 수준의 서비스가 이루어지지 않았을 경우 관계를 유지하기 위한 일련의 노력이라 할 수 있다. 그러므로 서비스 실패가 경제적 가치를 부여할 수 있는 실체적인 실패인가, 또는 서비스 과정에서 호텔종사원의 무례한 태도나 언동으로 인한 상징적인 실패인가에 따라서 회복의 방법이 달라져야 한다. 보상에 있어서도 실체적인 실패의 경우 할인, 무료 상품권 등과 같이 경제적인 가치가 있는 실체적인 보상이 효과적일 것이며, 상징적인 실패인 경우는 정중한 사과와 같은 상징적인 보상이 더 효과적일 것이다.

그림 11-6 서비스 회복의 구조

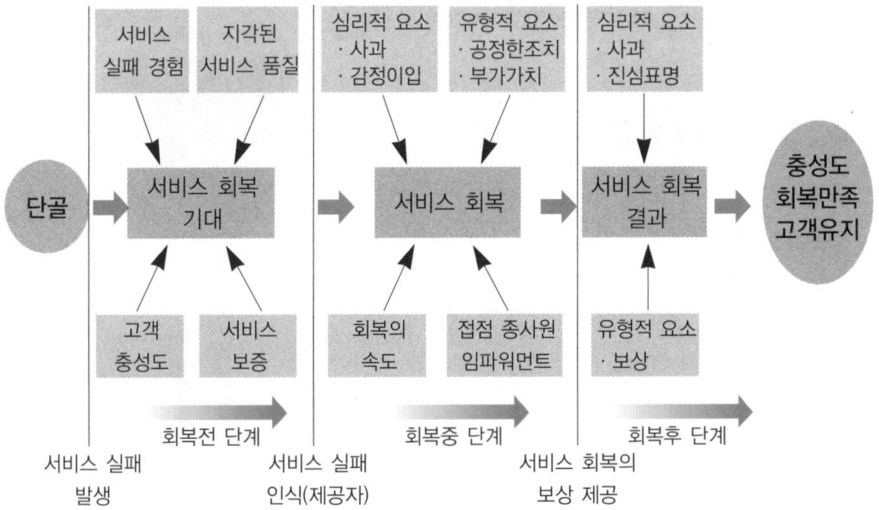

자료 : Miller, J. L., Craighead, C. W. & Karwan, K. R., Service recovery : a framework and empirical investigation, Journal of Operations Management, Vol.18., 2000, p.388

Lobby Lounge

고객이 'Wow' 할 때까지

W호텔의 언어 및 라이프스타일 훈련 프로그램

프로그램	교육 내용
The Woo of W	'W스타일'의 서비스를 지속적으로 제공하는 방법 'Whatever/Whenever' 서비스를 소비자에게 효율적으로 전달할 방법
W-OOPS!	실수를 저질러도 'W스타일'로 대처하는 방법
Welcome	고객을 'W스타일'로 따뜻하고 매력적으로 맞이하는 방법
Leadership	W의 기대 수준에 도달할 만큼 서비스를 제공할 수 있도록 직원들을 가르치고 동기부여하는 방법
Body Talk	몸짓·표정 등도 'W스타일'로 의사를 전달하는 방법
Art of Conversation	고객들과 'W스타일'로 얘기하고 대화에 참여시키는 방법
Making Memory	작은 것이라도 고객에게 의미 있는 기억들을 남길 수 있는 방법

W호텔만의 독특한 고유 언어

단어	의미
ROOM STYLIST	객실 청소 담당
DOOR AMBASSADOR	도어맨
WELCOME DESK	프런트 데스크
LIVING ROOM	로비
STYLE POLICE	호텔 총지배인

출처 : 조선일보, 2009.11.21.

Chapter 12

호텔 인적자원관리

이해목표

- 호텔 기업에 있어서 인적자원관리가 왜 중요하며, 조직과 개인이 공생(win-win)할 수 있는 방안을 습득한다.
- 호텔인적자원관리의 영역을 구분하여 각 영역에서 다루어야 할 핵심문제를 파악한다.
- 환경 변화에 따른 인적자원관리의 대응 방안을 습득한다.

제1절 호텔 인적자원관리의 개념

1. 정의

인적자원관리는 종사원이 그들의 개인적 목표 추구는 물론 기업 목표의 달성을 위해 노력하도록 그들을 대상으로 전개하는 관리활동이다. 여기에서 개인적 목표란 단순한 만족차원이 아니라 근로생활의 질, 자기개발, 자율성 등을 포함하는 포괄적 개념이다.

따라서 호텔 인적자원관리는 호텔경영의 목적을 달성하기 위하여 기업활동의 원동력이 되는 인간의 능력을 호텔의 장기적 전망에 따라 확보하고, 종사원 개개인의 인격을 존중하며 능력을 육성 · 발전시켜 조직구성원으로서의 양호한 인간관계를 유지하도록 환경 또는 장을 만들어 종사원 스스로가 최대의 목적을 얻게 하여 결과적으로 호텔에 최대의 공헌을 할 수 있도록 하는 시스템으로 정의할 수 있으며, 호텔 인적자원관리는 종사원의 모집에서부터 퇴직에 이르기까지 종사원에 대한 문제가 제기되는 가운데 있어서의 관리과정을 총망라하고 있다.

인적자원의 성과는 종사원의 욕구와 동기, 태도와 행동 그리고 만족감 여하에 따라 결정되고, 경영관리에 대한 반응으로 나타나게 된다. 즉, 인적자원이 부족하더라도 효율적으로 활용되면 좋은 성과를 거둘 수 있는 반면에 인적자원관리가 부실하면 아무리 우수한 인적자원을 가졌어도 성과는 저조하게 되는 것이다.

또한 조직의 입장에서는 종사원에게 그들의 경력, 성격, 태도, 동기, 능력 등을 조직에 기여해 줄 것을 기대하고 있는 반면에 종사원의 입장에서는 자기성장, 배치, 분위기, 승진, 보수 등을 조직에 기대하고 있는데 이 양자의 관계에 있어 조화와 형평을 얼마만큼 유지시켜 주느냐에 따라 기대 이상의 효과를 달성할 수 있다고 하겠다.

2. 인적자원관리의 기본 영역

1) 모집 · 선발 · 배치

인사관리자가 조직 내의 모든 구성원들의 능력을 최대한 발전시키고 이것을 가장 훌륭하게 이용하기 위하여 활동을 개시해야 할 최초의 분야가 바로 이 채용을 위한 활동이다.

조직의 목적을 달성함에 있어서는 수많은 직무가 존재할 것이며 이들 직무수행에는 각각의 직무가 요구하는 요건을 갖춘 유능한 종사원이 필요할 것이므로 인사관리자의 활동은 우선 인력수급계획에 따라 이러한 사람을 찾아내는 기술을 발전시키는 일부터 시작되어야 하는 것이다. 한마디로 말해서 사람을 모으고 그 가운데서 직무수행에 가장 적합한 사람을 선발하며 또한 선발된 사람들을 가장 적합한 부서로 배치하는 절차가 존재한다.

2) 교육훈련

효율적인 채용절차를 통하여 취업한 후 여러 직무에 종사하고 있는 모든 종사원의 능력과 잠재력을 교육훈련 과정을 통하여 보다 더 크게 발전시킬 수 있으며 이들을 더욱 효과적으로 이용할 수 있는 소지가 마련될 수 있음은 물론이다. 그러므로 인적자원관리의 제2기능은 종사원 훈련을 위한 계획을 세우고 기술을 발전시키는 일이다.

3) 승진 · 전직 · 휴직 및 징계방침

소위 협의의 인사 방침으로 종사원의 사회적 위신이나 지위를 좌우하는 중대한 문제이므로 그들의 큰 관심사가 된다. 따라서 여기에서 종사원들에게 공정한 업무평가와 인사처리를 실시하고 직무의 안정성을 위한 방향을 제시해 줄 수 있는 건전한 인사방침의 존재에 대한 절실한 필요성을 느끼게 되므로 인사관리자는 이 분야의 계획을 세우고 보다 나은 방침을 세워야 한다.

4) 임금 및 봉급관리

종사원들이 직무에 대하여 가지는 최대의 관심사는 그들이 근로의 대가로 받는 임금 내지 봉급의 액수이다. 이는 노동력의 재생산을 시키며 동시에 그들 가족들의 제1차적인 욕구를 충족시킬 수 있는 수입의 원천이 되기 때문에 건전한 임금, 적정한 임금 및 봉급 관리를 할 수 있는 전문적인 기술의 발전은 인사관리의 모든 내용 중에서 특히 중요하다.

5) 복리후생관리

훌륭한 임금관리만으로는 아직도 종사원들의 능력이 완전히 발전되었다고 할 수 없다. 임금 이외에도 경영자는 종사원들에게 가능한 많은 서비스와 복리후생계획을 세워 이를 실천함으로서 종사원들의 능력을 더욱 크게 발전시키고 이용할 수 있다.

6) 건강 및 안전관리

종사원의 재해를 예방하고 건강을 유지, 증진시킨다는 것은 경영 책임의 중요한 일부이다. 경영자에게는 근로기준법이나 기타의 관계 법규에 의하여 종사원들의 건강 및 안전관리에 대한 의무가 법적으로 규정되어 있지만 이러한 관점에서가 아니라도 노동력의 재생산에 필요한 건강 및 안전관리는 현대사회에서는 결코 간과되어서는 안 될 요소이다.

7) 노사관계

근대산업 사회의 중요한 특색 중 하나는 강력한 노동조합의 발전에 있다. 오늘날 대부분의 근로자들은 노동 조합에 가입하여 단체 활동을 하게 되므로 경영자들은 자주 노동조합과의 교섭을 해야 하는데 때로는 여러 가지 문제들을 제기한다.

8) 종사원 상담

상담은 직장 내 · 외에서 발생하는 문제에 대해서 고민하고 있는 종사원으로부터 직접 상담을 받고 그 문제의 해결을 지도하며, 조력으로 종사원이 직장생활에 순응할 수 있도록 하는데 근본 목적이 있다. 따라서 사전에 불합리한 사례를 발견하고, 부적응 상태에 있는 개인을 직장에 적응(Adjustment)시키는 방책으로써 이 상담제도가 중요시 되고 있다.

위에서 제시한 내용을 바탕으로 호텔 인적자원관리의 기본 영역은 [표 12-1]과 같이 구분할 수 있다.

표 12-1 인적자원관리의 기본 영역

기본영역	내용
인력확보영역	채용관리와 직급제도가 이 부분에 해당되며 호텔 인사체계를 구조적 차원에서 보면 채용관리는 인력부문에 따라 직급별로 채용이 이루어진다.
인력활용영역	직무와 역할에 따라 인력을 적정하게 배치 활용함으로써 인력의 잠재력을 최대한 활용하여야 하는 바 순환근무제도 혹은 배치이동제도가 이 부문에 해당된다.
인사개발영역	교육훈련제도가 여기에 해당되는데 직무와 역할에 따라 인력의 능력과 잠재력을 개발하여 인력의 효용성을 증진시킨다.
인사처우영역	승진제도, 평가제도, 복리후생관리, 임금관리 및 직무분석 등으로 일에 의한 보상, 자리에 의한 보상 그리고 돈에 의한 보상을 중심으로 한 직접적인 보상이 중요한 비중을 차지한다.

자료 : 정용주, "특1등급 관광호텔 식음료업장의 인사관리에 관한 연구," 경기대학교 대학원 석사학위논문, 2001, p.17.

제2절 직무분석

1. 직무분석의 개념과 중요성

인간은 일을 떠나서는 살아갈 수 없으며 그 일의 종류는 수없이 많다. 이들 각 직무의 내용과 특성이 각각 다르며 또한 직무를 수행하는데 요구되는 지식, 기술, 능력, 경험, 책임도 각각 다르다.

직무의 요건이란 직무를 올바르게 수행함에 있어서 종사원에게 요구되는 신체적, 정신적 특질을 의미한다. 이것을 구체적으로 분류하면, 직무가 요구하는 능력수준, 직무가 요구하는 인격수준, 직무의 수행이 구체화된 직장의 환경, 직무의 조직상의 지위로 나눌 수 있다.

따라서, 직무분석은 여러 종류의 개개 직무에 관한 내용과 특성을 조사하는 절차라고 할 수 있으며, 그 결과를 어디에 사용할 것인가에 따라 여러 가지로 정의할 수 있지만 인간의 노동력을 과학적이고 합리적으로 관리하기 위한 기초작업이라 정의할 수 있다. 다시 말하면 직무분석은 인력관리를 합리적으로 하기 위한 현재의 상태를 파악하는 수단에 불과한 것이므로 그 결과가 관리의 개선을 위해서 이용되어져야 그 목적이 달성되었다고 할 수 있다. 즉, 직무분석이 끝났다고 해서 그것으로 모든 일이 해결된다고는 할 수 없다.

그리고 직무분석의 결과를 어떤 목적에 사용하고 적용하면서도 이후 계속적으로 수정하고 보완하는 사후관리가 이루어져야 한다.

2. 직무분석의 목적과 절차

직무주의 인사관리를 정착시키기 위해서는 직무(job)에 대한 철저한 파악과 분석이 필요하다. 직무가 지니고 있는 상대적 가치가 직무주의 인사관리의 기본이 된다. 직무가 지니고 있는 상대적 가치를 파악하기 위해서 직무의 내용과 그 직무를 수행하는 사람이 갖추어야 하는 능력, 경험, 자격 등을 상세히 분석하는 직무분석(Job analysis)이

수행되어야 하며, 모든 직무들의 상대적 가격을 결정하는 직무평가(Job evaluation)가 선행되어야 한다. 직무주의는 일의 상대적 가치(Comparable worth)에 기초하고 있기 때문이다.

기업 구조조정 이후 대두되는 직원들의 핵심역량(Core competency) 강화를 위해서 직원들의 역량에 대한 체계적인 분석이 필요하고, 경력개발의 기준을 제시하기 위해서, 새로운 경영전략을 지원할 수 있는 인사관리 체계를 재정립하기 위해서 직무분석의 효용성이 제고되고 있다.

직무분석은 직무내용과 직무요건을 명백히 하는 기법이다. 그러나 직무분석의 목적은 단지 그 내용과 요건을 명백히 하기 위한 것만은 아니고 인적자원관리 활동에 필요한 정보의 획득을 목적으로 한다. 즉, 직무분석은 인간의 노동력을 과학적이고 합리적으로 관리하기 위한 기초작업의 하나이다. 합리적인 인사관리의 기초로써 필요한 직무분석의 목적은 다음과 같다.

1) 직무평가

직무분석은 직무급을 도입, 실시하는 데 기초와 전제가 되는 직무평가의 자료를 얻는 데 그 목적이 있다. 즉, 직무분석은 합리적인 임금관리를 위하여 필요한 것이다.

임금은 노동의 대가이므로 노동의 질과 양에 상응하여야 한다. 즉 직무의 상대적 가치에 따라 지급되어야 한다. 이것이 곧 직무급이다. 직무의 상대적 가치를 결정하기 위해서는 직무의 내용과 특성을 파악해야 하는데, 직무분석은 직무를 수행하는 데 필요한 지식 · 능력 · 숙련 · 책임 등 직무의 내용과 특성을 파악하여 비교, 평가할 수 있는 정보를 제공해 준다.

2) 채용 · 배치 · 이동 · 승진

과학적으로 종사원을 채용 · 이동 · 승진시키기 위해서는 그 기초로서 직무분석이 필요하다. 경영목적을 달성하기 위해서 수행해야 하는 모든 직무는 직무마다 각각 상이한 지식과 기능을 요구하고 있다. 따라서 각 직무에 어떠한 요건이 필요한가를 알기 위해서는 직무분석이 선행되어야 한다. 종사원의 채용 · 배치 · 이동 · 승진은 막연한 경험과 주먹구구식의 직감에 의하여 실시해서는 안 되며 각 직무가 요구하는 특성에 알맞은 자질을 갖춘 종사원을 선택, 배치해야 한다. 이동 · 승진의 경우에 있어서도 마찬가지이다.

3) 책임 및 권한 명확화

모든 종사원은 경영목적을 달성하기 위해서 수행하지 않으면 안 되는 일정한 종류와 일정한 범위의 직무담당자로서 경영에 참여한다. 그런데 직무만을 배분하고 그 직무를 수행하는 데 필요한 권한과 책임을 명확화하지 않는다면 직무의 효율적인 수행은 불가능하다. 따라서 기업의 경영목적을 효율적으로 달성하기 위해서는 각 종사원의 직무와 그것을 수행하는 데 필요한 권한과 책임을 명확하게 하여야 한다.

4) 교육훈련

직무분석은 종사원의 과학적인 교육훈련의 기초와 기준이 된다. 종사원 교육훈련의 목적은 각 종사원이 현재와 미래의 직무를 보다 효율적으로 수행할 수 있도록 하는데 있다. 따라서 종사원의 교육훈련을 위해서는 무엇을, 어떠한 방법으로, 어느 정도로 교육훈련을 할 것인가, 즉 교육훈련의 필요성이 명확하여야 한다.

5) 작업방법 개선

직무분석은 작업방법 또는 직무개선을 위한 자료를 제공한다. 즉 직무를 체계적으로 분석하면 작업방법 · 작업공정 · 공구와 설비 또는 환경조건상의 결점과 문제점을 찾을 수 있게 됨으로써 그것을 개선하는 자료를 얻을 수 있게 된다.

6) 인사고과

종사원의 업적과 성과는 주관과 자의에 의하여 평가해서는 안 되며 공정하고 객관적인 기준에 따라 평가되어야 한다. 따라서 인사고과를 합리적으로 실시하기 위해서는 종사원의 실제업적과 표준업적을 비교 평가하여야 하는데, 이 경우, 종사원의 업적평가의 기준이 되는 표준 업적은 직무분석을 하여 얻어진 정보를 기초로 해서 결정하여야 한다.

7) 적정인원관리

직무분석은 직무를 수행하는 데 필요한 인원을 산정할 수 있는 정보와 자료를 제공해 준다. 즉 직무분석을 통해서 도출된 업무량은 그 업무를 수행하는데 필요한 인원을 산정할 수 있게 하고 전반적인 인원과 과부족상태를 파악할 수 있는 정보를 제공해 준다.

8) 사고와 재해의 예방

직무분석은 직무의 성질과 내용은 물론, 직무환경 등을 분석하기 때문에 그 과정에서 직무와 관련된 위험요인, 재해발생요인 등을 파악할 수 있으므로 직무분석의 정보는 사고와 재해를 준비하고 예방할 수 있게 함으로써 안전 보건관리를 합리화할 수 있는 기초자료를 제공해 준다. 이것은 종사원의 동기를 부여하고 삶의 질을 높이기 위해서도 중요한 것이다.

제3절 채용관리

1. 채용관리의 개념

1) 채용관리의 의의

채용관리란 조직 목표의 효율적 수행을 달성하기 위해서 자질을 갖춘 적합한 사람을 조직에 흡수하는 과정을 말하며, 모집(Recruitment)이란 채용과정(Selection process)에 있어서 첫 번째 과정 또는 활동이라고 할 수 있는데, 채용관리는 인사관리의 기점이며, 사람을 채용하는 것은 기업활동에 있어서 필요한 직무에 자격을 갖춘 적격자를 계획적으로 채용하는 조직적인 조치라 하겠다.

인사관리의 업무 가운데서 채용에 관한 업무만큼 중요한 일은 그리 많지 않다고 하겠다. 그 이유는 인사관리란 바로 채용활동으로부터 출발하여 이 활동에 의해서 인사관리의 대상인 사람이 결정되기 때문이다.

현대적 채용관리는 경영상 필요로 한 인원을 정하는 것과 채용기준을 합리적으로 설정하고 지원자 중에 기준자에 적합한 자를 선발하는 절차를 뜻하고 있다.

2) 채용계획

호텔의 채용계획은 질적 · 양적으로 부족한 인원을 보충하는 방법을 수립하는 것과 새로운 사업의 확장 또는 감축운영에 따라 적절히 계획이 수립되어야 하는 것이다.

대부분의 호텔에서는 아주 단순한 과정만을 거쳐 종사원을 채용하기 때문에 높은 경비와 이직률을 발생시키는 결과를 초래한다. 채용계획을 수립할 때는 소수 정예주의체제를 수립하지 않으면 안 된다. 그러므로 채용계획에서 갖추어야 할 요건으로는

❶ 장기적인 인력수급을 분석하여 필요로 하는 노동력을 질과 양의 면에서 계획한다.

❷ 필요인원을 채용하지 않고 외주에 의한 협력을 받을 것인가 또는 기계화나 생략화로 인력을 감축할 것인가에 대한 결정을 한다.

❸ 채용에 있어 경력자와 미경력자로 구분하여 정기채용과 부정기채용 계획을 수립한다.

❹ 신규채용과 중도채용에 대한 계획수립과 지출된 인건비에 대한 계획이 필요하다.

등을 제시할 수 있으며, 채용계획에 있어서 가장 중요한 것은 적재적소의 원칙이다. 사람은 그의 재능에 가장 적합한 일에 종사할 때에 비로소 그의 만족과 능력을 충분히 발휘할 수 있는 것이다.

3) 호텔 채용 절차

호텔 채용은 크게 정기채용, 수시채용, 실습제도로 나눈다. 정기채용은 공채를 우선으로 연 1~2회 대졸 신입사원 공개채용 방식과 서비스직 신입사원을 선발하는 방식으로, 서비스직의 경우 연2회 실시되며, 각 호텔의 채용정보는 각기 다를 수 있다.

수시채용은 정기채용 이외에 공석 발생 시, 해당 업무에 적정 경력을 보유한 인력을 선발하는 방식이다.

마지막으로 실습제도의 경우 산학실습과 해외 인턴십이 대표적인데 산학실습의 경우, 전문대이상의 호텔(관광) 관련 학과의 재학생들이 하계/동계 방학을 이용하여, 1개월간 호텔에서 실습하여 2~3학점을 취득하는 방식으로 대표적인 부서로는 Service, 조리, Support 일부의 부서에 배치되어 실습하게 된다. 해외 인턴십의 경우, 해외 호텔학교, 대학의 호텔(관광) 관련학과 재학생을 대상으로, 졸업학점 이수를 위해 일정기간 호텔 업무를 체험하는 것을 말한다.

표 12-2 **호텔기업 채용절차**

구분	내용	
전형절차	수시 채용	정기 채용
채용 시기	결원 발생 시 인력 충원	연 1~2회(4월/9월)
채용 전	원서 접수	채용공고
		원서접수
채용 과정	서류전형	서류전형
	인·적성 검사	직무 적성 검사
	인사 부서장 면접	종합 면접 (일반면접+임원면접)
	해당 부서장 면접	
	임원 면접	
	신체 검사	신체 검사
채용 확정	합격자 발표	합격자 발표

출처 : 특급 호텔의 채용 홈페이지를 통한 연구자 재구성

2. 인적자원 모집과 선발

1) 모집

모집(Recruitment)이란 조직이 필요로 하는 지식, 기능, 능력 및 기타 특성 등을 갖춘 인적자원들을 파악하고 조직에 지원하도록 유인하는 일련의 과정으로 인적자원 원천(Source)을 개발하고 그들의 관심을 유도하여 일할 기회를 찾도록 한다.

주로 대부분의 호텔에서는 공개모집과 사내 추천에 의한 모집을 병행실시하고 있는 실정이며, 인재확보의 공급원은 내부와 외부에서 발견할 수 있다.

내부모집은 지원자를 호텔 기업 내부의 현재 종사원 중에서 찾아 선발하는 것이며, 외부모집은 호텔 기업외부에서 필요한 인적자원을 충원하는 방법을 의미한다. 내 · 외부모집의 장 · 단점은 [표 12-3], [표 12-4]과 같다.

표 12-3 **내부모집의 장단점**

구분	내용
장점	• 기존 종사원에 대한 자료 보관으로 간편하게 실행 • 이미 호텔 기업에 대해 알고 있으므로 오리엔테이션 및 기타 절차 생략. 따라서 시간과 비용 절약 효과 • 기존 종사원들의 기능과 능력 분석 계기 • 승진, 배치전환된 종사원들의 사기가 높아짐 • 승진 가능성이 있는 종사원의 사기 고양
단점	• 조직의 침체 및 경직 • 필요한 인재가 없을 수 있음 • 많은 인원의 충당이 불가능 • 호텔 기업에 유입되는 새로운 아이디어의 감소 • 승진에서 누락된 종사원의 사기 문제 • 관리자와 친분관계를 강화하려는 종사원
모집방법	• 기능 목록표를 활용 • 구성원의 추천(객관성 결여) • 공개모집 : 사내 게시판에 게재

표 12-4 **외부모집의 장단점**

구분	내용	
장점	• 조직의 변화를 가져옴 • 경력자의 경우 검증된 능력으로 불확실성을 줄일 수 있다 • 회사에 새로운 아이디어 유입 • 회사의 광고로 이용(모집광고) • 현재 종사원으로 하여금 조직 전념도를 강화시키는 새로운 시각을 제공	
단점	• 시간, 경비, 노력이 많이 소요 • 교육 및 적응기간 필요 • 기존 인력의 사기 저하 • 조직문화와 경영 철학에 맞는 사람을 찾는 것이 어렵다. • 단기적으로는 외부모집을 통하여 이루어진 종사원의 생산성이 단기적으로 낮다. • 현재 종사원간의 정치적이나 개인적 갈등이 생기기 쉽다.	
모집방법	• 광고(일간지, 전문지) • 교육기관 및 훈련기관 • 구성원 추천 • 근친등용	• 직업 안내소(헤드헌터) • 컴퓨터 DB • 자발적 응모 • 용역업체 활용

2) 선발

선발(Selection)은 조직이 입사지원자 중에서 현재의 환경적인 상황들을 고려하여 특정 직무를 수행할 수 있는 최적의 요건을 지니고 있다고 판단되는 사람에게 조직 구성원의 자격을 부여하는 과정으로 선발기준에 의거 비교 평가 후 선별, 여과하는 과정이다.

노동시장을 둘러싼 경제상황 및 노사관계의 변화는 근로의 실태에 있어 지금까지의 통상적인 선발형태와는 구별되는 임시채용, 파견사원, 파트타임근로, 하청근로 등 다양한 형태를 등장시키고 있는데 이처럼 정규의 선발형태가 아닌 비전형적 근로(Atypical, Contingent work)가 증가하는 원인은 여러 가지 측면에서 찾을 수 있다.

첫째, 선발형태의 변화 내지 다양화의 원인을 노동시장의 수요 측면에서 찾는다면 자동화를 위한 기술혁신과 서비스경제화의 진전에 따른 기업의 노동력 수요변화를 들 수 있다.

둘째, 노동시장의 공급 측면에서도 취업구조 및 채용형태의 변화요인을 찾을 수 있다.

셋째, 노동력의 여성화 · 고령화 · 고학력화로 요약되는 노동력 구성상의 변화를 들 수 있다.

비정규직 근로자들의 선발이 시작된 초기에는 대체로 정규직 근로자들의 공석을 채우기 위한 것으로 간주되었으나, 오늘날에는 기업들의 중요한 인사전략의 일부로 간주되고 있다.

이러한 비정규직의 선발사유로는 정규직과 비교해 노사문제, 승진, 배치 등의 인사관리 문제가 적고, 나아가 채용, 교육, 훈련 등에 있어서 비용이 적게 들기 때문인 것으로 나타나고 있으나 문제점들로는 소속감 결여로 인한 불성실한 업무태도나 직원들과의 불화합으로 인한 높은 이직률이 단점으로 지적될 수 있다.

선발도구는 주로 필기시험과 면접평가가 있다. 하지만, 기업에서 표본조사를 실시한 결과 필기시험과 직무성과의 관련은 부(不)의 관계를 보이고, 면접성적의 결과가 오히려 업무성과에 정(正)의 관계를 보이는 것으로 조사되었다. 현재 추세는 호텔기업마다 차이가 있지만, 필기시험을 대신하여 해당 업무에 대한 적성검사나 인, 적성 검사 또는 캠프를 통하여 리더쉽과 상황대처 능력 등을 통하여 면접 및 평가를 하게 된다.

3. 채용면접

1) 면접의 개념

(1) 면접의 의미

면접위원과 수험자가 서로 대면하여 기본인품, 태도, 적성 및 능력 등을 시험하는 일로써 구술시험 또는 인물시험이라고도 한다. 면접은 한 인간의 인물됨을 종합적으로 평가하는 것으로 용모 · 성격 · 태도 · 표현력 · 발표력뿐만 아니라 교양수준 · 행동양식 · 가치관 등을 파악하기 위해 적성 · 전문지식 · 상식 등을 비롯하여 취미 · 직업관 · 인생관 · 성장과정 · 학창생활 · 교우관계 · 사회적응력 · 말씨 · 음성 등 전인적 요소를 평가하는 것이다.

즉, 면접은 필기시험에서 테스트할 수 없는 요소들을 평가함으로써 인간 전체의 됨됨이를 총체적으로 파악하여 인물 평가의 타당성을 높이려는 것으로 최근 들어 어떠한 전형보다 중요시되고 있는 실정이다.

얼마 전까지만 해도 면접은 마지막에 간단하게 치러지는 형식에 불과하여 합격과 불합격의 관건이 되지는 못했으나 요즈음 면접에 대한 인식이 많이 바뀌어져 개인의 성품과 자질이 시대가 요구하는 인재인가, 조직풍토에 잘 적응해 나갈 수 있는 인물인가를 파악하는 것이 채용에 있어 중요하게 인식되고 있다. 따라서 면접점수가 당락에 미치는 영향력의 비중은 약 50%를 넘는다.

2) 면접의 중요성과 역할

면접을 중요시하는 이유로는 첫째, 대량채용의 시대에서 소수정예 채용의 시대로 접어들어 채용 인원수가 줄어들었으므로 일당백의 유능한 인재가 필요하게 되어 수험자의 사람됨을 충분히 관찰하여 채용을 결정할 필요성이 커지고 있다는 점이다. 둘째, 인간의 기계적인 능력보다는 잠재적인 능력과 의욕을 가진 인물을 선발하려는 경향을 들 수 있다.

셋째, 환경변화에 성공적. 능동적으로 대응해 나갈 수 있는 인재 여부를 체크하기 위해서는 직접 대면하여 다양한 질문과 답변 과정을 통해 기본적인 자질을 비롯하여 응용력, 대응력 등을 시험할 필요가 커지고 있다.

또한 면접의 역할은 첫째, 인물평가를 종합적으로 할 수 있다. 둘째, 성격이나 성품을 판별할 수 있다. 셋째, 입사지원의 동기 및 의욕을 확인할 수 있다. 넷째, 지원자의 지식과 교양정도를 알 수 있다. 다섯째, 언어 표현력과 두뇌 회전력을 관찰할 수 있다. 여섯째, 지도력 · 협조성 등 사회적 능력과 적응력을 알 수 있다. 일곱째, 가치판단의 기준 및 가치관을 파악할 수 있다는 것이다.

2) 면접의 종류

면접시험은 크게 개별면접과 집단면접, 집단토의면접으로 구분된다. 일반적으로는 1차로 면접이 끝나는 것이 아니라 2, 3차에 걸쳐 면접이 진행된다. 따라서 면접형태도 여러 가지를 병행해서 실시하고 있다. 최근에는 무자료면접, 프레젠테이션면접, 다차원면접, 실무자면접 등 새로운 형태의 면접이 생기기도 했는데, 면접의 기본 평가요인은 똑같다. 호텔 기업에서는 개별면접이나 집단면접, 집단토의면접 그리고 새로운 형태의 면접 중에서 한, 두 가지를 적절히 병행한다.

(1) 개별면접

개별면접이란 1명의 지원생을 한 명 또는 여러 명의 면접관이 면접하는 방식이다.

❶ 1 : 1 개별면접

채용 시 최종인원의 마지막 면접으로 언론사나 중소호텔 기업같이 소수의 인원을 선발할 때 자주 사용되는 방식이다. 단점으로는 한 명 한 명을 따로 면접하기 때문에 시간이 많이 소요되고, 지원자에게 지나친 긴장감을 조성하며, 면접관이 한 명밖에 안될 경우 객관성을 잃을 우려가 있다.

❷ 면접관 여러 명 : 지원자 한 명

이러한 면접방식은 첫째, 평가시각이 좀 더 객관적이다. 둘째, 지원자의 신상과 자질에 대해서 조목조목 알아내는 데는 좋은 방법이 되는 장점이 있는 반면에 지원자의 입장에서 여러 명으로부터 집중적으로 질문을 받기 때문에 정신적인 압박과 긴장감이 큰 단점을 내포하고 있다.

❸ 각방에 한 명씩의 면접관 : 지원생 한 명

지원자가 많은 호텔 기업에서 개별면접을 실시하는 경우에, 각 방에 한 명씩의 면접위원을 두고 지원자가 각 방마다 각기 다른 분야의 면접을 받으면서, 한 방에서 면접이 끝나면 차례로 다음 방으로 진행하는 형식을 취하기도 한다. 면접관은 각 분야의 전문가들로 구성되어 자신의 전문분야에 한해서 질문을 하기 때문에 비교적 공정한 평가를 할 수 있다는 장점이 있어 지원자가 많은 호텔 기업체에서 많이 실시하고 있다.

(2) 집단면접

집단면접관 여러 명이 지원자 여러 명을 한꺼번에 평가하는 면접방식이다. 집단면접은 앉는 순서에 따라 지원자에게 순차적으로 질문이 던져진다. 집단면접에서의 앉는 순서는 보통 미리 지정되거나 자유이거나 접수 순이다. 집단면접의 경우 일반 호텔 기업에서 가장 일반적으로 시행하고 있는 면접형태이다.

표 12-5 집단면접의 장단점

구분	내용
장점	• 지원자가 많을 경우 면접시간을 단축시킨다. • 지원자 간의 비교평가가 가능하다(면접관 입장에서). • 개별면접에 비해 압박감이 덜하다. • 개별면접에서 볼 수 없는 협동성과 조화력을 볼 수 있다.
단점	• 앉는 순서에 따라 불이익을 당할 수 있다. ⇒ 단점의 보완을 위해서 집단면접을 개별면접이나 집단토의면접과 병행해서 실시하기도 한다.

(3) 집단토의면접

일정한 주제나 내용이 제시되고 여기에 대한 지원자들의 토의를 보고 평가하는 방식이다. 최근의 면접은 담당실무진의 면접을 중시하는 경향과 함께, 임원급 이상의 면접은 지원자들의 집단토의를 경청하면서 그들의 말 한마디, 제스처, 듣는 태도 등을 평가하는 집단토의식을 선호하는 추세이다. 이것은 개별면접이 가지는 단점들을 보완하고 가급적이면 지원자들에게서 주어진 짧은 시간 안에 많은 요소들을 파악하는 데에는 집단토의면접이 가장 효율적이라고 파악하고 있기 때문이다. 집단토의면접의 특징은 집단 속에서 개인의 능력을 어떻게 발휘하는가, 어떤 일에 적합한가 하는 따위를 판정하는데 있다.

(4) 프레젠테이션면접

여러 가지 주제 중 한 개를 골라 원하는 방식으로 자신의 의견을 개진하는 면접방식이며, 표현력, 어휘력, 전문지식의 깊이와 분야에 대한 열정을 중점적으로 체크한다.

(5) 다차원면접

지원자 30명과 면접관 3명을 1개조로 편성해 등산, 사우나, 놀이동산 등에서 하루 종일 어울리며 자연스럽게 면접을 진행하는 방식을 말한다.

(6) 블라인드인터뷰

지원자의 학연, 지연, 혈연 등을 전혀 알지 못하는 상태에서 진행하는 면접으로 무자료 면접이라고도 일컫는다. 능력 외의 요소가 채용결정에 영향을 주지 않는다는 장점이 있다.

(7) 영어인터뷰

호텔기업의 주고객은 대다수가 외국인이며 이들과 의사소통이 이루어져야 함으로 매우 중요시하고 있으며, 입사 후 승진에도 영향을 미치고 있다. 한편, 필기시험이 폐지되면서 영어실력에 대한 평가로 면접 시 일반면접을 없애고 영어면접으로 대처하는 호텔기업이 늘고 있다.

3) 평가항목

평가 항목으로는 전문적, 육체적, 정신적, 사회적 요소 등이 포함되며, 전문적 요소에는 직무요건에 부합되는 전문지식 및 숙련 정도, 교육, 경험 등이 포함되고, 육체적 요소에는 용모, 나이, 태도, 육체적 특성에 따른 정상 또는 비정상 여부 등이 포함된다. 다음으로 정신적 요소에는 지능, 정서, 성숙, 정서적 안정, 인성, 직무에 대한 태도 등이 포함, 마지막으로 사회적 요소 가족사항, 자녀수, 사회적 신분, 소속단체 등이 포함된다.

대표적인 예로 국내 쉐라톤 워커힐 호텔의 경우, 적성검사(어휘력, 수리력, 판단력, 추리력, 창의력, 분석력 등 8개 영역), 인성검사(사교성, 대인관계, 사회성 등), 어학 Test 등을 거쳐서 3차에 걸친 집단 및 개인면접을 실시한다.

표 12-6 특1급 호텔 채용평가 항목

평가항목	W호텔	SW호텔	M호텔& RC호텔	R호텔	H호텔
용모/외모	○	○	○	○	○
대인관계	○			○	
기민성	○				
업무지식	○	○		○	
커뮤니케이션 기술	○	○	○		
자신감	○	○		○	
동기/열정	○			○	○
성숙도	○				
신뢰도					○
관리능력	○			○	
리더십	○	○		○	○
정보 활용 능력					○
적응력			○		
스트레스 관리			○		○
팀에 대한 기여(팀워크)		○	○	○	○
대고객 관계			○	○	○
문제해결			○	○	○
의사결정능력					○
시간관리			○	○	
업무 주도성		○	○	○	○
전문직업의식			○		○
비전제시					○
서비스 마인드		○			
성격				○	
태도		○			
흥미					○
표현력			○	○	
언어 구사력			○	○	
영어능력	○	○		○	
학력		○		○	
경력사항		○		○	
경영자의식				○	
경영기술		○			○
코칭기술		○			
기획 및 조직력				○	○
조직개발					○

자료 : 호텔기업의 채용평가 면접 매뉴얼을 바탕으로 연구자 작성

제4절 호텔 직원 교육 및 개발

1. 교육훈련의 개념

1) 교육훈련의 목적과 필요성

호텔 기업에 있어 언제나 불변하는 진리가 하나 있다면 "인재(人財)" 하나뿐일 것이다. 호텔 기업이 발전하기 위한 인프라 중 가장 초석이 되는 것이 구성원이며, 우수한 인재를 보유하지 못한 호텔 기업은 국제화를 지향할 수 없기 때문이다.

궁극적으로 호텔 교육훈련의 목적은 높은 전문지식과 교양 및 행동력을 지닌 건전한 조직인을 계획적 · 체계적으로 양성하여, 종사원 개개인이 체계화된 교육을 통하여 환경변화와 고객관리에 능동적으로 대처할 수 있도록 추진력 · 적응력 · 행동력을 배양시키고, 전 종사원의 자기계발 욕구 및 성취의욕을 충족시킬 수 있는 제도를 마련해 줌으로써, 호텔의 성장 · 발전을 위해 최대의 능력을 발휘할 수 있도록 하기 위함이다.

호텔 기업 내 교육은 앞으로 호텔 기업환경에 능동적으로 대처할 수 있도록 교육이념, 인재상 확립과 교육의 중점항목들이 개발되어야 한다. 이를 위해서는 무엇보다도 각 호텔 기업은 자사형 인재를 개발 · 육성할 수 있는 교육체계와 프로그램들을 개발해야 한다. 종사원의 교육훈련은 종사원들에게 회사에 대한 애착과 자긍심을 높여주며, 종사원 스스로에게는 문제해결 능력, 태도, 직무수행 능력 등을 키워주게 되며 나아가서는 노사 간의 원활한 관계와 이직현상을 감소시키는데 큰 공헌을 하게 된다.

(1) 종사원 측면에서의 필요성

종사원 교육훈련의 이상은 자기개발 기반의 조성에 있다고 해도 지나치지 않다. 호텔 종사원의 훈련은 각 개인의 능력을 개발할 수 있고 직무에 대한 강한 동기부여와 직무수행의 원활화를 기하여 사기를 진작시킬 뿐 아니라 자아실현에서도 조력할 수 있다.

(2) 호텔기업 측면에서의 필요성

인적 · 물적 복합체로써 호텔에 있어 호텔 종사원에 대한 서비스 교육훈련의 여부는 장래의 호텔기업의 번영과 발전이라는 과제와 직결되며, 호텔기업의 우위성을 측정하는 중대한 요소가 되고 있다. 따라서 호텔의 입장에서는 종사원의 잠재능력을 충분히 발휘하게 하고 관리 능력을 배양하게 하여 장차 경영간부로서의 양성은 바로 호텔의 종사원 교육훈련에서 얻을 수 있는 것이므로 그 필요성을 인식할 수 있다.

(3) 고객측면에서의 필요성

현대인들은 서비스의 품질에 대한 시각이 예리하다. 호텔서비스는 종합서비스를 필요로 하는 산업으로써 서비스의 품질이 고객 욕구충족을 좌우하게 된다. 따라서 호텔의 고객이 호텔을 이용하는 동안에 호텔 종사원의 세련되고 예의 바른 태도로 인해 호텔을 진정으로 "a home away from home"으로 느낄 수 있도록 만들기 위해서는 종사원 훈련을 통한 양질의 서비스가 필요하게 된다.

2) 교육훈련의 목표

호텔에 있어 교육훈련의 목표는 첫째, 경영관리 체계에 대한 기본적인 이해와 숙지를 통한 일체감 조성 및 결속력을 강화한다. 둘째, 기업의 위상 및 경영상의 위기에 대한 정확한 인식을 통해 목표의식 및 전략적 사고를 강화한다. 셋째, 직급별, 전문분야별 전문실무지식의 체계적인 습득 · 연마를 통해 직무수행 능력을 향상시킨다. 넷째, 관리자의 관리능력 향상을 통한 관리력 · 조직력을 강화시키는데 있다.

표 12-7 교육훈련의 중점추진사항

구분	내용
체계화	• 중장기 교육훈련계획 수립 • 체계적, 지속적 교육실시 및 사후관리 시스템화 • 교육과정간 균형 유지
중점화	• 전략계층 설정 집중교육 • 목적별 집중교육 • 경영목표에 직결되는 교육
전문화	• 직무별 전문가 양성 • 자기개발과 동기부여 • 어학 및 정보시스템 교육강화

2. 교육훈련의 구분

1) 계층교육

계층교육은 신입사원부터 경영자에 이르기까지 각 직급에 따라 필요한 역할수행능력을 배양할 수 있도록 교육과정을 개설하고, 그 성격에 따라 기본교육과 육성교육으로 나누어 단계별로 실시하는 교육훈련이다.

2) 직능교육

직능교육은 해당부문의 직무를 수행하는데 요구되는 전문지식과 기술을 배양할 수 있도록 실시하는 교육으로써 최신의 지식과 정보를 소개하고 현업에서 실무적용이 가능하도록 실시하는 교육훈련이다.

3) 관리능력 향상 교육

관리능력 향상 교육은 관리자의 관리능력 향상을 통한 관리력 · 조직력을 강화시키고 안정적이고 올바른 노사관계 정립을 위한 계층별 노사관리교육 및 관리능력 개발에 필요한 사항을 교육한다.

4) 국제화 교육

국제화 교육은 무한경쟁의 시대를 맞이하여 전 종사원을 대상으로 기본적인 어학능력 향상과 세계화 기초소양을 함양시킴은 물론, 국제적인 감각과 어학능력을 겸비한 우수한 전문인력을 집중적으로 양성하기 위한 교육훈련이다.

5) 특별교육

특별교육은 전종사원들에게 주인의식과 도전의식을 고취시키고 적극적 사고 함양을 통해 행동혁신을 이루게 함으로써 조직력을 강화시킬 수 있는 교육프로그램을 의미한다.

6) 조직개발 훈련

도전의식 함양 · 극기훈련을 통한 조직활성화 및 일체감 조성을 극대화시킬 수 있는 훈련이며, 이는 시의적절하게 실시하는 것이 좋다.

3. 교육훈련의 기법

1) 강의법

강의식 교육방법 강사가 교육내용을 여러 명에게 일방적으로 전달

- 장점 : 시간과 경비 절감
- 단점 : 교육받는 종사원에게 참여를 유도하기 어려움

2) 회의법

회의 진행자와 회의 구성원 간에 특정 의제를 해결하는 과정으로 상호 개인의 지식과 경험을 정리 이해 자기개발을 할 수 있는 목적으로 고안

3) 시청각 교육

이론 설명만으로는 이해하기 어려운 경우 시청각 교재(영화, TV, Projector)를 사용하여 교육에 대한 흥미를 일으키도록 하는 교육방식

4) 사례연구법

일전에 있던 사례들과 가정을 통하여 관리 감독 측 사람이 즉시 해결할 수 있는 리더십을 강화하는 교육훈련에 사례연구법이 사용된다.

이외에도 역할 연기법, 비즈니스 게임법, 직무순환 법 등이 호텔교육에서 사용되고 있다.

제5절 직무순환 및 경력 개발

1. 직무순환

1) 직무순환의 정의와 의미

배치전환에 의한 조직의 유연성을 높이기 위한 방법의 하나로 종사원의 직무영역을 변경시켜 다방면의 경험, 지식 등을 쌓게 하는 인재양성 제도로 단순하게 배치를 바꾸

는 것이 아니라 본인의 장래를 전망한 육성계획에 기초하여 필요한 시기에 필요한 직무를 계획적으로 체험시키는 인적자원관리상의 구조라 정의할 수 있다. 업무의 내용을 변화시키는 것보다 직군이 다른 업무로의 전환, 동종의 직군 중에서 다른 직무로의 전환 혹은 같은 직군에서도 장소적으로 다른 곳으로의 전환을 말한다.

직무순환 방법은 호텔 기업마다 다르지만 각 부문의 요구, 경영상의 필요성, 장래의 경영전략 등을 고려하여 자기신고와 적성검사 기록 등 인적자원관리 정보를 바탕으로 계획을 입안한 뒤, 관계 부문과 조정해 실시하는 것이 보통이다.

호텔인적자원 관리상 직원순환의 의미는 첫째, 종사원의 동기부여 방법으로 유용하다. 단조로움과 권태, 비적성 등의 직무불만에 대한 좌절을 방지할 수 있다. 둘째, 조직의 효율성을 증대시킨다. 종사원으로 하여금 각 직무상호 간의 유기적 관계를 이해하도록 하여 부문 간의 협력을 촉진시킬 수 있다. 셋째, 인력의 효율적인 배치, 활용을 통하여 생산성을 향상시킨다. 넷째, 장기 교육훈련 방법의 일환으로 관리능력이나 전문능력을 향상시키고 개발하기 위한 과정의 의미가 있다. 다섯째, 장기보직으로 인한 외부 서래선과의 불필요한 유내 및 조직의 약짐을 이용한 부징을 예빙힐 수도 있으며, 직무순환을 통하여 종사원의 적성 발견, 폭넓은 시야를 가진 인재의 육성, 조직을 활성화하는데 있다.

2) 선정 및 유형

선정은 종사원의 자기신고서, 상사관찰서 또는 사내공모를 통해 할 수 있고, 장기적인 인재양성 시스템 하에서 의도적으로 이동인력을 결정할 수도 있다.

직무순환의 유형은 조직의 목적과 순환시기, 직무의 대상범위 등에 따라 달라질 수 있는데 직무 간 순환, 직종 간 순환, 부서 간 순환, 스탭과 라인 간 순환 등으로 구분할 수 있다. 이러한 직무순환은 직무유형별로 경력관리계획에 따라 체계적으로 시행하여야 하며 직무 간 이동은 1~2년, 직종별, 부서 간 이동은 3년을 기본 순환기간으로 하여 인적자원 관리부서에서도 필요시 과감하고 강제적인 직무순환을 실시함으로써 조직을 활성화하고 종사원의 능력을 향상시키도록 하여야 한다.

2. 경력개발제도(CDP : Career Development Program)

1) 경력개발의 개념

(1) 경력개발의 정의

경력개발이란, 개인의 경력 목표를 설정하고 이를 달성하기 위해 경력계획을 수립하여 조직의 욕구와 개인의 욕구가 합치될 수 있도록 각 개인의 경력을 개발하는 활동을 말한다. 따라서 경력개발에는 조직과 개인 모두의 의식적인 노력이 필요하며 개인의 욕구와 조직의 욕구를 통합시키는 데에 그 성패가 달려 있다고 볼 수 있다.

세부적으로는 폭넓은 시야를 가진 전문인력을 계획적, 의도적으로 양성하기 위한 인적자원관리제도로서, 본인이 10년 또는 20년 후 근무하게 될 직책, 직무부문을 희망하거나 예상하여 그 위치에 필요한 지식(전문 학술지식, 실무지식, 주변지식)을 체계적으로 습득할 수 있도록 하는 인적자원관리와 교육의 종합시스템이다.

즉 '조직구성원이 조직 내에서 활동함에 있어 개개인의 업무적성, 희망(근무지, 근무부서, 직종), 능력 등과 연계하여 조직과 개인에게 바람직한 경력을 쌓아갈 수 있도록 하는 의도적이고 제도적인 제반노력' 을 의미한다.

(2) 경력개발의 목적

경력개발의 목적은 개인의 입장에서는 조직의 성장과 발전에 기여하면서 희망과 적성에 맞는 직무를 통하여 능력을 최고도로 발휘함으로써 자아실현의 욕구를 충족시킬 수 있으며, 조직의 입장에서는 경영자원인 조직구성원의 능력과 자질을 감안하여 적재적소를 실현, 조직의 유효성을 제고하고 중 · 장기적 관점에서 인재양성의 중요한 수단으로 활용할 수 있다. 또한 경력개발은 인력계획, 교육훈련, 직무분석, 인사고과, 승진관리 등 여러 인적자원 관리기능과 밀접한 관계를 맺고 있으며, 합리적인 인적자원 관리, 특히 효율적인 승진관리에 목적을 두고 있다.

호텔 기업에서의 경력개발 목적은 첫째, 개인적 차원에서는 경력이 개인의 삶의 목표에 의해 결정된다. 따라서 이 차원에서는 경력 개발의 목표가 자기 개발을 통해 일로부터 심리적 만족을 얻는데 있다. 즉 종사원에게 경력경로 제시를 통한 승진 가능성을 보여 줌으로써 자기 발전을 위한 명백한 목표를 갖고 스스로 질서에 따라 노력하는 기회를 만들어 주고, 직장에 대한 안정감을 갖고 자기능력을 유감없이 발휘하도록 종사원의 성취 동기를 유발할 수 있다.

둘째, 조직적 차원에서는 조직목표를 달성하기 위해서 필요한 자질을 갖춘 인적 자원을 개발하는 데 역점을 둔다. 따라서 인적자원을 개발하기 위해서 여러 가지 제도 및 기법을 적용하게 된다.

셋째, 경력개발은 종사원의 진부화를 방지하는데 있다. 경영자와 종사원의 부적절한 경력계획과 경력개발에 기인한 교육훈련의 부족과 동기부여 부족으로 발생하는 인력의 구식화를 방지한다.

넷째, 이직과 인사 비용을 감소시킨다. 조직이 종사원의 경력을 계획하도록 도와줄 때보다 낮은 이직율과 인사 비용이 소요되어 이익을 볼 수 있게 된다.

2) 경력개발의 원칙

(1) 적재적소 배치의 원칙

경력 개발을 하기 위해서는 적재적소의 원칙(The right man, the right place)이 준수되어야 한다. 즉, 종사원의 지식 · 경험 · 적성 · 능력 등을 조직의 목표 달성에 필요한 직무와 잘 조화되도록 하여야 한다. 이를 위해서는 직무 수행에 필요한 자격 조건과 종사원의 적성 등에 관한 정보를 충분히 가지고 있어야 한다. 많은 기업은 경영 정보 시스템(Management information system)의 일환으로 인적 자원 정보 시스템(Human resource information system)을 적극적으로 개발 · 활용하고 있다.

(2) 승진 경로의 원칙

경력개발은 승진 경로가 명확하게 확립되어 있어야 한다. 이 원칙은 기업의 모든 직위는 계층적인 승진경로에 따라 형성되고 기술 · 평가되어야 하는 것이다. 즉 과학적인 직위 체계를 형성하고 그에 따른 승진관리가 이루어져야 한다.

승진경로의 설정은 인사계획 수립의 기본이며 본질적인 문제 해결의 지침이 된다. 동시에 종사원의 승진 가능성을 명확하게 알려 준다. 또한 직무평가의 과정을 거쳐서 명확하게 정의되고 기술된 승진의 직위체계는 노동의 질과 양을 반영하는 기초 자료가 되는 것이다.

(3) 후진 양성의 원칙

경력개발은 후진 양성을 목표로 하여 기업내부에서 자체적으로 유능한 인재를 확보하는 것을 원칙으로 하여야 한다. 능력개발은 인재를 외부에서 스카우트하여 확보하는 것보다 내부에서 자체적으로 양성하는 것이 더 효과적이기 때문이다. 이 방법은 기업에서 필요로 하는 인재를 계속적으로 조달 · 확보할 수 있고, 종사원에게 성장의 동기를 부여함으로써 기업과 일체감을 갖게 할 수 있다. 또한 외부로부터 영입된 종사원이 흔히 겪는 소외감과 불안감을 해소할 수 있을 뿐 아니라 직장 분위기, 작업 스타일, 인간관계 등에 적응하는 데 필요한 시간과 비용을 절감할 수 있다.

(4) 경력기회 개발의 원칙

사람은 누구나 자기의 능력을 개발하여 성장 · 발전할 수 있는 기회를 원한다.

그러므로 종사원은 승진의 기회를 명확화하는 승진경로에 대하여 깊은 관심을 가지고 있다. 따라서 기업은 직무 요건을 신중하게 분석하여 능력개발의 기회가 많은 직무와 그렇지 못한 직무를 명시하여 그것을 종사원에게 주지시켜야 한다.

경력개발의 기회가 많지 않은 종사원들은 개발기회를 갖기를 원하고 있다. 그러므로 기업은 종사원의 생애 단계 또는 연령 단계별로 경력개발의 기회를 제공해 주어야 하며, 승진경로가 지나치게 한 부서에만 국한되지 않도록 해야 한다.

제6절 호텔 인사평정과 복리후생

1. 인사평정의 개념

1) 인사평정의 정의와 목적

인사평정(Performance Evaluation)이란, 조직에서 사람을 평가하는 방법을 제도화한 것으로서 구성원 개개인의 잠재능력, 성격, 근무태도, 업적 등을 평가하려는 것이다. 평가는 진보적, 향상적 가치증진의 변화를 측정하고 분석하는 일련의 과정이라고 할 수 있다.

인사평정은 여타의 인적자원관리 시책의 합리성 추구를 위한 수단이 된다. 따라서 평정은 그것을 왜 하는가, 어떤 원칙을 적용하는가, 그리고 그 결과는 어떻게 활용할 것인가의 관점에서 목적 합리성을 검토해야 한다.

인사평정의 활용도를 중심으로 한 평정 목적은 첫째, 조직과 직무의 개선에 활용할 수 있다. 둘째, 채용관리의 개선을 위한 유용한 정보를 제공한다. 셋째, 실제로 배치, 이동과 승진에 가장 많이 활용되고 있다. 넷째, 결과는 임금관리에 많이 활용되어 왔고 또 그 타당한 근거를 가지고 있다. 다섯째, 훈련과 개발영역이 강조되고 있다.

그 외에도 인적자원관리평정은 작업조건의 개선, 노사관계의 개선, 인간관계의 개선에 적극적으로 활용될 여지가 많다.

전통적 인적자원관리 평정은 과거지향적 입장에서 과거의 실적에 대한 차별적인 상벌시행의 기초자료로써 사용하는데 목적을 두었고, 근대적 인적자원관리평정의 목적은 미래지향적 입장에서 개인의 육성과 적재적소에의 배치 등 적극적인 능력개발의 활용에 그 목적을 두었다.

인적자원관리 평정의 활용도는 [표 12-8]과 같다.

표 12-8 인적자원관리 평정 정보의 활용

구분	구체적 용도
개발목적	• 개인의 교육 필요성 확인 및 교육 내용의 결정 • 개인의 능력 파악과 개발 필요성 확인 • 성과에 대한 피드백을 제공하여 행위 • 배치와 이동의 결정자료 제공
관리목적	• 보상 • 승진 • 해고 • 개인별 성과의 확인으로 우수 인력의 전달 • 문제 종사원의 식별 및 중점지도 관리
조직유지목적	• 인력계획 • 조직의 훈련필요성 결정 • 조직목표 확인을 위한 정보 • 조직목표 달성도 평가 • 인적자원관리시스템의 평가 • 조직개발 필요성의 확인
문서보존	• 선발도구 타당성 연구를 위한 문서보존 • 인적자원관리관련 의사결정의 문서보존 • 법적 요건 준수를 위한 자료축적

2) 인사평정의 방법

(1) 평정대상의 선정

평정대상은 개인수준과 집단 내지 부서 수준으로 구분할 수 있다. 개인수준의 평정은 전통적인 평정으로써 개인의 특성이나 행위 또는 업적을 평가한다. 이는 개인 간의 지나친 경쟁을 초래하여 협력을 저해할 위험이 있다. 반면에 집단평정은 평가단위가 개인이 아니라 팀이나 부서 등 작업단위가 된다. 집단평정은 결과, 즉 업적 평가 시에 많이 활용되는 것으로써 팀의 업적으로부터 개인의 업적을 분리해서 측정하기 힘들거나 작업단의의 성과를 달성하는 데 있어서 팀워크가 매우 중요한 경우에 자주 사용되고 있으나 무임승차의 문제가 발생할 위험이 있다. 따라서 개인평정과 집단평정을 결합시키고 집단성과에 공헌하는 개인행위들을 개인평정의 평정요소로 선정할 필요가 있다.

(2) 평정요소의 선정 및 처리 체계

평정요소의 선정은 무엇을 평가할 것인가의 문제로서 인사평정에서 가장 중요한 사항 중의 하나이다. 즉, 무엇을 평가하느냐에 따라서 종사원의 기대와 행위가 형성되는 것이다.

평정요소는 직무수행에 관련되는 것으로 한정하고 평정되어야 할 직무특성은 담당하고 있는 직무에 따라 단순하면서도 명확히 달리 한다. 또한 중복되는 평정요소는 피하고 피평정자 간에 차이가 없는 요소는 제외해야만 하며 평정요소의 특성과 평정결과 간에 일치도가 높아야 한다.

평정요소 처리체계는 [그림 12-1]과 같이 나타낼 수 있다.

그림 12-1 **평정업무 처리 체계**

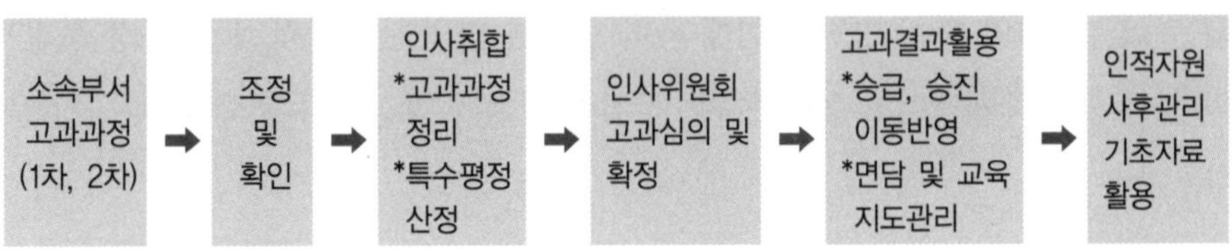

(3) 평정요소의 가중치

평정요소의 가중치의 결정은 평정의 목적이라든가 기업의 가치관에 좌우되고 있으며, 평정요소별, 평정목적별, 직종별, 계층별로 달리해서 결정하고 보통 목적별 평정에 있어서 임금의 경우 업적에 높은 가중치를 두고, 승진을 목적으로 하는 경우에는 능력에 높은 가중치를 두는 것이 일반적이다.

(4) 평정자의 선정

평정자에 따라 각각 특유의 정보를 제공할 수 있으므로 효과적으로 결합해서 사용하는 것이 좋으며, 자주 사용되는 방법은 다음과 같다.

❶ 자기평정

능력개발을 목적으로 하며 개인이 가진 결함의 파악과 개선에 효과가 있어 관리층의 평정에 보충적 기법으로 활용한다.

부하를 관찰할 기회가 적은 경우에는 자기평정이 중요한 평가정보를 제공한다.

대상기간에 있어서 일을 어떻게 처리해 왔는가, 업적의 상승이 있었는가 등에 대해 자기 나름대로 평정을 하도록 하고 양자의 차이점을 확인하여 이해의 왜곡을 수정한다.

호텔기업의 경우 목표설정에 대한 적절한 교육을 쌓지 않은 채 관리직 사원이 된 사람들이 많기 때문에 본인과 상사가 함께 업적을 분석, 평정하는 것이 특히 중요하다.

❷ 직속상사에 의한 평정

직속상사는 피평정자를 가장 잘 이해하고 그의 성과를 항상 관찰하고 있다는 점과, 그 평정결과를 승진이나 보상 등의 인사결정에 공정하게 반영할 수 있으며 조직체의 목적을 부하의 성과목표에 결부시켜 일상업무를 관리하고 평정을 통해 부하를 동기유발시킬 수 있다. 거의 모든 평정이 이에 속하며 다른 방법은 보충적 또는 특정 목적에만 쓰인다. 실시가 체계적이고 용이하다는 장점이 있으나 평정이 주관적이라는 단점을 가진다.

❸ 동료에 의한 평정

상사보다는 동료가 더 정확히 평가할 수 있다는 생각에서 착안한 것으로써 이해를 바탕으로 한 평정이라 할 수 있다. 이는 상사에 의한 평가보다도 시간대별로 변동이 적고 성과의 보다 다양한 측면을 평가할 수 있으며 성과와 노력을 보다 잘 구분할 수 있다. 동료 평가는 특히 상사가 하급자들의 성과행위에 대한 관찰기회가 부족한 경우에 적합하다. 또한 팀워크가 강조되고 종사원 참여문화가 정착된 조직의 경우에 적합한 방법이다.

❹ 하급자에 의한 평정

하급자에 의한 평정은 부하가 상사를 평가하는 것을 말한다. 하급자들은 상사의 행위를 직접적으로 관찰할 수 있다는 이유로 점차 확산되고 있다.

❺ 고객에 의한 평정

고객의 관여도가 높은 호텔업무에서 상사가 부하의 행위를 관찰하기 힘든 경우에 고객 평가는 중요한 평가정보를 제공할 수 있다.

❻ 인적평정센터

피평정자를 며칠간 따로 합숙시키면서 각종 의사결정 게임과 토의 그리고 심리검사를 실시하여 여러 명의 평정자, 심리학 전문가들에 의해 복수평정절차 과정을 거치게 된다.

2. 복리후생의 의의

전통적 의미에서의 호텔 기업복지는 종사원의 생활안정과 질 향상을 위하여 근로조건에 부가적(Fringe benefits) 또는 보충적(Supplementry benefits)인 것으로 사용자의 자유의사에 의한 임의적인 제도나 시설로 호텔 기업자체의 부담과 책임에 추가적으로 베푸는 혜택이라 간주해 왔으나 근래에 와서는 호텔 기업복지 비율이 30%가 넘는 상황에서는 부가급부적 개념으로부터 보다 정당한 근로대가로서 그 성격이 변모함에 따라 포괄적인 의미에서 호텔 기업복지로 불리고 있으나, 호텔 기업복지는 호텔 기업이 주체가 되어 경영능률 향상과 종사원의 복지증진을 위하여 실시하는 임금 이외의 비용 내지는 이와 관련된 시설, 활동, 제도 및 프로그램의 총칭이라 정의할 수 있다.

또한 호텔 기업복지가 갖는 이러한 의미 외에도 임금이라든가 근로시간과 같은 기본적인 근로조건을 보완하는 경영공동체 의식의 향상과 아울러 복지국가 건설을 위한 사회 정책적 측면의 국가기능이 미흡한 점을 보충하려는 의미를 가지고 있다. 그리고 호텔 복지후생이 갖는 내용으로는 종사원과 그 가족의 생활안정 · 문화의 향상 · 건강의 증진 등에 호텔 기업이 적극적으로 개입할 것이 요구됨에 따라 복지후생은 임금, 노동시간 등의 기본적 근로조건을 보완하는 것으로 인식되고 있다. 따라서 적절한 경영사회복지 정책은 경영의 협동단결을 도모하고 사회시스템으로서 호텔 기업의 공동체적 성격형성에 중요한 역할을 하게 된다.

제7절 노사관계

1. 노사관계의 유형

협력적 노사관계란 노사관계의 안정화 개념과 직결되는 것으로, 기업의 체질적, 상황적 요소와 상호간의 신뢰, 노사협력에 대한 확고한 태도 등의 인간적 요소에 의해 결정되며, 노사관계는 '생산에 대한 협력' 과 '배분에 대한 대립' 의 양면성을 지니고 있다.

노사관계의 유형은 노사관계의 목표가 조화의 논리를 따르는가 갈등의 논리를 따르는가, 수단으로 문제해결 방식이 권위적인가 민주적인가에 따라 4가지로 구분할 수 있으며, 노사분규기준에 따라 3가지로 분류한다.

1) 해결방법에 따른 분류

(1) 가부장적 노사관계

가부장적 노사관계는 노사 간 이해를 목적으로 하지만, 사용자측의 일방적이고 권위적인 방식에 의해 노사갈등을 해결하려는 유형이다.

(2) 강압적 노사관계

강압적 노사관계란 갈등의 논리에 입각해 노사가 각기 개별적으로 이익을 추구하되 일방적, 권위적 문제해결 방식을 취하는 노사관계 유형이다.

(3) 공동체적 노사관계

공동체적 노사관계는 노사 간 상호 이해관계가 있는 문제에 대하여 노사 양측이 관심사의 중요성과 차이점을 인정하고, 민주적인 문제해결 방식으로 통합적인 해결책을 강구하는 화합 민주적 노사관계이다.

(4) 경쟁적 노사관계

경쟁적 노사관계는 노사 간의 갈등을 수용하되, 동시에 노사가 민주적이고 대등한 입장에서 상호교섭해 나가는 경쟁적 노사관계이다.

2) 분규 기준에 따른 분류

(1) 협조형

협조형은 노조가 기업의 엄격한 통제를 벗어나지 않으며, 노조활동은 기업체 내부에 국한되고, 노사관계에 대한 기업의 주도성이 높은 형이다.

(2) 교섭형

교섭형은 노조가 기업의 통제로부터 상대적으로 자유롭고, 노사 간 의사소통의 수단으로 단체교섭이 많이 활용되며, 실리성을 강조하는 형이다.

(3) 대립형

대립형은 노사관계에 있어 기업과 대등한 입장에 있으며, 기업조직의 통제를 벗어난 강력한 자율적 노동조직의 성립을 전제로 나타나는 노사관계의 유형이다.

2. 노사관계 구축

변화된 노동환경에서 기업과 근로자가 경쟁력을 강화하고 공존공생하는 노사관계를 만들어 가기 위해서는 노동시장과 노사관계의 새로운 틀을 짜는 노력이 시급히 요구된다. 즉, 노사 간의 동태적 협력과 인적 자원의 질적 향상을 통해 노사 공존공영을 추구하고 더욱 고양시키기 위한 최적의 대안을 찾아야 한다. 그리하여 사회 전체의 공동선 극대화를 추구하면서 기업의 경쟁력 강화와 근로자의 평생고용을 뒷받침하는 새로운 노사관계시스템의 구축과 변화된 경영환경 하에서 요구되는 신노사 협력관계의 구축을 지향해 나가야 한다.

노사관계는 이제 분배를 둘러싼 대립적 현상이 아닌 근로자의 고용가치 향상을 위한 투자의 확대를 촉진하는 창조적이고 능동적인 협력을 지향해 나가야 하며, 급변하는 상황에 노사가 적절히 대응하기 위해서 노사 간의 대화와 타협, 제도의 유연성을 강화하기 위한 방안들이 포함되어야 한다. 경제구조뿐 아니라 인적 자원, 노사 간의 협력의 질적 수준이 경쟁하는 시대를 맞아 대립과 갈등보다는 노사 간의 협력을 위한 프로그램의 개발, 사회적 주체로서의 기본적 역할의 변화를 위한 노력 등 노사관계의 질적 개선을 위한 노력이 적극 추진되어야 한다.

1) 노동시장의 유연성 강화

이미 뿌리부터 흔들리고 있는 평생직장 관행의 붕괴에 따라 새로운 형태의 고용 관행의 실현을 위한 노동법의 개정이나 제도적 뒷받침이 마련되어야 할 것이다. 우선 산업수요에 부응하고 근로자의 고용 가능성을 제고시키기 위한 인력개발 활동을 적극 촉진해 나가야 할 것이다. 이를 위해서는 직업훈련기관의 설립 및 운영을 원칙적으로 자유화하고 직업정보 제공, 상담, 교육훈련을 일괄적으로 취급할 수 있는 민간 인력개발 회사 육성을 위한 법적 기준을 마련해 나가야 할 것이다.

또한 산업현장과 대학을 연결하는 산학협동체제의 구축, 향상 및 전직 교육훈련 프로그램의 대폭 강화, 교육훈련과 노동시장의 효율적 연계를 위해 민간자격제도의 전면 도입 등이 시급한 실정이다.

그리고 다양한 고용형태의 도입에 대비한 노동관계법령의 정비도 시급히 요청된다 하겠다. 즉, 근로자 파견제와 단시간 근로자에 대한 사회보험 적용범위의 확대, 직업알선 및 직업훈련체제의 정비, 정리해고 요건의 합리화 등 고용시장 메커니즘의 정상화를 위한 조치도 시급히 마련되어야 할 것이다.

특히 정리해고는 고용안정이라는 근로자의 생존권 보장과 기업의 경제적 자유와 창의를 존중하는 영업의 자유와 관련되는 중요한 경제적 · 사회적인 문제이다. 따라서 이를 조화시킬 수 있는 정책방향과 법의 원리에 근접될 수 있도록 정립되어야 한다.

2) 노사협력적 구조조정과 노사관계 안정화

경영 측의 일방적인 인원감축 조치는 남아있는 노동력의 사기와 생산성저하, 핵심인력의 유출로 인한 지식자본의 손실 및 악성 노사분규를 가져와 구조조정이 의도한 효과를 거두지 못하게 될 가능성이 높다. 따라서 구조조정이 노사협력적으로 이루어질 필요가 있다. 구조조정 과정에서 발생하는 불가피한 인원감축을 위해서는 노사 간의 정보공유, 경영 측의 성의있는 대화노력, 노동조합의 참여 등의 기회를 통해 해고 사전단계에서부터 해고 이후까지의 모든 과정에서 노사협조를 통한 비효율성 제거와 생산성 제고가 동시에 이루어져야 하며 이러한 노사협력적 구조조정을 통해 장기적으로 노사관계가 안정화될 수 있는 계기를 마련할 수 있다.

3. 신노사문화 3대 원칙

'신뢰에 바탕을 둔 공생적 노사관계' 의 구축과 이에 기초한 사회적 연대와 결속은 외환위기의 극복과 새로운 경제적 도약을 위한 문화적 토대라 할 수 있다. 이와 같은 신노사문화의 창출은 그간 노사정 3주체 간에 내재되어 온 '불신' 의 거품을 걷어내고 노사정 각 행위주체가 새로운 노사관계 패러다임으로의 전환을 위한 의지와 노력과 지혜를 결집할 수 있는 조건을 정비하는데서부터 출발해야 한다.

그리고 이 같은 조건의 정비는 [그림 12-2]에서와 같이 국정이념의 실천원리인 자유 · 효율 · 정의에 대응하는 참여 · 효율 · 공평의 3대 원칙에 입각해서 추진되어야 할 것이다. 참여 · 효율 · 공평의 3대 원칙에 입각한 공생적 노사관계의 구축은 신뢰의 결여에서 비롯되는 불필요한 거래 비용을 줄이고 나아가 경제사회의 지속적인 구조개혁 및 창조적 지식과 정보 중심의 지식기반 국가로의 전환을 추진하기 위한 원동력이 될 것이다.

그림 12-2 **신노사문화의 기본이념과 3대 원칙**

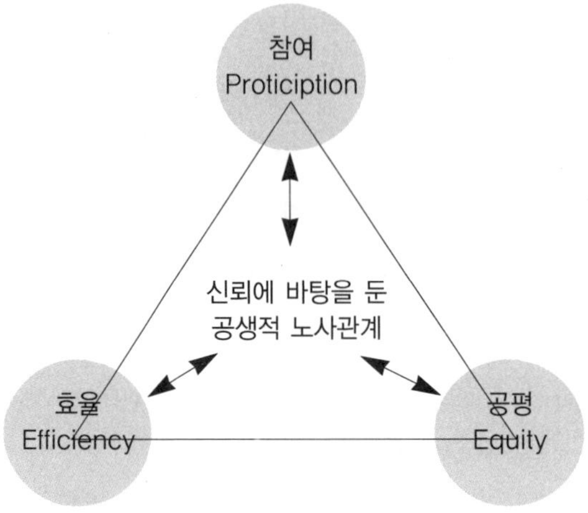

1) 참여의 원칙

경제사회를 구성하는 각 행위주체들의 참여에 기초한 민주적 의사결정과 사회적 합의 형성 메커니즘의 구축은 체제의 안정을 가져오고 나아가 새로운 경제사회의 건설을 위한 자율과 창의가 발현될 수 있는 토대를 제공할 것이다.

2) 효율의 원칙

민주적 시장경제질서의 틀이 확립되기 위해서는 경제행위주체들의 경제행위의 자유가 보장됨과 아울러 공정하고 투명한 경쟁의 규칙과 장(場)이 정비되어 각 경제행위 주체가 스스로의 책임에 자신의 능력을 최대한 발휘할 수 있는 여건이 조성되어야 한다.

3) 공평의 원칙

민주적 시장경제질서의 정착을 위해서는 경제사회전반에 걸쳐 공정성이 보장되어야 함. 시장경쟁에 의한 보상과 사회적 갈등의 해소가 공정하게 이루어지도록 하는 메커니즘의 구축은 경제사회 전반에 만연된 도덕적 해이를 극복하고 사회적 연대의 기반이 되는 '신뢰'를 회복하기 위한 전제 조건이다.

Lobby Lounge

호텔취업을 위한 자격요건

호텔은 크게 경영부서와 서비스부서 2분류로 나누면 사무부서가 경영지원 쪽으로 인사, 교육, 홍보, 마케팅, 판촉 등 호텔은 운영하는데 업무를 한다고 생각하면 된다.

바로 신입을 채용하는 호텔도 있지만, 대부분 객실부서나 식음료부서에서 경험을 쌓고 다른 부서로 이동한다. 전공은 거의 무관하게 채용하고 있으며, 호텔 사무부서 중에 재경부 쪽에서만 회계전공자를 뽑으며 나머지부서는 전공무관으로 한다.

객실 부서 중에 2년제 이상의 학력을 요구하는 호텔도 있기는 하지만 어학실력을 갖추었다면 고졸학력으로도 근무가 가능하다.

■그랜드힐튼호텔(서울) 채용 자격요건

모집부분		구분	자격요건
식음료부 (F&B Attendant)	부페레스토랑 연회장 바발루(엔터테인먼트클럽)	신입	- 국내외 2년제 대학 이상 졸업자 - 영어회화 가능자 우대 - 서비스마인드를 갖춘 자
조리부 (Cook Helper)	베이커리키친 카페키친	신입	- 국내외 2년제 대학 이상 졸업자 - 조리사 자격증 필수 (양식,한식,중식,일식,제과 등) - 서비스마인드를 갖춘 자
객실팀	프런트데스크 (F/D Receptionist)	신입	- 국내외 4년제 대학 졸업자 - 영어회화 능통자 필수 - 서비스 마인드를 갖춘 자
	도어데스크 (Doorman)		- 국내외 2년제 대학 이상 졸업자 - 영어회화 가능자 우대 - 서비스마인드를 갖춘 자
시설부	음향실 (Sound Specialist)	신입	- 국내외 2년제 대학 이상 졸업자 - 전자 또는 음향 관련 전공자 우대 (교내 방송활동자 포함) - 서비스마인드를 갖춘 자
하우스키핑	오더테이커 (Room Service Ordertaker) 발렛서비스(Valet)	신입	- 국내외 2년제 대학 이상 졸업자 - 영어회화 가능자 우대 - 서비스마인드를 갖춘 자
마케팅	팀장 (Marketing Manager)	경력	- 국내외 4년제 대학 졸업자 (마케팅 관련 전공자 우대) - 서비스마인드를 갖춘 자 - 영어회화 능통자 필수 - 관련 경력 10년 이상

모집부분		구분	자격요건
시스템부	전산 (System Specialist)	경력	- 국내외 2년제 대학 이상 졸업자 - ASP/.NET/Jave script, SQL/Oracle/SP 또는 View 가능자 - 서버관리(Windows/Linux/Unix) 가능자 - 기타 Network/사내 전산기기 관리 - 웹프로그램 개발 및 보안관련 경력자 우대 - 관련 경력 2~ 3년 이상
인사부	HRD (Training Coordinator)	경력	- 국내외 4년제 대학 졸업자 - 영어회화 능통자 필수 (순차 통역 경험자 우대) - MS Office 활용 능력 상급자 (Excel, Word, Power Point)

공통적으로 본 결과 국내 2년제 대학 졸업 이상자로 서비스 마인드를 기본적으로 갖추고, 영어회화에 능숙한 자는 호텔채용의 자격요건에 필수적으로 들어가 있다.

Chapter 13 호텔 관리회계

이해목표

- ▶ 일반 기업의 관리회계와 비교하여 호텔관리회계의 특성과 개념을 이해한다.
- ▶ 호텔회계업무의 내역을 업무 흐름에 따라 이해한다.
- ▶ 호텔재무제표를 기본으로 경영 분석을 동한 호텔 기업의 발전 방안을 이해한다.

제1절 호텔관리회계의 개념

1. 관리회계의 정의와 필요성

1) 관리회계의 정의

관리회계는 기업 회계를 관리적 기능의 측면에서 활용하고, 관찰하는 개념이다.

코프랜드(R. M. Copeland)교수는 관리회계를 "경영자의 계획과 관리통제 및 의사결정을 하는데 도움을 주기 위한 회계제도"라고 하였다.

또 영국제헌 회계사 협회에 의하면 "사업을 보다 기능적으로 경영하려고 하는 모든 회계의 형태는 전부 관리회계라고 부른다. 따라서 관리 회계는 사업 방침을 설정하고, 매일매일 관리에 대하여 관리자에게 직접 도움이 되는 회계정보를 작성하여 제출하는 것이다."라고 하였다.

즉, 관리회계는 경영관리에 도움이 되고 그에 봉사하는 기능의 측면을 인식하는 것으로써, 경영의 의사결정에 필요한 회계이며, 계획 목적을 위한 회계이고, 또 관리 목적을 위한 회계라고 할 수 있다.

2) 관리회계의 필요성

오늘날의 경영은 여러 가지 정보와 기술을 필요로 하며 경영의 규모가 대형화 내지 복잡화되어 이를 합리적으로 관리할 수 있는 회계의 필요성이 대두되고 있다.

호텔은 24시간 영업을 하며 연중무휴이므로 그에 적합한 기록의 신속성이 필요하며, 다른 기업과는 달리 객실 부문만을 회계의 대상으로 하는 것이 아니라 식음료와 식사비 등 여러 가지 부문이 전체적으로 회계의 대상이 된다. 이러한 호텔 관리의 특징들 때문에 기업회계기준과는 별도로 호텔관리회계가 필요하며 통일화도 요구된다.

우리나라의 경우 통일된 하나의 호텔 관리 회계 준칙이 없어 각기 다른 관리 회계체제를 사용하고 있다. 이는 호텔 관리에 비효율적일 뿐만 아니라 다른 호텔과의 비교가 불가능하여 서로 유용한 회계 정보를 제공받지 못하고 있다.

겟츠(Goetz)에 의하면 관리회계의 필요성을 가져오게 한 요인을 다음과 같이 네 가지로 설명하고 있다.

첫째, 기업규모의 비대와 복잡화

기업의 규모가 복잡화, 대형화되면 생산, 판매, 재무 등 기업의 여러 가지 부문에서 이를 종합, 조정, 감독하기가 어렵게 되며 또 전문화를 필요로 하게 된다. 따라서 각 부문의 하부 경영자들에게 권한을 이임함으로써 각자는 그 목적과 계획에 의하여 의무를 수행하게 되므로, 그들의 경영 활동을 효과적으로 관리 조정하여 이익의 증대와 기업의 발전을 도모하기 위한 필요성이 있기 때문이다.

둘째, 고정적 자본의 증가와 중요화

산업 혁명에 의한 기계공업의 발달은 대량생산의 이점을 가져옴과 동시에 기계를 인력에 대용하고, 기업의 탄력성을 저하시키고 또 정보변화에 대하여 신속성 있게 대응할 수 없게 되었다. 뿐만 아니라 고정적 자본은 자본의 고정화로 변하였고 고정비의 증대를 가져오게 되었다. 한편 장래에 대한 예측의 중요성은 더욱 증대하게 되었으며, 장래 방침을 잘못 설정함으로써 예측이 맞지 않을 경우에는 많은 손실과 영향을 가져오기 때문에 관리 회계의 필요성이 중요시되었다.

셋째, 경제 변동의 속도와 정도의 증가

산업이 고도화될수록 경제 변동의 정도는 더욱 증가하게 되었다. 특히 생산 방법과 생산 설비에 있어서 지속적인 진보는 경제의 변동을 크게 하고 있다. 따라서 이러한 외부사정의 변동에 대응할 수 있는 경영계획과 지도의 필요성이 강조되고 있기 때문이다.

넷째, 기업의 사회적 통제 증가

이것은 기업에 대한 사회적인 통제가 더욱 강화되는 것을 의미하는 것으로써 사적기업에 있어서도 여러 가지 활동 면에 있어서 사회적인 관계를 갖고 있지 않으면 안 된다는 것을 의미한다. 즉, 종래의 사적 기업을 정부가 직영할 수도 있고, 또 사적 기업에 대한 지휘 감독도 강화된다.

위와 같은 환경에서는 경영자가 과거의 치료적인 경영보다는 예방적인 경영이 필요하게 되고 또 종전의 재무회계로서는 이러한 요구에 전적으로 대응할 수 없게 되었기 때문에 여기에 새로운 관리 회계의 필요성과 그 중요성이 인식되게 되었다.

3) 호텔관리회계의 특성

호텔관리회계의 특성은 호텔업무 자체가 특별하기 때문에 나타난다.

호텔 업종은 객실부문, 식음과 부문 기타 부대영업 부문에 있어서 그 발생하는 거래가 영업장소와 경영시간에 따라 각각 상이하며 또 현금거래 및 신용거래 등 더욱이 거래의 발생에서부터 결제까지 가장 신속화를 요구하는 업종이기 때문이다. 연중무휴인 동시에 24시간 영업이며, 그 기간에 각 영업부문에서 발생한 거래를 즉각적으로 섬세하게 기록해야 하고, 재료 및 원가 관리의 자료로써 계수를 산출하는 동시에 투숙객에 대한 판매집계와도 일치해야 한다. 특히 고객이 언제 퇴숙하여도 그 고객 계정에는 그 시점까지 발생한 모든 거래의 집계가 끝나야 한다. 또 원가관리분야에 있어서는 앞에서 언급한 식음료 제조의 수량관리의 문제에 관련시켜 호텔회계의 특수한 한 분야를 이루고 있다.

이와 같은 호텔의 특징을 합리적으로 관리하기 위한 수법으로 원가 – 판매량 – 이익의 상관관계, 원가행태 유형의 결정, 확실성과 의사결정 유형 그리고 호텔 객실료의 결정방법 등을 제시하고 있다. 호텔기업은 위와 같은 계수적 관리 체제를 도입함으로써 호텔기업의 목적이 성취될 수 있을 것이다.

2. 호텔회계 업무의 개요

1) 호텔회계의 의의와 중요성

호텔회계는 고객에게 상품과 서비스를 제공하면서부터 시작되어 1일 마감 체제로 이루어지는데, 각 영업장에서의 회계 업무는 고객만족을 위하여 신속하고 정확하게 시행하여 서비스의 질을 극대화하는 것과 매출 집계를 부문별로 세분화하여 호텔경영에 필요한 정보를 정확하게 제공하는 것이다.

또한 호텔회계는 기업의 재무적 상태와 변화 등을 전달하여 정보 이용자가 사정을 잘 알고서 판단이나 의사결정을 할 수 있도록 경제적 정보를 식별하고 전달하는 과정으로 다른 업종보다 복잡하고 다양하다.

일반적으로, 호텔 업무 회계 처리는 호텔 상품인 재화(Goods)와 용역(Service)을 판매하고, 그것에 대한 매출 기록과 회수 내용을 현금, 신용 카드, 여행사 외상 매출금, 일반 외상 매출금, 투숙객 외상 매출금 등으로 즉시 구별 · 기록하여 관리한다.

호텔회계부문의 구분은 크게 영업부문과 관리부문으로 구분되고 이는 다시 표 [13-1]과 같이 구분한다.

표 13-1 호텔회계의 구분

구분	내용
영업부문	객실부문, 식음료부문, 연회부문, 사우나부문, 시설부문, 기타부문
관리부문	일반관리부문, 일반공통부문,부대부문, 판촉부문

우리나라 호텔의 회계는 내국인이 운영하는 호텔과 외국과 경영협약을 맺은 체인(chain) 호텔로 구분할 수 있다.

- 내국인이 운영하는 호텔 우리나라의 기업 회계 기준에 의함
- 외국과 경영 협약을 맺은 체인(Chain) 호텔 1925년 '뉴욕 호텔 협회' 가 중심이 되어 호텔회계의 일정한 준칙을 만들어 작성한 표준화된 회계 제도(Uniform system accounts for hotels, 일일 결산 체제)를 따르고 있다.

우리나라의 관광호텔회계제도의 적용 실태를 살펴보면,

첫째, 외국의 호텔회계제도를 적용하고 있는 호텔은 대부분 외국과의 합작법인 또는 경영기술을 도입한 호텔들이다. 외국의 투자자들은 자회사의 회계제도의 기준이 되고 있는 〈The Uniform System of Accounts for Hotel〉를 채택함으로써 외국의 유명한 다른 호텔과의 재무자료의 비교분석이 용이할 뿐만 아니라, 그 회계제도가 널리 사용되고 있기 때문이다.

둘째, 회계 전문가의 개발에 의한 호텔회계제도는 미국의 호텔회계제도를 우리나라 호텔기업의 특성에 맞도록 조정 개발된 회계제도로써 몇 개의 호텔에서 쓰이고 있다.

셋째, 호텔 자체에서 개발한 회계제도는 기존 특급 호텔에서 많은 경험을 얻은 회계 전문가가 개업을 하는 호텔에 전직하면서 그 호텔의 특성에 맞게 만든 회계제도와 그리고 회계담당자를 외국의 유명한 호텔에서 훈련시킴으로써 그 경험을 토대로 개발된 회계제도를 사용하고 있다.

넷째, 종래의 기업회계기준을 적용하고 있는 호텔들은 호텔회계의 특수성을 고려하지 않고 있는 호텔로서 중소규모의 호텔이다.

2) 호텔회계의 기능

호텔회계는 다음과 같은 세 가지 기능을 수행하지 않으면 안 된다.

첫 번째 기능은 관리적 기능인데 이것은 주로 호텔기업을 가치적, 수치적 혹은 경영적, 법률적, 신용적 측면에서 관리, 통제하기 위하여 필요한 각종 계수적 자료를 제공하는 기능을 말한다.

두 번째 기능은 보전적 기능으로 채권자로서의 권리의 행사, 채권자로서의 의무의 이행 등 기타 호텔경영에 있어서의 일체의 거래와 계약이 확보되고 일상의 경영 활동이 적정, 신속히 행하여지고, 위법, 부당, 오류 등에 의한 재산과 자본의 감손을 방지하는 것을 가리키는 것으로써 기업 회계 본래의 목적과 임무를 수행하는 것을 말한다.

세 번째 기능은 보고적 기능으로서 결산 보고서에 집약되어 있는 사실을 호텔기업에 관계를 갖고 있는 주주, 경영자, 감사인, 세무서 등에 대하여 기업 경영 활동의 기록 계산의 결과를 정확하고 명료하게 보고하는 기능이다.

3) 호텔회계부서의 직무

업무를 원활히 수행하기 위해서는 효율적인 업무분장이 매우 중요하며 일반적으로 호텔의 규모와 경영방식, 업장수 등에 따라서 조직의 규모가 좌우되고 있다.

- 경리 부장(Financial comptroller) 경리부의 내부적인 업무 통계, 자금 관리, 인원 관리 및 결산 시 재무제표를 작성하는 책임이 있다.
- 영업 회계 과장(Income auditor) 객실 회계, 식음료 회계와 야간 감사 등 호텔의 기초 회계 업무인 매출 발생의 기록 및 일일 마감에서 수입 집계까지 모든 책임을 지며, 투숙객 후불(guest ledger) 관리를 한다.
- 경리 과장(Chief accountant) 종사원의 급여 관리, 모든 물품 대금 지불, 소모품 및 자산의 재고 조사, 일일 및 월말 결산 작업, 각 계정 과목의 명세서 작성을 감독한다.
- 여신 과장(Credit account) 객실 회계 후불, 식음료 회계 후불, 그 밖의 후불을 통제 관리하고, 신용 카드 매출에 대한 청구서를 발송하며, 여신 거래처에 대한 정보 수집으로 부실 채권이 발생하지 않도록 관리한다.
- 원가 관리 과장(Food & Beverage cost controller)
- 구매 과장(Purchasing manager)

제2절 호텔회계업무의 실제

1. 업무내역

1) 객실회계

고객이 호텔에서 체재하는 동안 발생되는 호텔 수입을 관리하고 정산하는 곳이 현관회계로서, 담당자는 신속, 정확한 태도로 고객에게 서비스를 제공해야 하고, 항상 좋은 인상을 주어야 한다. 고객의 동록과 동시에 호텔 현관 회계는 발생되는 것이며, 고객카드를 기본으로 해서 필요서류를 작성한다. 따라서 고객회계서(Bill : Guest folio)의 작성도 여기서 행한다. 투숙객 체재 중의 계산은 전부 객실 회계원이 관리하고, 투숙객이 체크 아웃할 때의 정산은 대개 8시~10시경에 집중되고 있으며, 투숙객을 최후의 퇴숙절차 때 기다리게 한다면 모처럼 체재중의 즐거웠던 일도 사라져 버리고, 호텔의 모든 서비스가 헛되게 되어 버린다.

객실 회계원은 업무내용으로 생각하면 경리부(Accounting dept)에 속하는 것이나, 객실부의 프런트오피스에서 고객과 직접 접하며 업무를 수행하고 있다.

객실 회계원은 객실 이용객의 빌을 작성한다. 빌은 소규모 호텔의 경우 손으로 써도 충분하나, 객실 수가 많게 되면 POS를 사용해서 기록하므로 그 조작법을 완전히 익혀두지 않으면 안 된다.

빌은 날짜, 이용객 성명, 객실번호, 객실요금, 인원수, 국적 및 지불조건 등에 따라 기입되어 숙박등록카드(Registration card)에 첨부되어 반송되어 온다.

따라서 객실 회계원은 회부된 계산서에 객실요금, 서비스료, 세금, 기타 각종 요금을 기입해 넣고 이용객의 체크아웃 시 이것을 정산하게 되며 호텔 각 영업부문에서 발생하는 투숙객 계산이 집중되어 온다. 각종 요금에는 전화료, 전보료, 세탁료, 식음료 등이 포함되어 해당부문에서 전표를 넘겨받는다. 그들 전표에 기재된 고객 성명, 서명 및 객실번호와 금액을 확인해서 해당 이용객의 빌에 요금을 기입하여야 한다.

(1) 숙박 등록 카드(Registration card) 정리

고객의 여권 번호, 주소, 전화 번호, 국적, 주민 등록 번호는 컴퓨터에 정확히 입력되어야 한다. 이것은 고객 원장(Guest folio)이며, 객실 번호는 곧 회계 번호(Account number)로써, 투숙 중 발생되는 모든 계산 관계는 고객 원장에 입력되어 퇴숙할 때까지 객실 회계원이 관리해야 한다. 객실 판매원으로부터 투숙 고객의 숙박 등록 카드를 받으면 등록 사항이 완전한지를 확인한 후, 해당 객실의 보관철(Guest holder)에 넣어 퇴숙할 때까지 보관하며, 각 영업장에서 발생된 투숙객 후불의 계산서도 함께 보관, 관리한다.

(2) 객실 회계원 정산

객실별로 고객 원장에 식음료 회계원이 정확하게 전기(Posting)했는지 확인하며, 그 밖의 계산서를 고객 원장에 전기하여 퇴숙할 때에 객실 요금과 합산해서 정산 받는다.

산출된 금액을 근거로 객실 회계원 입금 봉투를 작성하여 현금 금고에 입금시키며, 신용 카드 전표와 후불 계산서는 따로 확인한 후에 다음 근무자에게 인계한다.

❶ 객실 회계 차변 계정 과목(Debits accounts)

- 객실 수입(Room account) 투숙객의 객실료이며 2주 이내의 단기 투숙객과 2주 이상의 장기 투숙객의 수입으로 분류한다. 객실요금은 프런트에서 결정되어 계산서에 요금이 기입되기 때문에, 그 표시요금을 기본으로 포스팅한다. 만약 도중에서 객실요금과 객실번호의 변경이 있는 경우는 즉시 프런트오피스에서 체인지 스립(Change slip)이 온다. 그리고 초과요금과 낮에 사용한 객실요금(Day use) 등을 정확히 파악하여 기입하지 않으면 아니 된다. 객실매출에 있어서 객실 회계원이 대조할 때 초과 요금분을 프런트 오피스에 연결하지 않으면 객실매출의 정확한 숫자가 나오지 않는다.
- 봉사료(Service charge) 매출액의 10%이며, 봉사료가 부가되지 않는 매출에는 전화료, 미니바(Mini-bar), 사우나의 입욕료, 체련장 이용료 등이다.
- 부가 가치세(Value added tax, VAI) 매출액과 봉사료를 합산한 금액에 10%를 부과하며, 외교관 면세 카드 소지액이나 주한 외국 군인에 대해서는 면세 처리한 다음 면세 기록부에 기재하여 세무서에 부가 가치세 신고 시 증빙 자료를 제시한다.
- 투숙객 식음료 수입(Restaurant guest ledger) 객실 회계의 식음료 수입은 투숙객이 호텔 내의 식당이나 주장에서 발생된 요금을 퇴숙할 때에 객실 요금과 함께 정산된다.
- 현금 지급(Paid out) 고객에게 택시비, 우편료, 임대 업소 이용료 등을 빌려 주고, 현금 지급 전표를 작성하여 고객의 서명을 받는다.
- 이월(Transfer) 고객의 계정과 금액을 이동시킬 때에 사용한다.
- 정정(Correction) 당일 발생된 +, − 계정을 취소한 후 같은 방법으로 전표를 작성하여 야간 회계 감사원에게 인계된다.
- 전화료 전화를 사용하면 자동으로 전화 번호, 통화 시간, 요금 등이 해당 고객 원장에 전기된다. 요금 수화자 지불 전화(Collect call)나 대화자 지정 전화(Person to person call)는 교환원을 통하여 신청하며, 계산서는 교환실에서 발행하여 객실 회계원이 전기한다.

- **잡수입(Miscellaneous revenue)** 기물 파손 변상비 등의 기타 금액을 전기할 경우, 전표에 간략한 내용을 기재하여 해당 객실 번호나 투숙객이 아닌 경우에는 미리 가상의 회계 처리를 할 수 있도록 열어 둔 회계번호에서 처리한다.
- **전보 및 팩시밀리(Telex & Facimili)** 전보는 교환실이나 비즈니스센터에서 접수 · 처리하고, 팩시밀리는 비즈니스센터에 의뢰하여 사용하면 계산서를 발부하여 객실 회계원에게 전달하여 전기할 수 있도록 한다,
- **세탁(Laundry)** 세탁 수입에는 물세탁, 드라이크리닝, 다림질 등이 있으며, 자체 세탁은 호텔 운영상 필요한 종사원의 유니폼 세탁과 린넨류 세탁으로 구분하며, 린넨 세탁은 객실 린넨과 식음료 린넨으로 다시 구분할 수 있다.
- **기타 부대시설 이용료** 사우나, 헬스클럽 등의 이용 수입으로써 기타 부문 수입이다.

❷ 객실 회계 대변 계정 과목(Credits accounts)

- **조정(Adjust, Allowance)** 객실 수입, 식음료 수입 , 그 밖의 수입 등 모든 수입 중 일일 마감이 완료된 후, 잘못된 금액을 정정하는 경우이다. 이 경우에 회계원은 조정 전표를 작성하여 해당 부서장의 확인과 총지배인의 결재를 받아야 하는데, 상황에 따라 당직 지배인의 승인을 얻은 후 선처리하는 경우도 있다.
- **현금** 대금 결제를 화폐, 수표에 의하여 결제되는 계정이다. 외국인이 수표로 결재할 경우에는 신중하게 처리하여 해외 수표의 부도 발생에 손실이 없도록 해야 한다.
- **신용 카드(Credit card)** 소비자 신용의 일종으로 상거래상 현금과 수표를 대신하여 대금을 결재하는 수단으로 통용되는 제 3의 통화이다. 취급 시에는 유효 기간을 확인하고, 카드의 서명과 매출표의 서명 대조 확인, 한도액의 초과 여부, 불량 카드 여부를 신용 카드 조회용 단말기를 사용하여 승인을 얻어야 함
- **외래객 후불(Ctiy ledger)** 일반 기업체, 개인, 국내외 여행사 및 항공사로 구분하여 해당 업체나 기관의 지불 능력을 파악하여 체결해야 한다.

(3) 자금(fund) 관리

객실 회계의 영업 준비금이나 환전 준비금은 항상 적정 금액을 일정하게 준비해야 하며 환전 준비금은 연휴 등의 상황에 따라 준비해야 한다.

(4) 자금 지침(House fund instruction)

- 현금 서랍에는 항상 해당 회계원이 있어야 하며 자리를 비울 경우 항상 잠가 두어야 한다.
- 현금이 외부인에게 보이도록 현금 서랍을 열어 두어서는 안 된다.
- 어떠한 이유든 회계원은 계산대에 현금을 두고 전화를 받으려고 돌아서거나 딴 곳으로 주의를 돌려서는 안 된다.
- 현금 서랍 안에 있는 현금의 양은 필요한 최저 수준으로 보관되어야 하며, 불필요하게 수납된 현금은 금고에 보관한다.
- 고객에게 현금을 지불받을 때에 회계원은 거래가 완전히 이루어질 때까지 그 현금을 현금 서랍 안에 넣어서는 안 된다.
- 회계원은 때때로 거스름돈 사기꾼을 직면하기도 한다.

(5) 환전(Money exchange)

환전은 각국의 각종 현금 및 각종 여행자 수표가 환율에 근거하여 환산 · 지불하는 업무로 일반적으로 호텔에는 외화교환 표시판이 붙어 있는 카운터(Counter)가 설비되어 있다. 호텔에 있어서 환전 업무는 비교적 단순하나 무엇보다 현물거래이기 때문에 세심한 주의가 요구된다.

❶ 환율(Money exchange rate)

외국환 관리법 환전상 관리 규정에 의한 지정 외국환에 한하여 고객으로부터 매입할 때 적용되는 환율로, 당일 지정 거래 외국환 은행에서 정하는 대고객 전신한 매입률의 1/100 이내로 취급 수수료를 산출하여 통화의 형태에 따라 공제한 금액이 당일 환전상의 외국환 매입률이 되며, 매일 당일의 외국환 매입률을 통화 형태별로 영업 장소에 게시하여야 한다.

❷ 재환전

미사용 원화를 재환전하고자 할 때에는 호텔에서는 불가능하며, 외국환 은행, 개항장 또는 통관 비행장에 설치된 금융 기관 환전상에서 외국환 매입 증명서에 의해 재환전할 수 있다.

❸ 여행자 수표(Traveller' s check)

해외여행자의 현금 휴대에 따른 분실, 도난 등의 위험을 피하기 위하여 고안된 수표로서, 수표를 발행받을 때의 본인 서명란과 사용할 때의 본인 서명란으로 되어 있어서 두 개의 서명을 대조하도록 되어 있다.

(6) **귀중품 보관**(Safety box)

고객이 귀중품을 신고하지 않고 호텔 내에서 분실하였을 때는 호텔 측으로서는 책임을 질 수 없는 것이다. 보관 시에는 고객이 등록 카드를 직접 작성하고 대여자가 서명한 후 열쇠를 교부한다. 최근의 호텔의 경우는 객실 내 금고를 설치하여 고객이 직접 이용토록 하고 있다.

■ 객실 내 개인금고

2) 식음료 회계

(1) 업무 내용

호텔 내에서의 식사료 매상의 계산 방법은 다음 3종류가 있다.

- 현금매상(Cash)
- 외상(City Ledger)
- 투숙객 계산(Guess Ledger)

이들은 각 영업 부서의 매출이 매출보고서(Restaurant cashier' s record)에 집계되어 나이트 오디터(Night auditor)에 제출된다. 그 중 현금은 수납과(General cashier)에 납입하고, 외상은 오디터의 확인을 거쳐 외상 관리과(Acct. receivable)에 제출한다. 투숙객 계산은 체재객이 식당 및 바에서 이용한 계산을 고객원장 앞으로 넘겨서 출발할 때 통합하여 지불한다. 이 경우에 고객은 그 사용전표에 객실번호와 서명을 기입한다.

- 주문서 계산서 자체가 주문서가 된다. 1조 2매, 회계원에게 전달함.
- 정산 객실 회계원과 동일한 형태로 이루어지며, 투숙객 후불인 경우 객실 번호를 확인하여 계산서에 서명을 받고 성명을 확인하여 해당 원장에 전기한다.
- 식음료 회계원 보고서 작성 업무 마감 시에 차변항목이 대변 과목과 일치하는지 확인하여 보고서를 상세히 기록한다.
- 입금 봉투 처리입금 봉투는 현금 판매 부분, 즉 영업장별로 수납된 현금을 대형 금고에 넣도록 된 봉투를 말한다.

(2) 식음료 단말기

❶ 단말기의 처리 내용

- 회계원 업무 자동화
- 일일 결산 자동화
- 입금 형태 분류

❷ 단말기 사용 효과

- 경영 관리의 기초 자료 제공
- 대 고객 서비스의 향상
- 매출 증대

3) 기타회계

(1) 여신 회계

- 외상 매출금 관리 및 회수 업무
- 신용 카드 관리
- 불량 채권 관리

(2) 재무 회계 및 관리 회계

- 식음료 원가 관리
- 구매 관리
- 저장 관리

2. 야간감사(Night Audit)

1) 야간감사의 중요성

호텔기업은 24시간 계속적인 영업이므로 1일의 영업일보를 밤늦게 종결을 짓지 않으면 안 된다. 주로 밤 22시 30분부터 감사자(Night auditor)는 그 날의 영업을 마감 · 결산에 들어가야 한다. 대개의 경우 객실부와 식음료부로 나누어 결산하여 그것을 최종적으로 집계하게 된다. 그리하여 야간 감시자의 직무는 복잡하고 중요하므로 그의 직위를 이따금 야간지배인(Night manager)이라고 부른다.

수취계정의 총잔액과 비교에서 개개인의 원장합계가 수취계정의 총잔액과의 일치여부를 검증하는 것이 야간감사의 주요 기능이다. 야간감사자는 각 부문의 당일 차변 및 대변이 정확하게 전기(Posting)되었는지를 확인하고 만약, 잘못된 것이 있으면 이를 발견하여 정정(Correction)해야 하며, 호텔 당일 수입금의 일람표(Summary)를 작성하고 모든 계산서가 정확하고 완전하게 청구되었는지를 검증하는 것이 야간감사의 목적이다.

2) 야간감사자의 부수업무

- 제2교대 회계원(Cashier)의 마감 업무를 도와주고
- 룸랙 스립과 대조하면서 각 원장에 객실료, 세금 및 전화요금 등을 전기한다.
- 고객 계산서 금액을 일일명부에 작성하여 해당부서에 보고한다.
- 고객의 호텔 요금수령 및 기록과 야간도착 고객에게 객실을 지정한다.
- 모든 고객에게 Information Clerk으로서 정보를 제공한다.
- 호텔 및 고객의 안전과 호텔 운영에 관한 특별 사고가 발생했을 때 총지배인에게 이를 보고 한다.

- 야간의 객실 예약을 접수한다.
- 야간 경비 및 벨맨을 감독하는 야간 지배인으로서의 임무를 수행한다.

3) 식음료 나이트 오디팅

이미 발행된 식당 및 연회의 빌(Bill)은 체킹 리스트(Checking list)에 번호순으로 기입하고 수익 감사원에게 제출한다. 여기에서 잘못을 발견했을 경우에는 보고서를 정정하고, 다시 일보(Daily F/B report)를 작성하여 수익 감사원에게 제출하여야 한다.

(1) 식당 매상의 감사

업장 회계원은 레스토랑 당일 매출보고서에 전표 번호순으로 매출기록을 하고, 업무가 끝난 후에는 매출보고서와 현금 매출전표를 같이 나이트 오디터에게 제출한다. 음료관계 나이트 오디터는 각 업장 회계원으로부터 받은 매출보고서를 기본으로 식당매출감사를 한다. 그 중 투숙객 회계에 대해서는 음료 나이트 오디터에게 집계한 식당매출합계액과 객실 회계원이 포스팅한 합계액과 일치해야 한다.

(2) 식음료의 통계 항목

- 1인당 요리매출(Average food checks)
- 1인당 음료매출(Average beverage checks)
- 식음료 객수(Number of F/B guest)
- 식음매출(Total of food sales)
- 객실판매(Room service report)
- 음료매출(Total of beverage sales)
- 외상판매(City ledger)
- 현금판매(Cash sheet)

제3절 호텔경영분석

1. 호텔기업 경영분석의 목적

호텔기업 외부의 관계자가 그의 거래처로서의 호텔의 신용능력, 재무수치를 판단하기 위하여 그 호텔의 재무제표를 여러 가지로 분석한 결과에서 호텔의 경영분석이 시작되었다. 그 당시의 경영분석은 신용분석 혹은 외부분석이라고도 볼 수 있으며 호텔의 지급능력을 판단하기 위한 재무유동성이나 기업의 안전성을 판단하기 위한 구성비율에 중점을 두었다. 그 후 경영분석이 외부분석에서 내부분석으로 그 중요성이 변함에 따라서 경영 분석의 목적도 재무유동성보다는 수익성분석 즉 자본이익율의 측정이 경영분석의 핵심적인 목적이 되었다.

일반적으로 기업의 경영성과라 하면 경제적 · 재무적 성과로 나누고 수익성, 성장성, 생산성, 총매출액 등의 지표를 사용하여 측정하고 ROI(Return on Investment: 투자수익률)기법을 주로 사용한다.

호텔경영분석의 주체성은 오늘날에 있어서 금융기관 등과 같은 기업외부에 있는 것보다도 기업 그 자체의 경영자, 즉 기업내부에 있다. 이것은 이익계획에 의한 목표관리의 지표를 산출하기 위하여 소위 자기진단을 하는데 오늘날 경영분석의 목적이 있기 때문이다.

호텔기업의 건전한 발전을 위하여 호텔자체의 재무구조의 체질을 개선강화하고, 다른 호텔과의 경쟁에 뒤지지 않게 경영의 과학적 관리와 합리화가 필요하겠지만, 호텔경영분석의 요점도 이들의 목적에 합당한 것이 아니면 안 된다.

2. 호텔기업의 재무제표 분석

1) 수익성 분석

호텔경영의 목표 중에서 가장 중요한 것은 호텔기업의 수익을 창출하는데 있다. 따라서 수익성이 어느 정도 있는가를 분석하는 것이 필요하다. 즉 투자된 자본과 매출액에 대하여 얼마나 좋은 경영성과(이익)를 가져왔는가를 분석할 필요가 있다. 그런데 호텔의 수익성은 손익계산서에 나타나므로 호텔의 수익성을 판단할 때에는 주로 손익계산서를 중심으로 분석한다. 그와 같이 손익계산서에 의해서 표시되는 재무의 안정된 뒷받침이 있어야 장기적으로 지속이 가능한 것이다. 따라서 안정성의 분석과 매우 밀접한 관계를 갖는다. 대차대조표에 의한 안전성 분석이 호텔의 재무상태를 검증하는 것이라면, 손익계산서에 의한 수익성의 분석은 호텔의 경영능력의 유무를 판단하는 분석인 것이다. 결국 대차대조표에 의한 안전성 분석과 손익계산서에 의한 수익성의 분석은 경영분석의 양축을 이루고 있는 상호밀접한 관계에 있다.

(1) 자기자본 이익률

자기자본이란 자본금과 모든 잉여금의 합계액 즉 B/S 자본부의 합계액이다. 이 비율이 높을수록 자기자본에 대한 기업의 이익률이 좋다는 것을 나타내는 것이다.

자기자본 이익률은 많을수록 좋지만 적어도 20% 이상이 요청된다.

(2) 총자산 순이익률

총자산 순이익률은 당기 순이익의 총자산에 대한 비율로서 경영에 투자된 총 자산의 최종성과를 나타내는 비율로서 다음과 같이 표시된다.

$$\text{총자산 순이익률} = \frac{\text{당기순이익}}{\text{총자산}} \times 100$$

(3) 기업경상 이익률

기업경상 이익률은 자금원천에 관계없이 기업에 투하된 총자본이 얼마나 효율적으로 운용되었는가를 나타내는 지표로서 경상이익에서 차입금에 대한 이자비용을 차감하기 전의 금액을 총자본과 대비한 것이다. 따라서 호텔의 경영능력을 측정하는 지표로서 이용되고 있다.

$$\text{기업경상 이익률} = \frac{\text{경상이익+이자비용}}{\text{총자본}} \times 100$$

(4) 기업 순이익률

기업 순이익률은 법인세 차감 후의 단기 순이익과 이자비용의 합계액을 총자본과 대비한 비율로서 기업에 투자된 총자본의 종합적인 성과를 나타내는 비율이다.

$$\text{기업 순이익률} = \frac{\text{당기수익+이자비용}}{\text{총자본}} \times 100$$

(5) 경영자산 영업이익률

경영자산 영업 이익률은 기업이 운용하는 자산은 영업활동에 직접 사용되는 경영자산(Operating assets)과 직접 사용되지 않는 비영업용자산(Non-opera ting assets)으로 구분할 수 있다. 경영자산 영업이익률은 총 자산 중 투자자산 및 이연자산 등 영업활동에 직접 사용되지 않는 자산을 제외하고 영업활동에 직접 사용된 경영자산과 경영자산의 운용 결과로 획득한 영업이익과의 관계를 나타내는 비율로서 영업실적을 평가하는 데 유용한 지표이다.

$$\text{경영자산 영업이익률} = \frac{\text{이익}}{\text{총자산}-(\text{건설 중인 자산+투자자산+이연자산})} \times 100$$

(6) 자기자본 경상 이익률

자기자본 경상 이익률은 경상이익의 자기 자본에 대한 비율로서 출자자 또는 투자자들이 투자자본에 대한 수익성을 측정하는데 중요한 지표이다.

$$\text{자기자본 경상 이익률} = \frac{\text{경상이익}}{\text{자기자본}} \times 100$$

(7) 자기자본 순이익률

자기자본 순이익률은 자기자본에 대한 당기 순이익의 비율을 나타내는 지표이다.

$$\text{자기자본 순이익률} = \frac{\text{당기 순이익}}{\text{자기자본}} \times 100$$

(8) 자본금 순이익률

이것은 자본금에 대한 당기 순이익의 비율로서 기업의 배당능력 판단을 위한 기초자료로서 투자가들이 투자 결정시 중요시되는 지표이다.

$$자본금\ 순이익률 = \frac{당기\ 순이익}{자본금} \times 100$$

(9) 매출액 경상이익률

이 비율은 호텔경영성과를 총괄적으로 표시하는 대표적인 지표로서 호텔의 주된 영업 활동뿐만 아니라 재무활동에서 발생한 경영성과를 동시에 알 수 있는 비율이다. 따라서 이 비율이 높을수록 영업활동이 향상된다는 것을 알 수 있게 된다.

$$매출액\ 경상이익률 = \frac{경상이익}{매출액} \times 100$$

(10) 매출액 영업이익률

이 비율은 기업의 주된 영업활동에 의한 성과를 판단하기 위한 지표로서 제조 및 판매활동과 직접관계가 없는 영업외 손익을 제외한 영업이익만을 매출액과 대비한 것으로 영업효율성을 나타내는 지표이다.

$$매출액\ 영업이익률 = \frac{영업이익}{매출액} \times 100$$

이 비율의 변동요인을 구체적으로 분석하기 위해서 다음과 같이 구분할 수 있다.

$$영업효율성 = 생산효율성 \times 관리효율성$$

이처럼 구분하여 매출액 이익률의 변화가 어느 부분활동의 변화에 기인하는지 파악이 가능하다.

2) 안전성 분석

안전성이란 호텔자금의 조달과 운용이 호텔재무 안전성 측면에서 판단하여 합리적인가 그렇지 않은가에 달려 있다. 따라서 B/S에 표시된 호텔의 자산, 부채, 자본의 구성에 있어서 상호균형을 이루고 있어야 한다. 만약 그것에 무리가 발생한다면 호텔의 재무유동을 악화시킬 뿐만 아니라 나아가서 수익성까지도 저하시키게 된다. 반대로 너무 안정성에 치중하게 되면 경영이 소극적으로 되고 호텔의 성장성을 저해하게 된다. 그러므로 그러한 문제를 어떻게 균형있게 조화시키느냐가 호텔경영의 핵심이 된다. 따라서 안전성 분석에는 일정시점에 있어서 B/S, 각 항목의 관계비율로서 판단하는 방법이 주로 이용되고 있는데 이 방법은 정태분석, 정적분석이라고 한다.

(1) 자기자본 비율

이 비율은 총자본 중에서 자기자본이 차지하는 비중을 나타내는 대표적인 재무구조인 지표이다. 자기자본은 금융비용을 부담하지 않고 호텔이 운용할 수 있는 자본이므로 이 비율이 높을수록 호텔의 안전성이 높아진다고 할 수 있으며 일반적으로 이 비율의 표준비율은 50% 이상으로 보고 있다. 왜냐하면 호텔기업이 타인자본을 완전히 담보로 하기 위해서는 그와 동액 이상의 자기자본이 필요하기 때문이다.

$$\text{자기자본 비율(\%)} = \frac{\text{자기자본}}{\text{총자본}} \times 100$$

(2) 유동비율

이 비율은 유동부채에 대한 유동자산의 비율 즉 단기채무에 충당할 수 있는 유동성자산이 얼마나 되는가를 나타내는 비율로서 은행이 여신취급 시 수신자의 단기지급능력을 표시하는 지표로서 은행가 비율(Banker' s ratio)이라고도 한다. 이 비율이 높을수록 호텔의 단기지급능력이 양호하다고 할 수 있으며 은행이 기업에 요구하는 양호한 비율은 200%로 이를 「2대 1의 원칙」이라고 하며 건전한 상태라고 본다.

(3) 당좌비율

이 비율은 현금, 예금, 매출채권에 대한 당좌자산을 말한다. 즉 유동부채에 대한 당좌자산 비율로서 유동자산 중 현금화되는 속도가 늦고 현금화의 불확실성이 높은 재고자산 등을 제외시킨 당좌자산을 유동부채에 대응시킴으로써 단기채무에 대한 호텔의 지급능력을 파악하는데 사용된다. 산성시험비율(Acid test ratio) 또는 신속비율이라고도 하는 이 비율은 유동성 분석을 위한 보조지표로 사용되고 있으며 일반적으로 100% 이상이면 양호하다.

(4) 고정비율

호텔의 고정화 위험을 측정하는 대표적인 비율로서 운용기간이 비교적 장기에 속하는 고정자산을 얼마나 자기자본으로 충당하였는가를 나타내는 지표이다. 100% 이하를 양호한 상태로 보고 있는데 이는 고정적인 자산을 자기자본으로 충당하는 것이 바람직하다는 것을 의미한다.

(5) 고정장기 적합률

이 비율은 자기자본 및 고정부채가 고정자산에 어느 정도 투입되어 운용되고 있는가를 나타내는 지표로 기업의 안정성을 측정함에 있어 고정비율의 보조기표로 사용된다.

$$\text{고정장기 적합률(\%)} = \frac{\text{고정자산} - \text{이연자산}}{\text{장기자본} + \text{고정부채}} \times 100$$

이 비율은 거액의 설비투자를 필요로 하는 산업에 있어서 부족한 자금을 일부 타인자본으로 충당하더라도 비교적 안정성이 높은 장기부채로 조달하는 것이 바람직하다는 의미에서 이 비율은 100% 이하를 표준비율로 보고 있다.

(6) 부채비율

이 비율은 타인자본과 가기자본 간의 관계를 나타내는 대표적인 재무구조지표로서 일반적으로 100% 이하를 표준비율로 보고 있다. 이것은 여신자 측면에서 채권회수의 안정성만을 고려한 것이며, 호텔경영 측면에서는 단기적 채무변제의 압박을 받지 않는 한 투자수익률이 이자율을 상회하면 타인자본을 계속 이용하는 것이 유리할 수 있다.

$$\text{부채비율} = \frac{\text{부채}}{\text{자기자본}} \times 100$$

(7) 유동부채비율

이 비율은 자기자본에 대한 유동부채의 비율로서 자본구성의 안정성을 측정하는 보조지표이다. 이 비율이 100%를 초과한 경우 자본구성의 안정성은 물론 재무유동성도 불안정한 상태에 있음을 나타낸다.

$$\text{유동부채비율} = \frac{\text{유동부채}}{\text{자기자본}} \times 100$$

(8) 차입금 의존도

총자본 중 외부에서 조달한 차입금 비중을 나타내는 지표로서 차입금 의존도가 높은 기업일수록 금융비율 부담이 가중되어 수익성이 저하되고 안정성도 낮아지게 된다.

$$\text{차입금 의존도} = \frac{\text{장단기차입금} + \text{회사채}}{\text{총자본}} \times 100$$

3) 생산성 분석

호텔기업이 전략산업으로 성장하기 위해서는 기술혁신에 의하여 과학적으로 장비됨으로써 생산성이 높은 타 산업과의 경쟁에도 대응하여 나가지 않으면 안 된다. 현실적으로 타 산업의 생산성 향상에 의한 임금상승에도 따라가지 않으면 안 된다. 따라서 기업이 새로이 창출한 부가가치의 증가를 구체적으로는 기업의 생산성이라고 부른다.

호텔에서의 부가가치란 호텔이 고객에게 제공한 음식물의 생산 판매 및 그것에 부수한 서비스의 생산을 위하여 직접적으로 사용한 노동 및 자본에 대한 반대급부의 가치로써 호텔이 새로 산출한 모든 순창조물의 가치를 말한다.

- 자본의 부가가치 부분
- 자기자본에 대한 순이익
- 차입자본에 대한 이자
- 동산, 부동산의 임차료

노동의 부가가치로서는

• 임원급여수당

• 종사원급여 및 노무비

부가가치액=매출액-(재료비+수도료+광열비+동력비+광고선전비+감가상각비 등)

(1) 종사원 1인당 부가가치(노동생산성) 증가율

이 증가율은 호텔의 생산활동은 자본과 노동의 결합에 의하여 이루어지므로 그 성과도 자본요인과 노동요인별로 구분하여 볼 수 있다. 종사원 1인당 부가가치 증가율은 종사원 1인이 산출한 부가가치액이 전년에 비하여 어느 정도 증가하였는가를 나타내는 비율로서 노동생산성을 측정하는 지표이다.

$$\text{종사원 1인당 부가가치 증가율} = \frac{\text{당기 종사원 1인당 부가가치}}{\text{전기 종사원 1인당 부가가치}} \times 100$$

(2) 1인당 매출액 증가율

이것은 노동력 단위당 매출액이 전년에 비하여 얼마나 증가하였는가를 나타내는 지표로서 매출액증가율이 종사원수를 고려하지 않은 반면 종사원 1인당 매출액증가율은 종사원수로 나눈 매출액에 대한 연간 증감률을 나타낸 것이다.

$$\text{종사원 1인당 매출액 증가율} = \frac{\text{당기 종사원 1인당 매출액}}{\text{전기 종사원 1인당 매출액}} \times 100$$

(3) 1인당 인건비 증가율

이것은 종사원 1인당 지급된 인건비가 전년에 비하여 어느 정도 상승하였는가를 나타내는 지표이다.

$$\text{종사원 1인당 인건비 증가율} = \frac{\text{당기 1인당 인건비}}{\text{전기 1인당 인건비}} \times 100$$

(4) 노동장비율

이 비율은 생산과정에서 종사원 1인이 어느 정도의 노동장비를 이용하고 있는가를 나타내는 지표이다.

$$\text{노동장비율} = \frac{\text{유형자산} - \text{건설 중인 자산}}{\text{종사원수}} \times 100$$

(5) 자본집약도

이것은 종사원 한 사람이 어느 정도의 자본액을 보유하고 있는가를 나타내는 지표이다.

$$\text{자본집약도} = \frac{\text{종사원수}}{\text{총자본}} \times 100$$

4) 성장성 분석

성장성 비율은 일정 기간 중에 호텔의 경영규모 및 경영성과가 얼마나 증대되었는가를 나타내는 비율로서 일반적으로 각 항목에 대한 일정기간 동안의 증가율로 측정한다. 성장성비율을 분석할 때 주의해야 할 사항은 인플레이션이 심한 기간 중에는 명목성장율보다는 실질성장율이 더 의미가 있다는 것이다. 성장률이 매우 높을 때는 일시적으로 유동성 부족이 발생하여 호텔이 어려움을 겪을 수도 있으므로 성장성분석과 유동성분석을 병행하여야 하며, 성장률 자체의 측정뿐만 아니라 호텔의 특성, 호텔 내의 경쟁구조 등에 대한 분석이 있어야 한다.

(1) 총자산 증가율

총자산 증가율은 총자본증가율이라고도 하며 호텔에 투하 · 운용된 총자산이 그 해에 얼마나 증가하였는가를 나타내는 지표로서 호텔의 경쟁력이나 미래의 수익창출 능력을 간접적으로 나타내는 것이다.

$$\text{총자산증가율} = \frac{\text{기말 총자산} - \text{기초 총자산}}{\text{기초 총자산}} \times 100$$

(2) 매출액 증가율

이 비율은 전기매출액에 대한 단기 매출액의 증가분으로서 호텔의 외형적 신장세를 나타내는 대표적인 지표이다. 경쟁기업보다 빠른 매출액 증가율은 결국 시장 점유율의 증가를 의미하므로 경쟁력의 변화를 나타내는 척도가 된다.

$$\text{매출액 증가율}=\frac{\text{당기 매출액}}{\text{전기 매출액}}\times 100$$

(3) 유형자산 증가율

이 비율은 토지, 건물, 기계 등의 유형자산에 대한 투자가 당해연도에 얼마나 활발하게 이루어졌는가를 나타내는 지표이다.

$$\text{유형자산 증가율}=\frac{\text{당기말 유형자산}}{\text{전기말 유형자산}}\times 100$$

(4) 자기자본 증가율

이 비율은 자기자본이 당해연도에 얼마나 증가하였는가를 나타내는 지표이다.

$$\text{자기자본 증가율}=\frac{\text{당기말 자기자본}}{\text{전기말 자기자본}}\times 100$$

(5) 재고자산 증가율

호텔이 판매 또는 제조를 목적으로 보유하는 상품, 상품, 원재료, 제공품 등의 재고자산이 당해연도에 얼마나 증가되었는가를 나타내는 비율이다.

$$\text{재고자산 증가율}=\frac{\text{당기말 재고자산}}{\text{전기말 재고자산}}\times 100$$

5) 일드 매니지먼트(yield management)

(1) 일드 매니지먼트의 개념

일드(Yield)의 사전적 의미는 「생기게 하다」, 「산출하다」, 「(이익 따위를) 가져오다」로 되어 있으며, 일드율을 관리하는 것이 일드 매니지먼트인데 항공산업에서 가장 먼저 일드 매니지먼트를 도입한 것으로 간주되고 있다. 1970년대 후반 항공사간 경쟁이 심화되어 각 항공사는 가장 효과적인 비행기를 운항과 경쟁에서 앞서나가고 매출을 증진시키기 위해 일드 매니지먼트를 개발하였다.

수년 동안 항공사는 정교한 일드 매니지먼트 가격 시스템을 사용하여 왔다. 이것은 주어진 항공좌석 또는 노선에 대한 사전 수요를 예측하고 매출극대화를 위한 적정 가격을 통하여 항공사가 재고조사와 항공좌석 가격을 관리하기 위한 마케팅 프로그램을 자동화한 것이다. 호텔의 일드 매니지먼트에 대한 정의는 [표 13-2]와 같다.

표 13-2 **일드 매니지먼트의 정의**

구분	내용
Orkin(1988)	과거 판매 실적에 근거하여 객실점유율과 당일 평균요금의 가장 바람직한 조화를 예측하는 것이다.
Lieberman(1933)	서비스를 개선하고 가격과 재고를 통제하여 호텔과 같은 자산의 판매를 증가시킴으로써 이윤극대화를 추구하는 것이다.
Angelo & Vladimir(1994)	예측되어진 객실공급과 수요에 근거하여 적절한 가격이 서로 다른 마켓에 제공되도록 하는 것이다.
Levin(1994)	주어진 시간 동안 객실수요에 따라 다양한 객실가격을 적용하는 것이다.
Brent Ritch & Goeldner(1994)	호텔과 모텔의 객실가격을 정하는데 경제적인 원리를 유기적으로 적용하기 위한 것이다.
정충원(1998)	현재와 과거의 정보와 통계적 모델을 사용하여 수익과 고객서비스를 동시에 증대하는 방법이다.
Fitzsimmons (1998)	예약시스템, 초과예약, 수요분할 등을 활용하여 공급능력이 제한되어 있는 서비스의 수익을 극대화하기 위한 종합적 시스템이다.
Choi & Cho (2000)	호텔객실을 판매하는데 있어서 매출과 이익을 극대화하기 위한 경영 의사결정에 초점을 맞춘 기술이다.

자료 : 연구자 작성

일드 매니지먼트의 효용성에 대하여 리베르만(Lieberman)은 가격정책 조화와 예약절차를 지원하는 통계적 모델로서 그리고 예약공유를 수행하기 위한 호텔의 능력을 향상시키기 위하여 과거자료와 현재의 정보로 사용하는 것을 호텔 일드 매니지먼트를 정의하고 매출과 고객서비스능력 둘 다 증가시킨다고 하였으며, 다음과 같은 효율성을 지적하였다.

- 가장 효과적인 가격구조를 정립할 수 있다.
- 적정예약을 예상하여 숙박일수 또는 객실타입에 대한 수용을 결정할 수 있는 근거를 마련할 수 있다.
- 할인관리 지침을 마련할 수 있다.
- 단체할인에 대한 협상을 할 수 있다.
- 적절한 객실타입, 적절한 가격을 고객에게 제공할 수 있다.
- 현재와 잠재영업에 있어서 더 많은 매출을 올릴 수 있다.
- 단순히 예약을 받는 것보다 효과적인 판매가 되도록 예약 대리점에게 재량권을 줄 수 있다.

따라서 호텔 객실영업의 일드율이란 객실의 산출률을 의미하고, 일드 매니지먼트란 과거 영업통계와 미래의 변수를 예측하여 현재상황에서 가장 적절한 가격을 설정함으로써 매출의 극대화를 도모하는 경영기법이라고 할 수 있다.

(2) 일드율의 산출공식

호텔입장에서 일드는 판매가능객실을 할인 없이 모두 판매하였을 때 얻어지는 잠재매출총액에서 실질 매출액을 어느 정도 산출했는가를 말한다. 즉 일드율(%)이란 잠재매출액(판매가능 객실매출)대비 실질매출을 백분율로 나타낸 것이다. 산출하는 방법은 다음과 같다.

$$\text{일드율(yield)} = \frac{\text{실질매출총액(Actual Rooms Revenue)}^{1)}}{\text{잠재매출총액(Potential Rooms Revenue)}^{2)}} \times 100$$

1) 실질매출총액 = 객실판매 수 × 판매된 객실의 실 당 평균요금
2) 잠재매출총액 = 보유객실 수 × 보유객실의 실 당 평균요금

Lobby Lounge

호텔 봉사료제도

외국에서는 식당이든 호텔이든 팁을 주는 것이 당연한 것으로 되어 있는데 한국에서는 이런 것이 없다는 이유로 정부가 주도했는데 실제로는 법적 근거도 없이 진행하여 지금은 이상한 관행이 되고 있다.

원래 팁이라는 것은 고객이 종사원의 서비스에 감사하여 자발적으로 주는 것이고 종사원에게는 중요한 수입 수단이며 종사원의 서비스 질을 향상시키는 동기로 작용한다.

문화체육관광부 관계자는 "10% 봉사료 제도는 자발적인 팁 문화를 정착시키기 위해 약 30년 전 정부가 호텔업계에 '봉사료' 도입을 권고하면서 시작된 관행"이라며 "팁 문화가 정착된 현재까지 아무런 법적 근거가 없는 봉사료 제도가 계속 유지되는 것은 문제"라고 지적했다.

현실적으로 의무 봉사료는 양질의 서비스를 제공한 직원에 대한 직접 보상이 아니라 사실상 직원에게 부과되는 일종의 급여이며 직원들이 보다 양질의 서비스를 제공하고자 하는 유인이 되지 못하고 있다.

따라서, 이제는 법적 근거도 없고 웬만큼 팁 문화도 정착하였으니 봉사료를 없애자는 경향이 호텔업계에 퍼지고 있다.

Chapter 14

호텔 정보시스템과 전산업무

이해목표

- ▶ 정보화에 따른 호텔정보관리의 중요한 변화 요인을 파악한다.
- ▶ 호텔정보관리 시스템의 현황 파악 및 개선방안을 파악한다.
- ▶ 호텔 기업의 홈페이지 운영 현황 및 개선방안을 파악한다.

제1절 개념

최근의 변화는 매우 빠르고도 광범위하게 진행되어 이제는 정보의 신속도, 정확도, 활용도가 기업이나 개인생활의 성패를 좌우하게 된다고 할 수 있다.

호텔에서 정보화의 핵심은 고객에 대한 마케팅을 효율화하기 위해 단골고객 및 잠재고객에 대한 체계적인 정보시스템을 도입하는 것이라고 할 수 있다. 또한 호텔산업의 규모가 점차 확대되고 다양한 기능의 서비스가 요구된다. 따라서 호텔 경영관리에 필요한 정보처리의 수단과 방법을 개선하고 정비함으로써 경영효과의 증대 및 기업의 유지존속을 위해서 호텔기업 경영의 정보화가 절실히 요구되고 있다. 특히 호텔 경영환경의 변화로 양적 · 질적으로 크게 성장하고 있는 기업으로서는 날로 격렬해지는 국내 · 외 경쟁에서 생존하고 다른 호텔보다 많은 이익을 얻기 위하여 호텔 경영환경의 변화에 적절한 대응이 필수적이라고 할 수 있다.

호텔 정보시스템(Hotel Information System)이라고 하는 개념은 “호텔에서 가장 중요한 데이터라고 할 수 있는 정보의 흐름과 정보의 양을 시기적절하게 조정하여 호텔 경영진에게 빠른 정보를 제공해주는데 그 목적이 있다고 할 수 있다”

실제적으로 호텔에서 사용하는 여러 가지 양식의 레포트(report)는 매일 엄청나게 발생하여 호텔에서는 그것을 처리하는데 골치 아픈 문제가 되었다.

이 같은 제반적인 문제점을 해결하기 위해서 호텔에서는 컴퓨터시스템을 구축하여 업무에 따라 발생되는 상당한 양의 종이를 없애는데 커다란 공헌을 하게 되었다. 즉, 호텔 정보시스템이라고 하는 컴퓨터시스템은 업무를 보다 빠르고, 정확하게 그리고 수많은 데이터를 단순하게 처리함으로써 과거처럼 업무에 소요되는 많은 시간을 줄임으로써 한층 더 고객에게 서비스를 제공할 수 있는 시간이 늘어나게 된 것이다.

국내 호텔에서 호텔 정보시스템을 개발한다고 함은 주로 프런트오피스 시스템과 백오피스 시스템을 개발하는 것으로 이해되고 있다. 여기에서 프런트오피스 시스템은 일반적으로 고객과 접촉을 갖고 매출을 발생시키는 프런트오피스 업무를 지원하는 시스템을 말하며, 백오피스 시스템은 프런트오피스에서 발생된 매출의 집계와 분석, 그리고 호텔의 관리를 위한 모든 제반업무를 지원하는 시스템이다.

향후의 전자 비즈니스는 호텔이 보유하고 있는 전산 시스템(PMS-Property Management System)과의 인디페이스(interface)로 발전할 것이다. 이로써 객실판매의 효율성을 증진시킬 뿐만 아니라 객실예약을 접수하고 관리해 나가는 인력을 효율적으로 활용할 수 있어 호텔의 비용구조 등을 개선할 수 있어 일석이조의 효과를 거둘 수 있다. 그러므로 사이버 마케팅에 대한 전략 수립이 필수적이라 하겠다.

사이버 마케팅이란 '컴퓨터의 네트워킹으로 생겨난 사이버 스페이스(cyber space)라는 가상공간(virtual space) 속에서 기업과 소비자가 쌍방향 커뮤니케이션을 통하여 광고, 이벤트, 정보제공 등의 제반 마케팅 활동을 수행하는 것' 이다. 호텔업계에서 적용되고 있는 사이버 마케팅의 일례는 최근의 객실판매 촉진수단으로서 개발. 적용되고 있는 인터넷을 통한 호텔 광고 및 객실예약 접수이다. 호텔마다 인터넷 홈페이지를 개설하여 이동불가능하고 견본제시가 불가능한 호텔 상품의 한계성을 극복하기 위한 수단과 날로 가속화 되어가고 있는 전자 비즈니스(E-Business)에 적극 부응하기 위한 수단으로 활용도를 더해하고 있는 것이다. 앞으로의 전개방향은 더욱 다양화할 것으로 예측되며, 그 방법 또한 매우 고도화 될 것으로 전망된다. 불과 얼마 전까지만 해도 전자 비즈니스는 우리에게 있어 낯설은 단어로만 존재하였지만 이제는 어느덧 호텔 비즈니스 즉, 객실 판매에도 적극 활용되고 있다. 종전의 CRS와 GDS가 컴퓨터를 통한 유일한 객실판매 수단으로만 인식되어 왔지만 각 호텔 자체적으로 개발한 인터넷 홈 페이지를 통한 인터넷 패키지 객실상품 판매 혹은 해외 객실예약 및 마케팅 대행업체를 통한 인터넷 예약 시스템을 개발 운영하고 있다.

즉, 국내 · 외의 인터넷 사용자를 위하여 온라인 예약메뉴를 제공하여 복잡한 절차 없이 원하는 날짜에 객실을 예약할 수 있어서 인기가 높은 실정이다. 이러한 인터넷에 홈페이지를 개설하여 호텔에 대한 홍보와 더불어 예약서비스를 제공하는 것은 인터넷 시장의 급성장으로 인하여 인터넷의 사용자가 급속하게 증가하고 있으며, 대부분의 외국 고객들이 인터넷을 활발히 사용하는 비즈니스맨이므로 인터넷을 통하여 온라인 예약이 가능하느냐의 여부가 관광호텔의 매출에 막대한 영향을 끼치기 때문이다.

그림 14-1 호텔 정보시스템의 등장배경

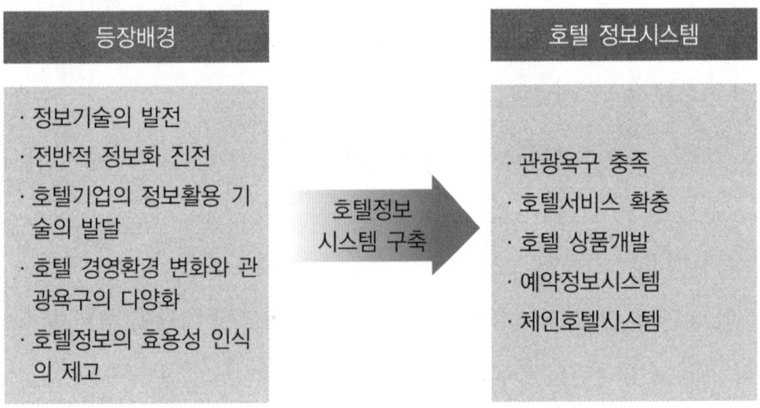

1. 정의 및 특성

정보는 수신자에게 어떠한 의미를 제공함으로써 개인의 의사결정이나 행동 형성에 도움이 되는 자료를 뜻한다.

정보(Information)는 자료(Data)와 분명히 구별되어야 한다. 자료는 정보의 기초로써, 많은 자료 중에서 수신자에게 어떤 특별한 의미있는 용도를 제공할 수 있는 것만이 정보가 될 수 있다. 즉, 자료를 이용 가능한 정보로 처리, 분석하는 것이 중요하며, 이의 정도에 따라 정보의 가치가 결정된다.

사전적인 정의로서 정보란 두 가지 의미를 지닌다.

첫째는 '알리는 행위' 로써 어떤 주어진 사실이 전달되는 행위를 뜻한다.

둘째는 '알려지는 사실' 로써 구성되어진 형태 그 자체를 의미한다.

이러한 두 가지의 사전적 의미는 과학적인 견지에서 살펴보아도 큰 무리가 없다. 즉 전자는 정보를 하나의 '과정(Process)' 으로 간주하고 후자는 '상태(State)' 로 규정하는 것이다.

정보는 일반적으로 다음과 같은 특징을 가지고 있다.

첫째, 정보의 정확성 : 정보는 사용자가 원하는 바를 정확히 기술하여야 하며 정확도가 높을수록 정보의 가치는 더욱 커진다.

둘째, 정보의 시간성 : 정보는 사용자가 원하는 시간에 제공되고, 필요한 간격만큼 효용을 가질 때 더 높은 가치를 갖는다.

셋째, 정보의 보편타당성 : 정보는 모든 가정 내지 추정되는 사실, 상황 그리고 공상적 내용에서 유추될 수 있으므로, 인간의 모든 분야에 걸쳐 발생될 수 있으며 시간을 초월하여 무한하고 다양하게 발생된다.

넷째, 정보의 접근성 : 정보는 공간적으로나 물리적으로 쉽게 접근할 수 있고 쉽게 전달될수록 더 높은 가치를 갖는다. 데이터를 저장하는 방법, 데이터를 실행하기 위하여 필요한 부분을 선택하는 기술 등이 접근성에 영향을 끼친다.

다섯째, 정보의 전환성 : 정보는 매체의존성을 가지기 때문에 매체와 매체사이의 정보내용에는 변화가 없고 표현만의 전환을 일으키게 된다.

경영정보의 가치는 통상 정보가 실제 활동에 얼마나 큰 의미를 갖는가 하는 정보의 질로써 표시된다. 즉, 의미나 목적이 없고 경영상의 불확실성을 감소시켜 줄 수 없는 정보자료는 정보로써 가치가 없을 뿐 아니라 오히려 정보 과다 등의 장애요소로 작용할 위험성이 크다. 이러한 정보의 질에 대한 평가는 아래와 같이 그 정보의 관련성, 정확성, 시간적 적절성, 공급빈도 등 비교적 객관적 자료에 의해 내려진다.

❶ 관련성(Relevance) 정보는 사용자의 정보에 대한 욕구를 충족시켜야 한다. 따라서 정보는 이용자의 이용목적과 관련이 있어야 한다. 다시 말하면 의사결정의 상황에서 정보는 문제의 내용을 파악하고 대안을 평가하는 근거로써 작용할 수 있어야 한다.

❷ 정확성(Accuracy) 정확한 의사결정을 위하여서는 항상 정보의 정확성이 유지되어야 하고 이를 위한 방법으로는 정보자료의 처리 및 감사제도가 이용되어야 한다. 정보의 정확성은 정보제공의 편견에 의해 침해받을 수 있으므로 정보제공의 형태나 양식에 항상 주의하여야 한다.

❸ 시간적 적절성(Timeliness) 정보는 이용자가 필요로 할 때 적절하게 제공되어야만 정보로써 가치가 있다. 이런 이유로 시간적인 지연을 방지하기 위한 정보 처리상의 기술이 필요하다.

❹ 정보제공의 빈도(Frequency) 정보는 자주 제공될수록 이용자에게 도움을 줄 수 있다. 따라서 정보시스템은 정보자료 Base를 유지하여 정보의 사용자가 원할 때에는 언제라도 적절한 정보의 제공이 가능하도록 하여야 한다.

시스템이란 일반적으로 "하나의 전체를 구성하고 있으면서 서로 관련이 있는 구성요소들의 집합"으로 정의되며, 추상적 시스템, 물리적 시스템, 및 사회적 시스템 등으로 구분할 수 있다.

호텔 정보시스템은 저렴한 비용과 신속하고 정확하게 호텔의 자료를 간단 · 명료하게 처리하여 경영관리의 효과를 제고함에 있다. 이를 구체적으로 살펴보면 첫째, 가공처리되지 않은 데이터로부터 적시적이며 포괄적인 보고서를 경영진에게 제출한다. 둘째, 불필요한 서류와 자료취급 절차를 배제 또는 절감한다. 셋째, 영업의 통제 및 영업상태에 대한 즉각적인 예측이 가능하다. 넷째, 경영진에게 더욱 훌륭한 모니터를 제공한다. 다섯째, 경영진이 고객 사이클을 통제할 수 있으므로 더욱 향상된 고객 서비스의 제공을 가능하게 할 수 있다. 여섯째, 원가를 절감할 수 있다.

따라서 호텔 정보시스템이란 호텔의 가장 중요한 자원인 정보의 흐름과 적절한 조절을 통해서 경영의 효율성을 제고시키는 것이라 정의할 수 있다.

2. 필요성

경영자가 기업활동에 의해 얻어진 경영정보를 경영의사결정과 호텔의 정책 수립 또는 장기적 경영전략에 응용하기 위해서는 합리적인 경영정보의 처리시스템이 필요하다. 이들 필요성을 구체적으로 살펴보면 다음과 같다.

첫째, 미래에 대한 좀 더 확실한 의사결정을 하기 위해 필요하다. 경영의사결정이란 그 자체가 미래에 대한 예측이다. 과거와는 달리 호텔이 맞이할 위험을 줄이는 방법일 수 있다.

둘째, 현대 호텔의 거대화와 복잡화에 따른 의사소통이나 현실적응의 어려움을 해소하기 위하여 필요하다. 이는 조직이 거대화 · 복잡화할 경우에는 내부의 의사전달과정이 길어지고 관료화 추세를 나타내므로 외부의 환경변화에 적절히 대응할 수 없게 되고 미래에 대한 예측기능도 떨어진다는 것을 의미한다. H.I.S(Hotel Infomation System) 도입으로 호텔은 이러한 문제점을 해소할 수 있다.

셋째, 치열한 경쟁이 존재하는 시장경제체제하에서 호텔이 경쟁력을 강화하기 위한 방법으로 필요하다. 즉, H.I.S를 통한 합리적 의사결정으로 비슷한 경영조건이 타사에 비해 강한 경쟁력을 가질 수 있다.

이러한 현실적인 요구에 의해 일반적인 경영에서의 H.I.S의 필요성 외에도 호텔은 직접 고객을 상대하는 일반적인 특성과 특히 서비스가 절대적으로 중요한 부분을 차지하므로 대고객서비스의 질적 향상을 위해 H.I.S도입의 필요성은 더욱 절실하며, 인간(Humanware), 기기(Hardware), 시스템(Software)이 결합되어 균형을 이룰 때 비로소 그 가치를 발휘하게 된다.

또한 호텔 정보시스템은 다음과 같은 능력을 갖추어야 한다.

- 적합성 조직의 요구에 부합되는 자료의 제공
- 처리량 수집. 처리. 제공되는 자료의 시간당 처리능력
- 효율성 주어진 자료에서 얻어지는 정보의 양적 증대 능력
- 적시성 제공되는 자료가 전산화에 요구되는 자료의 적시 제공능력
- 유연성 상황이나 사용자의 변화에 적응하는 능력
- 정확성 입 · 출력이나 자료 처리에 있어서의 오류제거 능력
- 안전성 여러 가지 재해나 사고로부터 자료의 안전을 유지하는 능력
- 경제성 최소한의 비용으로 동일한 기능을 수행할 수 있는 능력

호텔 정보시스템(Hotel Information System)이 호텔에 제공하는 이점을 정리하면 다음과 같다.

첫째, 탑 매니지먼트(top management)에게 시기적절하고 복잡한 보고서를 한 눈에 파악할 수 있도록 데이터를 단순화시키거나 불필요한 원시자료(source data)를 줄였다고 할 수 있다.

둘째, 경영진에게 호텔을 운영하면서 발생되는 경영상의 실수와 각 업장에서 발생되는 통계 수치를 즉석에서 확인할 수 있도록 하여 각종계획을 수립하는데 따른 시간을 단축시켰다고 할 수 있다.

셋째, 호텔에서 가장 중요한 고객 사이클(Guest Cycle)[1] 을 최대한 단축시켜 고객이 호텔에 투숙하기에 앞서 가장 빠르게 고객과 투숙할 호텔 측과의 정확한 정보전달이 가능토록 한다.

넷째, 호텔에서 가장 중요시되는 서비스에 엄청난 변화를 가져왔다고 할 수 있다.(종전의 텔서비스 방식은 직접 종사원에 의해서 각종 서비스가 이루어지는 인적 서비스에 의존했으나 지금은 전자 메일서비스, 호텔자동문 제어시스템, 자동국제. 국내전화서비스, 자동모닝콜서비스, 자동화된 등록서비스(Self-check in system) 자동주문오더시스템[2] 등 호텔 내에서 사람의 힘에 의해 이루어진 서비스가 기술적인 즉, 컴퓨터 시스템에 의해 모두 빠르고 정확하게 제공된다는 점은 호텔에서 엄청난 변화가 이루어지고 있다는 것을 반증한다.

따라서, 호텔 정보시스템의 등장으로 인하여 경영보고서를 산출하는데 따른 번거로움을 제거시켰을 뿐만 아니라 인력을 효율적으로 배치하도록 하였다. 또한 데이터베이스 운영에 따라 호텔기업에서는 현금흐름, 티켓팅처리, 각종 인벤토리점검, 하우스 키핑 재고관리, 고객 정산, 회계감사 등을 보다 효과적이고 빠르게 처리할 수 있도록 하였다.

오래 전부터 호텔의 중추적인 역할을 수행하고 있는 프런트 오피스(Front Office)에서 근무하는 직원들은 당일 발생된 객실판매액과 고객별 분포현황 즉, 국적별 등록현황이나 각종 객실판매에 따른 보고서를 산출하는데 거의 밤을 세울 정도의 시간을 소비하였으며 실제 프런트에서 근무하고 있는 프런트 클럭은 고객에 대한 서비스는 커녕 오직

1) guest cycle : 이는 호텔에 투숙하기까지의 모든 단계를 일컫는데 pre-arrival(도착이전), arrival(도착), stay(숙박), departure(출발)까지의 단계를 말한다, 일명 Check-in, Check-out이라고도 함.
2) 이는 종사원이 고객으로부터 음식주문을 받을 때 단지 메뉴화된 리모콘을 조작하여 즉각 주방으로 주문을 보내면 주방에서는 컴퓨터화면을 통해서 음식을 만드는 시스템임

정확한 데이터 산출에만 급급하여 고객에게 불만족한 서비스를 제공한 것이 사실이다. 그러나 컴퓨터 시스템의 도입으로 종전의 업무보고서 산출시간의 2/3 이상이 단축될 정도로 엄청난 시간절감효과를 가져왔으며 이에 따라 고객에게 제공되는 서비스는 실로 엄청나다고 할 수 있다.

3. 호텔인터넷 예약

과거 호텔 예약 시스템은 인바운드 여행사, 아웃바운드 여행사, 관광회사 등에 의해 주로 사용되었으며 시대가 빠르게 변화하여 정보통신기술이 급성장하였고 호텔산업 역시 그 규모가 나날이 커져 가는 변화 속에서 예약 시스템도 점차 바뀌어가고 있는데 그 중심엔 인터넷이 있다.

해외로 떠나려고 계획을 하고 있다면 정보를 얻는 곳은 과거엔 여행사 혹은 항공사에 국한되었으며 그 정보를 토대로 가격을 비교하고 상품을 택했다면 이제는 인터넷에서 고객 자신만의 계획을 면밀히 짜낼 수 있다는 것이다. 목적지에 대한 정보와 숙박시설에 대한 정보, 후기 등이 없었다면 불가능했을 것이다.

여행사가 여행자의 모든 계획에 관여하고 참여해서 수수료를 받았다면 앞으로는 계획에 대한 상담료가 주 수익원이 될 것이라 본다.

■ 호텔 인터넷 예약 사이트

호텔 인터넷 예약 사이트들의 과도한 경쟁으로 고객들의 혼선이 생기고 있다. 호텔의 서비스와 가격 등을 두고 비교를 해야 하는데 점점 더 그 사이트에서 제공하는 이벤트에 그 비중을 두고 비교하는 상황에 놓인 것이다.

호텔의 경우. 하얏트 호텔의 새 SPIRIT 시스템은 전 세계의 하얏트 호텔이 네트워킹 상에서 서로 연결될 뿐만 아니라 예약센터, 항공예약시스템과도 서로 연결되어 34개국 164개 호텔에 위치한 75,000개 객실을 추적할 수 있고, 숙박요금, 유선 TV 유무 여부, 호텔과 공항 간의 거리 등의 정보를 제공하며, 다양한 요금 조회, 온라인상의 직접적인 정보변경과 즉각적인 발효, 항공예약시스템과의 연계를 통한 직접 객실 예약과 즉각적인 예약 정보 확인 기능 제공의 장점이 있다.

또 HRS(Hilton Reservation System) 역시 위 사례와 더불어 전역에 퍼져 있는 힐튼 호텔이 서로 네트워킹에 의해 묶여 있고 모든 정보를 공유하고 있어 기업의 고객관리에 유용하며 즉각적인 대처가 수월하다. 이처럼 호텔예약시스템을 발전시켜 더욱 더 편리하고 고객들이 다시 찾아왔을 때 그 고객들이 원하던 것들을 바로바로 찾을 수 있고 업무의 간소화를 추구할 수 있다고 생각한다.

GDS는 인터넷이 발전하면서 전 세계 관련정보를 공유하는 형태로 발전하면서 여행사의 상품 판매에 매우 효과적이고 중요한 유통수단으로 자리 잡게 되었다. 또한 지속적인 발전을 통해 여행사에서 항공권의 예약 및 판매와 호텔 객실 예약, 렌터카 등을 보다 용이하게 할 목적의 예약시스템이다.

GDS는 전자유통채널을 통해 여러 가지 관광 상품 서비스를 제공하는데, 세계적인 4개의 예약시스템은 갈릴레오(Galileo)/아폴로(Apollo), 월드스팬(Worldspan), 세이버(Sabre), 아마데우스(Amadeus)가 있다. 호텔 웹 예약시스템은 호텔 자체에서 제작한 홈페이지를 이용하여 사용할 수 있는 예약시스템이며 고객들은 예약시스템을 통해 예약확인이 가능하다. 인터넷을 통한 판매는 중간매개체에 불필요한 수수료를 없애 비용의 절감효과를 가지고 있으며 또한 고객입장에서는 전 세계에 인터넷이 가능한 곳 어디서나 또한 언제든지 웹사이트에 접속하여 호텔의 부대시설, 식음료시설뿐만 아니라 객실을 미리 사진으로 볼 수 있는 장점이 있다. Hotel direct는 호텔의 오프라인으로 전화, fax와 e-mail로서 호텔의 예약부서와 판촉부에서 담당하는 예약 경로이다. 이는 직접 고객과의 실시간 커뮤니케이션이 가능하기 때문에 고객이 원하는 상세한 정보 제공이 가능한 장점을 가지고 있다.

위 자료와 같이 사실상 대부분의 예약은 Hotel Direct가 차지하고 있으나 웹사이트를 이용한 예약의 수치도 점차 늘어나고 있고, 기술이 더 발전한 현재(2014)를 기준으로 한다면 무시할 수 없는 부분임을 확신한다. 또한 지금 이 시간에도 기술은 빠른 속도로 발전하고 있고 그에 따라 고객들의 성향 역시 무수히 많은 군으로 나타날 것이다. 현재 스마트폰을 사용하는 사람들이 대다수이고 컴퓨터로 할 수 있었던 업무들이 한손 크기 밖에 안 되는 기계로 수행할 수 있는 일들이 점점 더 늘어나고 있다. 앞으로는 컴퓨터, 인터넷 중독이 아닌 스마트폰 중독 인구가 늘어날 것이며, 대중을 위한 광고가 아닌 어플리케이션(Application)을 활용한 고객과의 1:1 마케팅 시대가 열릴 것이라고 생각한다. 그에 따라 예약 시스템 역시도 스마트폰에 포커스를 맞출 필요가 있다.

이런 시점에서 '에어비앤비'는 틈새시장을 공략했다. 에어비앤비란 쉽게 설명하자면 자신의 주거지 일부를 다른 사람에게 빌려주는 서비스를 제공하는 온라인 사이트이다. 그리고 그 사이에서 중개료로 이윤을 남기고 있다. 호텔과의 차이점은 가격이 보다 저렴하다는 것과 주거지 일부를 임대하는 것이기 때문에 숙박 외 취사까지도 가능하다는 점이다(각 주거 환경마다 차이는 있음). 이런 사업이 가능한 이유도 정보통신발달이 한몫했다고 말할 수 있다. 각 주인들은 임대하고자 하는 공간을 꾸미고 촬영하여 인터넷 사이트나 스마트폰 어플리케이션에 제공만 하면 에어비앤비 측에서 게시하여 홍보를 해주기 때문이다. 지금 이 사업의 규모는 한국을 비롯한 190여 개국의 3만 4000여 도시에서 60만여 개의 숙소가 등록되어 있고 나날이 늘어가고 있는 추세이다. 또한 이 시스템에 대한 충성고객들 역시 어느 정도 자리매김한 상태이다.

제2절 호텔 정보시스템

1. 호텔정보의 변화추세

1) 정보의식의 변화

투숙객이자신의 숙박목적에 맞게 최적의 호텔을 선택하려는 욕구의 증가로 말미암아 호텔정보의 중요성이 일반인에게도 인식되고 있다. 이러한 의식의 변화는 호텔 선택을 결정하기 전에라도 호텔에 대한 관심과 수집이 생활화되고 있다.

2) 정보대상의 증가

호텔과 관련된 여행편의 시설의 증가는 정보를 얻어야 되는 대상의 양을 증가시켰을 뿐만 아니라, 여행관련시설의 다양화, 개성있는 호텔의 선택 등으로 정보에 대한 욕구의 수준이 광범위화하고 있다.

3) 정보내용의 정밀화

과거의 정보수준에 비하여 필요로 하는 정보의 수준이 자세하고, 정보의 내용이 보다 구체화되고 전문적인 탐색이 증가하고 있다.

4) 정보제공방법의 간편성

정보의 전달체계가 복잡하거나 불편하다면 아무리 정보의 내용이 좋고 다양해도 여행자에게는 무익할 수가 있으나 컴퓨터의 개발로 인하여 제공방법의 혁신을 가져왔다.

5) 정보체계의 개혁

과거의 호텔정보가 구전에 의해서 전달되었다면 지금의 호텔정보는 인쇄물, 방송매체, 전산정보 등으로 변화하고 있다.

2. 호텔 정보시스템의 적용업무와 효과

호텔 정보시스템의 적용업무를 분석한 결과 다음과 같다. 특1급 호텔은 Front Office System을 대별하는 Reservation, Check-In & Registration, Check-Out, Guest accounting, Management Report, House Keeping, On-Line Guest, Guest History, Travel Agency, Night Audit, Daily Report, Account Receivable/City Ledger, Marketing, Telephone Inquiry, Cashier 등을 모두 이용하고 있다.

또한 Back office System인 인사관리, 급여관리, 고객관리, 구매관리, 자재관리, 원가관리, 여신관리, 회관리, 판촉관리, 자산관리, 안내정보, 일반 회계관리, 영업분석관리 등 다른 등급의 호텔에 비해 모든 업무에 호텔 정보시스템이 이용되고 있다.

호텔 정보시스템은 고객 예약시스템 객실관리 시스템, 고객 회계시스템, 일반관리 시스템으로 구성되어 있으며, 시스템별 주요 운영원칙은 다음과 같다.

첫째, 예약시스템은 호텔에 있어서의 객실은 시간과 공간을 제공하는 상품으로서 수입과 직결되므로 No-Show로 인한 손실을 최소화하도록 예약정보를 관리하고 신속하게 처리하여 대고객 서비스가 향상되어야 한다.

둘째, 객실관리시스템은 객실의 상태를 조회하여 객실을 항상 청결하게 유지토록 하며, 내부수리 객실의 정보를 사전에 프런트에 제공하여 객실을 판매할 수 있도록 하고 프론트 데스크와 상호업무 체크를 하여, 객실 상태가 항상 프런트 데스크와 동일한 상태가 유지되도록 해야 한다.

셋째, 고객회계시스템은 일일 발생한 회계 데이터를 마감하고, 영업에서 발생되는 후불 사항을 관리하는 Night Audit작업으로 발생되는 미수금 일일마감, 청구서 발행, 사후정산 및 Balance List를 만들어서 후불관리 업무가 수행되어야 한다. 넷째, 일반관리 시스템은 호텔의 연회예약, 판촉과 고객사항 등 영업활동 지원과 업장별 일일매출 집세를 통한 영업실적 분석 및 고정자산과 구매, 자재 등의 물자관리, 직원의 인사, 급여관리, 호텔 재무관리 등 호텔 전반적인 관리업무를 지원해야 한다.

그림 14-2 호텔 경영정보시스템

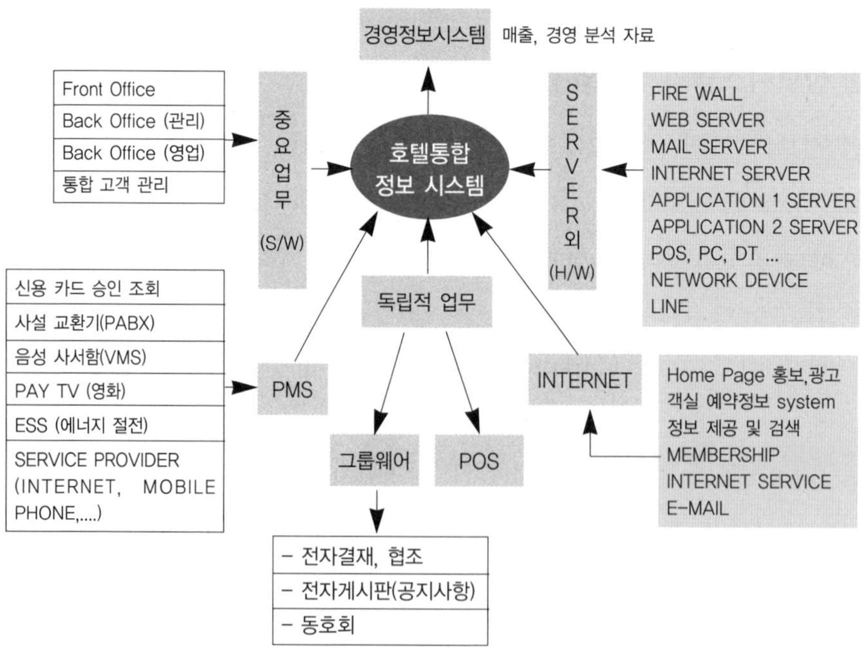

호텔 정보시스템의 효과로는

첫째, 인력감소 효과로써 호텔 정보처리가 수작업에서 자동화됨으로 인하여 인원의 감소효과를 볼 수 있다.

둘째, 적용업무와 제도의 개선으로써 호텔 정보시스템의 개발과 그에 따른 업무분석 및 결과에 의한 제도상의 개선, 업무의 통일화, 표준화를 통하여 업무체계의 합리화, 업무의 능률향상의 효과가 있다.

셋째, 정보유통의 원활화로써 호텔경영에 적합하도록 개발된 호텔 정보시스템의 이용은 각 부문 간의 정보교환이 활발해지고, 부서 간 의존도가 높아지고 활발해짐으로써 업무추진의 효율화 등 조직 전체의 성과를 높일 수 있다.

넷째, 내부자원의 효율적 활용으로써 미래의 불확실성을 예측 가능케 하고 이에 대응하기 위하여 조직체 내부의 모든 자금, 인력, 설비 등의 자원을 조직 전체의 입장에서 효율적으로 이용할 수 있도록 한다. 또한 호텔기업 전체의 자원, 인력, 정보의 효율적 이용과 악화에 대한 적절한 대응으로 장기적인 호텔기업 발전을 기대할 수 있다.

이러한 호텔 정보시스템의 효과를 구체적으로 요약하면 다음과 같다.

표 14-1 호텔 정보시스템의 도입효과

FRONT OFFICE	BACK OFFICE
• Booking Status에 의한 효율적인 객실관리 • No-Show분석 및 Cancel 파악에 의한 Vacant Room의 극소화 • Repeat Guest 분석에 의한 효율적인 고객관리 • Check-In 시간단축 및 정확성에 의한 서비스 향상 • 투숙객 항시 파악 가능 향상 • Statement의 계산,검색 시간단축 • Posting의 즉시성으로 Skipper 방지 • Check-Out시 Bill의 신속성,정확성 • 시제파악의 간편성,정확성 • Pending Folio의 요인분석 • 각종 Information 업무의 신속성 • 전반적인 서비스 향상 및 Hotel의 Image Up	• Cash Flow의 즉시 파악 • 경영정보 제공으로 신속하고 정확하며 효율적인 의사결정 지원 • 누적 Data에 의한 경영분석 및 예측 • 정확한 Cost Control에 의한 상품 경쟁력 • 악성 미수금의 현황 수시 파악 가능 • 호텔의 전반적 관리업무의 효율증진

3. 호텔 정보시스템의 문제점과 개선방안

첫째, 호텔 정보시스템을 구축하기 위해서는 새로운 하드웨어나 소프트웨어의 확보, 고가의 HIS 구입, 전문가의 확보 등 많은 투자를 요구하며, 이러한 대형투자는 최고 경영자의 승인이나 지원없이는 불가능하며 호텔 정보시스템 도입 결정 역시 최고 경영자의 판단에 달려 있는 것이 현 실정이다. 관광호텔업의 최고 경영자들이 수십년 동안 지속 되어온 인간본위의 경영패턴과 호텔 정보시스템 운용에 따른 이익이나 효과가 단기간에 나타나지 않기 때문에 호텔 정보시스템에 대한 지원을 꺼리는 것으로 파악된다.

둘째, 호텔 정보시스템 관련 교육이 제대로 이루어지지 못하고 있다는 것을 지적할 수 있다. 호텔 정보시스템 운용에 있어 호텔 정보시스템 관리자의 역할이 중요하다는 것은 말할 나위도 없다.

셋째, 이용자 교육의 미비를 지적할 수 있다.

제3절 컴퓨터의 운영

1. 호텔 인터넷 운영

고객의 다양한 요구와 관광호텔산업을 둘러싸고 있는 급속한 환경적 변화로 인하여 컴퓨터를 기반으로 하는 정보기술의 이용이 불가피하게 되었으며, 정보기술의 이용을 통하여 고객에게 보다 효율적인 서비스를 제공하고 나아가 정보기술은 다른 관광호텔과의 경쟁전략에 매우 유용하게 활용할 수 있게 되었다.

우리나라 환대산업 중에 호텔업계의 인터넷 활용도는 아직 초기단계이지만 체인 호텔들과 몇몇 국내 독자적인 호텔들이 앞으로 다가올 정보화시대에 대비해 인터넷이라는 정보의 보고에 관심을 표명하기 시작했다. 이 중 몇 개의 호텔들은 멀티미디어 그래픽과 디자인, 시각적인 효과를 고려한 홈페이지를 구축하여 웹 서비스를 제공하고 있지만, 상당수의 호텔 홈페이지들은 인터넷이라는 바다에 뛰어들었을 뿐 아직은 제공정보의 부족과 짜임새 없는 단순한 구성 등으로 효율적인 인터넷 활용을 하지 못하고 있는 것이 사실이다. 또한 앞으로 인터넷을 통한 마케팅 전략의 파장이 가시적 효과를 보이며 기하급수적으로 나타나겠지만 현재는 홍보 및 판촉 효과가 실질적인 호텔이익을 창출하는데 기대에 못 미쳐 호텔 경영자들로 하여금 어느 정도 회의적인 느낌을 주고 있는 것도 사실이나 지역과 인종, 나이 등의 제약없이 컴퓨터를 가지고 있고 인터넷을 이용하는 사람이면 누구나 호텔 이미지를 부각시키고 심어줄 수 있는 등 앞으로 그 역할이 상당히 커질 것으로 예상된다.

호텔은 인터넷 홈페이지를 통해 고객 욕구에 적극적인 대처와 대응을 할 수 있다. 컴퓨터 네트워크를 이용하면 실시간 서비스가 가능하기 때문에 고객 불만 사항 및 문의 사항에 즉각적으로 대응할 수 있으며, 고객 욕구 변화를 충족시켜줌으로써 동적 대응이 가능하다. 더 나아가 고객과의 쌍방향 의사소통을 통해 고객 욕구나 정보를 쉽게 파악할 수 있으며, 축적된 데이터베이스를 활용해 목표 고객에 대한 집중 광고나 전(全) 시간대 서비스 제공이 가능하여 고객 불만과 문의에 신속하게 대응할 수 있다.

2. 호텔 인터넷 활용 내용

1) 고객정보 제공용이

인터넷 홈페이지는 호텔업을 위한 전략적 정보 센터가 되고.

- 호텔 고유 특성에 관한 정보 자사 소개, 매력물, 주변 여행지, 교통서비스, 호텔 시설 및 설비, 이미지 자료 등
- 일반 상품 정보 객실의 종류 및 유형별 가격에 대한 정보, 레스토랑에 대한 간단한 설명, 업장 심벌이나 사진 등과 같은 이미지 자료, 메뉴, 가격대, 업장 영업시간, 회의 및 연회시설(Meeting & Banquet), 시설 수나 시설 규모, 이용 용도에 따른 수용 능력, 규모 등의 정보 제공이 용이하다.

2) 예약(Reservation)

웹(web)은 전 세계 고객들이 호텔 객실을 예약할 수 있는 별도의 경로를 호텔업에 제공한다. 최근 웹 호텔 예약에는 온라인 검색, 온라인 이용가능 확인, 온라인 예약양식, 온라인 예약 정정, 온라인 취소, 실시간 처리, 프로필 제작 · 변경, 이메일 예약 등

의 항목이 있어 고객이 원하는 호텔을 쉽게 검색하여 즉시 예약이 가능하도록 하여 대부분의 체인호텔들은 예약수단으로써 웹을 사용하고 있다.

3) 로열티 프로그램(Loyalty Programmes)

온라인으로 자신의 로열티 프로그램을 확장시킬 수가 있는데, 잠재고객과 현재의 단골고객들을 위해 특별한 서비스를 제공함으로써 가능하다. 예를 들어, 일반적인 정보자료 제공, 온라인 등록, 단골 고객만의 구역, 온라인 계좌 검토, 고객 프로필의 작성 · 변경, 전용 이메일 주소, 특별한 웹의 제공, 온라인 보상청구 등과 같은 서비스들이다.

4) 사보(News letter)

웹 사보와 이메일 사보라는 두 형태의 전자 사보를 사용하여 그들의 고객과 종사원들에게 최신 소식을 전할 수 있다.

5) 피드백(Feed back)

웹을 관계마케팅 상호작용 도구로 이용할 수 있을 것이다. 고객들은 웹을 통해 직접 피드백을 줄 수가 있다. 이것은 온라인 양식에 기입함으로써 또는 비평이나 불평, 제안 등을 이메일로 보냄으로써 이루어질 수 있다.

6) 고객서비스(Customer Service)

호텔들은 향상된 고객서비스를 제공하기 위해 웹을 이용할 수 있다. 웹사이트 가이드는 고객이 호텔 웹사이트를 탐험하는데 도움을 준다. 또한 웹사이트에 고객들이 일상적인 질문에 대한 해답을 찾을 수 있도록 자주 문의되는 질문들을 게시할 수 있으며, 고객들은 모임계획 시간표 내용에 따라 모임 시설에 예약하라는 권유를 받을 수 있다. 또한 호텔소책자, 일반적인 정보, 모임 시설에 관한 자료들을 온라인으로 요청할 수도 있다. 신라호텔과 조선호텔에서는 객실 안에 인터넷 TV를 설치하여 비즈니스 고객이 쉽게 인터넷에 접근할 수 있도록 고객서비스를 제공하고 있다.

7) 홍보 활동(Public Relations)

웹의 상호작용성은 체인호텔들과 영향력을 주는 시장 또는 일반 고객들과의 관계확립, 유지, 향상을 용이하게 해주며, 최근 회사발전 소식을 언론기관에 이메일로 보낼 수 있다.

8) 부가가치 서비스(Value-added Service)

교환서비스, 기상예보, 사업과 여행에 관한 정보, 뉴스와 최근 이슈, 여행파트너 연결, 다른 웹사이트 연결 등을 제공할 수 있다. 이러한 형태들의 서비스는 고객들이 호텔들과 온라인 상호작용을 하는 동안 가치를 부가하는 역할을 할 수 있다.

9) 종사원들을 위한 웹사이트(Web Site for Em ployees)

종사원들과 장기간의 관계를 다지기 위한 내부마케팅의 도구로 웹을 활용할 수 있다. 종사원들만 사용가능한 웹사이트가 유지될 수 있고, 경로 내의 고용 기회가 게시될 수 있는데, 게시된 온라인 구직신청 양식은 희망자들의 지원과정을 용이하게 해준다. 웹사이트는 또한 사업보고서, 회사 방침, 진행 절차, 결과 등의 자료를 제공하는 정보센터로서의 역할도 할 수 있다.

10) 경로 구성원(Channel Members)

웹은 경로 구성원과의 장기간의 관계를 발전시키기 위해 상호작용 커뮤니케이션 도구를 제공해 준다.

11) 조사(Research)

계속적인 고객 자료 수집과 고객의 기대치 파악은 웹에 의해 용이해질 수 있다. 고객지향적 또는 동기가 부여되는 조사는 비용을 절감하면서 효과적으로 실시될 수 있다.

12) 전자상거래

고객과의 인터넷을 이용한 예약 및 판매도 전자상거래의 일부분이지만 특히 B2B 즉 기업 간 전자상거래이다. 또한 구매 부서에서의 물품구입이나 여행사에 대한 객실 판매 등에서 이용될 수 있을 것이다.

호텔산업에서의 인터넷을 이용한 경영 효과는

첫째, 고객들의 자발적인 접근으로 호텔정보와 이용기회의 확대를 꾀할 수 있다.

둘째, 광범위한 통신수단으로 활용 할 수 있다.

셋째, 호텔기업의 이미지와 홍보에 효과적이다.

넷째, 시간적, 공간적인 제약을 극복할 수 있다.

다섯째, 고객의 직 · 간접적인 요구와 욕구를 모니터링할 수 있다.

3. 호텔에서의 인터넷 활용 효과

사이버 마케팅이란 '컴퓨터의 네트워킹으로 생겨난 사이버스페이스(Cyber space)라는 가상 공간(Virtual space)속에서 기업과 소비자가 쌍방향 커뮤니케이션을 통하여 광고, 이벤트, 정보제공 등의 제반 마케팅 활동을 수행하는 것' 이다. 호텔업계에서 적용되고 있는 사이버 마케팅의 일례는 최근의 객실판매 촉진수단으로서 개발, 적용되고 있는 인터넷을 통한 호텔 광고 및 객실예약 접수이다. 호텔마다 인터넷 홈페이지를 개설하여 이동불가능하고 견본제시가 불가능한 호텔 상품의 한계성을 극복하기 위한 수단과 날로 가속화 되어가고 있는 전자 비즈니스(E-Business)에 적극 부응하기 위한 수단으로 활용도를 더해하고 있는 것이다. 앞으로의 전개방향은 더욱 다양화할 것으로 예측되며, 그 방법 또한 매우 고도화될 것으로 전망된다.

불과 얼마 전까지만 해도 전자 비즈니스는 우리에게 있어 낯설은 단어로만 존재하였지만 이제는 어느덧 호텔 비즈니스 즉, 객실 판매에도 적극 활용되고 있다. 종전의 CRS와 GDS가 컴퓨터를 통한 유일한 객실판매 수단으로만 인식되어 왔지만 각 호텔 자체적으로 개발한 인터넷 홈 페이지를 통한 인터넷 패키지 객실상품 판매 혹은 해외 객실예약 및 마케팅 대행업체를 통한 인터넷 예약 시스템을 개발 운영하고 있다.

마케팅 커뮤니케이션의 측면에서 보면 인터넷은 일대일 마케팅을 완벽하게 구현해주는 매체라고 할 수 있다. 인터넷 이용자가 상호작용한다는 특성은 종전의 모든 대중매체와 일부 미약한 다이렉트 마케팅 매체가 메시지를 일방적으로 보냈던 것에 비교하면 훨씬 강력한 커뮤니케이션 수단이다. “소비자가 상호작용한다는 특성은 생산-판매의 종전 패러다임을 완전히 바꾸어 놓았다.

국내 호텔의 경우 호텔의 마케팅 커뮤니케이션 활동을 위하여 호텔 신라가 95년 8월에 업계 처음으로 인터넷 웹서버를 구축, 기업 이미지 제고를 위한 홍보는 물론 리얼타임으로 객실과 연회장 예약이 가능하도록 운영하고 있으며 매주 월요일마다 호텔 뉴스레터를 고객들에게 이메일로 전송하고 뉴스레터의 정기 구독자를 위한 특별 패키지도 마련하고 있다. 이후 웨스틴조선호텔, 호텔롯데 등 많은 호텔들이 웹 페이지를 개설하여 호텔의 마케팅 및 대 고객 접촉창구를 활용하고 있다.

향후의 전자 비즈니스는 호텔이 보유하고 있는 전산 시스템(PMS-Property Management System)과의 인터페이스(Interface)로 발전할 것이다. 이로써 객실판매의 효율성을 증진시킬 뿐만 아니라 객실예약을 접수하고 관리해 나가는 인력을 효율적으로 활용하여 호텔의 비용구조 등을 개선할 수 있어 일석이조의 효과를 거둘 수 있을 것이다.

호텔산업에서 인터넷을 통한 비지니스를 전개할 경우 다음과 같은 효과를 얻을 수 있다.

첫째, 고객들의 자발적인 접근으로, 인터넷 사용자들은 정보습득을 목적으로 여러 곳의 컴퓨터에 접속될 수 있는데, 양질의 정보자원을 무기로 하는 유명 외국 호텔체인들은 일찍이 웹 서비스를 개설해 자발적으로 찾아온 고객에게 정보를 제공하는 동시에 또 다른 사업기회를 창출하고 있다. 또한, 인터넷에 접속한 대부분의 호텔체인들은 수동적인 정보사용에만 머무르지 않고 능동적으로 호텔의 존재를 알리고 고객과 만나기 위해 가상의 기업공간을 만드는데 주력하고 있다.

둘째, 인터넷 접속에 필요한 비용은 그 가치에 비해 매우 저렴하며 동시에 빠르고 광범위한 통신수단으로 활용될 수 있기 때문에, 고객 및 협력업체들과의 통신에 사용될 경우 매우 효율적으로 활용될 수 있다.

셋째, 인터넷을 활용하는 호텔들은 컴퓨터의 발전된 기술을 토대로 적은 인력만으로도 많은 사용자와 대화할 수 있으며, 사용자가 원하면 언제든지 다양한 자료를 제공할 수 있다. 또한, 최근 사용이 보편화된 월드 와이드 웹 서비스는 멀티미디어 환경에서 사용자의 편의가 극대화된 가운데 정보를 제공할 수 있기 때문에 호텔기업의 이미지를 고객들에게 심어주는데 큰 도움이 될 수 있으며, 호텔들은 고객들의 욕구를 파악하거나 기업활동을 홍보하고 고객을 지원하기 위해 이러한 서비스를 활용하고 있다.

넷째, 인터넷을 통하여 고객들이 원하고 필요한 정보를 시간적 · 공간적 제한 없이 제공할 수 있다. 현재 호텔을 포함한 일반기업들이 홍보나 판촉을 위해 이용하는 일반적인 도구들인 TV · 라디오 · 신문 · 잡지 등은 일정 시간과 공간적 제약을 가지고 소비자들에게 한정된 정보를 제공할 수밖에 없으나 인터넷을 활용하면 이러한 제약이 없어지게 된다.

다섯째, 고객의 직 · 간접적인 필요와 욕구를 인터넷을 통해서 모니터링할 수 있어 호텔 인터넷 마케팅 수행에 따른 결과를 빨리 분석할 수 있으며 이에 대한 호텔자체의 대처방안을 수립하는 것이 용이하다. 지금까지의 고객들은 호텔에서 제공하는 고객 의견수렴 용지나 엽서 또는 전화를 통해서 그들의 필요와 욕구, 불만사항들을 전달하였으나 앞으로는 이메일을 이용하여 호텔 이용고객이나 호텔 홈페이지 방문자들이 호텔 이용이나 호텔 홈페이지가 제공하는 웹 서비스에 대해서 직접 의견을 제시할 수 있고, 불필요한 단계를 거치지 않고 담당자나 최고 경영층에서 컴퓨터 모니터를 통해 고객의 의견을 직접 수렴하여 호텔 및 홈페이지 운영에 바로 반영할 수 있게 될 것이다.

제4절 홈페이지

호텔 홈페이지 구성에 있어서 제공하고자 하는 정보의 내용이 무엇인가 그리고 정보의 양이 어느 정도인가를 먼저 파악하고 정보 이용자의 편의를 최대한 고려하면서 그들이 원하는 정보를 쉽게 접근하여 알아보기 편리하도록 구성하여 주는 것이 무엇보다도 중요하다. 정보의 양이 너무 많아 이용자가 지루함을 느끼게 하지 않도록 하기 위해서는 최소한의 자료로서 최대한의 정보제공 효과를 줄 수 있는 홈페이지 구성전략이 필요하다. 또한 호텔의 홈페이지는 호텔의 정보를 제공하고 호텔 객실과 레스토랑 및 기타 부대시설에 대해 고객이 관심을 갖고 이러한 관심이 판매까지 이루어 질 수 있도록 하기 위해서는 홈페이지 구조를 어떻게 선택하여 구성해 나갈 것인가를 신중히 결정해야 할 것이다. [표 14-2]는 특1급 호텔인 W호텔의 홈페이지 메뉴와 내용을 요약정리한 것이다.

표 14-2 W 호텔 홈페이지 상위 및 하위 메뉴 내용

구분	내 용
안내	연혁, Fact Sheet, 교통편, SCI Membership, Walker Hill Membership, Supex
객실	타워스, 다글라스 이그제크티브 클럽, 빌라/VIPaostus, 요금표
레스토랑	한식당, 중식당, 중식당 강남점, 일식당, 프렌치레스토랑, 이탈리안레스토랑, 명월관 안산점, 숯불갈비전문점, 뷔페식당, 커피숍, 로비라운지, 베이커리, 스타타라이트, 명월관 부천점
연예 · 오락	워커힐쇼, 카지노, 나이트클럽
레저	헬스클럽, 야외온천 수영장, 온천사우나, 골프연습장, 테니스코트, 죠깅코스
컨벤션	컨벤션센터, 비즈니스센터
특별시설	면세점, 미술관
예약	예약할 수 있는 양식
호텔뉴스	알림사항

1. 홈페이지 디자인에 필요한 일반적인 요소

일반적으로 홈페이지를 구성하고 디자인하기 위해에서는 명확성, 용이성, 검색엔진, 그래픽, 디자인, 포괄성, 쌍방향성, 참신성 등 9가지 항목이 조화를 이루어야 하며, 그 내용은 [표 14-3]와 같다.

표 14-3 홈페이지 구성에 필요한 일반적인 요소

구분	내 용
명확성	홈페이지는 페이지마다 전달하고자 하는 메시지를 명확하게 기술해야 한다.
용이성	인터넷의 사용자가 Navigation Bar를 이용하여 원하는 정보에 쉽게 접근할 수 있도록 하여야 한다. 그러나 Navigation Bar가 너무 많거나 각 Bar에 링크되는 페이지가 너무 많지 않도록 조정하여 정보이용에 어려움을 느끼지 않도록 해야 한다.
검색엔진	홈페이지 내에 사용자가 필요한 정보를 손쉽게 찾을수 있도록 검색엔진이 있어야 한다.
그래픽	인터넷 홈페이지는 영상, 오디오를 동시에 즐길수 있는 장점이 있음에도 불구하고 그래픽을 다운로드할 경우 소요시간이 너무 길기 때문에 오히려 사용자는 다른 홈페이지로 이동하기 쉽다. 따라서 비교적 용량이 큰 그래픽, 이미지파일 보다는 Text 파일로 홈페이지를 구성하는 것이 효율적이다.

구분	내 용
디자인	홈페이지를 디자인할 때 이미 사용하고 있는 홍보물과 통일성을 유지하면서 홈페이지만의 개성을 살려야 한다.
포괄성	홈페이지를 통한 마케팅은 기존의 홍보물보다는 더욱 다양하고 많은 양의 정보를 제공할 수 있다. 따라서 홈페이지에는 브로셔에 담지 못한 내용, 더욱 유용한 정보를 제공하여야 한다.
고객과의 커뮤니케이션	홈페이지를 방문한 고객이 쉽게 담당자나 홈페이지 운영자와 커뮤니케이션을 할 수 있도록 호텔의 주소,전화번호, 팩스, e-mail 주소를 반드시 명기하여야 하며 고객의 생각과 의견을 개진할 수 있는 feedback form을 포함시키도록 해야 한다.
쌍방향성	홈페이지에는 고객이 적극적으로 참여하도록 방명록이나 게시판을 이용해 고객의 불편사항을 처리할 수 있도록 구성해야 한다.
창의성	호텔의 시설을 3차원으로 보여주거나 오디오 또는 비디오 자료를 제공함으로서 고객들을 만족시킬 수 있는 혁신적인 아이디어로 홈페이지를 구성해야 한다.

자료 : PCMA, Boston Handbook on Meeting Technology, Vol.1, Chap.3, 1999.

2. 홈페이지에 반영된 온라인 마케팅적 요소

홈페이지를 구성하기 위해서는 온라인 미디어와 쌍방향적 미디어로서의 특성을 살펴볼 필요가 있다. 홈페이지를 구현할 수 있는 온라인 마케팅적 요소는 [표 14-4]와 같다.

표 14-3 홈페이지 내 온라인 마케팅적 요소

구분	내 용
Interaction	전통적인 출판매체와는 달리 인터넷은 일방향으로 정보가 분배되는 것이 아니라 여러 방향으로 정보가 교환될 수 있다. 따라서 웹에서는 이용자 간의 논의를 통해 정보를 공유하고 합의에 도달할 수 있기 때문에 이용자가 적극적으로 참여할 수 있는 환경을 조성해야 한다.
Community Clarity (간결성)	게시판이나 방명록을 이용해 고객과의 공감대를 형성한다. 모든 홈페이지 방문자가 호텔을 이용하기 전에 정보를 얻는 것이 아니다. 따라서 홈페이지내에는 호텔에 대한 정보를 간결하고 정확하게 전달할 필요가 있다.
Global Audience (국제어)	인터넷은 어느 특정 국가에 한정된 것이 아니라 인터넷에 접속할 수 있는 사람이면 누구나 사용할 수 있기 때문에 홈페이지 디자인에 이점을 고려해야 할 것이다. 홈페이지에서 제공하는 정보도 여러 언어로 구성하여 이용자가 선택할 수 있도록 여러 언어로 구성하여 이용자가 선택할 수 있도록 하거나 국가 지역등을 정확하게 기재하여 다른 지역, 국가 이용자들의 혼란을 줄이도록 홈페이지를 구성해야 할 것이다.

구분	내 용
Reliability (신뢰성)	많은 홈페이지가 시기적으로 지난 정보, 신뢰도가 적은 정보, 유용하지 못한 정보를 제공하는 것이 현실이다. 특히 1주일에 한번씩 Newsletter를 발행할 때는 최신의 정보를 제공하는 것이 무엇보다도 중요한데 정기적으로 정보를 갱신하여 신속하고 정확한 정보를 제공한다면 이용자는 반드시 다시 홈페이지를 방문할 것이다.
Short Attention Spans (관심확장)	홈페이지 이용자들은 참을성이 그리 많지 않다. 따라서 이용자가 오래 기다리지 않도록 가능하면 그래픽은 적게 사용하고 빠르게 정보를 이용할 수 있도록 구성하여 이용자를 홈페이지에 오랫동안 머물게 해야 한다.
Personaliza-tion (맞춤성)	홈페이지의 가장 중요한 개념 중의 하나가 일대일 마케팅이다. 일대일 마케팅은 개인에게 꼭 필요한 맞춤정보를 제공하는 것이다. 이용자가 홈페이지에 등록을 하면서 자신의 취향과 선호를 입력하면 홈페이지에 방문할 때마다 홈페이지는 자동적으로 방문자의 선호에 따른 정보를 제공하게 된다.
Promotion (판촉)	홈페이지를 제작하고도 이를 프로모션을 하지 않는다면 홍보책자를 만들어 놓고도 발송하지 않는 것과 같다. 이를 위해 배너광고를 이용하는 것이 효과적인 방법이다.
Value (가치)	홈페이지는 이용자에게 유용한 가치가 있어야 한다. 그러므로 홈페이지 운영자는 정기적으로 홈페이지 내용을 최신정보로 갱신하는 작업을 통하여 가치있는 정보를 제공해야 하며 이에 대한 충분한 예산을 확보해야 한다.
Long-team Perspctive (장기성)	홈페이지는 장기적인 관점에서 디자인하고 운영되어야 한다. 또한 장기적인 온라인 마케팅 전략에 따라 수정되고 보완되어야 한다.

자료 : PCMA, 전게서

Lobby Lounge

전 세계서 급성장 Airbnb

남는 방을 여행자들에게 빌려준다는 아이디어로 만들어진 공유경제 사이트 에어비앤비(Airbnb). 2008년 시작해 6년 만에 기업 가치가 11조 원에 이르는 거대 사이트로 성장했다. 하지만 저렴한 가격에 현지인의 라이프스타일을 체험하게 한다는 초기 의도와는 달리 전 세계적으로 '변종 호텔' 사업으로 변질되고 있다.

국내에서도 서울 종로 · 홍대앞 · 강남 등에서 오피스텔 · 아파트 등을 여러 채 임대해 에어비앤비를 통해 숙박을 제공하는 업자들이 늘고 있다. 현재 서울에만 1008개의 숙소가 등록돼 있다. 부산 · 제주 등에도 200~300개가 등록돼 있어 국내 에어비앤비의 시장 규모는 500억 원 이상으로 추정된다.

지난 12일 서울 광화문의 한 에어비앤비 객실을 찾았다. 1박 이용료는 13만 원. e메일로 미리 전달받은 현관 비밀번호로 출입해 주인을 만날 일도 없었다. 60㎡ 원룸 오피스텔에는 일반 숙박업소처럼 40인치 TV, 세탁기, 스낵 미니바 등을 갖추고 있었다. 객실 운영자 A씨는 인근 오피스텔에만 원룸 5개를 대여하고 있다고 했다.

에어비앤비 업자들은 대부분 A씨처럼 한꺼번에 오피스텔 여러 채를 임대해 운영한다. 홍대 · 종로 일대에 5개 객실을 운영하는 정모(33)씨는 미국에서 대학을 나와 현재 증권회사에 근무하고 있다. 정씨는 "대학 시절 에어비앤비에 묵어보고 사업 아이디어를 얻었다"며 "에어비앤비로만 현재 한 달에 400만 원 이상을 벌고 있다"고 말했다. 그는 "체크인 · 아웃 시간에 청소부를 별도로 고용해 객실을 정리하기 때문에 일일이 관리할 필요도 없다"고 덧붙였다.

대학생 B씨(23)도 강남 일대에서 6개의 객실을 운영한다. 부자 부모를 둔 것 같지만 오피스텔을 보증금 1000만 원 정도의 월세에 빌려 다시 일세(日貰)를 놓는 셈이기 때문에 초기 투자금이 의외로 많이 들어가지도 않는다고 한다. B씨는 "등록금과 용돈을 직접 번다는 생각으로 운영한다. 청소를 대행업체에 맡기기 때문에 신경 쓸 일도 별로 없다"고 설명했다.

개인 간 인터넷으로 거래하는 에어비앤비는 사실상 숙박업소로 운영되지만 법의 규제도 받지 않는다. 사업자등록을 하지 않기 때문에 세금도 없다. 일종의 '숙박 노점상'인 셈이다.

하지만 마치 노점상처럼 운영되는 에어비앤비 객실은 위생 · 안전검사 등도 받지 않는 관리의 '사각지대'다. 소방법에 따르면 숙박업소에는 방염처리가 되지 않은 커튼 · 블라인드 등을 설치할 수 없다. 대형 화재를 예방하기 위해서다. 하지만 대부분의 에어비앤비 객실에는 방염 필증이 없는 커튼이나 블라인드가 달려 있다.

사고 발생 시 보상책도 마땅치 않다. 에어비앤비는 집이 손상될 경우 최대 12억 원을 보상하는 보험에 가입돼 있지만 여행객이 사고를 당할 경우 보상책은 없다. 에어비앤비 사이트에는 '자체적으로 여행자 보험에 가입하라'는 공지만 띄워놓은 상태다.

문화체육관광부 관계자는 "업무시설인 오피스텔을 숙박업으로 사용하는 경우 고쳐야 할 법이 한두 개가 아니라 제도권 편입이 실질적으로 어렵다"며 "숙박업으로 인정되지 않는 한 과세나 안전검사를 할 근거도 없다"고 말했다.

하지만 해외에선 에어비앤비의 과세 · 제도화를 위한 논의가 활발하다. 미국 뉴욕주 검찰청은 지난 5월부터 에어비앤비로부터 집주인 정보를 넘겨받아 방을 대량 임대한 불법 사업자를 가려내겠다는 방침을 밝혔다. 독일 함부르크시도 임시면허 없이도 개인 주택을 임대할 수 있도록 법률을 개정해 에어비앤비를 제도권 안으로 편입시키기로 했다.

중앙일보. 2014.06.17

Chapter 15 호텔시설 · 안전관리

이해목표

- ▶ 호텔 시설관리 및 안전관리의 중요성을 이해한다.
- ▶ 호텔 화재 예방 방안을 이해한다.
- ▶ 호텔위생 교육의 필요성과 중요성을 이해한다.

제1절 시설관리

1. 개념 및 중요성

호텔건물 및 시설에 대한 깨끗하고 안전한 유지 · 관리는 매우 중요한 사항이다. 호텔건물과 각종 부대시설의 유지 상태는 항상 품위가 있고 청결하고 안정감을 고려한 장식과 환경을 조성하여 미화토록 하여야 한다.

관광호텔의 상품이 되는 각종 시설과 객실 및 식당의 부대시설은 기본적인 서비스(Service)를 제공하는 시설로써 항상 깨끗이 정비하여 고객의 수용태세에 만전을 기해야 한다. 따라서 호텔의 현관, 로비(Lobby), 객실, 식당, 주방, 집기 등 호텔시설 전반에 걸쳐 정비되고 개선되어야 한다.

호텔 시설관리는 "에너지의 절약과 쾌적함의 공존"이라는 명제를 실천하는 행위로 시설관리의 중요성을 크게 두 가지로 나누고 있다.

첫째, 호텔 상품의 질을 높여 고객으로 하여금 편안하고 안전한 느낌을 갖도록 하여 만족한 성과를 거두는 일로써 호텔운영에 필요한 유틸리티 서비스(Utility service)(전기, 온수, 냉 · 난방시설, 공기 조절기 등)를 제공하는 일과 그 이외에 관련 시설물을 관리하여 최상의 컨디션을 유지하여 고객에게 제공하는 일이다.

둘째, 과학적이고 효율적인 시설관리로 에너지를 절감하여 경영상 필요한 비용을 최대한 줄여야 한다. 따라서 호텔시설 관리자는 최소의 비용으로 최대의 효과를 올리도록 노력하여야 한다. 또한 호텔운영에 필요한 유틸리티 서비스 비용은 수도광열비(Energy cost)라는 계정으로 재무제표에 반영되며, 호텔의 건물 및 설비의 유지. 보수를 위한 비용은 수리유지비(Maintenance)라는 계정으로 손익계산서에 반영된다.

2. 시설적 요소

1) 승강기

호텔의 고층화로 대형호텔에서는 승강기가 필연적으로 설치되어야 하며 대형호텔에서 고객들이 계단을 이용하기란 불가능한 일이다. 즉, 높은 층에 설치된 고급식당이나 나이트클럽, 대연회장 운영은 승강기의 운송수단이 없이는 운영이 불가능하고 건물의 안전관리, 고객의 안전관리를 위해서라도 필수적인 것이다. 그러나 승강기의 운영에 따른 고객의 안전을 위해서 정교한 기술관리가 필요한 것이다. 그 종류를 보면 다음과 같다.

- 고객용 승강기
- 종사원용 승강기
- 화물용 승강기
- 비상용 승강기
- 에스컬레이터

2) 방재시설

관광호텔의 설비기능은 안전하고 쾌적한 환경의 유지가 도모되지 않으면 안 된다. 더욱이 호텔영업은 24시간 운영되고 있으므로 그 기능이 항상 완전하지 않으면 안 된다. 또한 생활습관이나 감각을 달리하는 여러 계층의 고객에게 대응하지 않으면 안 되는 어려움이 있다. 그 중 방재설비는 제일 중요한 설비라고 해도 과언이 아니다. 방재설비의 종류를 보면 다음과 같다.

- 연기감지기(Smoke detector)
- 열감지기(Sprinkler)
- 에어폼(Air foom)
- 자동방화문

- 방화 샷타(Shutter)
- 비상등
- GAS 누수감시설비
- 대피완강봉(줄, 자루, 사다리)
- 비상발전기
- 비상구, 비상유도등
- 비상계단, 비상전화
- 소화전, 방연마스크, 하론가스

3) 위생설비

설비의 내구성, 부식대책을 포함하여 종합적인 계획을 할 필요가 있다.

- 욕실 욕조, 세면대, 세면기, 변기, 배수구, 환기공조기, 배연창, 냉난방 시설 등
- 펜트리(Pantry) 제빙기, 청소용 씽크대, 종사원용 화장실 등

4) 안전시설

- 감시카메라, 비상호출기를 소지한 경비원
- 객실 및 주요부분에 비상벨 설치
- 객실 내 Door chain 설치
- 객실 내 Door view 설치

3. 집기 비품적 요소

1) 조명시설

호텔의 조명기구는 형광등, 백열등과 산데리아 등 각종 조명시설로 구성되어 있다. 조명기구의 선택과 조명도에 따라서 호텔 내부의 환경과 분위기를 좌우하며 안정감을 조성하고 실내장식에도 영향을 준다.

그러므로 호텔 내부시설에 있어서 영업장 특성에 적합한 조명을 갖추고 알맞은 밝기를 유지하는 것이 시설관리의 기본요소라 할 수 있다.

예를 들면 객실에도 침실에는 간접조명, 욕실에는 형광등이나 백열등 산데리아를 설치하므로 더욱 호화롭게 보이며 고급식당과 엘리베이터 홀에는 대형 산데리아를 설치하므로 더욱 호화롭고 찬란한 분위기를 조성할 수 있으나 채광이 가장 높은 대낮에는 조도(照度)를 조정할 수 있는 Dimmer switch를 설치하면 더욱 효과적이다.

2) 장비

호텔객실에서 사용하는 장비는 사용상 편리하고 견고함은 물론 사용상 소음이 없어야 하고 승강기, 가구, 대리석벽, 문 등에 부딪혀 손상이 가지 않도록 모서리에 고무카바나 카펫을 부착해야 한다.

호텔객실에서 사용하는 주요 장비를 보면 아래와 같다.

- Maid Cart 메이드 작업용 기구
- Vaccum Cleaner 진공청소기
- Canvas wagon 린넨을 운반하는 기구
- Room Service Cart 객실 내 주문 음식을 운반하는 바퀴달린 식탁
- Shsmpoo Cleaner 세척기
- Bell Men Cart 고객의 짐을 운반하는 기구

4. 조직과 업무

1) 영선과(Buliding & Repairs Section)

영선과는 목공(Carpenters), 도장공(Painters), 미장공(Plasterer) 및 도배공(Paperhanger)으로 구성되며, 호텔의 주요시설인 침대, 책장, 식탁, 식탁의자, 응접세트 등의 수선업무와 호텔건물의 도장, 객실도배, 기타 부대시설의 개 · 보수 등의 호텔 건물 및 시설의 미화와 정비를 한다. 영선과 책임자는 매일 영선 작업일지를 상사에게 보고할 의무가 있다.

2) 전기과(Electrcity Section)

호텔 전기실은 전기기사 1, 2급(Electricians), 전기안전관리 책임자, 전기기계공으로 구성되며 이들은 변전실, 발전실, 전기배선, 조명시설, 전기기계. 통신기계의 보수 · 유지에 관한 업무를 수행한다. 또한 각종 기계장치의 정기적인 점검을 실시토록 하여 안전관리를 철저히 해야 한다.

3) 설비과(Heat & Plumbers Section)

설비과는 열관리사(Heat Controller), 보일러공(Boilerman), 화부(Stoker), 냉동기 관리사(Refrigerator Controller), 배관공(Plumbers) 등으로 구성되며, 이들은 보일러 원동기, 냉동기, 급수관리, 저장시설, 환경관리, 연료저장탱크의 안전관리와 욕조시설, 배관시설의 업무를 담당한다.

4) 방재과(Fire & Exit section)

방재과는 호텔의 재해로부터의 사전예방과 긴급사고 발생 시의 응급처리의 의무를 가지며, 호텔의 안전유지를 위하여 방화관리자를 두고 있다. 방화관리자는 자동화재경보기, 전기누전탐지기, 비상방송기기, 건물 내에 설치되어 있는 소화설비, 휴대용 소화기, 비상탈출용 기계 등의 유지 · 관리와 안전점검을 실시하고, 소방훈련의 업무를 담당한다.

5. 에너지관리

에너지의 효율적인 사용과 관리는 에너지 문제가 경제문제의 큰 과제로 제기됨에 따라 에너지를 많이 사용하고 있는 호텔산업에 있어서 절대적 필요비용인 에너지 원가를 안정시키기 위하여 에너지를 시스템적으로 통제하는 것은 호텔경영에 있어서 중요한 의의를 갖는다.

호텔경영자들은 호텔경영의 안정성과 수익성을 고려하여 에너지의 통제, 관리 및 시스템 개혁을 통하여 에너지 자원과 에너지 소비를 실천하여야 할 것이다.

호텔경영에 있어서 에너지 관련부서는 전기실, 보일러실, 냉동실, 에너지시스템 관리실과 같은 시설부서에 속한 업무이다. 오늘날 호텔기업에 있어서 에너지의 관리는 경영상 중요한 업무이며, 경영목표달성을 위하여 반드시 실행해야 할 부분이나, 호텔의 경영층과 에너지 관리위원 해당자들이 에너지 자원과 에너지 소비에 대한 관리 및 통제에 대한 기술적인 지식과 관심의 결여로 에너지 관리에 대해 실효성을 거두지 못하고 있다.

호텔경영에 있어서 에너지 소비를 줄이기 위해서는 호텔의 모든 종사원이 에너지 절약의 필요성을 인식하고 자발적으로 에너지 관리위원회를 구성하고 에너지관리 시스템을 개발, 구축하여 실행함으로써 객관적인 에너지 실행효과가 가시화되어야 한다.

에너지 절감이 가능하지 않다면 미래에는 에너지 원가가 상승될 양상이므로 경비를 절약할 수 있는 에너지 비용은 현재의 수준으로 고정되어 버린다. 에너지 절감목표는 호텔의 각 부문에서 실질적이고 현실적인 근거에 의하여 수립되고, 한 부서에서의 가능성은 전부서로 확장될 수 있으며 10%~30% 절감효과를 볼 수 있다.

에너지 관리목표는 고객, 종사자, 가족입장에서 진지하게 다루어져야 하고 절약 외형이 수치적으로 나타날 수 있도록 최선을 경주하여야 한다.

6. 청소

청소는 호텔의 전 부분의 청소를 의미하며 객실청소, 식당 및 부대영업장 청소, 주방, 사무실, 공공장소, 로비, 기계실, 운반구, 호텔건물 외곽청소로 일상청소, 정기청소, 특별청소 등을 말한다.

청소는 바닥, 벽 및 건물주위의 먼지 및 오물을 제거하는 것을 말하며 건물과 기타 시설의 내용연수를 연장하고 호텔이용자의 쾌적하고 청결한 환경위생에도 관계되므로 항상 작업계획에 의거, 정리, 정돈 및 청결에 힘써야 한다. 이는 호텔의 시설은 곧 상품이기 때문이다.

청소의 순서는 일반적으로 상층부에서 하층부로, 좁은 곳에서 넓은 곳으로 하며, 청소용구는 사용이 간편하고 노력이 절감되는 것을 선택하여 사용하여야 한다.

1) 청소의 종류

- **일상청소** 객실, 식당 및 부대업장, 로비 및 고객용 화장실, 계단, 복도, 건물주위, 단지 내 도로 등 공공부분에 대한 청소이다.
- **정기청소** 계단, 논 슬립 및 각소 금속부분의 광택작업과 바닥표면의 세정. 왁스작업이다.

• **특별청소** 내벽 · 외벽의 먼지제거 및 세정청소와 제설, 배수 등의 청소다(특수기술이 필요한 청소를 포함하며 이 경우 외부용역에 의존한다).

2) 청소요원

• 청소기기 및 기계의 다양화로 전문인력이 필요하다.
• 청소요원의 건강을 해칠 염려가 있다.
• 청소업무에 예민한 감각을 가진 자가 우선한다.

3) 청소요원의 자세

• 업무수행에 충실을 기해야 한다.
• 업무를 지속적으로 수행해야 한다.
• 부주의는 사고를 일으킬 수 있으므로 주의력을 길러야 한다.
• 확실한 신원과 신용있는 처신의 자질이 필요하다.
• 활동적이고 단정해야 한다.

제2절 안전관리

1. 안전관리의 의의

안전이란 의미는 한글사전에서는 "온전하여 걱정이 없음"이라 하였고, The Heritage Dictionary of the English Language에서는 Security와 Safety로써, 즉 Security : Freedom from risk or danger(위험과 재해로부터의 해방), safety ; Freedom from doubt anxiety or fear라 하였으며, 웹스터(Webster) 영영사전에 의하면 안전항해, 로스(Loss; 감원), 고통 또는 위해(위해(危害)에 노출되는 것으로부터의 자유라 하고, 그와 같은 자유를 위한 보호 관리 또는 방호장치(Locking System) 및 질병(직업병)의 방지에 필요한 기술과 지식이라고 하였다.

우리나라에서는 Security를 안전 또는 보안이라고도 번역하는데 이 모두가 사고의 방지라 할 수 있다. 따라서 호텔기업 안전관리는 그 호텔의 시설, 즉 외형적인 건물에 대해서 뿐만 아니라 호텔 건물내에 있는 재산과 모든 사람의 생명과 재산에 대한 안전의 책임을 지고 있다고 할 때 안전관리의 의의는 분명한 것이다.

호텔기업에 있어서 필수적인 안전욕구의 사항을 살펴보면 호텔경영 및 호텔시설에 관련된 모든 것이 안녕을 보장하고 생명과 재산을 보호하며 인위적 천연적인 재해나 범죄의 위험성에 대하여 최소화할 것을 요구하는 것이다. 한편 이러한 재난들은 화재, 홍수, 지진, 태풍, 유행병, 군중소요, 폭발, 파업, 절도 등을 포함한다. 호텔기업들이 재난을 고려하는 바와 같이 호텔관리자들은 호텔의 제부문별로 위험이 미칠 영향을 고려하여 대처방안을 결정하여야 한다. 즉, 호텔경영에 관련된 호텔의 재산과 그 주변 또는 호텔에 부속된 시설과 호텔시설 내에 있는 설비물과 비품 및 호텔에 체재하는 고객의 생명과 재산, 종사원들의 생명과 재산 등의 관리이다. 그러한 재난이 미치는 부문별 영향의 관계는 어떠한 안전수단이 가장 바람직한 안전관리인가를 결정하고, 호텔기업 경영상 발생하는 재해의 원인 및 경과의 규명과 그 방지에 필요한 관리를 말한다.

2. 호텔 안전관리의 특성과 필요성

1) 호텔 안전관리의 특성

호텔의 안전관리는 다음과 같은 특성을 가진다.

❶ 호텔은 1일 24시간의 생활기능을 상품으로 판매하므로 고객이 수면을 취하지 않을 때는 고객의 요구대로 만족스러운 서비스를 제공해야 하고, 고객이 수면을 취할 때에는 고객의 안전과 재산을 보호해야 한다.

❷ 현대의 호텔은 사회생활과 밀접한 관계를 이루고 있으며, 호텔이 현대인의 생활공간의 일부를 차지할 만큼 대중화되었고, 불특정 다수 고객의 이용으로 각종 안전사고의 사전 예측이 곤란하며, 특히 안전에 관한 문제 발생 시 피해보상에 따른 해결이 복잡하고 보상액이 크다.

❸ 노출공간이 많고 외부인의 출입이 자유로워 통제의 어려움이 있을 뿐만 아니라 이에 따른 인적사고(도난, 강도 등)의 발생 가능성을 항상 지니고 있다.

❹ 실내 공간에 가연성 물질이 많으므로 화재의 위험이 있으며, 일단 화재가 발생하면 대형화될 가능성이 크다.

❺ 호텔은 일반 가정과 동일한 기능을 가지는 동시에 영리를 위한 가시적 기업으로서 부문별로 인적서비스에 대한 의존도가 높아 기계화나 자동화에 의한 경영합리화는 통제를 받게 되고 상대적으로 종사원의 서비스 비중이 커 고객과 종사원의 관계에서 호텔 이용기간 동안 신변과 프라이버시 등의 안전사항에 취약성을 노출시킬 수 있다.

❻ 기타 각종 시설이나 위험물, 비품, 집기 등을 다루는 종사원의 부주의에 따른 사고발생 가능성이 높다.

2) 호텔 안전관리의 필요성

앞에서 설명한 것과 같이 호텔은 복잡다양한 시설을 갖추고 내·외국인을 망라한 불특정 다수인을 상대로 다양한 영업을 하기 위해서 시설과 서비스를 제공하므로 예상하지 못한 각종 위험과 사고가 잠재되어 있다.

호텔이 고객에 대하여 최대한 만족할 수 있는 서비스를 제공해야 한다는 것은 누구도 부인하지 못할 중요한 일이지만, 이보다 더 중요한 것은 투숙중이거나 시설물을 이용하고 있는 선의의 고객이 안심하고 편안한 마음으로 호텔을 이용할 수 있도록 하기 위해서 종사원의 안전의식을 강화하고 호텔에서 발생 가능한 제반 안전사고로부터 종사원 자신은 물론이거니와 고객을 보호하고 위험요소를 제거함과 동시에 신변상 프라이버시를 지켜주는 것이다. 즉 종사원의 업무태만으로 인한 사고발생은 호텔경영에 치명적인 결과를 초래할 수 있다.

3. 안전관리의 대상

호텔기업에 있어서 안전관리의 대상으로

첫째는 호텔기업의 고정자산인 건물과 시설을 비롯하여 비품 및 각종 재료이며, 둘째는 고객의 생명과 재산, 셋째는 종사원의 생명과 재산 등이다.

1) 안전사고

(1) 인명사고

❶ 관할경찰서에 신고하고 현장 보존한다.

❷ 사고원인을 조기에 파악하고 호텔 측의 태도를 분명히 한다.

❸ 관할경찰서의 수사에 적극 협조한다.

❹ 희생자에게 성의있는 조의를 표한다.

❺ 중요한 사건에 대하여는 보안회사(경비용역)와 협의하여 지시를 받는다.

❻ 사고처리가 끝나면 사고 및 그 처리경위를 보고하여 처리한다.

(2) 도난사고

❶ 관할경찰서에 신고하고 현장을 보존한다. 경찰서의 수사에 협조한다.

❷ 자체경비태세 재점검 및 문제점을 검토하여 보완한다.

❸ 경비원의 근무태도 불량 또는 중앙감시실 직원의 근무태도 불량으로 도난사고가 발생했을 경우에는 행정처리를 한다.

(3) 화재사고

응급상황이나 재앙은 고객과 직원의 상해와 생명의 손실까지 가져오게 된다. 호텔은 응급상황시 비상 탈출구나 응급절차, 응급 통신 시스템 등으로 재빨리 손님들을 대피시킬 수 있어야 한다.

직원 교육과 안전모임과 같은 공동 노력은 효과적인 예방과 대책에 있어서 중요한 요소이다. 또한 정기적인 화재 예방 프로그램도 필요하다. 경영자와 관리자는 출구를 막히지 않게 하여야 하고, 인화성 물질은 잘 보관하고, 주방 후드는 정기적으로 청소되고, 전기 장치는 잘 유지 보수되어야 한다. 화재를 저지하는 물질이 인테리어에 사용되어야 하고, 객실과 공공장소는 연기 감지장치와 살수장치를 갖추어야 한다. 비상구도 표시하고 조명을 달아야 한다.

대피방법은 객실마다 표지를 해야 한다.

중앙 경보 시스템은 화재를 예측해서 정확한 위치를 표시할 수 있어야한다. 또한 항상 자동적으로 다른 응급 센터와 통신되어야 하고, 호텔은 종사원들에게 화재안전에 대한 충분한 교육을 실시하여 화재발생 시에 고객과 종사원의 인명을 보호하고 손해를 줄일 수 있도록 하여야 한다.

❶ 종사원 경보 체계

호텔은 화재발생 시 모든 인원에게 적절한 경보를 발할 수 있는 체계를 갖추고 있어야 하며 경보장치에 대하여 아래와 같은 사항을 집중 교육하여야 한다.

- 종사원들은 호텔 내의 화재경보조직이 얼마나 되어 있으며 경보용 스위치가 어디에 있는지를 알아야 한다.
- 종사원들은 잘못된 경보일 경우에 장치를 고쳐놓는 방법을 알아야 한다.
- 종사원들은 화재발생지역을 확인하는 방법과 또는 경보기의 근원지를 확인하는 방법을 알아야 한다.
- 종사원들은 경보의 근원이 조사되어 실제로 화재가 발생되었는지 아닌지가 결정될 때까지는 장치를 고쳐놓거나(또는 스위치를 끄거나) 해서는 안 된다.

❷ 소화기 작동교육

관리자는 모든 종사원들이 호텔에 설치한 휴대용 소화기를 쉽게 확인하고 작동할 수 있도록 소화기 작동법과 소화작업에 필요한 교육 사항에 관하여 연 1회 이상의 교육을 실시하도록 한다. 신입종사원들도 고용즉시 교육을 받도록 조치한다.

실제의 화재에 대한 소화작업의 직접적인 경험은 호텔 종사원들에게는 대단히 유익한 것이다. 소방서 또는 호텔의 소화기 정비를 맡고 있는 회사에 소화훈련용 장비를 준비해 주도록 요청이 가능하며 장비는 옥외 주차장의 떨어진 장소에 설치해야 한다. 종사원들로 하여금 호텔건물에 쓸 수 있는 각종 소화기를 사용하여 통제된 상황에서 모의화재를 끄게 한다. 호텔은 훈련실시 중에 발생될지도 모를 실제화재에 대비하기 위하여 소방서로 하여금 뒷받침하도록 조치한다.

화재의 유형에 따른 사용 소화기로는

- “A”급 화재 일반화재로 보통의 연소물질(목재, 천, 종이, 고무 및 플라스틱류)로 불이 타고 난 후에 재가 남는다.
  - 가장 효과적인 소화기 : 물소화전, 포말, 건성 화학제, CO_2 등이 사용

- "B"급 화재 유류화재로 가연성 액체나 기체에 화재가 발생한 것(가스, 오일 및 유지류).
  - 가장 효과적인 소화기 : 건성 화학제, 포말, CO_2, 절대로 물을 사용하지 말 것.
- "C"급 화재 전기화재로 충전된 상태의 전기장치의 누전에 의한 화재(모터, 변압기, 전등, 라디오, TV, 개폐기, 등)
  - 가장 효과적인 소화기 : 부도체인 소화기로 CO_2 건성 화학제
    절대로 물을 사용하지 말 것.

❸ 소방대의 설치

호텔은 종사원들로 조직된 소방대원들에 대하여 초기단계의 화재에 대한 소화작업 훈련을 실시하여 만일 초기단계의 화재가 발생하면 소방대는 소방서에서 도착하기 이전에 화재의 확대를 억제시키고 부상자에 대한 응급조치를 하는 등의 활동을 할 수 있도록 한다. 건축물 화재에 대한 소화작업을 해야 하는 소방대는 방화복과 압력호흡기구로 장비되어야 하며, 화염과 싸우는 방법에 숙달되어야 한다.

관리자는 대원들에게 공급한 소화장비들을 매년 검사하고 언제나 작동 가능하도록 해야만 하며, 휴대용 소화기와 인공호흡장비 등 일부장비는 매월 검사하여야 한다.

❹ 화재 시 활동절차

발견된 당시에는 아무리 하찮은 것 또는 중요하지 않은 것처럼 보이더라도 예외없이 모든 화재는 보고되지 않으면 안 되며 방화는 호텔에 고용된 모든 종사원의 기본적인 책임이다.

- 경보기가 울리던가, 스프링클러의 유수신호가 들리던가, 또는 화재신고가 들어오면 즉각 교환원을 통하여 소방서, 호텔안전관 및 기사에게 통보해야 한다.
- 화재의 정확한 장소를 알리라. 즉 "건물 후면 일층에 있는 주방" 또는 "서쪽 편 건물 지하에 있는 보일러실 "
- 조용히 하라, 종사원 또는 고객들이 있는데서 " 불이야 " 하고 소리지르지 말라.
- 불꽃확인을 위한 건물전체에 대한 조직적인 조사실시(건물의 다른 부분의 점검이 끝날 때까지는 객실에 들어가지 말 것)
- 즉각 경영층에 보고 한다.

• 다른 종사원의 도움을 청하고, 가능한 한 적절한 소방기로 진화한다.

• 소방관들이 도착하면 화재현장으로 인도하고 화재에 관한 모든 알고 있는 정보를 책 임관에게 제공토록 조치한다.

• 교환대를 통하여 사람들의 마음을 가라앉히도록 모든 노력을 경주(傾注)하라

– 고객들을 호출하여 정확하게 무슨 일이 있는지를 알려주라 – 그들을 진정 시키거나 조용히 하게 하기 위해 거짓말을 해서는 안 된다.

– 화재(또는 연기)가 계속해서 악화되면 객실마다 호출해서 모든 고객에게 안전한 비상구를 통해서 밖으로 나가도록 알리기 시작한다. 엘리베이터를 사용하지 말도록 지시한다.

– 투숙되어 있는 객실에서 아무도 응답이 없으면, 실제로 확인해야만 한다.

• 만일 건물을 비우지 않으면 안 될 경우에는, 모든 고객의 안전을 확신할 수 있는 조치를 취할 수 있도록 고객명부를 잘 보관하여야 한다. 책임자는 모든 종사원에 대해서도 점검해야 한다.

(4) 전기사고

• 자체 응급조치를 한다.

• 한국전력공사에 통보한다.

• 사고원인을 조사하여 투숙객에게 설명하고, 종사원교육을 실시한다.

• 조기에 복구한다.

2) 안전교육

사고예방 대책에 소요되는 안전교육의 비용 및 안전 관련 투자비용은 재해손실로 지불되는 보상금과 복구비보다 훨씬 절약되며 효과적이다.

안전교육의 역할 또는 효율성은 다음과 같이 정리할 수 있다.

• 개인의 생명과 재산을 보호한다.

• 개인 및 호텔발전의 기틀이 된다.

• 경비를 절감하고 개인의 사기와 생산의욕이 증대된다.

• 호텔 이미지가 향상되고 호텔의 신용이 증대된다.

• 생산능률을 도모할 수 있다.

따라서 호텔은 종사원에 대하여 평소 다음과 같은 교육을 실시하여야 한다.

• 종사원에 대하여 유선방송 또는 교육시간을 통하여 안전관리의 중요성을 인식시키며, 그 내용으로는 가스의 안전수칙, 가스중독예방, 소화전 · 소화기 사용법, 화재예방, 도난방지에 대한 대처요령 등이 된다.
• 호텔 건축물 내에 위험시설물이나 기기에 안전수칙 및 표지판을 설치하여 안전의식을 고취시킨다.

4. 보안관리

보안관리는 투숙객의 생명과 재산, 호텔의 재산, 종사원의 생명과 재산을 보호하는 업무로써 경비요원은 항상 책임감을 가지고 성실한 근무자세로 임해야 한다. 품위있는 용모와 친절한 봉사자로서 근무지를 이탈함이 없이 인계인수를 정확히 하며, 건물내외의 제반사항 및 각종설비의 상태를 알고 있고, 중요 고객, 노약자 및 신체장애자의 투숙상황을 파악하고 있어야 한다.

또한 비상시 대처할 수 있는 행동지침을 숙지하고 훈련을 통해 숙달된 행동요령을 익혀 두어야 한다. 그리고 직업의식을 철저히 갖도록 하며, 투숙객의 안전 및 재산의 손실예방에 최선을 다해야 한다.

모든 호텔은 매일 상당한 양의 현금이 객실 및 판매부서에서 발생한다. 호텔에서 현금이 받아지고 보관되는 곳은 현금의 양을 제한하고 컨트롤하는 절차가 필요하며 직원들은 필요한 최소의 현금만을 유지하고 되도록 세이프티박스(safety box)를 이용하도록 한다.

현금거래가 일어나는 장소엔 모니터시스템이나 경계경보시스템을 설치하고, 고객의 귀중품이나 그것의 저장을 위한 장소 또는 금고가 제공되어야 한다.

보안관리의 목적은 각종 위해 행위로부터 국민과 고객의 생명을 보호하고, 각종 파괴행위로부터 고객과 호텔의 재산을 보호하며, 고객의 안전보장과 관련한 문제에 있어서 대외적으로 호텔의 지위를 유리하게 하는 것이라 할 수 있다.

보안의 중요성은 호텔에 투숙하는 고객들은 편안함, 최상의 서비스, 안전이 보장된 분위기나 호텔환경을 기대하며 호텔직원들은 이러한 고객의 기본적 욕구를 충족시키기 위해 항상 눈과 귀를 뜨고 경계심을 갖는 자세가 중요하다. 즉, 고객의 재산과 안전을 보호하는 것은 직원에게 달려있음을 명심해야 한다.

■ 상황실모니터

1) 분류

(1) 물리적 보안

- 보안통제구역 설정
- 보안구역의 물리적 출입통제
- 문서보관/이전/폐기/복사 통제
- 보안구역 내의 정보자산 보호
- 보안관련 장비 처분 시 보호조치
- 방문자 인가여부 확인 및 수행
- 화재 수해, 지진 등의 비상사태 대비계획
- 비상사태 대비 훈련 정기적 실시
- 테러 및 내부직원의 인위적 위협 대책
- 정보시스템 운용상황 지속적 감시
- 정보시스템 장애 발생 시 적절한 대책

- 보안사건에 대한 처리절차 수립
- 보안사건에 대비한 정보 backup 보관

(2) 기술적 보안

- 시스템 접근 통제 정책 문서화
- 시스템 접근 시 사용자 등록 및 해지 절차 존재
- 사용자 접근 권한 부여 적절성
- 시스템 사용자의 감사추적 적절성
- 부정 프로그램 보안대책
- 시스템 단말기 접속 pc 보안 대책
- 시스템 사용자의 권한별 사용제한
- 데이터와 S/W 외부 전송 시 보안조치 수행
- 방화벽 설치 여부 및 성능 수준
- 바이러스에 대한 보안대책 수립
- 사용자 PC의 보안대책 수립
- 물리적 저장장치의 정보저장에 대한 보안통제
- 인터넷 서비스 보안수립
- 웹브라우저 보안수립
- 전자메일 서비스 보안수립
- 인터넷 S/W(메신저 P2P 등) 사용 보안 통제

(3) 관리적 보안

- 보안 교육 및 테스트 실시 적절성
- 정보 보안 책임의 할당 여부
- 보안에 대한 부서간의 협조의 적절성
- 정보보안 정책의 적절성
- 정보 보안 계획의 수립
- 정보자산 분류 지침의 적절성
- 직무 기술서 상의 보안 역할과 책임명시

- 보안 조치 위반 시 징계절차의 적절성
- 유지보수 시 데이터 백업 관리
- 보안 관련 법/제도/표준/규정의 내용 충실성
- 보안상태의 정기적 점검

2) 방법

(1) 호텔 내방객 출입관리

- 정신이상자, 취객, 노숙자가 호텔 내 출입 시 대처

(2) 호텔 객실 순찰방법

- 순찰코스, 취약 시간대 및 감시취약지역별 순찰

(3) 호텔 내 업무관련 출입 차량 및 인원에 대한 식별 및 통제

- 식자재 납품, 인테리어 관련, 세탁물, 플라워, 쓰레기 수거 차량 등에 대한 차량 식별 및 인원 확인.

(4) 호텔 내외부 CCTV 운영

- 위치확인, 감시구역 확인, 관리프로그램 운영 숙지
- CCTV 녹화테이프 교체는 일일 4회 교체
- 무기한 보관하고 4일 보관 후 5일째 녹화한다.
- 모니터 전체를 감시하되 객실과 출입구를 주로 관리
- 모든 상황을 선조치하고 후보고하며 상황내용을 기록 유지

(5) 감지기 운영

- 캡스 등의 사설 보안업체에서 운영하는 동작감지기 센서 등의 위치 확인 및 설정, 해제 방법 숙지

(6) 도난 방지

- 거동 수상자 구별 방법. 객실 도난 방지를 위한 방안 구상. 도난사고 발생 시 처리 방안

(7) 화재, 응급환자 발생 시 조치 방법

- 인근 지구대 및 119 연락처 및 연계사항 확인 숙지

(8) 고객의 서비스 불만족으로 인한 항의 시 대응

(9) 호텔 직원들에 대한 소지품 검사 및 출입 확인

- 호텔 비치품, 음식물 등 반출에 대한 검사활동
- 퇴근시간 이후 호텔 내 배회하는 직원 감시활동

(10) 주차장 내 외부 불법주차 차량 확인 감시활동

5. 주요 부서별 안전 · 보건

1) 예약 및 안내 부서

예약은 손님과 호텔 간의 첫 대면이기 때문에 담당 종사원은 신속하고 친절한 서비스정신으로 답변해야 하며 정중하고 예의 바른 자세를 갖추어야 한다.

안내 업무는 몸가짐과 근무 자세를 흐트리지 않고 장기간 서서 대기하는 경우가 많으며, 종사원은 항상 긴장하고 있어야 하기 때문에 스트레스가 문제가 될 수 있다.

서비스를 담당하는 종사원은 한정되지만 서비스를 받는 사람은 불특정 다수가 되므로 항상 세심한 배려를 하지 않으면 불만을 초래하게 된다.

이러한 업무적 특징으로 야기될 수 있는 주요 안전 문제로는

(1) 장시간 서있는 일과 짐 운반

호텔의 안내서비스를 담당하고 있는 종사원들은 오래 서있는 것, 무거운 물건을 들고 운반하는 것 등의 건강위험 요인을 갖고 있다.

오랫동안 서있음으로 다리에 혈액이 많이 고이고, 그래서 감소된 혈류는 발이나 발목을 붓게 한다. 이렇게 되면 허벅지 부분의 근육은 압력을 받게 되고, 피로하고, 통증을 유발한다. 안내 서비스 업무를 담당하는 종사원들은 좋은 인상을 주기 위해서 일이 없을 때에도 자리에 앉을 수 없으며 앉을 수 있는 시설이 갖추어져 있지 않다.

종사원들은 짐 나르는 일로 인해 질병이 발생할 수 있다. 등, 목, 무릎, 발목 손상이 적절한 운반 요령을 배우지 않은 종사원들에게 생길 수 있다. 손수레를 사용하는 것이 도움이 된다.

(2) VDT 작업

컴퓨터 사용은 누적 외상성 장애를 일으킬 수 있다. 컴퓨터 설치대가 적합하지 않아 어색한 자세를 취하게 되거나 VDT 작업을 적당한 휴식 없이 계속 한다면 이러한 건강 문제는 점점 나빠질 수 있다. VDT 작업은 눈의 피로감과 시력장애를 일으킬 수 있다.

예방적 수단에는 적절한 컴퓨터 설치대를 마련하고, 종사원들에게 컴퓨터를 올바르게 사용하는 방법, 자세에 관하여 교육시키고 직원들을 일정 시간마다 휴식시키는 것들이 필요하다.

(3) 교대 근무

많은 종사원들은 날마다 호텔 업무에 맞추어서 교대근무를 해야 한다. 교대 근무의 생리학적, 정신적 효과는 수면 장애, 위장 장애 그리고 스트레스 등이다. 교대근무를 하는 직원들은 야간 근무 후에 수면부족을 방지하기 위해 최소한 14시간 이상의 휴식 시간이 필요하다.

(4) 주차장과 지하 시설에서의 위험성

종사원들은 교통사고나 배기가스를 흡입할 수도 있고 페인트, 세제 등에 노출될 수도 있다. 또한 브레이크 패드로부터 나온 석면 등에 노출 위험이 높다.

교통사고를 예방할 수 있는 방법으로 차선을 명확히 표시하거나 교통 흐름이 끊어지지 않도록 하거나 교통신호를 필요한 곳에 세우는 것 등이 있다.

종사원들은 배기가스, 도료 가스, 화학 상품 등에 노출되기 때문에 자주 신선한 공기로 환기시켜야 한다. 화학적 위험과 건강에 관한 위험요소에 대한 교육도 필요하다.

겨울철에 주차장에서 직원들이 사용하는 등유 히터는 유해 가스를 방출할 수 있다. 따라서 히터가 필요하다면 전기히터를 사용하는 것이 좋다.

떨어진 기름, 물, 찌꺼기는 즉시 청소되어야 하고 눈도 쌓이지 않도록 즉시 치워야 한다.

(5) 직업적 스트레스

과도한 업무와 고객들에 대한 친절 그리고 업무적으로 종사원의 대부분이 지나친 스트레스 상황에 처해 있다.

2) 객실관리 부서

(1) 누적외상성 장애

각종 관련 장비는 적절한 운반과 가볍고 손쉽게 다룰 수 있도록 하며 누적외상성 장애의 위험요소 및 그것들을 줄일 수 있는 방법에 관한 훈련을 관련 종사원을 위해 실시하여야 한다.

(2) 화학물질(Chemical products)

세제는 피부염과 호흡기장애를 일으킬 수 있다. 암모니아와 각종세제 및 용제는 피부, 눈, 코와 인후의 점막을 자극할 수 있다.

어떤 유기용제가 함유된 세제는 종류에 따라 피부염, 호흡기 장애, 피부 자극 및 신장과 생식기에 손상을 줄 수 있으며 살균제는 종종 암을 일으키거나 자극을 줄 수 있는 페놀 화합물을 포함한다.

예방적 수단으로써 보호 장갑을 사용하거나 덜 위험한 물질로 대체하는 것이다. 작업장소는 적절하게 환기를 해야 하고 화학물질 저장장소는 음식물로부터 멀리 떨어져 있어야 하고 잘 관리되어야 한다. 화학적 유해인자와 건강장해에 관한 교육을 받아야 한다.

(3) 헛디딤과 낙상

헛디디거나 젖은 바닥에서 넘어지는 사례가 많다. 신발 바닥은 미끄럼을 방지할 수 있는 고무로 만들어야 하고 굽이 높지 않은 것을 신어야 한다.

(4) 외상

쓰레기통에 바늘과 유리조각이나 날카로운 금속제 등을 분리 수거하는 받침판을 사용하고, 욕실에 면도기를 분리 수거하는 통을 설치하고, 종사원들에게 폐기물과 쓰레기 수거와 처리 시 주의사항을 교육하며 외상을 줄이도록 해야 한다. 특히 바늘에 찔렸을 때 감염되지 않도록 적절한 의료서비스가 제공되어야 한다.

(5) 고열장애

작업장의 열악한 환기상태로 인해서 기계로부터 나온 고열은 답답한 작업환경을 초래하고 고열장애를 일으킬 수 있다. 고열장애의 증상으로는 두통, 오심, 불안정감, 피로, 빠른 맥박과 심하면 실신 등이 일어날 수 있다. 이러한 증상들은 만약 조기에 치료되지 않으면 경련발작과 보다 더 심각한 문제를 일으킬 수 있다.

고열장애는 냉방장치를 설치하거나 열원을 차단하거나 뜨거운 공기를 빼낼 수 있는 환기장치를 설치하여 예방할 수 있다. 또한 작업자에게 시원한 음료수를 마실 수 있게 하거나, 얇은 옷을 입어서 고열장애로부터 보호할 수 있다.

3) 식음료 서비스 부서

식사를 서비스하는 업무는 종사원과 고객의 안전을 위협하는 화상, 손상, 낙상 등 많은 예기치 못한 위험한 상황이 일어날 수 있다. 가장 위험한 문제는 음식과 음료를 준비하는 과정에서 그리고 식사를 서비스하는 종사원들은 그들의 시설을 이용할 때 있어서 사고를 방지하도록 주의하여야 한다.

(1) 주방

주방에서는 여러 가지 사고가 잠재하고 있다. 프라이팬에 의한 화상, 바닥에 흘린 물과 기름에 의해 미끄러지고, 칼에 베일 수도 있다. 접시들은 안전하게 보관되어야 하며 무너질 수 있으므로 주의하여야 한다. 출입구에 깔개나 미끄럼 방지 왁스를 사용하여야 한다. 통로에 상자, 쓰레기나 다른 장애물이 없어야 한다.

잘못 설계된 주방은 충돌이 우려되고 식사를 준비하는 위험한 공간, 좁은 통로 등은 사고가 일어나기 쉽다. 통로는 종사원들이 접시를 나르거나 다른 작업을 할 수 있도록 충분한 공간이 확보되어야 한다.

❶ 주방기구, 절단기구, 칼

주방에서 사용되는 흔한 기구는 육류 그라인더, 믹서, 제빙기, 식기 세척기 등이 있다. 이들 기구의 부적절한 사용으로 절단, 전기 쇼크 등이 올 수 있다. 이런 사고를 막기 위해 장비를 이용하기 전에 훈련을 받고, 안전한 작동에 대해 제조자의 설명을 들어야 한다. 또 장비를 청소하기 전 스위치를 꺼야 하며, 작동시킬 때는 옷이 헐렁하지 않고, 몸에 꼭 맞는 것을 입어야하며, 정기적으로 장비를 점검해야 한다.

육류 슬라이서는 흔히 사용되는 장비로 어떤 다른 장비보다 위험하다. 항상 주의하여야 하며, 사용한 후에는 반드시 원위치로 하고 플러그를 뽑아 놓아야 한다.

칼은 부적당하게 사용하거나 보관할 때 심한 상처를 입힐 수 있다. 이러한 상처를 예방하기 위해서는 칼을 목적대로만 쓰고(병따개 등으로 사용하지 말 것), 칼날이 무디면 더 많은 힘을가해야 하므로 칼이 손에서 미끄러지게 된다. 따라서 칼날을 항상 날카롭게 하며, 운반 시에는 칼날을 아래로 하여 칼 손잡이를 잡고 운반하며, 씻은 후에는 즉시 적당한 곳에 칼을 보관하도록 한다.

❷ 스토브와 오븐

주된 위험은 화상이며 가벼운 열상부터 3도 화상까지 다양하다. 화상을 예방하기 위해서는 오븐에서 냄비, 냄비 뚜껑, 뜨거운 물건 등을 옮길 때에는 반드시 오븐용 장갑을 끼도록 하며, 오븐 근처에는 기름덩어리를 두지 않도록 하여 기름에 미끄러져서 넘어지거나 불이 나지 않도록 한다.

프라이팬의 제일 큰 위험은 뜨거운 기름이 튀어서 화상을 입는 것이다. 이를 방지하기 위해서는 기름이 과열되어 불이 나는 일이 없도록 해야 하며 프라이 팬 주위에 있는 기름을 제거하고, 기름을 너무 많이 부어 넘치는 일이 없도록 하며, 프라이 팬 내의 기름을 교환할 때에는 극히 주의해서 해야 한다. 전자렌지의 위험은 전기쇼크나 마이크로파가 새어나오는 것 등이다. 새어나온 마이크로파의양과 노출 시간에 따라 민감한 사람의 내부 장기에 해를 가한다.

❸ 테이블사이드 쿠킹(tableside cooking)

이것은 식사 시중드는 사람이나 손님 둘 다에게 심한 화상을 입힐 수 있다. 따라서 잘 훈련된 사람만이 이러한 서비스를 시행하도록 하며 연료는 액체나 반고체를 사용하도록 하고 불이 났을 경우에는 이산화탄소 소화기를 사용한다.

❹ 대형 냉장고와 냉동고

사람이 걸어 들어갈 수 있는 대형 냉장고나 냉동고와 관련된 주된 위험은 온도와 관련된 문제뿐 아니라 사람이 들어가고 나서 문이 닫혀버려 그 안에 갇히는 경우이다. 이러한 위험을 예방하기 위해서 내부에 손잡이가 달린 문을 설치해야 하며 비상벨을 설치하고, 또한 냉장고를 사용하는 모든 사람들이 비상벨의 위치를 정확히 알고 있어야 한다.

또한 냉장고 내로 걸어들어 갈 때 미끄러질 수 있으므로 냉장고 바닥에는 음식 조각이나 기름 덩어리 등이 없도록 항상 치워야 한다. 문을 닫을 때에는 냉장고 안에 남아 있는 사람이 없는지 확인해야 한다.

❺ 고온과 저온의 극단적인 온열조건

냉장고와 더운 주방을 번갈아 오가면서 온도의 양극에 노출될 수 있다. 이러한 온도의 급격한 변화는 호흡기 문제를 일으킬 수 있고, 고혈압, 피부병, 두통, 피로감 등이 있으며, 때로는 탈진이나 열사병 등이 일어나기도 한다. 이러한 열과 관련된 스트레스를 예방하기 위해서는 오븐 후드를 사용하여 더운 공기를 잘 환기시켜야 하며 일과 휴식을 병행해서 하여야 하며 작업 중에는 많은 양의 물을 마시도록 한다.

❻ 환기

냄새, 기름, 연기 등을 제거할 수 있는 좋은 환기 시스템이 되어 있어야 한다. 공기중에 있는 기름기는 부엌에 있는 장치들에 끼여 미끄러지기 쉽게 한다. 환기 장치에는 팬, 덕트, 후드 등이 있고, 정기적으로 청소를 해주어야 한다.

❼ 설거지

식기 세척기는 뜨거운 그릇을 옮기는 과정에서 또는 세척이 끝나기 전에 세척기에 손을 댐으로써 화상을 입힐 수 있다. 식기 세척기에 너무 많은 그릇을 넣어 고장이 나거나 작동이 멈추게 해서는 안 된다. 뜨거운 그릇을 옮길 때에는 꼭 장갑을 사용하도록 한다.

(2) 음식 서비스 제공

❶ 미끄러짐과 낙상

젖은 바닥에 미끄러지거나 상자나 주방에 버려진 쓰레기 컨테이너 등에 넘어져서 상해를 입을 수 있다. 느슨한 전기코드나 선 등은 바닥에 고정시켜야 한다. 카펫에서 타일로 변하는 모든 영역은 서빙하는 종사원이 알 수 있도록 확연히 구분되어야 한다. 사고를 막는데 룸의 배치도 중요하다. 급한 모서리, 어두운 조명, 좁은 입구 등은 서빙하는 종사원간의 충돌을 유발할 수 있다.

❷ 화상

서빙하는 사원은 커피나 스프, 테이블에 켜진 촛불의 촛농으로부터 피부화상을 입을 수 있다. 뜨거운 음료가 넘치는 것을 방지하기 위해 뜨거운 음료를 테이블에 제공할 때는 무리하게 팔을 뻗치지 말도록 한다. 스프 그릇을 채울 때는 가득 채우지 않도록 하고 튀어서 데지 않도록 조심한다. 커피 등 뜨거운 것을 나를 때는 작은 수건으로 손을 보호하도록 한다.

❸ 근골격계 손상

누적외상성 장애는 반복적으로 무거운 쟁반을 나르고 허리를 굽혀서 테이블을 닦고 세팅하고 상자를 옮기는 일에 의해서 일어날 수 있다. 잘 설계된 작업장과 작업 일정은 반복적인 업무를 줄이고 위험을 감소시킬 수 있다. 인체 공학적인 훈련 또한 근골격계 질환을 예방하는데 도움이 될 수 있다. 종사원들의 부적절한 운반방법은 요추부 손상을 일으킬 뿐만 아니라 그것을 떨어뜨림으로서 다른 사람에게 상해를 입힐 수도 있다. 따라서 적당한 무게를 올바르게 운반하는 방법을 훈련시켜서 이런 사고의 위험을 줄여야 한다.

(3) 바와 라운지

❶ 깨어진 유리

깨어진 유리는 많은 양의 유리상품을 쓰는 바에서는 자주 볼 수 있는 위험요인이다. 깨어진 파편을 직원이나 손님이 우연히 먹게 될 수도 있다. 유리파편은 손가락을 베이게 할 수도 있다. 바에서 깨어진 유리잔을 최소화하는 방법이 여러 가지 있는데, 유리잔을 정기적으로 점검하여 금과 깨어진 부분을 검사하고, 손상이 있는 유리상품은 즉시 버리도록 한다. 유리잔 안으로 손가락을 넣고 여러 개를 한꺼번에 옮기는 일은 깨뜨릴 수 있으므로 피한다. 유리잔은 얼음을 퍼내는데 쓰여서는 안 된다. 깨어진 유리를 맨손으로 다루지 말아야 한다.

❷ 미끄러짐과 낙상

모든 바의 직원은 미끄러지지 않는 고무바닥 신을 신어야 한다. 편안한 신발은 더 나은 일의 성취와 안전을 제공한다. 만약 바에 춤추는 무대가 있다면 미끄러질 수 있는 나무나 금속 재질이어야 하지만 걸어 다니는 공간과 색깔로 확연히 구분되어야 한다.

❸ 운반

바텐더는 자주 무거운 박스를 운반해야 한다. 가능하다면 작은 수레 등을 이용해서 상자를 옮겨야 한다. 만약 적절하지 않은 운반 방법을 쓴다면 등과 목에 손상을 받을 수도 있다.

❹ 소음

바와 라운지에서의 과다한 소음은 청력 손상을 가져올 수도 있다. 청력손상을 방지하기 위해 소음에 노출되는 시간을 짧게 제한하고 소음의 양을 줄이려는 시도가 행해져야 한다. 만약 이런 방법이 실행하기 힘들다면 개인의 귀마개 같은 개인 보장구를 쓸 수도 있다.

❺ 압축 가스

탄산 음료가 제공되는 바에서는 압축된 가스가 있다. 가스통은 항상 세운 채로 보관해야 한다. 그렇지 않으면 폭발할 수도 있다.

4) 기타 서비스 부서

많은 호텔이 수영시설을 가지고 있다. 샤워시설, 사우나, 세탁실과 탈의실도 함께 갖추고 있다. 샤워실이나 탈의실을 소독하고 깨끗이 하는데 사용되는 화학물질들이 피부와 호흡기를 자극할 수 있다.

염소가 새면 화상이나 심각한 호흡기 문제를 일으킬 수 있으며 만약 잘못 다룬다면 폭발할 수도 있다. 종사원들은 이런 모든 화학물질들을 어떻게 다루는지 알고 있어야 한다.

5. 보건위생

호텔은 종사원의 보건위생관리에 철저를 기하기 위하여 다음 각항의 조치를 강구한다.

- 호텔 내에 의무실을 설치하고 간호원을 둔다.
- 종사원은 부서장의 승인을 받아 회사 의무실에서 가벼운 응급치료 및 질병치료를 받을 수 있다.

• 호텔은 종사원에게 년1회 이상 정기적으로 건강진단을 실시하며, 종사원은 정당한 사유없이 건강진단을 거부하지 못한다(다만, 특별한 사유로 이에 불응하였을 때에는 회사 지정병원 발행 건강진단서 제출로 갈음할 수 있다).
• 종사원은 위생 및 보건에 관한 일체의 규정을 준수하여야 한다.
• 여성 및 연소자 그리고 미경험자에게는 위험 혹은 안전보건상 유해한 직종에 종사시키지 아니한다.
• 전염병, 정신병, 또는 근로를 계속함으로써 병세가 악화되거나 이로 인하여 타인에게 피해를 끼칠 것으로 우려되는 종사원에 대하여는 취업을 금지시킨다.

Lobby Lounge

항공기 · 버스 · 호텔 '안전 정보' 2016년 8월 1일부터 홈페이지 공개

2016년 8월부터 항공기, 버스, 숙박업소, 스포츠 경기장, 공연장 등 여객 운송 수단과 대형 시설물 사업자는 안전 점검 결과를 홈페이지에 공개해야 한다.

공정거래위원회는 이 같은 내용을 골자로 한 중요한 표시 · 광고사항 고시(중요정보고시) 개정안이 내년 8월1일부터 시행된다고 28일 밝혔다.

공정위는 세월호 사고, 경주 마우나리조트 붕괴 사고 등 안전사고가 연이어 발생하면서 여객 운송 수단과 대형 시설물의 안전성에 대한 관심이 높아지고 있지만 소비자가 이를 알기 어렵다는 지적에 따라 개정안을 마련했다.

안전 정보를 공개해야 하는 분야는 ▲항공 운송(국내 · 국제 · 소형항공을 모두 포함) ▲여객 버스(시외 · 전세버스 운송 사업자) ▲관광숙박(호텔, 콘도미니엄 사업자) ▲스포츠경기장(전문체육시설 운영 사업자) ▲공연장 등이다.

여객 운송 분야는 ▲운송 수단의 제조연월 ▲안전 점검 일자 및 결과 ▲대수리 · 대개조 승인 일자 및 결과 ▲피해 발생에 대한 보상 기준 등을 공개해야 한다.

대형 시설의 경우 ▲건축법상 건축물의 사용승인서 ▲건축법상 정기 점검 및 수시 점검 일자 및 결과 ▲소관 법률 및 관련 법률에 따른 안전 점검 일자 및 결과 등을 공개해야 한다.

뉴시스, 2015-07-28

참고문헌

■국내서적

21세기호텔관광연구회, 호텔경영학, 현학사, 2005.

강재구 · 하동현 · 박진영, 호텔회계원론, 한올출판사, 2015.

고상동, 호텔경영과 실무, 백산출판사, 2004.

고석면, 호텔경영론, 기문사, 2005.

고재윤, 조춘봉, 최웅 공저, 호텔식당경영학원론, 2005.

권용주, 식음료경영관리론, 백산출판사, 2005.

김경환, 글로벌 호텔경영, 백산출판사, 2014.

______, 호스피텔리티산업의 이해, 백산출판사, 2015.

김권수, 호텔현관객실실무, 기문사, 2015.

김성동 외, 호텔객실실무론, 대왕사, 2005.

김영규, 현대호텔경영의 이해, 대왕사, 2004.

김영찬 · 홍영택, 호텔 · 외식 식음료서비스관리론, 백산출판사, 2013.

김재민 외, 신호텔경영론-제3판, 대왕사, 2005

김정만, 관광학 개론, 형설출판사, 2005.

김진강 외, 호텔객실실무론, 백산출판사, 2004.

민혜성 외, 호텔객실관리론, 대왕사, 2005.

박대환 · 정현국, 호텔경영론, 경영과미래, 2010.

서재원 · 이홍경 · 이정희, 최신관광법규, 한올출판사, 2005.

신강현, 호텔인적자원관리론, 형설출판사, 2003.

신형섭, 호텔객실서비스, 새로미, 2005.

원유석 · 임상헌 · 강종천, 호텔인적자원관리, 이프레스, 2015.

원유석, 호텔사업계획=Hptel project, 大旺社, 2014.

원융희, 최신호텔경영론, 대왕사, 2004.

이동재 · 손주관 · 박경호, 호텔경영학의 진수, 大旺社, 2015.

이선희 외, 호텔객실실무론, 대왕사, 2005.

이순구 · 박미선 · 박경연, 호텔인적자원관리론, 大旺社, 2014.

이유재, 서비스마케팅 3판, 학현사, 2004.

이정학, 호텔연회관리론, 기문사, 2006.

______, 호텔객실 실무, 기문사, 2014.

______, 호텔경영의 이해, 기문사, 2015.

이준재 · 배준호, 호텔경영론, 大旺社, 2013.

이준재 · 원유석 · 임미라, 호텔경영론, 한올출판사, 2015.

이혜숙 외, 호텔객실의 이해, 대왕사, 2004.
이화인, 호텔마케팅, 비앤엠북스, 2013.
전원배, 호텔경영안전관리, 백산출판사, 2003.
정성채, 호텔경영론, 백산출판사, 2015.
정승환, 호텔 정보시스템의 전략적 활용, 한국학술정보, 2006.
정호권, 호텔경영론, 한올출판사, 2004.
차길수 · 윤세목, 호텔경영학개론, 學林, 2014.
최병호 외, 호텔경영의 이해, 백산출판사, 2005.
최영준 외, 식음료경영론, 대왕사, 2004.
최웅, 신호텔경영학, 석학당, 2004.
최정길, 호텔경영학, 21세기사, 2005.
하정봉 · 송대근, 호텔경영학의 만남, 大旺社, 2015.
허향진 · 유희경 · 류지호, 호텔업 관리회계론, 大旺社, 2013.
허향진 외, 호텔경영론, 형설출판사, 2004.
호텔경영연구회, 호텔경영의 이해, 대왕사, 2005.

■ 국내논문

곽재성, 호텔관리회계 제도의 운영개선에 관한 연구, 경기대 서비스경영전문대학원, 석사학위 논문, 2002.
김경택, 호텔ㄹ의 품질 경영 요소가 경영성과에 미치는 영향에 관한 연구, 세종대학교 관광대학원 석사학위논문, 2011.
김상홍, 객실예약유형에 따른 체인호텔과 독립경영호텔 이용객의 소비자행동에 관한 연구, 계명대학교 대학원 박사학위논문, 2013.
심동희, 김형경, 김재준, 호텔산업의 효율성 분석, 관광학연구, 한국관광학회, 25(3), 2001.
안형기, 호텔주방조직환경에 따른 임파워먼트가 직무만족, 조직몰입 및 이직의도에 미치는 영향, 경주대학교 대학원 박사학위논문, 2003.
오세인, 국내 호텔기업의 윤리경영이 호텔이미지 이용의도에 미치는 영향, 세종대학교 대학원 박사학위논문, 2010.
오영섭, 호텔주방환경이 구성원의 직무몰입에 미치는 영향에 관한 연구, 경주대학교 산업경 영대학원 석사학위논문, 2005.
유은나, 호텔 서비스 실패에 대한 회복 공정성과 그 효과, 세종대학교 박사학위논문, 2003.
유지윤, 관광호텔 경영분석 및 활성화방안, 관광숙박정책포럼, 한국문화관광정책연구원, 2004.
윤성욱, 황경미, 서비스복구 형태가 고객관계에 미치는 영향 : 음식점을 대상으로 한 CIT 접근, 소비자학연구 제15권 제1호, 2004.
이경일, 호텔기업문화가 관계마케팅 전략 및 경영성과에 미치는 영향, 호텔경영형태별 조절 효과를 중심으로, 건국대학교 대학원 박사학위논문, 2013.

이윤호, 연회장 이벤트메뉴의 상품화전략연구, 경기대학교 관광전문대학원 석사학위논문, 2004.

이종한, 호텔 종사원의 직무특성이 직무만족에 미치는 영향에 관한 실증적 연구, Tourism research, 15, 한국관광상업학회, 2001.

이홍규, 호텔레스토랑 서비스품질이 호텔관계마케팅 및 호텔경영성과에 미치는 영향, 부산지역 독립경영호텔과 체인경영호텔 차이분석을 중심으로, 영산대학교 대학원 박사학위논문, 2014.

장태경, 관광호텔 부처 주방관리의 효율성에 관한 연구, 경기대학교 서비스경영전문대학원 석사학위논문, 2004.

전효재, 관광숙박업 수급분석 및 전망, 관광숙박정책포럼, 한국문화관광정책연구원, 2004.

조민숙, 호텔객실의 유동적 요금정책이 고객의 공정성 지각 및 브랜드자산에 미치는 영향에 관한 연구, 호텔경영형태 및 고객유형을 중심으로, 경희대학교 대학원 박사학위논문, 2014.

조익준, 호텔 종사원의 조직 내 신뢰가 조직몰입과 조직시민행동에 미치는 영향, 호텔경영형태를 중심으로, 제주대학교 대학원 박사학위논문, 2010.

진부영, 호텔 아웃소싱 도입이 호텔경영성과에 미치는 영향, 제주대학교 경영대학원 석사학위논문, 2012.

채규현, 관광호텔서비스품질평가 기준 설정에 관한 연구 : 등급평가를 중심으로, 전주대학교 대학원 박사학위논문, 2003.

최정환, 호텔종사원의 직무만족에 관한 연구, 호텔관광연구, 8, 2002.

하정수, 특 1급 호텔의 그림마케팅 정책 속성에 대한 중요도와 수행도의 차이에 관한 연구 : 서울시내 위탁경영 호텔과 비 위탁경영 호텔을 중심으로, 세종대학교 대학원 석사학위논문, 2011.

■ 기타

조선호텔 객실 매뉴얼, 2010.

경주대학원 사이버 강의안.

http://www.kmarketing.co.kr.

http://www.ritzcook.com/cyberkitchen.htm

■ 국외논문

Miller, J. L., Craighead, C. W. & Karwan, K. R., "Service recovery : a framework and empirical investigation", Journal of Operations Management, Vol.18., 2000.

Prasad, K., & Dev, C. S.. "Managing hotel brand equity: A customer-centric framework for assessing performance", Cornell Hotel and Restaurant Administration Quarterly, 41(3), 2000.

인덱스(Index)

ㅇ

ㅈ

저자 | **신 강 현**

■ 경기대학교 관광개발학과 학사
경기대학교 대학원 관광경영학과 석사, 박사

■ (주) 세방여행사 외국인 여행부 과장
서울 힐튼호텔 판촉부(Sales & Marketing) 과장

■ 경복대학교 관광과 전임강사
현재) 남서울대학교 호텔경영학과 교수

■ 관광호텔 등급심사 평가위원, 호텔경영사, 호텔관리사 자격시험 출제위원 및 면접위원
외교 통상부 국제협력단(KOICA) 면접위원, 산업자원부 서비스품질 인증 심사위원
조달청 기술평가 위원, 교육인적자원부장관 포상

■ 관광호텔의 인적판매 서비스전략에 관한연구(박사학위논문) 외 50여 편
■ 호텔경영학원론, 객실실무론, 글로벌매너 테크 외 8편
■ KTF CEO(서비스 리더십), 외식업중앙회(고객감동 실천)
한국 생산성본부(글로벌 매너) 외 특강 100여 회
■ 한강 르네상스 개발사업 외 연구용역 10여 건

e-mail : khshin@nsu.ac.kr

호텔기업경영론

2016년 1월 20일 초 판 인쇄
2016년 1월 30일 초 판 발행

저 자 신 강 현
발행인 한 인 환
발행처 도서출판 **기 문 사**
등 록 1978. 8. 9. NO. 6-0637
주 소 서울시 동대문구 안암로 50-1(용두동) 홍신빌딩 3층
전 화 02) 2265-7214/922-8662~8663
팩 스 02) 922-8772

homepage : www.kimoonsa.co.kr
e-mail : book@kimoonsa.co.kr

ISBN : 978-89-7723-705-6 93980

정가 : 25,000원